トーキング・トゥ・ストレンジャーズ

「よく知らない人」について
私たちが知っておくべきこと

TALKING TO STRANGERS
What We Should Know about the People We Don't Know
Malcolm Gladwell

マルコム・グラッドウェル
濱野大道訳

光文社

トーキング・トゥ・ストレンジャーズ

――「よく知らない人」について私たちが知っておくべきこと

グレアム・グラッドウェル（一九三四〜二〇一七）に捧げる。

目次

まえがき　6
はじめに　「車を降りろ！」　8
第1部　スパイと外交官――ふたつの謎
第1章　フィデル・カストロの復讐　24
第2章　アドルフ・ヒトラー総統と知り合いになる　37
第2部　デフォルトで信用する
第3章　キューバの女王　64
第4章　佯狂者　108
第5章　事例研究　シャワー室の少年　129
第3部　透明性
第6章　『フレンズ』型の誤謬　176

第7章　アマンダ・ノックス事件についての単純で短い説明　202
第8章　事例研究　社交クラブのパーティー　226

第4部　教訓

第9章　テロリストの心の内は覗けるか　282

第5部　結びつき（カップリング）

第10章　シルビア・プラス　316
第11章　事例研究　カンザス・シティーの実験　353
第12章　サンドラ・ブランドに何が起こったか　371

謝辞　412
訳者あとがき　414
原注　451

まえがき

いまから何年もまえ、私の住むニューヨークを両親が訪ねてきたとき、マーサー・ホテルに泊まってもらうことにした。私なりのちょっとしたいたずらだった。マーサーは上品な高級ホテルで、有名人やセレブが宿泊するような場所だった。私の両親、とくに父親はそういったものに無関心だった。父はテレビを見ないし、映画館にも行かないし、ポップ・ミュージックも聴かない。ゴシップ雑誌として有名な『ピープル』を人類学の学術雑誌だと思っていてもおかしくはなかった。彼の得意分野の範囲はどこまでも限られたものだった――数学、ガーデニング、聖書。

夕食前に両親をホテルに迎えにいった私は、どんな一日を過ごしたのか父親に訊いてみた。

「すばらしい一日だったよ」と父は答えた。どうやら、午後のあいだずっとホテルのロビーで男性とおしゃべりに興じていたらしい。父親にとってはいつもどおりの行動だった。彼は見ず知らずの他人と話すのが好きだった。

「なんの話をしたんだい？」と私は訊いた。

「ガーデニングのことさ！」と父親は答えた。

「その人の名前は？」

「さあな、わからん。でも、しょっちゅう人が近くにやってきて、写真を撮ったり、何かの紙にサインしてもらったりしていたな」

この文章を読んでいるハリウッドの有名人のなかで、何年もまえにマーサー・ホテルのロビーであごひげを生やしたイギリス人男性とおしゃべりをした記憶がある方は、どうか私に連絡してほしい。

それ以外の人々は、この物語の教訓について考えてみてほしい。ときに他人は他人のまま、他人同士で最高の会話を愉しむことができる。

はじめに 「車を降りろ！」

1

二〇一五年七月、サンドラ・ブランドという名の若いアフリカ系アメリカ人の女性が、故郷のシカゴを車で出発し、テキサス州ヒューストンから西に一時間のところにある小さな町に向かった。[1] 彼女は、数年前に自身が卒業したプレーリー・ビューA&M大学で仕事の面接を受ける予定だった。ブランドは背が高く魅力的で、その容姿に見合う魅力的な性格の持ち主だった。大学時代は、黒人女性のための社交クラブ〈シグマ・ガンマ・ロー〉に所属し、マーチングバンドで楽器の演奏を担当していた。高齢者へのボランティア活動にも積極的に取り組んだ。ブランドは「サンディー・スピークス」というユーザー名を使い、定期的にユーチューブに短いメッセージ動画を投稿した。動画の多くは「おはようございます、わたしの美しい王様と女王様」という台詞《せりふ》から始まった。

今日わたしは眼を覚まし、神を讃え、神の名に感謝しています。わたしの誕生日だからという理由だけではありません。わたしの成長にたいして神に感謝し、この一年のあいだにわたしの人生において神がしてくれた多種多様なことについて感謝しています。この地球に生まれてからの二八年を振り返ると、神はさまざまなものをわたしに見せてくれました。わたしはときに過ちを犯し、ときに大きな失敗をしました。それでも神はわたしを愛しつづけてくれる。画面の向こう側にいるわたしの王様や女王様たちにも知ってもらいたいんです。神はいつもあなた方を愛しているということを。[2]

プレーリー・ビュー大学で職を得たブランドは、うきうきとした気持ちで新生活を始めた。彼女には、仕事をしながら政治学の修士号を取得するという計画があった。七月一〇日の午後、ブランドは大学を出て車で食料品店に向かった。右折し、大学のキャンパスを取り囲む幹線道路に入ると、警察官に制止された。警官の名前はブライアン・エンシニア。黒髪を短く刈り込んだ三〇歳の白人だ。彼は礼儀正しかった――少なくともはじめのうちは。車線変更のときに方向指示器を出さなかった、と警官は指摘した。警官がいくつか質問し、ブランドはそれに答えた。しばらくして彼女がタバコに火をつけると、エンシニアはタバコを消すように言った。

ふたりの一連のやり取りは、パトカーのダッシュボードに置かれたカメラで録画されていた。ユーチューブ上にはさまざまなバージョンの映像が投稿され、合わせて数百万回再生されている。[3]

ブランド　わたしは自分の車のなかにいるんです。どうしてタバコを消さなきゃいけないいんですか？
エンシニア　だったら、車の外に出てください。
ブランド　車から出る必要はありません。
エンシニア　車から降りなさい。
ブランド　どうしてわたしが……
エンシニア　車から降りなさい！
ブランド　いやです。あなたにそんな権利はない。あなたにそんな権利はありません。
エンシニア　車から降りるんだ。
ブランド　あなたにそんな権利はない。こんなことを強制する権利はないわ。
エンシニア　いや、権利はある。いますぐ車を降りなければ、身柄を拘束することになる。
ブランド　身元を明らかにすること以外、あなたとの会話を拒否します。方向指示器を出さなかっただけで、拘束されるんですか[4]？［会話が重なる］
エンシニア　車から降りなければ、身柄を拘束する。これは合法的な命令だ。車からすぐに降りるんだ。降りなければ、おまえを拘束する。
ブランド　弁護士に連絡します。
ブランドとエンシニアの口論は不穏なほど長引き、ふたりの感情はエスカレートしていく。

エンシニア　車から引きずりだしてやる。［車内に手を伸ばす］
ブランド　わかったわ。無理やり引きずりだすのね？　わかりました。
エンシニア　［応援を呼ぶ］２５４７……
ブランド　さあ、どうぞ。
エンシニア　ああ、始めよう。［ブランドをつかむ］
ブランド　触らないで！
エンシニア　車から出ろ！
ブランド　触らないで。触らないで！　わたしは逮捕されたわけじゃない。車から引きずりだす権利はあなたにはない。
エンシニア　おまえを逮捕する！
ブランド　逮捕？　なんのために？　容疑は？　容疑は何？
エンシニア　［無線に向かって］２５４７、郡、ＦＭ１０９８号線……別のユニットを派遣してください。［ブランドに向かって］降りろ……車から降りろ！　いますぐ降りろ！
ブランド　どうしてわたしが逮捕されなきゃいけないの？　あなたは交通違反の切符を切ろうとしていただけでしょ？　車線変更の……
エンシニア　車から降りろ、と言ってるんだ！
ブランド　どうして逮捕されなきゃいけないの？　車のドアを勝手に開けないで……
エンシニア　合法的な命令だ。おまえを車から引きずりだしてやる。

ブランド　それって脅迫よね。車から引きずりだすって。
エンシニア　車から降りろ！
ブランド　無理やり引きずりだすなんて……［会話が重なる］
エンシニア　言うことを聞かないなら、電気ショックを与える。出ろ！　早く！　［スタンガンを引き抜いてブランドに向ける］
ブランド　信じられない。信じられない。［車を出る］
エンシニア　降りろ。早く。車から降りろ！
ブランド　方向指示器を出さなかったっていうだけで？　それだけで、あなたはこんなことをしてるの？

ブランドは逮捕され、身柄を拘束された。三日後、彼女は独房で自殺した。

2

サンドラ・ブランドの事件が起きたのは、アメリカの市民生活が奇妙な大騒ぎの真っただなかにあるときだった。その騒ぎは二〇一四年の八月九日、ミズーリ州ファーガソンでマイケル・ブラウンという一八歳の黒人男性が警察官に射殺された事件をきっかけに始まった。[5] 報道によると、ブラウンはコンビニエンスストアで袋入りの葉巻を万引きした直後に警官に撃たれたという。それから数年のあいだに、警察官の黒人にたいする暴行事件が全国で相次ぎ、大きく報道された。

国じゅうで暴動と抗議運動が巻き起こり、公民権運動〈ブラック・ライブズ・マター〉が始まった。しばらくのあいだ、アメリカ社会はこの話題でもちきりになった。ニュースに登場した犠牲者たちを覚えている人も多いはずだ。ボルティモアでは、フレディ・グレイという若い黒人男性がポケットナイフ所持の容疑で逮捕されたあと、パトカーの後部座席で昏睡状態に陥った。ミネアポリス郊外では、フィランド・カスティールという黒人の若者が運転する車が警察に制止された。保険証書を見せたあと、不可解なことにカスティールは七回も銃で撃たれた。ニューヨークでは、エリック・ガーナーという黒人男性がタバコの違法販売の疑いで警察官の集団に取り囲まれた。その後の押し問答のあいだに、ガーナーは警察官に身体を押さえつけられて窒息死した。サウスカロライナ州ノースチャールストンでは、ウォルター・スコットという名の黒人男性の運転する車が、テールランプ故障を理由に警察官に停められた。スコットが逃亡しようとすると、白人の警察官が背後から彼を射殺。スコットが殺されたのは二〇一五年四月四日。[6] サンドラ・ブランドは、「サンディー・スピークス」のユーチューブ・チャンネルに投稿した動画のなかでスコットの死について触れた。

おはようございます、わたしの美しい王様と女王様……わたしは人種差別を許しません。わたしはイリノイ州のビラ・パークで育ちました。白人だらけのチアリーディング・チームのなかで、わたしは唯一の黒人の女の子でした……黒人のみなさん、白人とうまく協力する術《すべ》を学ばなければ、あなたはこの世界で成功することはできません。白人のみなさんにはぜひきちんと理解してほしいの。黒人は、できるかぎりがんばっているんです……黒人の命が尊重されていないことが明らかな状況を目の当たりにしたとき、わたしたちは腹を立てずにはいられません。あの黒人がなぜ逃げたのか疑問に思っている人もいるかもしれません。でも最近のニュースにあったように、その場に残って降伏したとしても、警官に殺されることだってあるんです。[7]

三カ月後、彼女も死んだ。

あの日、テキサス州の田舎の幹線道路の脇で実際に何が起きたのか？　本書では、その真実を追求したい。

どうして警察官による車両停止の失敗についての本を書く必要があるのか？　なぜなら、これらの一連の事件によって生まれた議論がひどく満足のいかないものだったからだ。一方の側の人々は事件を一万フィート上空から見下ろし、人種差別について論じた。反対側の人々は、それぞれの事件の詳細を虫メガネ越しに調べようとした。警察官はどんな人物だったのか？　正確には彼はどんな行動を取ったのか？　一方は森を見たが、木を見ようとしなかった。他方は木を見たものの、森を見ようとしなかった。

どちらの側もそれなりに正しかった。米国社会の機能不全について説明するとき、偏見と無能さというキーワードはおおいに役立つものだ。けれど、偏見や無能さのせいだという診断が下されたとき、人々はそれ以上の努力をしているだろうか？「次回はもっとがんばろう」と心から誓う以外、何か対策をしているだろうか？　保守派は「悪徳警察官がいる」という解釈を好み、リベラル派は「偏見に満ちた警察官がいる」という解釈を好む。最後には、両者は互いの主張を打ち消し合ってしまう。この国では、警察官がいまだ人を殺している。しかし、それらの死が大々的に報道されるブームの時期は過ぎた。私たちはある時点でいったん立ち止まり、サンドラ・ブランドが誰だったのかを思いだす必要があったのではないだろうか。しかるべき期間が過ぎると、人々はこれらの論争を脇へと追いやって次の話題に移った。

でも私は、次の話題に移りたくはない。

3

一六世紀のあいだ、ヨーロッパでは国や地域同士の戦争が七〇回近く起きた。デンマークはスウェーデンと闘った。ポーランドはドイツ騎士団と争った。オスマン帝国はベネツィア共和国と闘った。スペインはフランスと争った、などなど……。これらの終わりのない対立になんらかの規則性があるとすれば、隣国との争いが圧倒的に多かったという点だろう。つまり、国境のすぐ反対側にずっと以前からいる人々と頻繁に争いになった。ほかにも、国境の内側で諍いが起きることもあった。たとえば一五〇九年のオスマン帝国の内戦は、ふたりの兄弟のあいだで起きた紛争だった。人類史の大部分をとおして、その出会いが敵対的であろうと友好的であろうと、見知らぬ他人同士が突如として出会うことはめったになかった。闘いの相手はきまって同じ神を信じ、同じ方法で建物を造り、同じように都市を組織し、同じルールにのっとって同じ武器を使って闘う人々だった。

　しかし、一六世紀に起きたもっとも血なまぐさい紛争は、これらのパターンのどれにも当てはまらなかった。スペインの征服者エルナン・コルテスとアステカの支配者モンテスマ二世が出会ったとき、どちらの側も相手について何ひとつ知らなかった。[8]

　一五一九年二月にメキシコに上陸したコルテスはゆっくりと内陸へと進み、アステカの首都テノチティトランに近づいていった。コルテス率いる軍隊が街に着いたとき、彼らは畏敬の念に駆られた。テノチティトランには信じがたい光景が広がっていた。コルテスと部下たちが母国スペインで知るどの都市よりもはるかに大きく、はるかに発展していた。テノチティトランは島に建設された都市であり、本土とは何本もの橋でつながり、いたるところに運河が張りめぐらされていた。壮大な大通り、精巧な水道橋、活気に満ちた市場、鮮やかな白い漆喰壁の寺院、公共の庭園、さらには動物園まであった。どこも染みひとつないほど清潔だった。中世ヨーロッパの汚物まみれの都市で育ったスペイン人たちにとっては、ほとんど奇跡のような街だった。

「水の上にも陸の上にもそれこそ沢山の大きな町が立ち並び……我々はすっかり驚嘆し、これはまさしく……夢の世界のようだと口々に言った」[9]と、コルテス軍の司令官のひとりだったベルナル・ディアス・デル・カスティリョは手記に綴《つづ》った。「我々の仲間の中には、目の前の光景は夢ではないのかとさえ言う者がいたほどだった……それまで見聞きはおろか夢想だにしなかったというのがこのときの我々の目にした光景であってみれば、私としてもそれをどのように表わしたらよいか見当もつかないのも無理からぬことだからである」

テノチティトランの門の前に着いたスペイン人たちは、アステカの首長の集団に迎えられ、モンテスマ二世のもとに案内された。金色と銀色の刺繍が施され、花と宝石で飾られた輿《こし》に乗って現れたモンテスマは、非現実的なほどの威厳を兼ね備えた人物だった。宮廷人のひとりが行列の前を歩き、地面を掃きながら進んでいった。コルテスが自分の馬から降りると、モンテスマも輿から降りてきた。コルテスはいかにもスペイン人らしくアステカの支配者を抱擁しようとしたが、モンテスマの付添人に制止された。モンテスマを抱擁することなど誰にも許されていなかった。代わりに、ふたりは互いにお辞儀し合った。

「あなたが彼ですか？　あなたがモンテスマですか？」

モンテスマは答えた。「はい、私が彼です」

それまで、ヨーロッパ人がメキシコに足を踏み入れたことはなかった。アステカ人は誰ひとり、ヨーロッパ人に会ったことがなかった。コルテス自身も、彼らが築いた並外れた都市とその豊かさに畏敬の念こそ抱いてはいたものの、アステカについて何も知らなかった。モンテスマもコルテスのことを何も知らなかった。知っていたのは、コルテスが大胆不敵にもアステカ王国に近づいてきたことだけだった。アステカの人々が見たこともない奇妙な武器を手に、神秘的な大きな動物——馬——に乗ってやってきたということだけだった。

何世紀にもわたって歴史家たちは、コルテスとモンテスマの出会いの物語に魅了されてきた。それも当然の話だ。五〇〇年前のその瞬間、探検家たちが大海を渡り、未知の領域で果敢な遠征を始めたとき、かつてない新しい種類の出会いが生まれた。コルテスとモンテスマは相手について何も知らなかったにもかかわらず、会話することを望んだ。コルテスがモンテスマに「あなたが彼ですか?」と尋ねたとき、その言葉を本人に直接言ったわけではなかった。スペイン語しか話せなかったコルテスは、通訳者をふたり同行させなければいけなかった。ひとりはマリンチェという名の先住民で、数カ月前にスペインに捕らえられた女性だった。マリンチェは、アステカ王国で使われるナワトル語にくわえ、今回の遠征の出発地だったメキシコ領の言語であるマヤ語にも通じていた。コルテスはさらに、ヘロニモ・デ・アギラールという名のスペイン人司祭も帯同させていた。アギラールはユカタン半島沖で遭難し、現地に逗留しているあいだにマヤ語を身につけた。コルテスはまず、スペイン語でアギラールに話した。アギラールは次に、マリンチェのためにそれをマヤ語に翻訳。最後に、マリンチェがマヤ語からナワトル語に訳してモンテスマに伝えた。モンテスマが「はい、私が彼です」と答えると、今度は長い翻訳のプロセスが反対側に進んでいった。両者がそれまで生涯ずっと続けてきた対面式のいたって単純な意思疎通は、突如として絶望的なほど複雑なものになった。

　コルテスは、モンテスマの宮殿のひとつに連れていかれた。通訳のアギラールはのちに、宮殿のなかには「数えきれないほどの部屋、控えの間《ま》、豪華絢爛な大広間、大きな布で覆われたマットレス、革と木の繊維でできた枕、品質のいい羽布団、見事な白い毛皮のローブ」[11]があったと描写した。夕食後、モンテスマはコルテスらと再び会い、スピーチを披露した。が、すぐに混乱が始まった。スペイン人たちは、モンテスマの発言の内容を次のように解釈した。アステカの王であるモンテスマは、驚くべき譲歩をする準備がある。彼はコルテスを神だと信じ、追放された神がいつの日か東から戻ってくるという古代の予言が実現したのだと考えた。[*1] 結果として、モンテスマはコルテスに降伏する――。それを聞いたコルテスの反応を想像するのはむずかしいことではない。眼のまえの壮大な都市が、いまや事実上彼のものとなったのだ。

　しかし、モンテスマはほんとうにそんなことを言ったのだろうか？　アステカ族の言語であるナワトル語には〝敬語〟の風変りな用法があり、モンテスマのような王室の人間は特殊な話し方を多用した。権力者は緻密な偽りの謙遜をとおして自らの地位を投影する、というのがアステカの伝統的な文化だった。たとえば、歴史家のマシュー・レストールによると、ナワトル語で「高貴な人」を意味する単語は、「子ども」という単語とほぼ同じだという。言い換えれば、モンテスマのような支配者が自分を「小さい」「弱い」と表現したとき、実際のところ彼は、自分が「立派」「権力者」だと相手にさりげなく伝えようとしていることになる。

「そのような言語を適切に翻訳するのが不可能なのはあまりに明らかだ」[13] とレストールは著書で

＊1　モンテスマがコルテスを神だとみなしたという説は、カミラ・タウンセンドをはじめとする多くの歴史家によって誤りだとはっきりと証明されてきた。タウンセンドによると、それはたんなる誤解だったという。ナワ族の人々がコルテスと部下たちを指すのにteotlという単語を使ったとき、スペイン側が「神」と訳したのが誤解の原因だった。「彼らがteotlを使ったのは、なんらかの分類を使ってスペイン人を呼ぶ必要があったからだ」[12] とタウンセンドは主張する。「どのような分類が妥当か、当時はまったく明確ではなかった……その時点まで存在していたナワ族だけの世界では、人々はつねに出身の村や都市国家によって分類されていた。くわえて、与えられた社会的役割（貢ぎ物を集める人、王子、使用人）によってさらに細かく分類されていた。スペインから来た新しい人々は、どの分類にも当てはまらなかった」

主張した。

話し手はしばしば、自分が実際に意味する内容と正反対のことを言った。真の意味は、言葉そのものではなく敬語の使い方に組み込まれていた。複数の通訳を通すうちにそれらの微妙なニュアンスが削ぎ落とされ、意味が歪められてしまった……モンテスマのような人間のスピーチの内容が正確に相手に伝わる可能性は低かった。それどころか、意味が正反対になるおそれさえあった。このコルテスとの対話の例では、モンテスマがスピーチのなかで伝えようとしたのは自身が降伏するということではなく、スペイン側の降伏を受け容れるということだった。

高校時代の世界史の授業から、コルテスとモンテスマの出会いがどのような結末を迎えたのかを記憶している人も多いはずだ。[14]モンテスマはコルテスに捕らえられ、のちに殺された。双方が戦争を始め、二〇〇〇万人ものアステカ人の命が奪われた。スペイン人兵士に直接的に殺された者もいれば、彼らが持ち込んだ病気の感染によって間接的に死んだ者もいた。テノチティトランの街は破壊された。コルテスのメキシコ進出は、悲惨な植民地拡大の時代の到来を告げるものだった。さらに、社会的交流のきわめて現代的で新しいパターンを生みだすものでもあった。今《こん》日《にち》の私たちにとって、前提、視点、背景が自分とは異なる人々と接触するのはもはや日常茶飯事になった。現代世界は、オスマン帝国の支配権を争い合うふたりの兄弟の世界ではない。むしろ、複数の翻訳者の層をとおして互いを理解しようとした、コルテスとモンテスマの葛藤に満ちた世界だ。本書では、私たちがその翻訳という行為をひどく苦手とする理由について探りたい。

このあとの各章では、よく知らない他人との関係にまつわる問題のさまざまな側面に切り込んでいきたい。取り上げる例の多くは最近のニュースで報道された事件であり、耳にしたことがある人も多いかもしれない。カリフォルニア州北部にあるスタンフォード大学では、ブロック・ターナーという新入生がパーティーで女性と出会い、その夜の終わりに警察に身柄を拘束される。ペンシルベニア州立大学では、フットボール・チームの元アシスタント・コーチであるジェリー・サンダスキーが少年への性的虐待の容疑で有罪となる。さらに、大学の学長とふたりの幹部が犯罪に加担していたことが発覚する。国防総省《ペンタゴン》の上層部で何年ものあいだ密かに活動を続けていたスパイ、ヘッジファンド運営者バーナード・メイドフを逮捕に追い込んだ調査官、冤罪でイタリアの刑務所に収容されたアメリカ人留学生のアマンダ・ノックス、自殺した詩人シルビア・プラスなどが例として各章に登場する。

すべての事例において、当事者たちは一連の戦略に頼ってお互いの言葉と意図を解釈しようとした。いずれの場合も、戦略は途中でまちがった方向に進んでしまった。本書のなかで私は、それらの戦略について考え、分析し、批評し、どのように生みだされたのかを突き止め、修正する方法を見つけたい。そして最後の章では、再びサンドラ・ブランドの物語に話を戻すことになる。なぜなら道路脇での彼女と警官の遭遇のなかに、私たちが忘れてはいけない教訓が隠れているからだ。彼女にとって、どれほどつらい体験だったかを想像してみてほしい。警官のブライアン・

エンシニアにとってサンドラ・ブランドは、近所や道端であいさつを交わすような顔見知りではなかった。ふたりが知り合いだったら、問題はもっと簡単に解決したはずだ。「サンディー！元気かい？　次はもう少し気をつけてくれよ」とエンシニアが言って話は終わっていたにちがいない。代わりに道路脇にいたのは、シカゴ出身のブランドとテキサス出身のエンシニアだった。ひとりは男性で、もうひとりは女性だった。ひとりは白人で、もうひとりは黒人だった。ひとりは警察官で、もうひとりは民間人だった。ひとりは武器を持ち、もうひとりは武器を持っていなかった。ふたりは見ず知らずの他人同士だった。現代社会を生きる私たちにもっと思いやりがあれば——よく知らない相手とどう向き合い、どう相手を理解するべきかより深く自己分析できれば——サンドラ・ブランドがテキサスの拘置所の独房で死ぬことはなかった。

まずは、ふたつの問い——見知らぬ他人についてのふたつの謎——について考えてみたい。では、フロレンティーノ・アスピジャガという男性が何年もまえにドイツの報告センターで話した物語から始めよう。

第1部　スパイと外交官——ふたつの謎

第1章　フィデル・カストロの復讐

1

フロレンティーノ・アスピジャガの最後の赴任先は、当時のチェコスロバキアにあったブラチスラバだった。鉄のカーテンが崩壊する二年前の一九八七年、アスピジャガはキューバ・テクニカというコンサルティング会社を街で運営していた。貿易関連の会社として登録されていたものの、それはただの見せかけだった。アスピジャガは、キューバ総合情報部の幹部だった。

一九八五年にアスピジャガは年間最優秀情報部員に選ばれ、フィデル・カストロ自身の手書きによる賞状を受け取った。彼はそれまでモスクワ、アンゴラ、ニカラグアを渡り歩いて自国のために働き、各地で大きな手柄を立ててきた。アスピジャガはスパイの世界では大スターだった。ブラチスラバに赴任した彼は、地域一帯のキューバ人情報部員ネットワークを監督する任務に就いた。

しかし、キューバの諜報機関の出世の階段を駆け上がっていたある時点から、アスピジャガにかかっていた魔法は解けていった。アンゴラでの共産革命を祝うカストロの演説を見た彼は、その傲慢さとナルシストぶりに啞然とした。一九八六年にブラチスラバに配属になるころまでに、彼の疑念はさらに高まっていった。

アスピジャガは、一九八七年六月六日に亡命する計画を立てた。それは手の込んだ内輪の冗談だった。六月六日は、国のスパイ活動を一手に管理するキューバ内務省の設立記念日だった。総合情報部の職員たちのあいだでは六月六日を祝って過ごすのが慣例となっており、キューバのスパイ機構に敬意を表してさまざまなスピーチ、祝賀会、儀式などが執り行なわれた。アスピジャガは自らの裏切りの影響をより大きくすることを望み、亡命日をあえてその日にした。

土曜日の午後、ブラチスラバの繁華街の公園で交際相手のマルタと落ち合った。彼女もキューバ人で、チェコの工場で出稼ぎ労働者として働く数千人のキューバ人のひとりだった。同じ地位のすべてのキューバ人と同じように、マルタのパスポートはプラハにあるキューバ政府施設に保管されていた。アスピジャガとしては、彼女を秘密裏に出国させるしかなかった。彼は、政府から支給されたマツダの車のトランク内のスペアタイヤを外し、床に空気穴をあけたあと、マルタになかに隠れるように指示した。

当時の東欧はまだ大陸のほかの地域から隔絶され、東西間の移動は厳しく制限されていた。しかしブラチスラバはウィーンから車ですぐの場所に位置し、アスピジャガは以前にもふたつの街を行き来したことがあった。彼は国境ではよく知られた存在であり、くわえて外交官用のパスポートを持っていた。国境の警備員たちはただ手を振ってアスピジャガの車をとおした。

ウィーンに着いたふたりはマツダを乗り捨て、タクシーに乗り、アメリカ大使館の門の前にやってきた。土曜日の夜で大使館は閉まっており、幹部職員はみな自宅にいた。しかし、わざわざ大げさなことをしなくても、アスピジャガは警備員の注意を惹くことができた。「私はキューバ諜報機関の職員です。私は諜報機関の指揮官です」[1]

スパイの世界では、ウィーンの大使館に突然現れたアスピジャガが取ったような行動を「ウォークイン」と呼ぶ。ある国の諜報部員が別の国の諜報組織の建物の前に告知なしでやってくる、それがウォークインだ。小柄なフロレンティーノ・アスピジャガの行動は、冷戦時代の偉大なウォークインのひとつだった。キューバについて——くわえて、密接な同盟国であるソビエトについて——彼が知ることは、きわめて高度な機密情報ばかりだった。亡命後、キューバ諜報機関の職員たちは二度アスピジャガを暗殺しようとしたが、二回とも彼はなんとか逃げ切った。以降、アスピジャガが表舞台に出てきたのはいちどきり。彼と会うことができたのは、アメリカの中央情報局（ＣＩＡ）の中南米局を長年にわたって指揮するブライアン・ラテルだった。

ラテルに情報を与えたのは、アスピジャガとの仲介役を務める覆面捜査官だった。マイアミ郊外のコーラル・ゲーブルズのレストランで仲介役と会ったラテルは、さらに別の場所に行くよう指示を受けた。聞けば、アスピジャガが新たな人格を装って生活する町により近いところだという。ラテルは某所にあるホテルのスイートルームを借り、アスピジャガが来るのを待った。

「彼は私より若かった。私はいま七五歳ですが、彼は六〇代後半になっているでしょう」とラテルは当時の対面を思いだしながら言った。「でも、彼は深刻な健康問題を抱えていました。亡命者として別の人格を装って生きるのは、そりゃつらいことですよ」

ひどく体調を崩した状態であっても、アスピジャガの若いころの姿を想像するのはむずかしくなかった。カリスマ的で、スレンダーで、どこか芝居がかったところがあったにちがいない、とラテルは言う。危険を好み、感情を大げさに表現する男だったはずだ。ホテルのスイートルームに入ってきたとき、アスピジャガは箱を持っていた。彼はその箱をテーブルに置き、ラテルのほうに向きなおった。

「これは、亡命のすぐあとに書いた回顧録です」と彼は言った。「あなたに持っていてほしいんです」

箱のなかの紙束の上に綴られていたのは、どこまでも理解しがたい物語だった。

2

ウィーンのアメリカ大使館に劇的に姿を現したあと、アスピジャガの身柄はドイツの米軍基地内の報告センターに送られた。当時のアメリカの諜報活動は、キューバの首都ハバナにある米国利益代表部においてスイスの組織を装って行なわれていた（キューバの代表団も米国内で似たような活動をしていた）。情報を伝えるまえに、アスピジャガはひとつだけお願いがあると告げた。CIAの元ハバナ基地局幹部のひとり――キューバ情報組織内で〝エル・アルピニスタ〟（登山者）として知られる男――を呼んでほしいと彼は頼んだ。[2]

エル・アルピニスタは、世界各地を渡り歩いてきたベテランのCIA課報部員だった。キューバ人のように巧みにスペイン語を操る彼のスパイ技術はまさに天下一品だった。ベルリンの壁が崩壊したあとに見つかった資料によれば、ソ連国家保安委員会（ＫＧＢ）と東ドイツ秘密警察はエル・アルピニスタのスパイ技術について自国の諜報部員に教えるための講座まで開いていたという。いちど、ソビエトの諜報部員たちがエル・アルピニスタを東側に寝返らせようと、文字どおり金が詰まった袋を眼のまえにぶら下げて勧誘したこともあった。が、エル・アルピニスタはそれをあざ笑い、頑として拒んだ。彼は賄賂のきかない高潔な人間だった。アスピジャガは、自身が模範とするアメリカ人スパイであるエル・アルピニスタと直接話をすることを望んだ。

「フランクフルトに急ぐよう指示を受けたとき、私は別の国で働いていました」とエル・アルピニスタは当時について振り返った（しばらくまえにＣＩＡを退職したものの、彼はニックネームで呼ばれることを好んだ）。「フランクフルトは、われわれの亡命者管理センターがある場所でした。キューバ人のある男がウィーンの大使館に亡命したと私は聞かされていました。トランクに恋人を隠してチェコスロバキアを車で脱出し、大使館にウォークインした男が、私とどうしても話したがっている、と。少し狂気じみたものを感じましたよ」

エル・アルピニスタは大急ぎでドイツの報告センターに駆けつけた。「担当官が四人、居間の椅子に坐っていました」と彼は続けた。「アスピジャガは奥の寝室で恋人とセックスの真っ最中だといいます。隠れ家についてから、ずっとセックスばかりだと。それから、私は彼と話をするために寝室に入りました。アスピジャガは痩せこけ、貧しい身なりをしていました。当時の東欧人やキューバ人の多くがそうでしたね。少しだらしない感じです。でも、とても利口な男だとすぐにわかりました」

部屋に入ったとき、エル・アルピニスタは自分が何者かをアスピジャガに告げなかった。彼は用心深く行動しようとした。なんといっても、アスピジャガは得体の知れない存在だった。しかし、わずか数分のうちにアスピジャガは、話し相手がエル・アルピニスタだと気がついた。一瞬の緊張はすぐに笑い声に変わり、ふたりはキューバ風にハグを交わした。

「五分だけ世間話をしたあと、すぐに本題に移りました。亡命した諜報部員から詳細を聞くときには、その人物の信憑性を証明する情報が必要になります」とエル・アルピニスタは言った。「そこでまず私は、キューバの諜報活動についてどんな秘密を知っているのか彼に訊いてみました」

するとアスピジャガは、爆弾のような情報を明らかにした。鉄のカーテンのうしろからウィーンの大使館の門へと彼を導いたのは、まさにその情報だった。当時のCIAは、キューバ国内にスパイ網を持っていた。忠実なスパイたちからの担当官への報告を頼りに、アメリカは敵であるキューバへの理解を深めていった。アスピジャガはひとりのスパイの名前を出し、「その男は二重スパイです。彼はアメリカではなく私たちキューバのために働いているんです」と言った。室内にいた面々は何事か理解できず、みな愕然としていた。しかし、アスピジャガは話を続けた。彼は別のスパイの名前を挙げ、「その男も二重スパイだ」と言った。それからもうひとり、さらに別のひとりの名前を言った。アスピジャガはスパイの名前と細かな情報を正確に把握していた。アントワープの船で雇ったあの男です。口ひげを生やした、背の低い小太りの男ですよ。彼は二重スパイです。国防省で働く、足を引きずって歩くあの男。彼も二重スパイですよ。アスピジャガは立てつづけに数十人の名前を口にした。事実上、キューバ国内にいるアメリカのスパイ登録者全員の名前が挙がった。[3] 彼らみんながキューバ政府のために働いており、キューバ側がでっちあげた情報をＣＩＡにそのまま流している、というのがアスピジャガの主張だった。

「私は坐ってメモを取りながら――」とエル・アルピニスタは言った。「感情をいっさい出さないように心がけました。そう訓練されていましたからね。でも、心臓は早鐘を打っていました」

アスピジャガが話していたのは、エル・アルピニスタの仲間――若く野心的な諜報部員としてキューバに派遣されたときに、協力関係にあったスパイたち――のことだった。エル・アルピニスタがハバナにはじめてやってきたとき、彼はスパイを積極的に活用して情報を掘り起こそうとした。「どこかの国の大統領府のなかにスパイがいたとしても、うまくコミュニケーションを取ることができなければ役には立ちません」とエル・アルピニスタは説明した。「ちゃんとコミュニケーションを取って、見合う価値を手に入れるべきだと私は強く感じていました。半年から一年もたてば、そのスパイは大統領府から別の場所に異動になってしまうかもしれない。だから待っていてはダメなんです」。しかしいまや、キューバでのすべての作戦が偽物にすぎなかったことが発覚した。「正直にいうと、私はキューバが大嫌いだったので、キューバの人たちを騙すことから大きな喜びを得ていたんです」と彼は悲しげに言った。「でも、騙されていたのは私のほうだったとわかった。かなりの驚きでしたね」

エル・アルピニスタはアスピジャガとともに軍用機に乗り、ワシントンＤＣ郊外のアンドリュース空軍基地に行った。ＣＩＡ南米部門の〝有力者たち〟がふたりを待ちかまえていた。

「キューバ担当部門の連中の反応といったら、まさに戦々恐々といった様子でした」と彼は振り返った。「長年まんまと騙されていたなんて、彼らにとっては信じられないことだった。とにかく衝撃だった」

状況は悪くなる一方だった。恥ずべきことにアスピジャガがキューバの機密情報をCIAに漏らしたと知ったフィデル・カストロは、相手の傷口にさらに塩を擦り込むことに決めた。まず、CIAのためのスパイを演じていた職員たちを集め、キューバ各地で勝利パレードを開いた。次に、キューバのテレビで一一部構成の驚くべきドキュメンタリー番組を放送した。その名も『CIAのキューバとの戦争』(*La Guerra de la CIA contra Cuba*)。あたかもリアリティー番組を制作するかのように、キューバ諜報当局は少なくとも一〇年以上にわたってCIAによる国内での活動のすべてを撮影・記録していた。『サバイバー――ハバナ篇』のごとく、映像はびっくりするほど高品質だった。アップの映像もあれば、映画のような角度から撮影されたしゃれた映像もあった。音声もきわめて明瞭だった。キューバ当局は、秘密の会議が開かれる場所についての情報をまえもってすべて把握し、技術者を送り込んで盗聴器を仕かけて音声を録音していたにちがいない。

ドキュメンタリー映像のなかには、身分を隠して潜入捜査しているはずのCIA職員たちの姿がはっきり映っており、その本名まで特定されていた。ピクニック・バスケットや書類鞄のなかに隠された送信機など、CIAが誇る高度な装置もすべてバレバレだった。番組内では、あらゆる秘密が暴露されていた。CIA職員が、○○公園のベンチを使って情報源と連絡を取り合っていたこと。ＣＩＡが異なる色のシャツを使い、情報提供者に密かに合図を送っていたこと……。[4] レール上にカメラを走らせて撮影された長いトラッキング・ショットに映るのは、大きなプラスチック製の〝石〟に現金と指示書を詰め込むＣＩＡ職員の姿。[5] ピナール・デル・リオの廃品置き場に現れたＣＩＡ職員が、壊れた車のなかにスパイのための秘密の文書を隠す映像もあった。別の映像は、ＣＩＡ職員が道路脇の深い草むらのなかで荷物を探す様子をとらえていた。そのあいだ、彼の妻は車内で苛立った様子で待っていた。エル・アルピニスタの姿も、そのドキュメンタリー番組にちらりと映り込んでいた。現地の担当官たちが直面した状況はさらにひどいものだった。「そのドキュメンタリー・シリーズが放送されたあと」とエル・アルピニスタは言った。「どこへ行っても、カメラを持った男が肩越しにのぞき込んでいるかのような感覚にとらわれたそうです」

ドキュメンタリー番組についての噂を耳にしたＦＢＩマイアミ支局長は、キューバの役人に電話してビデオを送るように頼んだ。すぐさま送られてきた一組のビデオテープの映像の音声は、すべて丁寧に英語に吹き替えられていた。世界でもっとも洗練された諜報組織であるはずのＦＢＩが、とことんバカにされていた。

3

これこそ、フロレンティーノ・アスピジャガの物語の理解をむずかしくする部分だ。キューバはふつうの詐欺師のように、引きこもりがちな老人の集団を騙したわけではなかった。彼らが煙に巻いたのはアメリカのCIAだった。つまり、よく知らない人々を理解するという問題と真剣に向き合う組織を欺いたのだ。

CIAは、それらの二重スパイ全員についてのくわしい情報を把握していた。エル・アルピニスタ自身も、その資料を注意深く確かめたという。あからさまな危険信号などひとつもなかった。ほかのすべての諜報機関と同じように、CIAには対諜報活動《カウンター・インテリジェンス》のための部門がある。彼らの仕事は、自分たちの組織の活動を監視し、裏切りの兆候がないか調べることだ。キューバでの一連の流れについて、彼らは何か察知していたのか？　いや、何も知らなかった。[*1]

何年もたってから事件について振り返ったCIA中南米局のブライアン・ラテルは肩をすくめ、キューバ人たちはきわめて優秀だったとただつぶやいた。

> 彼らは見事にそれをやり遂げた。つまりフィデル・カストロは、見せびらかすことのできる二重スパイを選んだ。たぐいまれな才能を持つ人物をスパイとして選んだ……一部のスパイは、相手を騙すために演技の訓練まで受けていた。あるスパイは、いかにも騙されやすそうな愚直な人物を演じていた。でも彼は、とても狡猾な熟練の諜報部員だった。どう見てもマヌケな人間にしか見えなかった彼が、二重スパイだったとはね。すべて、カストロが練り上げた作戦だったんです。いわば、カストロがもっとも演技のうまい俳優だったというわけですよ。

エル・アルピニスタは、ＣＩＡのキューバ担当部門のスパイ技術が低かっただけだと主張した。彼は以前、東ドイツに対抗するために東欧で活動したことがあった。そのときのＣＩＡはもっと注意深かったという。

しかし、東ドイツでのＣＩＡの活動の結果は？　キューバと同じくらいひどかった。ベルリンの壁が崩壊したあと、東ドイツの諜報機関の長官だったマルクス・ボルフは回顧録にこう綴った。

> 一九八〇年代後半までに、われわれは周囲がうらやむほど優位な立場にいた。ＣＩＡの工作員はひとり残らず二重スパイに寝返ったか、そもそもはじめから東ドイツのために働いていた。彼らはみなこちらの命令にしたがい、慎重に選択された情報や偽情報をアメリカに届けていた。[6]

注意深いと思われていたＣＩＡ東欧部門も、実際のところ、冷戦中に起きた最悪の違反行為に苦しめられた。対ソ連の防諜活動を担当する最高幹部のひとり、オルドリッチ・エイムズがソ連に寝返っていたことが発覚したのだ。彼の裏切りによって、多くのアメリカ人スパイがソ連国内で逮捕され、一部が処刑された。エル・アルピニスタはエイムズを知っていた。局の上級幹部たちはみな彼のことを知っていた。「私はエイムズのことをそれほど高く評価していませんでした」とエル・アルピニスタは言った。「怠け者の大酒飲みだと知っていましたから」。しかし彼も同僚たちも、エイムズが裏切り者だとは疑っていなかった。「ベテラン工作員にとって、自分たちの仲間が敵に騙されるなんて考えられないことでした。まさか、エイムズみたいな行動を取る人間がいるなんてね。みんな、ただただ驚いていました。仲間のひとりがそういうふうに裏切る

＊1　アスピジャガが説明したような裏切り行為を防ぐためにCIAは、職員にたいして嘘発見器《ポリグラフ》を使った検査を定期的に実施する。キューバ人スパイの誰かが島を離れるときには、CIA職員がかならずホテルの部屋で密かに面会し、ポリグラフを使った検査を行なった。問題なしと判断されるスパイも少なくなかった（ポリグラフ担当の部門長が合格判定を出したスパイのうち六人は、のちに二重スパイだと発覚した）。一方で、不合格と判断されるキューバ人スパイもいた。しかし、そのときに何が起きていたのか？　キューバ担当部門は結果を無視した。CIAのポリグラフ担当者のひとりだったジョン・サリバンは、多くのキューバ人情報提供者に不合格判定を下した。すると彼は会議に呼びだされ、不合格者を出したことを咎められたという。「私たちは不意打ちに遭いました」とサリバンは言う。「ひどく叱りつけられました……『自分たちの行動の意味がわかっているのか？』と担当官たちはねちねちと文句を言いました。『マザー・テレサもきみたちの検査に合格することはできないだろうな』と。ほんとうに意地悪なことばかり言われましたよ」

　しかし、彼らを非難できるだろうか？　担当官たちは、他者を理解するひとつの方法（ポリグラフ検査）を別の方法（自分で判断する）に置き換えるという道を選んだ。それはどこまでも論理的な判断だ。

　現実問題として、ポリグラフの結果は完璧ではない。担当官たちには、スパイと直接やり取りしてきた長年の経験があった。彼らはスパイたちと会い、会話し、提出された報告書の質を分析してきた。熟練した専門家による長年にわたる評価を、ホテルの部屋での急ごしらえの検査の結果よりも正確だと考えるのはしごく当然のことかもしれない。けれど実際のところ、そのような専門家による評価は正確ではなかった。

「多くのCIA担当官たちは、『おれ自身も優秀な工作員だから、あいつらに騙されるはずがない』と考えます」とサリバンは言った。「とくに印象的だった男性職員がひとりいます。きわめて優秀で、局内でもとくに高い評価を受けていた工作員です」。サリバンが話していたのは、明らかにエル・アルピニスタのことだった。「でも、彼はキューバのスパイたちにすっかり騙されていた。情報の受け渡し場所でのやり取りの様子まで撮影されていた。信じがたいことですよ」

ことがあるんだと」

エル・アルピニスタは、世界でもっとも洗練された機関のひとつで働く、もっとも才能豊かな職員のひとりだった。にもかかわらず、彼は屈辱的な裏切りを三回も目の当たりにした。まずフィデル・カストロに騙され、次に東ドイツに騙された。そして、怠け者の大酒飲みがＣＩＡ本部そのものを裏切った。ＣＩＡでもとりわけ優秀な人々がこれほど完膚なきまでに何度も欺かれるとすれば、私たち一般市民はどうなってしまうのか？

ここでひとつ目の謎が浮かび上がってくる。眼のまえの見知らぬ相手が面と向かって嘘をつくとき、なぜ私たちはそれを見抜けないのか？

第2章　アドルフ・ヒトラー総統と知り合いになる

1

一九三八年八月二八日の深夜、ネビル・チェンバレンは、もっとも信頼する側近たちをダウニング街一〇番地の首相公邸に呼び寄せて戦略会議を開いた。[1] チェンバレンがイギリスの首相になってから、すでに一年あまりが過ぎていた。元実業家の彼ははっきりものを言う現実的な政治家で、興味も実績もおもに国内問題に関するものがほとんどだった。しかしチェンバレンははじめて、外交上の危機に向き合うことになった。アドルフ・ヒトラーにまつわる問題だ。チェコスロバキアにあるドイツ語圏ズデーテン地方への侵略について、ヒトラーは最近ますます好戦的な態度を示すようになった。

ドイツがチェコスロバキアに侵略した場合、ほぼ確実に世界大戦が始まることになる。チェンバレンとしては、そのような事態だけはどうしても避けたかった。しかしヒトラーはここ数カ月ほとんど人前に姿を現しておらず、ドイツの意図はどこまでも予測不能で、ヨーロッパ諸国は不安を募らせていた。なんとか難局を乗り切ろうと心に決めたチェンバレンは、その夜、自ら「プランZ」と名づけた極秘作戦を側近たちに伝えた。チェンバレンはのちに、「あまりに大胆で型破りな考えだったため、（外務大臣の）ハリファックス伯爵は度肝を抜かれていた」[1]と綴った。チェンバレンが思いついたのは、ドイツに飛んでヒトラーと一対一で会うというアイデアだった。

一九三〇年代後半、ドイツの指導者だったヒトラーは世界全体を戦争へと引きずり込んでいった。この絶望的な時代に起きていた奇妙な現象のひとつが、ヒトラーのことをくわしく知る世界の指導者がほとんどいなかったというものだ。[*1] ヒトラーは謎だらけの人間だった。ナチス台頭のあいだアメリカ大統領を務めたフランクリン・ルーズベルトも、ヒトラーに実際に会ったことはなかった。ソビエトの指導者ヨシフ・スターリンも同じだった。チェンバレンの次の英国首相であるウィンストン・チャーチルは、一九三二年、本の取材のために訪れていたミュンヘンでヒトラーと会う約束を取りつけた。ふたりはお茶をする計画を二度立てたものの、どちらもヒトラーがすっぽかした。

戦前にヒトラーと長い時間をいっしょに過ごしたイギリス人は、ナチスの大義に友好的な貴族たちだった。彼らはたびたび海峡を渡ってドイツを表敬訪問し、パーティーに参加してヒトラーと談笑した。「機嫌がいいときは、とても愉しい方だった」[3]とファシスト支持者の貴族女性ダイアナ・ミットフォードは回顧録に綴った。彼女はミュンヘンでたびたびヒトラーと食事をした。「誰かが言ったおかしな冗談を真似するようなおちゃめな面もあった」。しかし、それはあくまでも社交の場でのことだった。世界大戦をなんとか回避しようと奔走していたチェンバレンは、自身の眼でヒトラーを見定めるのがいちばん効果的だと考えた。ヒトラーは話のわかる人間だろうか？ 信頼できるだろうか？ チェンバレンは自ら確かめたかった。

一九三八年九月一四日の朝、駐独イギリス大使がドイツの外務大臣ヨアヒム・フォン・リッベントロップに電報を送った。チェンバレンと会う気はあるか、とヒトラーに尋ねる内容だった。その日のうちにフォン・リッベントロップからイエスという回答が返ってきた。大衆の興味を巧みに惹く方法を知るチェンバレンは、その知らせをわざとマスコミに漏らした——自身でドイツに出向き、戦争を回避できるか確かめる。すると、イギリス全土で喜びの声が沸き起こった。世論調査では、チェンバレンのドイツ訪問は「平和に役立つこと」だと七〇パーセントの国民が賛同した。新聞各紙も訪問を支持した。ベルリン滞在中のある外国人特派員は、レストランでの食事中にニュースが舞い込んできたときの様子について記事で伝えた。室内にいたみんながいっせいに立ち上がり、チェンバレンの幸運を祈って乾杯したという。[1]

チェンバレンは九月一五日の朝にロンドンを発った。飛行機に乗るのははじめてだった。ミュンヘンに近づくと悪天候で飛行機がかなり揺れたものの、彼はなんとか平静を保った。チェンバレンを一目見ようと、何千人もの人が空港に集まってきた。一四台のメルセデスの車列に率いられて駅まで移動したあと、チェンバレンは列車に乗り換え、ヒトラーの山荘があるベルヒテスガーデンに向かった。道中、ヒトラー専用の食堂車で豪華な昼食が振る舞われた。夕方五時に着くと、出迎えたヒトラーが手を差し出した。チェンバレンはのちに、妹アイダに宛てた手紙のな

＊1 唯一の例外はカナダの首相ウィリアム・ライアン・マッケンジー・キングで、彼は一九三七年にヒトラーに会った。マッケンジー・キングはヒトラーを敬愛し、ジャンヌ・ダルクにたとえて褒めたたえた。[2]

かでヒトラーの第一印象について詳述した。

ヒトラー総統は階段の途中に立っていた。帽子はかぶらず、ブロード地のカーキ色のコートを着ていた。鉤十字の模様が入った赤い腕章を巻き、胸のあたりには鉄十字章をつけている。われわれが夜に身につけるような黒いズボンを穿き、黒いエナメル革の編み上げ靴を履いていた。髪は黒ではなく、茶色。眼は青。表情は気むずかしそうで、落ち着いたときにはますます不機嫌っぽくなる。どこまでも平凡な見かけだ。人ごみのなかで彼に眼を惹かれるようなことはないだろうし、ペンキ職人と勘ちがいしてもおかしくはない。[4]

ヒトラーは通訳ひとりだけを同行させ、チェンバレンを階上の書斎へと招き入れた。ときに激しい議論を交えながら、ふたりは話し合いを進めた。ある時点でヒトラーは「私は世界戦争に向き合う準備ができている！」とチェンバレンに伝えた。世界を敵にまわしてでもズデーテン地方を手に入れる、と彼は明言した。チェンバレンが知りたかったのは、ヒトラーが望むのがそれだけかという点だった。ヒトラーはそうだと答えた。チェンバレンはヒトラーを長いあいだまっすぐ見つめ、相手の言葉を信じることにした。妹宛ての同じ手紙のなかで彼は、ドイツ側からこう伝え聞いたと説明した——今回の会談について、ヒトラーは「信頼できる男と話ができた」と感じているという。

「要するに、はじめの目論見どおり一定の信頼関係を築くことができたというわけだ。ヒトラーには無慈悲で強硬なところがあるものの、実際に私が眼にした彼からは、約束したことはしっかり守る男という印象を受けた」[4]

翌朝、チェンバレンはイギリスに帰国した。ロンドン郊外のヘストン空港に着くと、彼は駐機場で短い演説を行なった。「昨日の午後、ヒトラー総統と長い時間にわたって話をしました」とチェンバレンは話しだした。「お互いの考えについてふたりともしっかり把握でき、とても満足している」。こんどはもっとイギリスの近くで会談することになる、と彼は請け合った。「年老いた私が長旅をしなくてすむようにね」とチェンバレンが言うと、まわりの記者は笑い声と歓声を上げた。[1]

2

チェンバレンによるヒトラーとの交渉は、第二次世界大戦における大きな過ちのひとつだと広くみなされている。チェンバレンはヒトラーに心を奪われるあまり、交渉のテーブルで裏をかかれてしまった。彼はヒトラーの意図を読み誤り、約束に背いたら深刻な結果になると警告することを忘れてしまった。歴史はネビル・チェンバレンに大きな試練を与えた。

しかし、そのような批判の裏には複雑な謎が隠れていた。チェンバレンはそのあとも二度ドイツを訪問し、ヒトラーと何時間にもわたって会談した。ふたりは話し、議論し、食事をともにし、いっしょに散歩した。当時、連合国側の指導者のなかでヒトラーと実際に長い時間を過ごしたのはチェンバレンだけだった。話し合いを重ねるたび、彼は相手の行動について注意深くメモを書き留めた。「はじめて会ったときのヒトラーの見かけと態度から、何か悪いことが起きる気配が見て取れた」と二度目以降のドイツ訪問後にチェンバレンは妹ヒルダに伝えた。「だが、彼は両手で握手をしてきた。それは、とりわけ友好的な態度を示すときにだけヒトラーが取る行動だった」[4]。ロンドンに戻ったチェンバレンは「総統に常軌を逸したようなところはいっさいなく、会談のあいだ何度もうれしそうな態度を示した」と閣僚たちに言った。ヒトラーはいたって正常で、理性的で、強い意志を持つ男だと。「彼は自分が望むものをしっかりと考え抜き、それを必死で手に入れようとする。ある段階を超えたら、いかなる反対も許さない人間だ」[1]

チェンバレンの行動は、「よく知らない相手を理解しようと誰もが努力している」という前提にもとづくものだった。私たちはみな、個人的な交流から得た情報に唯一無二の価値があると信じようとする。相手にさきに会わずにベビーシッターを雇う人などいない。企業はやみくもに従業員を雇い入れるわけではない。まず候補者を呼び、面接をとおして相手をくわしく知ろうとする。ときに何時間も、ときに複数回にわたって面接が行なわれる。企業はチェンバレンと同じことをする。相手の眼を見やり、態度と行動を観察し、結論を導きだす――彼は両手で握手してくれた。しかしながら、チェンバレンが個人的なやり取りから得たあらゆる追加情報は、ヒトラーという人間の真の姿を見きわめるためには役立たなかった。むしろ、正反対の効果があった。

チェンバレンが騙されやすい性格だったからだろうか？　そうかもしれない。彼には外交の経験がほとんどなかった。ある批評家はのちにチェンバレンのことを、「懇親会とバカ騒ぎの差を知らないままパブにはじめて入る司祭[1]」のようだとたとえた。

しかし、このパターンはチェンバレンだけにかぎられるものではなかった。チェンバレン内閣の外務大臣となったハリファックス伯爵も同じ轍を踏んだ。彼は貴族であり、イートン校とオックスフォード大学を優秀な成績で卒業した秀才だった。ハリファックスは第一次大戦後にインド総督を務め、マハトマ・ガンジーと首尾よく交渉を進めた。彼は、チェンバレンが持っていないものをすべて持っていた。経験豊かで、人好きのする世慣れた知識人だった。どこまでも信心深いハリファックスのことを、チャーチルは「聖なるキツネ」と名づけた。

ハリファックスは一九三七年の秋にベルリンに行き、ベルヒテスガーデンでヒトラーと会った。[5]イギリス指導部のなかで、ヒトラーと長い時間を過ごしたのは彼だけだった。その会合は、遊び半分の外交的な接待などではなかった。冒頭、ハリファックスはヒトラーを召使いと勘ちがいし、コートを手渡しそうになった。それから五時間、ヒトラーはいつもどおりのヒトラーを演じつづけた。彼は拗ね、叫び、脱線し、非難した。大のマスコミ嫌いであることを説明し、共産主義の害悪について話した。ハリファックスは「驚き、反感、同情が入り混じる思いとともに」[1]ヒトラーの独演に耳を傾けていた、と当時のあるイギリス人外交官は表現した。

ハリファックスはドイツに五日間滞在し、ヒトラー腹心の大臣であるヘルマン・ゲーリングとヨーゼフ・ゲッベルスに会った。彼は英国大使館での夕食会に出席し、ドイツの有力政治家や実業家の一団と会食した。帰国したハリファックスは「ドイツ指導部と良好な関係を築くために最善のことをした」と述べたが、誰の眼にもそのとおりに見えた。それこそ、外交官のやるべき仕事だった。面と向かって会話した経験から彼は、ヒトラーのいじめっ子気質や気まぐれさについて貴重な洞察を得ることができた。しかし、ハリファックスが最終的に出した結論は？　ヒトラーは戦争することを望んでおらず、和平交渉に前向きというものだった。ハリファックスが騙されやすい人間だと考える人など誰ひとりいなかった。にもかかわらず、ヒトラーと会ったあとの彼は、チェンバレンと同じくらいひどい勘ちがいをしていた。

　イギリス人外交官のなかでヒトラーともっとも多くの時間をいっしょに過ごしたのは、駐独大使のネビル・ヘンダーソンだった。彼は繰り返しヒトラーと会い、ナチスの党大会にもたびたび出席した。スーツの襟に花をつけるのが好きだったヘンダーソンに、ヒトラーは「カーネーションの男」というニックネームを与えた。[6] 一九三八年九月はじめの悪名高いニュルンベルク党大会に出席したヘンダーソンは、ロンドンに送った書簡のなかでこう報告した。「ヒトラーはもはや常軌を逸しており、一線を越えて狂気の世界へと足を踏み入れてしまった可能性がある」[1]。ヘンダーソンはヒトラーに心を奪われてなどいなかった。では、ヒトラーがチェコスロバキアにたいして卑劣な意図を持っていることを彼は見抜いていたのか？　いや、そうではなかった。「ヒトラーは誰よりも戦争が嫌いだ[7]」とヘンダーソンは信じていた。彼もまたヒトラーを完全に誤解していたのだ[*2]。

　チェンバレン、ハリファックス、ヘンダーソンの無知は、前章の最後に示した「ひとつ目の謎」――本来は知的で注意深いはずの人が、騙されていると理解できないのはなぜか？――とは別物だ。今回の例では、ヒトラーに騙された人もいれば、騙されなかった人もいる。ここでの謎は、騙されそうもない人が騙され、いかにも騙されそうな人が真実を見抜いたという点だ。

たとえばウィンストン・チャーチルは、ヒトラーが二枚舌の殺し屋だと信じて疑わず、チェンバレンのヒトラー訪問を「史上もっとも愚かなこと」だとこき下ろした。しかし彼にとって、ヒトラーは文章のなかで読んだことがある誰かでしかなかった。チェンバレン政権の閣僚のひとりだったダフ・クーパーも、同じように現実をしっかり見きわめていた。ヒトラーとの会談についてのチェンバレンの説明を聞いた彼は戦慄を覚えた。のちにクーパーは、抗議の徴《しるし》としてチェンバレン内閣の閣僚を辞任した。では、クーパーはヒトラーを知っていたのか？　いや、知らなかった。イギリスの外交上層部のなかで、ヒトラーに実際に会ったうえで正体を見抜いたのは、ハリファックスの前任の外務大臣アンソニー・イーデンだけだった。[9] ほかの人々は？　ヒトラーについて正しい判断を下したのは、彼を直接的にほとんど知らない人々だった。ヒトラーについて誤解したのは、何時間にもわたって彼と直接話をした人々だった。[10]

＊2　ナチ党の幹部のなかでヘンダーソンがより懇意にしていたのは、ヒトラーの片腕だったヘルマン・ゲーリングだった。ふたりはよくいっしょに鹿狩りに出かけ、長時間にわたって会話した。ヘンダーソンは、ゲーリングも平和を望んでおり、ナチスの仮面の奥にはまともな男がいると確信していた。戦争勃発のすぐあと、ベルリン時代について綴った回顧録のなかでヘンダーソンは説明した。「ヘルマン・ゲーリングは動物と子どもを愛していた。実際に子どもを授かるまえから、カリンハル邸宅の最上階には巨大なプレイルームが設けられており、最近の子どもに人気のありとあらゆる機械じかけのおもちゃが並べられていた。その部屋に行き、おもちゃで遊ぶことほどゲーリングに大きな喜びを与えるものはなかった。おもちゃのなかには、無防備な町や村に爆弾を落とす爆撃機の模型が含まれていた。私はその点について彼を非難した。しかしゲーリングは、過度に文明化することも、若者に厳しさを教え込むことも、ナチ党が推奨する生活概念の一部ではないと主張した」[8]（実際のところは、「子どもを厳しく育てる」というのがナチズムの根幹にある考えだった）

もちろん、すべて偶然かもしれない。たしかに、チェンバレンと仲間たちはなんらかの個人的な理由によって、見聞きした証拠に関係なく自分が望むようにヒトラーを見ようと決めたのかもしれない。ところが、同じ不可解なパターンはいたるところに出現する。

3

その中年の裁判官は、背が高く、白髪頭で、明らかにブルックリン区で生まれ育ったとわかる訛りで話した。ここでは彼をソロモンと呼ぼう。ソロモンは一〇年以上前からニューヨーク州の裁判官として働いてきた。彼は横柄でも威圧的でもなかった。とても親切で、物腰は驚くほど穏やかだった。

毎週木曜日は、罪状認否手続きで忙しくなる日だ。法廷に来る被告人はみな、なんらかの犯罪の疑いでここ二四時間以内に逮捕された人々だった。留置場で眠れぬ一夜を過ごした彼らは、手錠をかけられてひとりずつ順番に法廷に連れてこられた。被告人たちは、ソロモンのちょうど左側にある仕切り板のうしろの低い長椅子に坐る。それぞれの事件の審議が始まると、被告人の前科が記されたファイルが助手からソロモンに手渡される。彼は資料をめくり、必要な情報を頭に入れていく。被告人はソロモンのまっすぐ前に立ち、その横には弁護士、反対側に地方検事がいる。弁護士と検事が話し合いを始めると、ソロモンは耳を傾ける。それから彼は、被告人の保釈の是非を判断し、必要な場合には保釈金の額を決める。眼のまえにいる赤の他人には、自由が与えられるべきだろうか？

ソロモンいわく、もっともやっかいなのは未成年がらみの事件だという。たとえば、一六歳の少年が深刻な罪を犯した疑いで逮捕されて法廷にやってくる。保釈金を高く設定しすぎると、少年は悪名高いライカーズ島の収容施設に行き着くことになる。ソロモンは言葉を慎重に選びながら、「あちこちで暴動が起きているような危険な場所です」とライカーズ島について説明した。[*3]被告人の少年の母親が傍聴席に坐っているのが眼に入ると、判断はさらにむずかしくなった。「毎日、こんな事件ばかりを担当しています」。やがてソロモンは薬を服用するようになった。薬を飲むと、仕事が少しは楽になった。

来る日も来る日もソロモンが向き合うことになったのは、一九三八年の秋にネビル・チェンバレンとイギリスの外交官たちが向き合った問題の別バージョンだった。彼に課せられたのは、見ず知らずの他人の性格を評価するという仕事だった。刑事司法制度のなかでは、その種のむずかしい判断を正しく下すためには（チェンバレンがそうしたように）裁判官と被告人がまずは面と向かって会うべきだと定められている。

たとえば午後遅くにソロモンは、薄い髪を短く刈った年配の男性と対峙することになるかもしれない。ジーンズとキューバ・シャツに身を包んだ彼は、スペイン語しか話すことができない。男性は、恋人の六歳の孫への〝虐待事件〟にかかわったとして逮捕された。六歳の男の子は何が起きたかすぐに父親に話したという。地方検事は、保釈金を一〇万ドルに設定するべきだと主張

＊3　法律が改定された現在では、一八歳未満の被告人がライカーズ島に収容されることはなくなった。

した。男性に、そのような額を捻出できる財産などあるはずがなかった。もしソロモンが地方検事の提案に同意したら、キューバ・シャツの男性は刑務所に直行することになる。

一方、被告人の男性はすべてを否認した。彼には二件の前科があったものの、どちらも何年もまえの軽い罪だった。男性は機械工として働いていたが、刑務所行きになれば仕事を失うことになる。彼には元妻と一五歳の息子がおり、現在の仕事の収入でふたりを養っていた。ソロモンとしては、父親の給料に頼って生活する一五歳の息子について思いを馳せずにはいられなかった。さらに、六歳児の証言を鵜呑みにはできないとわかっていた。すべてが大きな誤解なのか、不吉な犯罪のパターンの一部なのか、ソロモンに判断できるはずがなかった。キューバ・シャツの男性を保釈するべきか、裁判まで身柄を拘束するべきかという決定は、恐ろしくむずかしいものだった。正しい判断を下すためにソロモンは、同じ状況に置かれた誰もがすることをした。彼は男性の眼をまっすぐ見やり、相手の正体を見きわめようとした。それが助けになったのか？　あるいはネビル・チェンバレンのように、裁判官たちも同じ謎の被害者となるのか？

4

この問いへの答えを探るために、ハーバード大学の経済学者、三人のコンピューター科学者、シカゴ大学の保釈の専門家らが行なった研究について見てみよう。[11]説明を簡単にしたいので、経済学者のセンディール・ムライナサンの名前を拝借し、この研究グループをムライナサンと呼ぶことにする。ムライナサンはニューヨーク市を調査の場に設定し、二〇〇八年から二〇一三年のあいだに市で行なわれた罪状認否手続きの審問に参加した五五万四六八九人の被告人の記録を集めた。ニューヨーク市の裁判官たちは、そのうち四〇万人強を釈放した。

ムライナサンは次に人工知能（ＡＩ）システムを構築し、罪状認否手続きのなかで検察官が裁判官に与えた情報を入力した（被告人の年齢と前科）。そしてＡＩにたいし、五五万四六八九件の事件の被告人のうち釈放するべき四〇万人のリストを独自に作成するよう指示した。まさに、人間と機械の知恵比べだった。どちらが、より優れた決定を下すことができたのか？　保釈中の再犯率がより低く、裁判日の出頭率がより高かったのは、どちらのリストの犯罪者だったのか？

結果には大きな差があった。コンピューターが弾きだしたリストの四〇万人は、ニューヨーク市の裁判官によって釈放された四〇万人よりも、裁判を待つあいだの犯罪率が二五パーセントも低かった。二五パーセント！　この知恵比べでは、機械が人間に圧勝した。[*4]

ムライナサンの機械がどれほど優れているか、その一例を挙げたい。コンピューターでは、全被告人のうち一パーセントが「高リスク」と判定された。つまり、裁判前に保釈するべきではないとコンピューターが考えた人々だ。機械の計算では、高リスク集団のゆうに半数以上の人々が、釈放された場合には別の罪を犯すと予想されていた。ところが、人間の裁判官が同じ悪者たちのグループを見ても、危険人物だと特定されることはほとんどなかった。実際、裁判官たちはそのうち四八・五パーセントを保釈した！　ムライナサンの報告書のとりわけ衝撃的な一節のなかでは、「アルゴリズムによって高リスクと判断された被告人の多くは、人間の裁判官によってあたかも低リスクのように扱われる」と結論づけられていた。「この調査によって、裁判官は身柄拘束のための高い基準を設定しているのではなく、たんにまちがったランクづけによって被告人の保釈の是非を決めていることがわかる……彼らが保釈すべきかどうかを最後まで悩んだ被告人たちは、コンピューターによって予測されたリスク分布のあらゆるところに存在する人々だった」。言い換えれば、裁判官による保釈の決定はどこまでもでたらめだということだ。

この結果を不可解だと感じる人も多いはずだ。保釈決定を下すとき、裁判官は三つの情報を参照することができる。まず、被告人の情報——年齢、前科、前回の仮釈放時の経緯、住所、仕事。次に、地方検事と被告人の弁護士の証言。法廷では、このふたりからあらゆる情報が裁判官に伝えられる。そして、裁判官たちは〝自らの眼〟をとおして生の証拠を手に入れることができる。眼のまえのこの男について、どう感じるか？

一方、ムライナサンのコンピューターは、被告人を実際に見ることも、法廷での証言を聞くこともできない。参考にできるのは、被告人の年齢と前科記録だけ。裁判官が利用できる情報の一部しか与えられなかったにもかかわらず、保釈決定についてコンピューターははるかに優れた判断を下すことができた。

私の二冊目の著書『第1感——「最初の2秒」の「なんとなく」が正しい』（*Blink*）のなかで、オーケストラのためのオーディションでは、衝立のうしろに演奏者を隠したほうがよりよい結果が生まれることを説明した。つまり審査員から情報を奪うことが、より優れた判断へとつながった。でもそれは、誰かが演奏する姿を見ることから得られる情報が、実際の技術とはほぼ無関係だったからだ。バイオリン奏者の力量を判断するとき、その人物が小柄なのか大柄なのか、ハンサムなのか不細工なのか、白人なのか黒人なのかを知ることはなんの役にも立たない。むしろそのような情報は偏見を生み、判断をよりむずかしくするだけだ。

しかし保釈の決定についていえば、裁判官に与えられる追加の視覚情報はおおいに役立つかのように思える。ソロモンの法廷に以前、バスケットボール用のハーフパンツと灰色のTシャツ姿の若い男性がやってきたことがあった。誰かと喧嘩し、相手から盗んだクレジットカードで車を

＊4　四〇万人の被告人のそれぞれのリストについて、専門的な注意点をふたつ挙げておきたい。まず、コンピューターのリストのほうが裁判官のリストよりも犯罪率が二五パーセント少ないというムライナサンの計算のなかでは、裁判日に出頭しなかったことも犯罪としてみなされている。次に、公判前の保釈中に誰が罪を犯すのか、ムライナサンがじつに正確に計算できた点に疑問を持つ方も多いと思う。それは、彼が水晶玉を使って占ったからではない。非常に高度な統計分析にもとづき、ムライナサンは推定値を割りだした。ここでは簡単に説明したい。ニューヨーク市の裁判官たちは保釈審理を交代制で担当している。基本的に、被告人はランダムに裁判官に割り当てられる。ほかのすべての司法管轄区と同じようにニューヨークでも、釈放の可否の判断や保釈金の設定額には裁判官によって大きな差がある。当然ながら、寛容な裁判官もいれば厳しい裁判官もいる。厳しい裁判官たちが一〇〇〇人の被告人を審査し、そのうち二五パーセントを釈放するところを想像してみてほしい。一方、寛容な裁判官たちがほぼ同じ条件の一〇〇〇人の被告人を審査し、そのうち七五パーセントを釈放するところを想像してみてほしい。それぞれのグループで釈放された被告人の犯罪率を比較することによって、厳しい裁判官が無害な人を刑務所送りにした数と、寛容な裁判官が危険な人を釈放した数をだいたい把握することができる。さらに、この推定値の計算方法を、機械による予測にも適用することができる。ランダムに選ばれた被告人一〇〇〇人にたいしてコンピューターが判断を下したとき、厳しい裁判官と寛容な裁判官の組み合わせによる判断よりもどれほど優れた結果が出るのか？　非常に複雑に聞こえるが、実際に複雑だ。でも、しっかりと確立された方法論であることはまちがいない。よりくわしい説明について知りたい方には、ムライナサンの論文を読むことをお勧めする。

購入した疑いで逮捕された人物だった。保釈申請の話し合いのなかで地方検事は、男性が過去二回の逮捕後、決められた日に裁判所に出廷しなかったと指摘した。それは重大な危険信号だった。とはいえ、すべての〝不出廷〟が同じわけではない。被告人にまちがった日付が伝えられていたら？　仕事を休んでクビになるより、出廷しないほうがいいと判断した場合は？　子どもが病気にかかったら？　それこそ、被告人の弁護士が裁判官に伝えたことだった――私のクライアントには出頭できなかった理由がちゃんとあります。コンピューターは被告人の個々の事情を知らなかったが、裁判官は知っていた。そのような情報が役立たないことなどありえるだろうか？

　同じように、保釈の是非を判断するうえでソロモンがもっとも警戒しているのは、暴力事件の容疑者の精神疾患だという。その種の事件は裁判官にとっていちばんやっかいな悪夢だった。保釈を認められた被告人が薬の服用をやめ、またひどい罪を犯すというケースが多々あるからだ。

「仮釈放中の被告人が警察官を殺すことだってあります」とソロモンは言った。

> 車でミニバンに衝突して、妊婦とその夫を殺してしまうこともあります。子どもに手を出すこともある。地下鉄の線路に誰かを突き落として殺すこともある。どこからどう見てもひどい状況ですよ……どの裁判官も、そういった事件を起こした犯人に釈放決定を下した人物になりたいとは思いません。

その種の状況に陥ることを予測する手がかりは、被告人のファイルのなかに隠れている――病歴、入院歴、責任能力がないと判断された記録。しかし、残りの手がかりはその場でしかわからない。

「法廷では、情緒障害のある人を意味するＥＤＰなどの単語がたびたび使われます」とソロモンは言う。

精神疾患についての情報は、被告人を逮捕した警察署の職員から裁判所に伝えられることもあります。罪状認否手続きにさきがけて精神科救急で検査を受け、医者が診断書を発行したケースです……ほかにも、情報が地方検事のファイルに記載されており、検事が被告人に直接質問する場合もあります……裁判官は、それらの事実を考慮したうえで判断を下さなくてはいけません。

精神疾患が疑われる被告人が現れると、ソロモンは相手を慎重にじっと見つめる。

きまって彼らは生気のない眼つきをしていて、相手と眼を合わせることができません。子どものように、前頭葉がまだ発達していないせいではありません。私が話しているのは、薬の服用を中止している大人の眼のことです……

ムライナサンの機械は、検察官がＥＤＰについて話すのを耳にすることはできないし、被告人の生気のない眼つきを見ることもできない。当然ながらこの事実は、ソロモンや同僚の裁判官にとって有利にはたらくはずだ。しかしどういうわけか、結果は逆。

ふたつ目の謎――よく知らない人に会うと、実際に会っていない場合よりもその人物についてうまく理解できなくなることがあるのはなぜか？

5

はじめてヒトラーに会ってから二週間後の一九三八年九月末、ネビル・チェンバレンはまたドイツを訪れた。最後となる三度目の訪問だった。[10] ミュンヘンのナチ党本部がある総統館《フューラーバウ》で行なわれた会談には、イタリアの指導者ベニート・ムッソリーニとフランスのエドゥアール・ダラディエ首相も招待された。四人は側近らとともにヒトラーの書斎に集まった。二日目の朝、チェンバレンはふたりだけで話がしたいとヒトラーに伝えた。この時点までに彼は、敵であるヒトラーという人間の本質を見抜けていると感じていた。

自分の野望はチェコスロバキアの支配だけだとヒトラーが語ったとき、チェンバレンは「総統は真実を語っている」[10]と信じ、あとは約束を書面に残すだけだと考えた。

ヒトラーは、プリンツレゲンテン広場にある自宅アパートメントにチェンバレンを連れていった。チェンバレンは簡単な合意内容が書かれた書類を取りだし、署名してくれるかどうかヒトラーに訊いた。通訳者が会話をドイツ語に訳すあいだ、「ヒトラーは頻繁に『ヤー！　ヤー！』と威勢よく言った」[4]。チェンバレンがのちに妹宛てに書いた手紙によると、最後にヒトラーは

「もちろん署名しますよ」と言ったという。「『いつ署名しますか？』と私が尋ねると、『いまここで』と彼は答えた。われわれはすぐに書き物用テーブルのところに行き、持ってきた二通の書類に署名をした」

同じ日の午後、イギリスに帰国したチェンバレンは英雄として迎えられた。駆け寄ってきた大勢の記者の前で彼は、胸ポケットから出した合意文書を振ってみせた。「今朝、私はドイツの首相であるヒトラー総統とまた話をしました。この文書には、彼の署名と私の署名の両方が記されています[10]」

その後、チェンバレンはダウニング街一〇番地の首相官邸に戻った。

「良き友人たちよ、ドイツから平和なダウニング街に名誉とともに戻ってきたのは、われわれの歴史のなかで今回が二回目です。私たちの時代には平和が訪れると信じています。みなさんに心から感謝します」

群衆は歓声を上げた。

「さあ、家に戻って、ベッドでぐっすりと眠ってください[10]」

一九三九年三月、ヒトラーはチェコスロバキアの残りの地域への侵略を始めた。合意から半年もしないうちに、チェンバレンとの約束は破られた。一九三九年九月一日、ヒトラーはポーランドに侵攻し、世界大戦が勃発した。

自分たちが雇ったスパイを理解できないＣＩＡ職員、被告人を理解できない裁判官、敵を理解できない首相がいる。よく知らない他人の第一印象に惑わされる人がいる。他人を理解するのに数カ月もの猶予があるのに、それでも惑わされる人がいる。誰かといちど会っただけで惑わされる人もいれば、たびたび会って惑わされる人もいる。彼らは、他者の正直さを評価するのに苦労し、他者の性格を判断するのに苦労し、他者の意図を見きわめられずに苦労する。

いったいどうすればいいのだろう？

6

最後にひとつだけ。

次の単語を見て、二文字分の空白を埋めてほしい。深く考えずに、直感で答えてみよう。

GL＿＿

これは単語補完タスクと呼ばれるもので、心理学者は一般的に記憶機能などを検査するためにこれを利用する。

私は二文字を足してGLUM（陰気）という単語を作った。ぜひ私のこの答えを覚えておいてほしい。次の単語は――

＿＿TER

私はHATER（憎む人）という単語を作った。これも覚えておいてほしい。ほかにもこんな問題がある。

S_ _RE　　STR_ _ _　　B_ _T
P_ _N　　GO_ _　　PO_ _ _
TOU_ _　　CHE_ _　　BA_ _
ATT_ _ _ _　　_ _OR　　_RA_
BO_ _　　SL_ _ _　　_ _ _EAT
FL_ _T　　SC_ _ _
SL_T　　_ _NNER

私はGLUMとHATERからタスクをはじめ、次のような単語を作っていった。SCARE（恐怖）、ATTACK（攻撃）、BORE（退屈）、FLOUT（侮辱）、SLIT（隙間）、CHEAT（不正）、TRAP（罠）、DEFEAT（敗北）……。なんと病的で憂鬱なリストだろう。でも、これは私という人間の闇の部分について何かを暗示するものではないはずだ。私は憂鬱な性格ではなく、むしろ楽観的だ。はじめにGLUMという単語を思いついたせいで、似たような暗い単語ばかりが頭に浮かんできたのだと思う。

数年前、エミリー・プロニン率いる心理学者のチームが被験者に同じタスクを課し、単語の空白を埋めるよう指示した。[12]　次にプロニンは、私と同じ質問を投げかけた。あなたが選んだ単語は、自身について何を示していると思いますか？　たとえば、「TOU_ _」からTOUCH（触れる）という単語を作った人と、TOUGH（厳しい）という単語を作った人の性格は異なるのだろうか？　被験者の多くは私と同じ立場を取り、ただ適当に思いついた単語にすぎないと答えた。

「このような単語補完タスクで私の性格を診断できるとは思えません」とプロニンの実験の被験者のひとりはアンケートに書いた。ほかの被験者たちもみな同じような意見だった。

「この単語補完は、自分の性格について何も教えてくれません……ただのランダムな穴埋めにすぎません」

「ぼくが作った単語の一部は、自分の世界観とは正反対のものです。たとえば、つねにSTRONG（強い）、BEST（いちばん）、WINNER（勝者）になることにこだわりたくはありません」

「できた単語が自分について何かを明らかにしているとは思えません。すべて偶然の結果です」

「まったくちがいます……語彙力が明らかになるだけです」

「性格と関係しているとは思いません……単語はどれもランダムに思いついたものです」

「PAIN（痛み）、ATTACK（攻撃）、THREAT（脅威）という単語は似ているように見えますが、ぼくの性格と何か関係しているのかはわかりません」

そのあと興味深いことが起きた。赤の他人が選んだ単語を被験者グループに見せ、プロニンは同じことを問いかけた。この見知らぬ他人の単語の選択について、あなたはどう思いますか？するると、被験者たちの考えが一八〇度変わった。

「B_Kは BOOKになるのが自然だと思うので、この人はあまり読書好きではないようですね。BEAK（くちばし）はかなり珍しい選択肢で、もしかすると意図的にあえて選んだ可能性がありますす」

「誰であれ、虚栄心が強そうですね。でも、性格は悪くないと思います」

どうか忘れないでほしい。このような発言をしたのはまさに、タスクになんらかの意味があることを直前まで否定していた人たちだ。

「はっきりした目標を立てて行動し、競争の激しい環境に身を置くのが好きな人だと思います」

「おそらく、この人は人生にかなり疲れているのではないでしょうか。それと、異性と密接な関係を築くのが好きなタイプだと思いますね。ゲーム好きかもしれません」

「この単語補完は、わたしの性格について何も教えてくれません」とさきほどまで言っていた人が、こんどは赤の他人についてこう指摘した。

「この女の子は生理中だと思いますよ……あと、彼女自身か知り合いの誰かが、不誠実な性的関係にあると感じているはずです。WHORE（売春婦）、SLOT（「ふしだらな女」を意味するSLUTに似ている）、CHEAT（浮気）という単語を選んでいますからね」

似たような回答が延々と続いた。自分の意見との矛盾について、誰ひとり微塵も気づいていないようだった。

「なんらかの相関関係があると思います……彼はお金とBANK（銀行）についてたくさん言及していますよね。性格とかなり関連しているはずです」

「競争と勝ち負けにこだわりがあるようです。この人は運動選手か、あるいは競争心の強い人でしょう」

「この男性は、自分の努力にたいして概して前向きな姿勢を持っています。WINNER（勝者）、SCORE（得点）、GOAL（目標）など、ほとんどの単語がある種の競争心を示すものです。ほかにも専門用語がいくつか含まれているところを踏まえると、運動における競争を好む傾向があるようです」

私が選んだGLUM、HATER、SCARE、ATTACK、BORE、FLOUT、SLIT、CHEAT、TRAP、DEFEATを見たら、誰もが私の人間性について不安を抱くにちがいない。

実験を行なったプロニンはこの現象を「非対称な洞察の錯覚」と呼び、次のように論じた。

「相手が自分を知るよりも、自分のほうが相手のことをよりくわしく知っている」「自分にはより優れた洞察力があり、相手の本質を見抜くことができる（相手にそのような洞察力はない）」――このような確信によってわたしたちは、もっと相手の話を聞くべきときに自分から話をしようとする。さらに、「自分は誤解されている」「不当に判断されている」という確信について他者が話すとき、わたしたちはなかなか忍耐強く対応することができない。

これこそ、最初のふたつの謎の核心にある問題だ。ＣＩＡのキューバ担当の職員たちは、スパイに忠誠心があるか見きわめることができると信じ込んでいた。裁判官たちは、被告人の性格を評価できるはずだと考える。彼らは数分だけ考え、独断的に判断を下す。ネビル・チェンバレンは、戦争を回避するための自身の大胆な計画がまともかどうか疑おうとしなかった。ヒトラーの意図が判然としないとき、首相として彼がするべきだと考えたのは、ドイツにわざわざ行って相手の態度を見きわめるということだった。

私たちはみな、薄っぺらな手がかりにもとづいて他者の心を見抜くことができると考え、機会があるたびに他者について判断を下そうとする。当然ながら、自分自身にたいしてそのような態度を取ろうとはしない。自分たちは繊細で複雑で謎だらけ。しかし、他者は単純。

この本で私があなたに何かひとつだけ伝えることができるとしたら、これにしたい――あなたのよく知らない他者はけっして単純ではない。

第2部　デフォルトで信用する

第3章　キューバの女王

1

キューバのスパイにまつわる別の物語に注目してみよう。

一九九〇年代になると、フィデル・カストロ政権から逃れようと何千人ものキューバ国民が大移動を始めた。彼らはまず、タイヤのチューブ、ドラム缶、木製のドア、さまざまな部品を集めて粗雑なボートをこしらえた。そして一五〇キロ先のアメリカ合衆国を目指し、フロリダ海峡を縦断する命がけの航海に挑んだ。ある記録によると、当時、この海峡で二万四〇〇〇人ものキューバ人が命を落としたという。祖国で起きた人権の危機を救うため、マイアミに住むキューバ人移民たちが〈エルマノス・アル・レスカテ〉（救援の兄弟たち）という団体を起ち上げた。彼らは単発機のセスナ・スカイマスターを調達して臨時の空軍を作り、フロリダ海峡に飛行機を飛ばした。上空から難民を見つけるたび、無線で沿岸警備隊に位置を伝えた。何千人ものキューバ難民の命を救ったエルマノス・アル・レスカテの英雄的な活動は、世界から称賛を受けた。

時間がたつにつれ、フロリダの移民たちはより野心的になった。彼らはキューバ空域にも飛行機を飛ばしはじめ、首都ハバナ上空からチラシをばらまき、カストロ政権に立ち向かうよう国民を扇動しようとした。国民の相次ぐ亡命にすでに困り果てていたキューバ政府は、怒りをあらわにした。みるみる高まる緊張は、一九九六年二月二四日についに頂点に達した。その日の午後、エルマノス・アル・レスカテは三機のセスナをフロリダ海峡に飛ばした。飛行機が海岸線に近づいてきたところで、キューバ空軍のミグ戦闘機が二機を撃墜。乗っていた四人全員が死んだ。

すぐに攻撃への対応が始まった。国連安全保障理事会がキューバ政府を非難する決議を可決した。クリントン大統領が重々しい顔つきで記者会見を開いた。マイアミに住むキューバ人移民たちは怒り狂った。二機の飛行機は国際空域で撃ち落とされており、戦争行為も同然だった。キューバ軍のパイロットたちの無線での会話の内容がマスコミに公表された。

「アメ公たちを撃ったぞ。当たった！」

「アメ公たちを退散させた」

「命中した」

「くそ野郎が」

「退散させた位置を記録しておけ」

「これで、もうおれたちにちょっかいは出せないだろうな」

ミグ戦闘機が二機目のセスナに狙いを定めると、パイロットのひとりが言った。

「祖国か死か！　このろくでなし！」[1]

激しい論争が続くさなか、ある出来事をきっかけに突如として物語の流れが変わった。ユージン・キャロルという名の退役したアメリカ海軍少将がＣＮＮのインタビューに応えた。キャロルはワシントンで影響力のある人物だった。彼はかつて、ヨーロッパ駐屯のすべての米軍を取り仕切り、七〇〇〇もの兵器を管理する要職を担っていた。エルマノス・アル・レスカテの飛行機が撃墜される直前、キャロルは少人数の軍事アナリストのグループとともにキューバ高官に会ったという。

ＣＮＮ　少将、キューバへの訪問について教えてください。誰と会い、どんな話をされたのですか？

キャロル　国防省のロザレス・デル・トロ少将がわれわれを接待してくれました……各地をまわり、キューバ軍の基地、学校、完成間近の原子力発電所などを見学しました。ロザレス・デル・トロ少将と彼の部下との長い話し合いのなかで、アメリカの航空機の領空侵犯についての話題が持ち上がりました。政府の飛行機ではなく、マイアミから飛んでくる民間機のことです。彼らは私にこう尋ねてきました。「あの飛行機のいずれかを撃ち落としたらどうなりますか？　われわれはいつでも撃墜できますよ」

キャロルは、キューバ軍人によるその質問を事実上の警告だと解釈した。インタビューは続いた。

CNN　アメリカに帰国したあと、あなたはこの情報を誰に伝えましたか？

キャロル　すぐに約束を取りつけ、国務省と国防情報局の職員と状況について話し合いました。

国防総省の一組織である国防情報局（DIA）は、CIAや国家安全保障局（NSA）と並び、米国政府の外国諜報活動の中核をなす三大機関のうちのひとつだ。[2]キャロルが国務省とDIAの職員と会ったとすれば、彼としてはアメリカ政府の可能なかぎり高い場所にキューバからの警告を伝えたことになる。[3]では、国務省とDIAはその警告を重く受け止めたのか？　緊急事態だと考えて立ち上がり、キューバへの無謀な領空侵犯を続けるエルマノス・アル・レスカテを止めようとしたのか？　明らかにそうではなかった。[*1]

キャロルのインタビューでの発言内容は、ワシントンDCの政府関係者のあいだですぐさま広まっていった。恥ずべき暴露だった。[4]キューバがアメリカの飛行機を撃ち落としたのは二月二四日。キャロルが国務省とDIAに警告を伝えたのが二月二三日。危機が起きる前日にワシントンの有力者が政府の役人と会い、キューバがエルマノス・アル・レスカテにしびれを切らしていることをはっきり警告した。が、彼の警告は無視された。キューバによる残虐行為として始まった物語は、いまやアメリカ政府の外交の無能ぶりについての物語に変わった。

CNN　しかしながら、非武装の民間航空機であるという点については？

キャロルは、ハバナで聞いた話を繰り返した。

キャロル　それはとてもデリケートな質問です。飛行機はどこを飛んでいましたか？　何をしていましたか？　アメリカに置き換えて考えてみましょう。メキシコの飛行機がサンディエゴ上空を飛行し、カリフォルニア州のウィルソン知事にたいする扇動活動をうながすチラシをばらまいたとします。警告しても領空侵犯が続く場合、われわれはいったいいつまで我慢するべきなのでしょうか？[5]

フィデル・カストロがCNNのインタビュー取材を受け、自身の行動について弁護したわけではなかった。そんな必要はなかった。アメリカ人の少将が代わりに弁護してくれたからだ。

2

ここからの三章では、心理学者ティム・レバインの考えにもとづいて議論を進めていく。なぜ私たちが見知らぬ相手に騙されるのかという問題について、レバインほど深く掘り下げてきた社会科学者はいない。次の章では、史上最大の出資金詐欺《ポンジ・スキーム》をはたらいた投資家バーナード・メイドフの物語をとおして、レバインの理論をひもといていきたい。さらに次の章では、男子生徒への性的虐待の容疑で有罪評決を受けたペンシルベニア州立大学のフットボール部コーチ、ジェリー・サンダスキーの奇妙な事件について検討してみたい。この章では引きつづき、一九九六年に米国とキューバのあいだで起きた危機の予期せぬ影響について考えてみよう。

キャロル少将の行動とキューバによる飛行機撃墜について、どこかおかしいと感じたところはないだろうか？　偶然があまりに多すぎるのではないか？

1　国際空域を飛行するアメリカの民間機にたいして、キューバは撃墜計画を慎重に進めた。

2　偶然にも攻撃の前日に有力な米軍関係者が、キューバ側の攻撃の可能性について当局者に厳しく警告した。

3　さらに偶然にも攻撃の翌日、政府に警告を与えた同じ有力者が世界最大規模の報道機関

＊1　国務省は、公式ルートを通じてエルマノス・アル・レスカテに連絡を取り、キューバを目的地とする飛行計画は許容しがたいものだと通達した。しかし、その警告は明らかに機能していなかった。

CNN　少将？　国務省はエルマノス・アル・レスカテにほかにもさまざまな警告を出していた。ちがいますか？

キャロル　どれも効果がなかった……国務省は、エルマノス・アル・レスカテが偽の飛行計画を提出し、飛行機をこっそりキューバに送り込んでいたことを把握していました。それこそが、キューバ側の怒りを招いた理由のひとつでした。アメリカ政府がきちんと取り締まりをしていなかったことが問題の一部だったんです。

のインタビューを受け、キューバ側の主張について説明した。

三つの出来事のタイミングがあまりに完璧すぎるのではないか？　もしあなたが広報担当者で、なんらかの問題行動の影響を抑え込みたいと考えたときには、まさにこのような台本を書こうとするはずだ。一見すると中立的な立場の専門家が、事件後にすぐさま「私は警告しましたよ！」と言う――。これほど見事な流れはない。

事件から数日後、防諜活動分析官レッジ・ブラウンの頭にある考えが浮かんだ。ＤＩＡの中南米部門に属するブラウンの仕事は、キューバの諜報機関がアメリカの軍事作戦に影響を及ぼそうとする流れについて把握することだった。つまり彼に与えられた任務は、ほかの誰もが無視してしまうような微妙なちがい、繊細さ、説明のつかない偶然に警戒することだった。どういうわけかブラウンは、キューバが今回の危機をすべて裏で操っているという感覚を振り払うことができなかった。

さっそく調べてみると、エルマノス・アル・レスカテのなかにキューバ側のスパイが潜んでいることがわかった。ファン・パブロ・ロケという名のパイロットだ。攻撃の前日に彼は姿を消し、ハバナでカストロの側近たちと会っていた。エルマノス・アル・レスカテの二四日の計画について、ロケが故郷のお偉方に詳細を伝えたことはほぼまちがいない。そう知ったブラウンは次に、ユージン・キャロル少将が政府機関に警告を与えたタイミングについて疑いの眼を向けた。最大限のＰＲ効果を狙い、当然ながらキューバ側は前日に警告を発しておきたいと考えるはずだ。国務省とＤＩＡが警告は「あいまいだった」「ずいぶんと以前のことだった」などと言い逃れできないような流れを作っておきたいはずだ。実際、マイアミのパイロットたちが飛行機を離陸させたその日までに、キャロル少将の言葉はしっかり政府中枢に届いていた。

　では、誰がその会合を手配したのか？　誰が二月二三日を選んだのか？　不思議に思ったブラウンがいくらか探りを入れてみると、出てきた名前にびっくり仰天した。ＤＩＡの彼の同僚で、キューバの専門家であるアナ・ベレン・モンテスだった。アナ・モンテスは組織内で高い評価を受けるスター職員だった。彼女には、昇進、特別な仕事、称賛の言葉、ボーナスが繰り返し与えられてきた。ＤＩＡで働きはじめるまえ、アナ・モンテスは司法省に勤めていた。以前の職場の上司のひとりは推薦状のなかで、過去最高の職員だと彼女を褒めたたえた。ＣＩＡ長官のジョージ・テネットから特別な賞を与えられたこともあった。アメリカの諜報機関の世界では、彼女は「キューバの女王」というニックネームで呼ばれていた。[6]

　数週が過ぎても、ブラウンはまだ苦しんでいた。被害妄想ともいえる憶測にもとづいて同僚の裏切りを告発するには、大きな勇気が必要だった。その同僚がモンテス級の有名人物となると、とりわけハードルは上がった。しかしブラウンは心を決め、ＤＩＡの防諜担当幹部であるスコット・カーマイケルに自らの疑いを伝えた。

「レッジが会いにきたから、昼休みのあいだに近くをいっしょに散歩することにしたんだ」とカーマイケルはレッジ・ブラウンとはじめに話し合ったときについて振り返った。「でも、モンテスについての話はなかなか出てこなかった。『ああ、どうしよう』と繰り返すばかりで、ほとんどの時間それをただ聞いていたよ。彼は両手を揉み合わせながら、『まちがったことはしたくないんだ』ともごもご言っていた」

カーマイケルは少しずつブラウンから話を聞きだした。キューバにかかわる仕事をする誰もが、かつてフロレンティーノ・アスピジャガが落とした爆弾について記憶していた。キューバの手口はいつも巧妙だった。ブラウンはキューバにたいする独自の情報を持っていた。一九八〇年代末に彼は、国際的な麻薬密輸へのキューバ政府高官の関与を暴露する報告書を作った。「レッジは、直接かかわったキューバ政府高官たちを特定した」とカーマイケルは言った。「それから詳細も突き止めた。航空便、日付、時間、場所、誰が誰に何をしたか。何から何まで把握していたよ」。ブラウンの報告書が発表されるわずか数日前、キューバ政府は関係者全員を逮捕して多くを処刑し、麻薬密輸への関与を公の場で否定した。「レッジは『くそ、なんてこった』とぼやいていた。そう、情報が漏れていたんだ」

この経験をとおしてブラウンはさらに疑心暗鬼になった。一九九四年、ふたりのキューバ人諜報部員がアメリカに亡命し、似たような話を告白した――米国の諜報機関のトップに、キューバ政府への内通者がいる。「それで、いろいろと考えてみたんです」とブラウンはカーマイケルに言った。「今回もやはり、内通者による仕業だと疑うべきだと思います」

それから彼は、エルマノス・アル・レスカテによる危機のあいだに起きた別の出来事についてカーマイケルに説明した。アナ・ベレン・モンテスのことだ。彼女は当時、ワシントンＤＣのアナコスティア地区にあるボーリング空軍基地のＤＩＡ事務所に勤務していた。アメリカの民間機がキューバ軍によって撃ち落とされたあと、モンテスはペンタゴンに来るよう指示を受けた。政府内のキューバ研究の第一人者のひとりである彼女は、当然ながら最前線で対応する必要があった。撃墜が起きたのは土曜日。偶然にも、翌日曜の晩にブラウンはペンタゴンに電話をかけ、モンテスにつないでほしいと頼んでいた。

「電話に出た女性の職員に、アナはもう帰ったと言われたらしい」とカーマイケルは言った。その日の午後、モンテスに別の人物から電話がかかってきた。電話を切ったあとの彼女は動揺した様子だったという。やがてモンテスは、危機管理室の同僚たちに「疲れた」と告げた。「何も起きていないみたいだし、今日は帰るわ」と。カーマイケルはさらに説明を続けた。

レッジはどこまでも懐疑的だった。われわれの文化にあまりに反する行動だったので、それが実際に起きた出来事だと信じることとさえできなかった。危機が起きたときに呼びだされるのは、意思決定プロセスに役立つ専門知識を持っているからだ。誰もがそう理解している。ペンタゴンではお役御免になるまで残って協力する。それが暗黙の掟だった。たとえば、北朝鮮がサンフランシスコに向けて突然ミサイルを発射して、ペンタゴンから呼びだされたとする。「疲れた」「腹が減った」という理由でただ立ち去る人などいない。誰もがそう理解している。にもかかわらず、彼女はあえて帰宅した。それで、いったい何事かとレッジは驚いたんだ。

レッジ・ブラウンはこう考えた。モンテスがほんとうにキューバ政府のスパイとして働いているとしたら、向こうはすぐにでも彼女から話を聞きたがるにちがいない。ペンタゴンの危機管理室の状況を知りたくてたまらないはずだ。彼女はその夜、スパイの上司《ハンドラー》と話し合いをしたのか？　にわかには信じがたく、ブラウンはひどく葛藤した。しかし、キューバのスパイがかならずどこかに隠れていると彼にはわかっていた。そして、モンテスのことが頭から離れなかった。キューバの専門家にとってまさに数十年にいちどの最大の危機が起きている真っ最中、彼女は個人的な電話を受けて部屋を出ていった。やはり、キャロル少将の恐ろしく都合のいい状況報告を手配したのも彼女だったのでは？

何年もまえからキューバ側はエルマノス・アル・レスカテの飛行機を撃ち落とそうと考えていた、とブラウンはカーマイケルに説明した。あえて実行しなかったのは、深刻な挑発行為になると理解していたからだ。アメリカはそれを口実にフィデル・カストロを引きずり降ろそうと考え、キューバへの侵攻を始めるかもしれない。キューバにとって、それは割に合う話ではなかった。しかしながら、世論を味方につけるなんらかの方法があれば話は変わってくる。

レッジはある事実を突き止めた。キャロル少将がＤＩＡに警告を伝えにやってきたとき、アナも部屋のなかにいた。それどころか、話し合いの場を設定したのが彼女だった。レッジはこう言った。「くそ！　物語を捻じ曲げようとするキューバの防諜活動の流れを調べていたら、アナの名前が出てきた。彼女が、キャロル少将との話し合いを率先して進めようとした人物だった。いったいどういうことなんだ？」

数カ月が過ぎても、ブラウンはあきらめなかった。カーマイケルもついに、モンテスの履歴ファイルを調べてみることにした。直近に行なわれた嘘発見器による検査にはまったく問題がなかった。陰で飲酒問題を抱えてもいなければ、説明のつかない額が銀行口座に振り込まれた形跡もなかった。危険信号はゼロ。「セキュリティー・ファイルと個人ファイルの両方を確かめてみたけど、レッジはとんだ勘ちがいをしているのだろうと感じたよ」とカーマイケルは言った。「アナ・モンテスという女性は、次期ＤＩＡ局長になってもおかしくないような人物だった。それはそれは見事な経歴と仕事ぶりだった」。推測にもとづく調査を正当化するためには、綿密な理由づけが必要になるとカーマイケルにはわかっていた。「レッジ・ブラウンの推理は破綻しかけていた」と彼は言った。カーマイケルとしては、ブラウンをなんとか立ち止まらせる必要があった。「ここらへんでレッジにがつんと事実を突きつけておかなきゃいけなかった。モンテスが疑われていたという噂が広まってしまえば、おれ自身が非難されるのは眼に見えていたからね」

カーマイケルはモンテスに電話をかけた。ふたりはボーリング空軍基地の会議室で会うことになった。彼女は魅力的で、知的で、スレンダーだった。髪は短く、鋭くもどこか厳しい顔立ちだった。すごい女性だ、とカーマイケルは密かに考えていた。「部屋に入ってきた彼女は、おれのすぐ横に坐った。これくらいの距離のところにね」と彼は言い、両の手のひらを一〇センチほど離してみせた。「テーブルの同じ側に、足を組んで坐っていた。意図的にそうしたわけじゃなく、ただリラックスするためだったんだと思う。じつは、おれはたまたま女性の足が好きでね。彼女がそんなことを知っているはずはないんだが……足好きだから、やっぱりちらりと見ちゃうよね。それは白状する」

キャロル少将との面会について尋ねると、モンテスは明確な答えを示した。そもそも、話し合いは彼女の発案などではなかった。DIAの同僚の息子がキャロルのキューバ訪問に同行し、帰国後に電話を受けたという。

彼女はこう言った。「彼のお父さんと知り合いで、そのお父さんのほうがわたしに電話をかけてきて教えてくれたんです。『キューバについての最新スクープが欲しいなら、キャロル少将に会いにいくべきだ』って。それで、すぐにわたしからキャロル少将に電話をかけました。お互いのスケジュールを確かめて、両方にとっていちばん都合のいい二月二三日に決まりました。それだけの話です」

偶然にもカーマイケルは、モンテスが名前を出したDIA職員を知っていた。彼に電話をかけて念のため話の裏を取る、とカーマイケルはモンテスに伝えた。「ぜひそうしてください」と彼女は応えた。

では、ペンタゴンの危機管理室で個人的な電話を受けたという話は？　電話を受けた記憶はないとモンテスは言った。カーマイケルとしては、彼女が嘘をついているとは思えなかった。それに、九カ月前のその日は慌ただしく狂気じみた一日だった。では、早退については？

「ええ、早退しました」と彼女は答えたよ。すぐさまそう認めて、何も否定しなかった。まあ、それも少し怪しいかもしれないが。「ええ、その日は早く帰りました」と彼女は続けた。「日曜日だったので食堂が閉まっていました。わたしはアレルギーがあって好き嫌いが激しいので、自動販売機のものは食べません。その日、着いたのは朝六時ごろで……もう夜の八時になってお腹がペコペコでした。とくに大きな動きもありませんでしたし、わたしが残っていてもあまり意味がありませんでした。だから、帰ることにしたんです。家に帰って何かを食べようと思って」[*2]。おれにはほんとうの話に聞こえたよ。嘘っぽくはなかった。

面談のあと、カーマイケルは念のため裏取りをすることにした。キャロル少将との話し合いの日付は実際にただの偶然のようだった。彼女の同僚の息子は実際にキャロルとともにキューバを

＊2　これはほんとうだった。モンテスは食事を厳しく管理しており、ある時期には「味つけしていない茹でたジャガイモだけを食べる」というルールを定めたことさえあった。ＣＩＡに依頼を受けた心理学者たちはのちに、モンテスが強迫性パーソナリティー障害を発症していると結論づけた。彼女はさまざまな種類の石鹼を使って長い時間かけて身体を洗い、車を運転するときには手袋を着用した。このような状況下では、たとえ彼女が奇妙な行動を繰り返したとしても、まわりの人々が軽く受け流してしまうのはなんら驚くことではない。

訪問していた。

結局、彼女はほんとうにアレルギー持ちで、自動販売機のものは食べない主義だとわかったよ。食事には強いこだわりがあった。たしか、彼女がペンタゴンに行ったのは日曜日だった。おれも日曜日に行ったことがあるけど、食堂が休みなんだ。一日じゅう何も食べていなかったから、彼女は家に帰った。「なるほど、納得できる話だね」とおれは言ったよ。

それ以外、おれに何ができる？　ほかにはなんの情報もなかった。

カーマイケルはレッジ・ブラウンに心配無用だと伝え、この一件の調査を終えた。アナ・モンテスもいままでどおり仕事を続けた。すべては水に流され、忘れられた。ところが五年後の二〇〇一年のある日、モンテスの秘密が明らかになった。仕事を終えて家に帰った彼女は毎晩、その日に職場で学んだ事実や知見のすべてを記憶から掘り起こしてタイプし、ハバナのハンドラーたちに送っていた。

ＤＩＡに入局した初日からずっと、モンテスはキューバのスパイとして活動していた。

3

古典的なスパイ小説では、スパイはきまって巧妙でずる賢い存在として描かれる。敵のたぐいまれな才能に、私たちはいつも心を奪われる。だからこそＣＩＡ関係者の多くは、フロレンティーノ・アスピジャガの告白をこう解釈してしまった――カストロは天才で、スパイたちはすばらしい俳優だった。ところが実際のところ、危険なスパイが極悪非道な悪魔のごとき人間であるケースはめったにない。たとえばオルドリッチ・エイムズは、おそらくアメリカ史上もっとも大きな被害をもたらした裏切り者だった。しかし、彼の仕事ぶりはごく平凡なものだった。エイムズは飲酒の問題を抱え、スパイ行為の見返りとしてソ連から受け取った報酬を隠そうとさえしなかった。

アナ・モンテスも同じようなものだった。逮捕直前にＤＩＡは、彼女がハバナに送った暗号のメモを見つけた。そのメモ紙は……モンテスの財布のなかに入っていた。連絡のために使われる短波ラジオ受信機は……自宅のクローゼットの靴箱のなかに隠されていた。

アスピジャガが亡命による騒動を自ら間近で経験したＣＩＡのキューバ専門家のブライアン・ラテルも、モンテスをよく知っていた。

「私が国家情報官だったころに招集した会議で、彼女はよくテーブルをはさんで眼のまえの席に坐っていました」とラテルは当時について語った。モンテスはとりわけ頭が切れるわけでも、説明がうまいわけでもなかった。ＤＩＡ内での彼女にたいする高い評価についてはラテルも知っていたものの、少し風変りな人間だといつも感じていた。

> 彼女に話を聞こうとすると、きまって奇妙な反応が返ってきました……私が招集した会議で、彼女に何度か意見を求めたことがありました。たとえば、「これについてのフィデルの動機

はなんだと思いますか?」と訊くとします。すると彼女は口ごもるんです。いま考えると、ハトが豆鉄砲を食ったような顔でしたね。彼女はひるんでしまう。見るからに様子がおかしくて、私はこう思わざるをえませんでした。「彼女はひどい分析官だから緊張しているにちがいない。なんと答えればいいのかわからないんだ」

ある年にモンテスは、ＣＩＡの優秀分析官プログラム——政府機関に勤める諜報部員が申し込むことのできる研究休暇《サバティカル》——の参加者に選ばれた。彼女はどこで研究することを望んだのか?

もちろん、キューバだ。

「彼女はプログラムのお金を使ってキューバに行ったんです。信じられますか?」とラテルは言った。あなたがキューバのスパイとして活動し、自分の正体を隠そうとするとき、はたして給料をもらいながらハバナにサバティカルに行くことを望むだろうか?　当時からほぼ二〇年以上がたったいまでも、モンテスの図太さにラテルは驚いていた。

彼女は、ＣＩＡの優秀な諜報分析官としてキューバに行きました。もちろん、向こうは大喜びで歓迎したのでしょう。それも、費用の支払いはアメリカですからね。滞在中の彼女はおそらく、スパイ活動に必要なあらゆる技術を身につけるための訓練を受けたはずです。証明はできませんが、カストロとも面会したにちがいありません。カストロはスパイと実際に会い、励まし、感謝し、ＣＩＡへの潜入話に花を咲かせるのが大好きでしたから。

サバティカルが終わってペンタゴンに戻ってきたモンテスは、報告書を提出した。彼女は自らの偏った見方を隠そうともしなかった。

上司たちが彼女の報告書を読んだ時点で、あらゆる種類の赤旗が振られ、警戒音が鳴らされてしかるべきでした。報告書のなかに書かれていたキューバ軍についての説明は、キューバ側の観点から考えないかぎり、まったく意味をなさないことばかりだったんです。

しかし、誰も赤旗を振らなかった。ラテル自身も、彼女がスパイだと疑ったことはいちどもないという。「私の階級、あるいは近い階級のCIA職員のなかには、彼女がきわめて優秀なキューバ専門分析官だと考える人が大勢いました」。かくして、ラテルは自身が抱いた不安をうやむやにしてしまった。「私は彼女をけっして信用していませんでしたが、理由がちがった。それが、いちばん後悔していることですね。彼女がキューバ専門分析官として無能だと私は確信していました。ほんとうに、最悪の分析官ですよ。われわれのためではなく、カストロのために働いていたんだから、当然ですよね。でも私は、点と点を結んだことがなかった」

誰も点と点を結んだことがなかった。モンテスの弟ティトはFBI捜査官として働いていたが、姉の正体について何も知らなかった。モンテスの妹もFBI捜査官として働き、マイアミのキューバ人スパイ集団を取り締まる捜査に主要メンバーとして参加したことがあった。その妹も姉の正体について何も知らなかった。モンテスのボーイフレンドもペンタゴンで働いていた。驚くなかれ、彼は中南米を専門とする諜報部員であり、自分のガールフレンドのようなスパイに立ち向かうことがおもな任務だった。彼も何も知らなかった。ついにモンテスが逮捕されると、彼女の上司は同僚たちを集めてニュースを伝えた。信じられずに泣きだす職員もいた。ＤＩＡは臨床心理士を手配し、動揺する職員のために局内で無料カウンセリングを提供することにした。上司は途方に暮れた。誰ひとり、何も気づいていなかった。逮捕されたモンテスは、独居房の壁の眼の高さのところに、シェイクスピアの『ヘンリー五世』の台詞を書いた紙をテープで貼りつけた。世界じゅうの人々に、こう伝えるために――

王は彼らの企みはすべて知っておられる、
彼らが夢にも思わない秘密の情報によって。
（『シェイクスピア全集30　ヘンリー五世』、松岡和子訳、ちくま文庫、二〇一九年、五三頁）

もう少しわかりやすく言い換えてみたい。キューバの女王は――まわりの人々が夢にも思っていなかった方法をとおして――米国のすべての計画に気づいていた。

スパイについての問題の原因は、向こうがすばらしいという点ではない。私たちの何かがおかしいから問題が起きるのだ。

4

心理学者のティム・レバインは長いキャリアのなかで、同じ単純な実験を数百もの異なるバージョンに変えて繰り返し行なってきた。[7] 彼は学生たちを被験者として研究室に招き、雑学クイズを出した。「アジアでいちばん高い山は？」といった類《たぐい》のクイズだ。正解した被験者には賞金が与えられる。

この実験には、被験者とペアを組んでクイズに答える〝パートナー〟も参加する。被験者とパートナーは、その日はじめて会った赤の他人同士だ。被験者には知らされていないものの、パートナーはレバインの指示を受けたサクラとして実験の流れを陰で操作している。部屋のなかには、レイチェルという名のインストラクターがいる。実験の途中でレイチェルは突然呼びだされ、部屋を出て階上に行く。ここから、まえもって事細かに準備されたパフォーマンスが始まる。パートナーは被験者に言う。「きみがどうかはわからないけど、ぼくは賞金がどうしても必要なんだ。クイズの答えがそこに置かれたままだと思うんだけど」。それから彼は、机の上に目立つように置かれた封筒を指さす。「もちろん、ズルをする被験者もいれば、ズルをしない被験者もいます」とレバインは説明する。およそ三割の被験者がズルをするという。「クイズが終わったあとに私たちは被験者に話を聞き、『ズルをしましたか？』と質問します」

人間の欺き行為について研究する学者は、世界じゅうにたくさんいる。私たちが嘘をつく理由や嘘の見抜き方にまつわる理論は数多《あまた》あり、ケネディ暗殺に関するさまざまな説よりもはるかにその数は多い。人口密度の高いこの分野のなかでもレバインは際立った存在であり、欺きについての総合的な理論を注意深く築き上げてきた。[*3] その理論の核となるものこそ、研究の初期段階で行なわれたこの雑学クイズ実験から得た知見だ。

私はバーミングハムにあるアラバマ大学の彼の研究室に行き、実験後のインタビューを撮影した映像をいくつも見せてもらった。典型的な例を紹介しよう。被験者は少しぼうっとした性格の学生で、ここではフィリップと呼ぶことにする。[8]

質問者　実験は以上です……これまでに「トリビアル・パスート」という雑学を競うボードゲームで遊んだことはありますか？

フィリップ　あんまりないかな。でも、やったことはあると思います。

質問者　今回の実験のクイズについては、問題がむずかしいと感じましたか？

フィリップ　ええ、むずかしい問題もありました。ぜんぜんわからなくて、「ええ？　なんだっけ？」って感じで。

質問者　1から10で点数をつけるとすると、何点だと思いますか？　1がもっとも「簡単」で、10がもっとも「むずかしい」という意味です。何点くらいの難易度でしたか？

フィリップ　8ってところかな。

質問者　なるほど。けっこうトリッキーな問題もありましたからね。

質問者は次に、フィリップとパートナーのクイズの成績が良かったことを伝え、その理由を尋ねる。

フィリップ　チームワークかな。
質問者　チームワークですか？
フィリップ　ええ。
質問者　なるほど、わかりました。ところで、実験の途中で少しのあいだレイチェルが席を外しました。彼女がいないあいだ、ズルをしましたか？
フィリップ　えっと……していません。

フィリップは答えるときに少し口ごもり、それから眼を逸《そ》らす。

質問者　ほんとうのことを言っていますか？
フィリップ　……はい。

＊３　レバインは、著書 *Duped: Truth-Default Theory and the Social Science of Lying and Deception*（Tuscaloosa, AL: University of Alabama Press, 2019）〔『騙された——トゥルース・デフォルト理論と嘘と欺きの社会学』［未訳］〕のなかで自らの理論についてくわしく解説している。欺き行為の仕組みについて理解したければ、彼のこの本以上に理想的なスタート地点はない。

質問者　わかりました。あなたのパートナーに同じ質問をしたら、彼女はなんて言うと思いますか？

フィリップは頭のなかを整理しているのか即答できず、ここで室内に気まずい沈黙が流れる。「明らかに彼はいま答えを必死で考えていますよ」とレバインは説明した。

フィリップ　「ズルはしていない」と言うと思います。
質問者　ほんとうに？
フィリップ　ええ。
質問者　はい、わかりました。あなたへの質問は以上です。

フィリップは真実を語っているのか？　これまでフィリップの映像を見てきた一〇〇人以上の人々のほぼ全員が、フィリップが嘘つきだと見事に見破った。パートナー役のスタッフによれば、レイチェルが部屋を出たあとすぐにフィリップは答えが入った封筒の中身を見たという。実験後のインタビューのあいだに彼は嘘をついた。それもバレバレの嘘ばかりだった。「自信がなさすぎる」とレバインは説明した。

私も同じように感じた。「ズルをしましたか？」と訊かれたフィリップが「えっと……していません」と言ったとき、私は堪えきれずに「ひどい答えだ」とつい声を上げてしまった。フィリップはいかにも不安そうに眼を逸らし、真顔を保つこともできなかった。「ほんとうのことを言っていますか？」と質問者が畳みかけたとき、見るからに嘘の答えを探すかのように、フィリップは黙り込んでしまった。

フィリップは簡単な例だ。しかしほかの映像を見れば見るほど、嘘つきを見破るのはむずかしくなった。ふたつ目の例について検討してみよう。今回の被験者はルーカスと呼ぶことにする。彼はハンサムで、はきはきと話す自信に満ちた学生だ。

質問者　失礼ながら訊きますが、レイチェルが部屋を出ていたあいだに何か不正行為はありましたか？

ルーカス　ありません。

質問者　ほんとうに？　真実を話していますか？

ルーカス　はい、まちがいありません。

質問者　あなたのパートナーに同じ質問をしたら、彼女はなんて言うと思いますか？

ルーカス　ぼくと同じことを言うでしょうね。

「みんな彼の言葉を信じました」とレバインは言った。私も彼の言葉を信じた。が、ルーカスは嘘をついていた。

午前中ずっと、レバインと私は雑学クイズ実験の映像を見つづけた。最後のほうになると、私はもうお手上げだと降参するしかなかった。誰がほんとうのことを言っているのか、誰が嘘をついているのか、まったくわからなくなってしまった。

レバインの研究が目指すのは、人間の心理における最大の謎のひとつを解き明かすことだ——どうして私たちは嘘を見破るのがこんなに苦手なのか？　いや、得意なはずだと考えている人も多いだろう。理論的に考えればたしかに、騙されていることに気づけるかどうかは、人間にとって非常に役立つ能力のはずだ。何百万年もの進化は、欺きのほんの些細な徴《しるし》に気づける能力を人間に与えてしかるべきだった。しかし、そうはならなかった。

一連のある実験のなかで、レバインは映像をふたつのグループに分けた——二二人の嘘つきと二二人の正直者。[9] 四四本すべての映像を見た人は、平均すると五六パーセントの割合で嘘つきを正しく見抜くことができた。ほかの心理学者たちも似たような実験をたびたび行なってきたが、すべての実験の平均正答率は……五四パーセントだった。つまり、ほぼ全員が嘘を見抜くのがひどく苦手ということになる。警察官であれ、裁判官であれ、セラピストであれ、海外で大規模なスパイ活動を展開するＣＩＡ職員であれ、嘘を見抜くのが得意な人などほぼいない。なぜだろう？[*4]

ティム・レバインの導きだした答えは、「トゥルース・デフォルト理論（ＴＤＴ）」と呼ばれるものだった。[10]

「本来ならば得意であって当然なのに、私たち人間が嘘を見破るのをひどく苦手とするのはなぜか？」をレバインはずっと探ろうとしてきたが、いつも壁にぶつかりつづけてきた。研究を始めたばかりのレバインの議論の出発点となったのは、大学院生パク・ヒスンによる鋭い洞察だった。「彼女がはじめに気づいた大切なポイントは、人間が五四パーセントの割合で欺きを見抜けるという数値が、真実と嘘を合わせて全体で平均化されていたことでした」とレバインは説明した。「ふたつを分けると、理解は大きく変わってくるはずです。どれだけの割合の人が真実を見抜けたのか、どれだけの人が嘘を見抜けたのか……」

言い換えよう。レバインの実験動画を見た人々の正答率はおよそ五〇パーセントだった。この結果を聞いた多くの人は、彼らは深く考えずにただランダムに正直者と嘘つきを推測しているのだと当然のように仮定する。しかし、パクはそう考えなかった。実際、真実を語る学生を特定できる割合は、五〇パーセント（偶然）よりはるかに高い。一方、嘘をつく学生を特定できる割合は、五〇パーセント（偶然）よりはるかに低い。次々と流れる映像を見る私たちは、「真実、真実、真実」と推測していく。つまり、正直者のインタビューはほとんどが正解となり、嘘つきのインタビューはほとんどが不正解となる。人間には「デフォルトで信用する」という傾向がある。私たちは基本的に、眼のまえの相手が正直であるという前提のもとに行動しているのだ。

雑学クイズ実験はこの現象をほぼ完璧に説明してくれる、とレバインは言う。彼は被験者を研究室に招き入れ、賞金のために雑学クイズに挑戦してもらう。突然、インストラクターが呼びだ

＊4　著書『第1感——「最初の2秒」の「なんとなく」が正しい』（*Blink*）のなかで私は、「数少ない一部の人だけが嘘をきちんと見抜くことができる」という心理学者ポール・エクマンの主張について触れた。エクマンとレバインの議論の詳細については、巻末にある原注のくわしい説明を参照してほしい。

されて部屋を出ていく。なんと偶然にも、クイズの答えを眼のまえの机の上に置いたまま！　論理的に考えれば、この時点で被験者は疑いを抱くべきだとレバインは言う。彼らは大学生であり、頭が悪いわけではない。みな、自分が心理学の実験に参加中だと理解もしている。会ったことのない〝パートナー〟が急に実験に参加し、ズルをしようとそそのかしてくる。何か裏があるのではないか、と被験者の学生たちは当然ながら少しは疑うはずだ――。しかし、実際はちがった。「ときどき、インストラクターが部屋を出るのをヤラセだと気づく人はいます」とレバインは言う。「でも、パートナーがサクラだと気づく被験者はほとんどいません……もちろん、隠された意図がどこかにあり、何かが仕組まれているのだと彼らは考えます。実験自体がある意味で仕組まれたものですから、それも当然です。にもかかわらず、隣に坐って話しかけてくるこの親切な人がサクラだとは考えない」。実際、被験者がパートナーを疑うことはほとんどなかった。

トゥルース・デフォルト状態から抜けだすためには、レバインが〝トリガー〟と呼ぶものが必要になる。トリガーは「疑念」や「はじめに抱いたわずかな疑い」と同じものではない。トゥルース・デフォルト状態を終わらせることができるのは、当初の仮定とは反対のケースが決定的になった場合のみ。つまり私たち人間は、冷静沈着な科学者のように振る舞うわけではない。結論に達するまで、真実や偽りに関する証拠をゆっくり集めていくのではない。正反対だ。私たちはまず信じることから始める。説明がつかなくなるほど疑いや不安が高まるとやっと、私たちは信じることをやめる。

社会科学者の大好物である〝重箱の隅つつき〟のような考えに聞こえるかもしれないが、そうではない。この核心を突く考えは、人間の不可解な行動の多くを解き明かしてくれる。

たとえば、心理学の世界でもっとも有名な研究結果のひとつが生まれた、スタンレー・ミルグラムの服従実験[11]について考えてみよう。一九六一年、ミルグラムはコネチカット州ニューヘイブンでボランティアを募り、「記憶のための実験」に参加してもらった。研究室にやってきた被験者たちは、ジョン・ウィリアムズという名の陰気でいかめしい若者に迎えられる。ウィリアムズはまず、あなた方には実験のなかで〝教師〟の役を演じてもらうと被験者に説明する。次に、別のボランティアを紹介する。ミスター・ウォレスという名の感じのいい中年男性だ。〝学習者〟の役割を担うウォレスは、隣の部屋の椅子に坐り、最大四五〇ボルトの電気ショックを与えることが可能な複雑な装置につながれる（ちなみに四五〇ボルトとは、ぎりぎり体内組織に損傷を与えない程度の電流）。

教師役となった被験者は、一連の記憶力テストを学習者に課すよう指示される。罰の脅威が記憶力テストの成績に影響するかどうかを調べるため、学習者のウォレスがミスするたび、より強い電気ショックで罰を与えるよう教師はうながされる。電流が強くなるにつれ、ウォレスは痛みに苦しんで叫びだし、最後には壁をたたきはじめる。しかし教師が少しでもためらうと、いかめしいインストラクターが続けるよう迫ってくる。

「続けてください」

「続けなければ実験が終わってしまいます」

「絶対に続けなくてはいけません」

「ほかに選択肢はありません。続けなさい」

ミルグラムの実験がこれほど有名になったのは、ほぼすべての被験者が指示にしたがったからだった。じつに六五パーセントの教師が、不運な学習者に最大レベルの電気ショックを与えた。第二次世界大戦のあと――ナチスの強制収容所でドイツの看守たちに命じられていた指示の内容が徐々に明らかになると――ミルグラムの実験結果に大きな注目が集まるようになった。

しかしレバインは、この実験からふたつ目の教訓を導きだした。[12] 研究室にやってきたボランティアの被験者たちはまず、いかめしい雰囲気の若者ジョン・ウィリアムズに迎えられる。ウィリアムズは地元の高校に勤める生物学の教師だった。ミルグラムは、彼を選んだ理由を次のように語った。「専門家のような見た目でそっけない性格だったからです。宇宙関連のテレビ番組に出てくるようなタイプです」。ウィリアムズの実験中の発言はすべて、ミルグラム本人が書いた台本にしたがったものだった。

学習者役のミスター・ウォレスを演じていたのは、鉄道会社に勤務するジム・マクダナーという名の男性だった。「穏やかで従順」な性格だったため、犠牲者役にはぴったりだとミルグラムは考えた。苦痛に満ちた彼の叫び声はまえもって録音され、実験中にスピーカーから流された。実験はあたかもアマチュア演劇のようだった。ここでは「アマチュア」という単語が重要になる。ミルグラムの実験は、ブロードウェイの舞台のために制作されたものではなかった。彼自身の説明によると、ミスター・ウォレスは大根役者もいいところだったという。実験に関するすべてのことが、控えめにいっても無理がありすぎた。電気ショックの機械は、実際にはショックなど与えていなかった。部屋の片隅に置かれたスピーカーの存在に複数の被験者が気づき、なぜミスター・ウォレスの叫び声がスピーカーから聞こえてくるのか不思議に思った。ふつうなら、椅子に縛りつけられたウォレスがいる部屋の扉の奥から聞こえてくるはずでは？　それに、実験の目的が学習能力を調べることだとすれば、なぜ進行役のウィリアムズは学習者の部屋ではなく、教師と同じ部屋にずっといるのか？　実験のほんとうの狙いが、苦痛を受ける側ではなく、苦痛を与える側を観察することであるのは明らかでは？　ミルグラムの実験は悪ふざけ以外のなにものでもなく、あまりにバレバレだった。しかしレバインの雑学クイズと同じように、人々はまんまと騙された。彼らはみな、デフォルトで信用した。

「実験のあと少なくとも二週間は、ニューヘイブン・レジスター紙の死亡欄をチェックしましたよ。〝学習者〟の死に自分がかかわったんじゃないか、自分が死を引き起こしてしまったんじゃないかと不安だったので……彼の名前がなかったことに、とにかくほっとしました」とある被験者は実験後のアンケートに書いた。別の被験者はこう綴った。「嘘じゃありません。電流を強めたあとにミスター・ウォレスの声が聞こえなくなったとき、彼が死んだのかもしれないとほんとうに信じていました」。被験者は未熟な大学生ではなく、みなれっきとした大人だった。しかし彼らの多くが、有名な高等教育機関の地下の研究室のなかで、人が死に至るような拷問をともなう実験が行なわれたと信じているようだった。「実験は大きなトラウマになりました」と別の被験者は書いた。「椅子に坐った男性を殺してしまったのではないかという恐怖にさいなまれ、夜な夜な恐ろしい夢を見て冷や汗でびっしょりになりました」

ここに重要な事実が隠れている。ミルグラムの実験の被験者は絶望的に騙されやすい人々などではなかった。彼らは疑った。おおいに疑った。ミルグラムの服従実験の全容について解き明かす名著『ショックマシンの裏側』（*Behind the Shock Machine*〔未訳〕）のなかで、作者のジーナ・ペリーはジョー・ディモウという名の退職した工具製作者にインタビュー取材を行なった。ミルグラムの最初の服従実験の被験者だったディモウは、「実験中に『これはおかしいぞ』と思っていましたよ」とペリーに語った。やがて彼は、ミスター・ウォレスの叫び声が演技だと確信した。

何が起きているのか正確にはわかりませんでしたが、疑いはありました。私はこう考えていました。「私の疑いが正しいとすれば、学習者はみんなと共謀しているにちがいない。そうだ。私は電気ショックなど与えていないはずだ。学習者はただ適当に叫んでいるだけだろう」

すると実験の終わり、鍵のかかった部屋からミスター・ウォレスが出てきてひと芝居打った。「彼はげっそりとした顔つきで、かなり動揺しているようでした」とディモウは振り返った。「ハンカチで顔を拭き、近くまでやってきて握手を求めると、『やめてくれてありがとう』と言いました……彼が部屋に入ってきたとき、『おっと、これはほんとうなのかもしれない』と私は思いました」。ディモウははじめ、すべてが嘘にちがいないと感じた。しかし、嘘つき集団のひとりが少しばかり大げさな演技を続けただけで――動揺した様子をみせ、ハンカチで額を拭いただけで――ディモウの疑いはすっかり消えてしまった。

ミルグラムの実験の最終的な結果[13]について確かめておこう。

・学習者が痛みをともなう電気ショックを受けていると完全に信じていた。　56・1%
・多少の疑いはあったものの、学習者はおそらく電気ショックを受けていると信じていた。　24%
・学習者がほんとうに電気ショックを受けているかどうかわからなかった。　6・1%
・多少の疑いはあったものの、学習者はおそらく電気ショックを受けていないと信じていた。　11・4%
・学習者は電気ショックを受けていないと確信していた。　2・4%

被験者の四割以上がどこかおかしいと気づき、説明されたとおりの実験ではない可能性をうすうす感じていた。ところが、それらの疑いは「デフォルトで信用する」という傾向に抗《あらが》うトリガーとしては充分ではなかった。これこそがレバインの核となる主張だ。あなたが誰かを信じるのは、相手にたいしてまったく疑いがないからではない。信じるということは、疑いの欠如を意味するものではない。相手にたいして充分な疑いがないから、あなたは誰かを信じるのだ。

いくらかの疑いと充分な疑いの区別については、大切な点なのでまたあとで説明したい。ぜひ過去の自分について振り返ってみてほしい。嘘つきを見抜けなかったことについて、ほかの誰かを批判したことが何度あるだろう？　どうしてわからなかったんだ？　あんなにたくさん危険信号があったのに。そもそも疑っていたはずなのに。それは現実の問題にたいするまちがった考え方だ、とレバインなら指摘するにちがいない。問いかけるべきはこれだ――〝信用〟の外にあなたを追いやるほどの充分な危険信号があったのか？　もし充分な危険信号がなかったとすれば、あなたはデフォルトで信用しただけのふつうの人間でしかない。

5

アナ・ベレン・モンテスはボルティモア郊外の裕福な地域で生まれ育った。父親は精神科医だった。モンテスはバージニア大学を卒業したのち、ジョンズ・ホプキンス大学で国際関係学の修士号を取得。彼女は、マルクス主義を標榜するサンディニスタ民族解放戦線の熱烈な支持者だった（この解放戦線が主導権を握るニカラグア政府を、当時のアメリカ政府は転覆させようと企んでいた）。モンテスのこの反社会的な活動が、キューバ課報機関のスカウトの眼を惹いた。

一九八五年、彼女はハバナを極秘訪問した。モンテスのキャリアについて調べたＣＩＡの事後分析では、次のように結論づけられた。「キューバのハンドラーたちはモンテスの無意識の行動に助けられつつも、彼女の弱点を見きわめ、心理的なニーズ、思想、個人的な病状を利用して仲間に引き入れ、ハバナ政府のために働くよう動機づけしつづけた」[6]。新たな同胞たちは、アメリカ政府の諜報機関での仕事に応募するようモンテスの背中を押した。同年、彼女はＤＩＡに就職した。そこからモンテスは猛スピードで組織内部へと入り込んでいった。

　モンテスは誰よりも早く職場に出勤し、昼食はデスクで食べ、自分の殻にこもった。ワシントン郊外クリーブランド・パーク地区の２ベッドルームのコンドミニアムにひとりで住み、いちども結婚したことはなかった。捜査の過程で、ＤＩＡの防諜担当幹部のスコット・カーマイケルは、モンテスの同僚たちが彼女を形容するために使ったすべての単語をリストアップした。じつに印象的なリストだった——シャイ、おとなしい、冷淡、クール、独立心が強い、自立している、よそよそしい、知的、まじめ、熱心、集中力が高い、勤勉、鋭い、頭の回転が速い、人を操るのがうまい、悪意がある、人づき合いが悪い、野心的、魅力的、自信家、ビジネスライク、現実的、自己主張が強い、思慮深い、穏やか、賢明、動じない、有能、仕事ができる。

　はじめにカーマイケルが訪ねてきたとき、アナ・モンテスはそれを定例の人物調査だと考えた。すべての諜報部員は、機密取扱者としての資格を維持するために定期的に人物調査を受けなくてはいけない。モンテスはどこまでも無愛想だった。

「はじめに会議室に入ってきたとき、彼女はおれを追い払おうとした。部長代理に選ばれて忙しいんだと言ってね。実際、部長代理に選ばれたばかりのころだった」とカーマイケルは振り返った。「責任、会議、やるべきことが目白押しで、とにかく彼女は大忙しだった」。カーマイケルは相手が拍子抜けするほど子どもっぽく、髪はブロンドで、腹がぽっこり出ていた。コメディアンで俳優のクリス・ファーレイに似ている、というのが見かけにたいする彼の自己評価だった。おそらくモンテスは、カーマイケルを軽くあしらっても平気だと見くびったのだろう。「それでも、いつもどおり対応したよ」とカーマイケルは言った。

まずは、ただ受け容れるしかない。「ああ、わかったよ」とかなんとか言ってね。「ああ、そうらしいね。昇進おめでとう。すばらしいことだ。時間があまりないことは理解しているよ」。あとは、相手を無視するだけ。調査に一二日かかると決まっていたら、一二日かかることに変わりはない。何もせずに見逃すわけにはいかないからね。でも、彼女がまたしつこく抵抗してきて、とにかく忙しいんだと強調した。こちらはまだ着いたばかりなのに、「でも、どうしても二時までには行かなきゃいけないんです」とかなんとか彼女は言った。「やるべきことがたくさんあるから」とね。

「いい加減にしてくれ」とおれは頭のなかで愚痴っていたよ……キレはしなかったけど、我慢はできなくなった。で、はっきりと眼を見て言ってやったんだ。「いいかい、アナ。きみが防諜に影響を与える活動にかかわっていると疑う充分な理由があるんだ。席に着いていっしょに話し合おう」

政府での仕事を始めてからほとんどの期間、モンテスはキューバのスパイとして活動しつづけてきた。ハンドラーたちと少なくとも三〇〇回会い、数えきれないほどの機密資料や情報を渡した。結果、モンテスは米国史上もっとも甚大な損害を与えたスパイのひとりになった。彼女は何度か秘密裏にキューバを訪れていた。フィデル・カストロ自らがモンテスに勲章を授与していたことも逮捕後に発覚した。にもかかわらず、疑惑の「ぎ」の字も出てきたことはなかった。しかし、お決まりの人物調査だと彼女が考えていた面接が始まったとたん、クリス・ファーレイ似の滑稽な見かけの男が指をさして警告の言葉を発した。モンテスはあっけに取られ、椅子の上でぽかんとしたまま動かなくなった。

「ハトが豆鉄砲を食ったみたいにこっちを見ていた。おれが次に何を口にするのか、ただ黙って待っていたよ」

数年後にモンテスとの最初の面接について振り返ったカーマイケルは、それこそ彼が見逃したひとつ目の手がかりだったのだと気がついた――彼女の反応がおかしかった。

「いったいなんの話をしているんですか？」と彼女はけっして言わなかった。ただ、そう言わなかったことが怪しいという事実に気づけなかった。彼女はそんな台詞を口にはしなかったし、それどころか何も言わなかった。ただ坐って話を聞いていた。おれがもっと抜け目ない人間だったら、きっと気づいていただろうな。否定の言葉がなかった。混乱も怒りもなかった。もし誰かが殺人か何かの疑いをかけられたら……まったく身に覚えがなければ、「どういう意味ですか？」と訊き返してくるはずだ。「ちょっと待ってください。わたしにそんな疑いがかけられているんですか？　いったいどういうことです？」と戸惑うはずだ。そのうち、しつこく抗議してくるにちがいない。いろいろ文句を言ってくるはずだ。でも、アナは何も言ってこなかった。ただじっと坐っているだけだった。

カーマイケルは会った瞬間から疑いを抱いていた。けれど疑いは、説明して取りのぞけないときにだけトリガーとなって不信に変わる。しかし、カーマイケルは簡単に疑いを取りのぞくことができた。なんといっても、眼のまえにいるのはキューバの女王だった。キューバの女王がスパイであるはずなどない。たしかにカーマイケルは「きみが防諜に影響を与える活動にかかわっていると疑う充分な理由がある」と告げた。ただしそれは、彼女を面談に集中させるための台詞でしかなかった。「とっとと話し合いを始めて、次の段階に進むことばかり考えていたんだ。さっきも言ったように、ちょっと得意になっていた。『おっと、これは効果的だった』彼女がやっと黙ったぞ。もう愚痴は言わせない。さっさと調査を終わらせよう』と考えていた。だから、手がかりを見逃してしまった」

ふたりは、キャロル少将の警告について話した。彼女は明確な答えを示した。ふたりは、その日ペンタゴンにいた彼女が早退した理由について話した。また、彼女は明確な答えを示した。モンテスは少し色っぽく、少し冗談めかして対応した。カーマイケルはリラックスしはじめ、彼女の足をまたちらりと見た。

アナは足を組んで、つま先をぱたぱた揺らしはじめた。こういうふうにね。意識的かどうかはわからない……わかるのは、それが眼を惹くってことだ……お互いに距離が縮まりはじめると、彼女が少しだけ色っぽい態度を強めた。「色っぽい」という言葉が正しいかどうかはわからない。でも、いくつかの質問への対応がキュートだったことはたしかだね。

ふたりは、その日の昼間にモンテスにかかってきた電話について話した。電話はかかってきていない、あるいは少なくとも記憶がないと彼女は説明した。それも危険信号のひとつだった。いっしょに危機管理室にいたほかの職員たちが、モンテスに電話がかかってきたことをはっきり覚えていた。しかし、長くやっかいな一日だった。彼らはみな国際的な危機の真っただなかにおり、誰かほかの人とモンテスを混同していてもおかしくはなかった。

もうひとつ、彼女の反応に関してカーマイケルが違和感を抱いた瞬間があった。聞き取り調査が終わる直前、ペンタゴンを去ったあとの行動についていくつか質問したときだ。この種の調査では標準的な質問だった。カーマイケルとしてはただ、早退後の夜のモンテスの動きをできるだけ細かく確かめておきたいだけだった。

仕事のあとに何をしたのか？　車で自宅に戻った、と彼女は答えた。どこに車を停めたのか？　通りの向こうの駐車場、と彼女は答えた。車を停めるところを誰かが見ていたか？　誰かにあいさつしたか？　彼女はノーと答えた。

「なるほど。車を停めて、通りを渡ったあとは――」と訊いているあいだに、彼女の様子が変わってきた。その時点で、もう二時間近くたっていた。アナとおれはほとんど仲間同士のようだった。親密というほどではないけど、信頼関係を築きつつあった。実際、彼女はあれこれ冗談を言ったり、おもしろおかしいことをときどき言ったりしていたよ。リラックスした温かい雰囲気だったね。

突然、彼女の態度が一変したのが手に取るようにわかった。さっきまで色っぽい感じさえ出して、愉しい雰囲気だったんだ……でも急に変わった。クッキーの瓶に手を突っ込んだところを見つかった小さな子どもみたいに。クッキーの瓶を背中に隠すと、母親に「何を持っているの？」と訊かれるあの瞬間さ。アナはこっちを見て否定の言葉を口にした。でもその表情はこう言っていた。「何を知ってるの？　どうして知ってるの？　わたしを捕まえるつもり？　捕まりたくないの」

彼女の逮捕後、捜査官たちはその夜の実際の出来事の流れを突き止めた。キューバ側はモンテスとある取り決めをしていた――ハンドラーのひとりと通りで出くわしたら、指揮官が緊急で直接話をしたがっているという合図。その場合は翌朝、彼女はまえもって決められた場所に行き、指揮官と出会うまで歩きつづけなければいけない。夜、ペンタゴンから家に戻った彼女は、ハンドラーのひとりがアパートメントのそばに立っているのに気づいた。だからこそ、カーマイケルが「帰宅するときに誰かに会ったか？」とピンポイントで尋ねたとき、彼女はこう思ったのだろう――眼のまえの男性は取り決めについて把握している、ぜんぶ知っているにちがいない。

ほんと、死ぬほどびっくりしていたよ。こっちがすべて知っていると思ったんだろう。実際は知らなかったけどね。何も知らなかった。自分が何を知っているのかもわかっていなかった。何か都合の悪いことがあるのだろうとは思ったよ。何か気になることがあったんだろうって。聞き取り調査のあと、そのときのことを振り返って、おれは何をしたと思う？　すべての人間と同じことをした……わけのわからない正当化をして受け流してしまった。

おれはこんなことを考えていた。もしかしたら彼女は不倫をしていて、既婚男性と会っていたのかもしれない……だから誰と会ったのか言いたくなかったにちがいない。あるいは、彼女はレズビアンか何かで、ガールフレンドと会っていたのかもしれない。そのことを知られたくなかった。知られるのではないかと恐れていた。そういうあらゆる可能性について考えはじめて、すべてを受け容れてしまった。それ以上あれこれ考えるのが面倒で、受け容れてしまったんだ。

アナ・ベレン・モンテスは世界最高峰のスパイではなかった。そんな技を身につける必要はなかった。人間に備わった嘘発見器が「切」に設定された世界では、スパイはつねに有利に物事を進めることができる。では、スコット・カーマイケルは不注意だったのか？　そんなことはない。トゥルース・デフォルト理論どおりの行動を取っただけだ。アナ・モンテスが真実を語っているという前提にもとづいて行動し、自分でも気づかないうちにすべての証言をその前提をとおして正当化してしまった。トゥルース・デフォルト状態から抜けだすためにはトリガーが必要になる。が、トリガーを作動させるためのハードルは高い。カーマイケルはその地点からほど遠い場所にいた。

人間に備わった嘘発見器は、私たちが望むようには機能しないし、そもそも機能するはずがない。それが、レバインが導きだした単純な真実だ。映画の世界では、海千山千の刑事たちが犯人に向き合い、相手の嘘をいとも簡単に見破ってしまう。しかし現実世界では、疑いを打ち消すために必要な量の証拠を積み上げるためには時間がかかる。浮気しているのかと夫に尋ね、彼がノーと答えれば、あなたはその言葉を信じる。夫が真実を語っている、というのがあなたの初期設定《デフォルト》だ。夫の物語にちょっとした矛盾があったとしても、あなたは自分で説明をこじつけて受け流してしまう。でも三カ月後、夫のクレジットカードの請求書に謎のホテル宿泊代金が記されているのに気づく。そこに何週間にもわたる謎の外泊と謎の電話という情報が組み合わさり、あなたはやっとハードルを飛び越える。現実世界の嘘はそのように見つかる。

これがひとつ目の謎への説明であり、キューバのスパイたちが長期にわたってＣＩＡを騙しつづけることができた理由だ。この物語は、ＣＩＡの能力が低いことを示すものではない。たんに、ＣＩＡの諜報員たちが私たちと同じ人間であるという証拠だ。ほかの全員と同じように彼らもまた、真実にたいする一連のバイアスを持つ人間でしかない。

カーマイケルはレッジ・ブラウンに会いにいき、経緯を説明した。

レッジ、あんたが頭のなかで描いていることはわかってる。これが意図的なスパイ工作だと考えるあんたの理由づけも理解できる。たしかにそう見えるからね。でもおれとしては、たとえそうだとしても、彼女が意図的にかかわっているると判断することはできない。そうとは考えられないよ……仕方ないけど、この件はこれで終わりにする。

6

スコット・カーマイケルがアナ・モンテスに聞き取り調査を行なった五年後、DIAの同僚のひとりが省庁間の会議に出席し、国家安全保障局（NSA）の分析官と出会った。DIAやCIAと並び、NSAは米国政府の外国諜報活動の中核をなす三大機関のひとつで、暗号破りの専門家だ。その分析官の女性はDIA職員にたいし、キューバ政府の諜報組織がスパイとのやり取りに使う暗号の一部を解読したと説明した。

暗号は長い数列で、短波ラジオ経由で定期的にスパイたちに伝えられていた。NSAが解読に成功したのは暗号のほんの一部だった。NSAはすでに二年半前にその情報についてFBIに報告した。が、なんの反応もなかった。苛立ちを募らせたNSAの分析官は、情報をDIAの担当者と共有することに決めた――ワシントンのかなりトップに近い位置に「エージェントS」と呼ばれるキューバのスパイが潜入している。エージェントSが狙いを定めているのは、「SAFE」[*5]という名のシステムだった。エージェントSは、一九九六年七月四日から七月一八日までの二週のあいだにグアンタナモ湾にあるアメリカ軍の基地を訪れた可能性があった。

＊5　SAFEはSecurity Analyst File Environment（安全分析ファイル環境）の略。個人的に私は、頭字語をさきに決め、そのあとに正式名称を考えだすというやり方が大好きだ。

それを聞いたDIAの職員は大きな警戒心を抱いた。「SAFE」はDIA内で使われるメッセージング・アーカイブの名前だった。つまり、エージェントSはDIA内部の人間か、少なくともDIAと密接に関連した人物の確率が高かった。仕事場に戻った職員は、NSAの分析官から聞いた話を上司に報告し、それを聞いた上司らはカーマイケルに報告した。カーマイケルは怒りをあらわにした。DIA職員が関係していると疑われるスパイ案件を二年半前から把握していたにもかかわらず、FBIは何も報告してこなかったのか？　DIAの防諜担当の責任者であるこのおれに！

カーマイケルは、何をすべきかはっきりとわかっていた。DIAのコンピューター・システムの検索だ。国防総省の職員がグアンタナモ湾を訪れるときには、誰であれ政府から承認を受ける必要がある。省内のシステムをとおして二件のメッセージを送信し、渡航許可を申請したうえで、希望する人物と基地内で面会する許可を得なければいけない。

「そう、ふたつのメッセージを調べればいいだけだった」とカーマイケルは言った。

七月中のグアンタナモ湾への渡航を希望する場合、早くても申請は四月以降になるはずだとカーマイケルは考えた。そこで彼は、検索条件をこう設定した――一九九六年四月一日から七月一八日までのあいだにDIA職員が申請した、グアンタナモ湾に関する渡航許可およびセキュリティー申請。ふたりで検索したほうが手っ取り早いと考え、カーマイケルは同僚のゲーター・ジョンソンにも同じ条件で検索するよう頼んだ。

当時のコンピューター・システムでは、ヒット・ファイルがまず設定される。すべてのメッセージが電子的に蓄積され、「X件のヒットがあります」と表示される。近くにいたゲーターがキーをたたいているのが聞こえ、まだクエリーも終わっていないのがわかったよ。こちらはすでにヒット・ファイルでの検索を始めていたから、すぐに結果に眼をとおして、気になる名前が見つかることを期待していた。その瞬間が訪れたのは、たしか二〇人目の名前を見たときだった――アナ・ベレン・モンテス。ゲームオーバー。まさに一瞬で終わり……おれは言葉を失って、ただただ唖然としていた。椅子から転げ落ちていてもおかしくなかった。椅子をうしろに滑らせて、悪い知らせが映る画面から物理的に自分を遠ざけようとした……パーティションで区切られた空間のなかで、ずっとうしろのほうまで椅子を滑らせていた。ゲーターは近くでまだカチャカチャ音を立ててキーボードを操作していたよ。

「なんてこった」とおれはつぶやくしかなかった……

第４章　佯狂者《ようきょうしゃ》

1

二〇〇三年一一月、ニューヨークのロング・アイランドに本拠を置くヘッジファンド〈ルネサンス・テクノロジーズ〉のポートフォリオ・マネージャーを務めるナット・サイモンズは、同僚の数人に不安を吐露するメールを送った。ルネサンス社が一連の複雑な資金調達を通じて、バーナード・メイドフという名のニューヨークの投資家が運営するファンドに出資していることがわかったという。そのメイドフという人物が、サイモンズをやきもきさせる原因だった。

一九九〇年代から二〇〇〇年代はじめにかけてニューヨークの金融業界で働いた経験があれば、バーナード・メイドフという名前を聞いたことがあるはずだ。メイドフが運営するファンドは、マンハッタンのミッドタウンにある瀟洒《しょうしゃ》な高層ビル〈リップスティック・ビルディング〉のなかにオフィスを構えていた。メイドフは数多くの主要な金融業界団体の理事会のメンバーを務め、ハンプトンズやパームビーチの富豪たちと懇意にしていた。彼は豊かな白髪をなびかせながら、尊大な態度で人に接した。メイドフは徹底した秘密主義者だった。その事実がサイモンズを不安にさせた。さまざまな噂を耳にした彼は、社内のグループ・メールのなかでこう伝えた。
「信頼する情報筋からこっそり教えてもらったところ、メイドフは一年以内に深刻な問題に巻き込まれる可能性が高いらしい……メイドフの会社では、彼の義理のきょうだいが監査役を務め、息子も上層部で働いている。その事実を踏まえると、なんらかの疑惑について当局から捜査を受けたり、口座を凍結されたりするおそれもある……」[1]

　翌日、取締役のヘンリー・ラウファーが返信し、サイモンズの意見に同意した。メイドフ側になんらかの不正があるという「独自の証拠」がルネサンス社にはある、と彼はつけくわえた。次に話し合いに参加したのは、危機管理マネージャーのポール・ブロダーだった。自社の資金が危険な場所に流れることを食い止めるのが彼の役目だった。メイドフが利用していると主張する取引戦略について事細かな分析をしたブロダーは、「何ひとつ計算が合わない」と結論づけた。三人が独自に内部調査を進めると、疑いはみるみる深まっていった。「彼の取引はまったく意味不明、という結論に達しました」とブロダーはのちに証言した。「メイドフがどういうふうに利益を上げているのか、ぜんぜんわからなかった。こちらが見つけた資料のなかに、彼が主張するような金額の取引が行なわれていることを裏づける証拠は何もありませんでした」。かくして、ルネサンス社はメイドフにたいして疑いを持つようになった。

　では、ルネサンス社はメイドフにかかわる投資をすべて引き払ったのか？　そうではなかった。彼らは投資額を半分に減らし、損失を防ぐ策を取った。その五年後にメイドフは、史上最大の出資金詐欺《ポンジ・スキーム》の首謀者として逮捕された。連邦捜査官はルネサンス社のナット・サイモンズから話を聞き、メイドフ関連の投資をすべて引き上げなかった理由について尋ねた。「私はファンドのマネージャーとして、それが完全な詐欺だと考えたことはいちどもありませんでした」とサイモンズは言った。メイドフの企みを理解できず、どこか怪しいと感じていたことを彼は潔く認めた。しかし、メイドフが生来の嘘つきだと信じようとはしなかった。サイモンズは一定の疑いを持っていたが、充分な疑いは持っていなかった。彼はデフォルトで信用した。

サイモンズとラウファーのメールが見つかったのは、ヘッジファンド業界を監視する証券取引委員会（SEC）による定期監査でのことだった。SECがメイドフの取引にまつわる疑惑に遭遇したのは、それがはじめてではなかった。メイドフは、株式市場とリンクした投資戦略を利用していると主張した。だとすれば当然、ほかの市場ベースの戦略と同じように、市場の上げ下げに合わせてメイドフ側の利益も変動するはずだった。しかしあらゆる論理に反し、メイドフは驚くほど安定して利益を上げつづけていた。SECのピーター・ラモア調査官はいちど、メイドフに面会して説明を求めたことがあった。端的にいえば、曲がり角の向こう側まで見通すことができるというのがメイドフの答えだった。絶対的な〝直感〟を頼りに、下振れの直前に市場から投資を引き上げ、上振れの直前にまた投資を始めるタイミングを見きわめることができるという。

「私は繰り返し彼に尋ねました」とのちにラモアは証言した。

直感で取引しているという説明は、どこか怪しくて疑わしいと私は考えていました。それで、問いつめてプレッシャーをかけようとしました。何かほかに裏があると思ったんです……市

　場の全体的な動向について、ほかの人が知らないなんらかの情報を持っているのではないか、と。繰り返しきつく問いつめて、何度も何度もメイドフに質問しつづけました。するとある時点で、私としてはほかに何を調べればいいのかわからなくなってしまいました。

ラモアは、同じように疑いを抱く上司のロバート・ソラッツォに相談を持ちかけた。が、ソラッツォもまた充分な疑いを抱くことはなかった。メイドフ事件にたいするSECの事後報告書は、「〝直感〟で取引するというメイドフの主張について、ソラッツォは『かならずしもバカげたものではない』と判断した」[1]と結論づけた。SECが初期設定《デフォルト》で信用したため、メイドフの詐欺は続いた。実際、メイドフと取引するウォールストリートじゅうの数かぎりない人々が、彼についてどこか解せないところがあると感じていた。なかには、メイドフとかかわらないように自ら警戒していた投資銀行まであった。メイドフに事務所を貸す不動産業者でさえ、何かが変だと考えていた。にもかかわらず、その疑いについて誰も何も行動を起こさなかった。メイドフが史上最悪の詐欺師だと早合点した者もいなかった。メイドフ事件では、全員がデフォルトで信用した。正確にいえば、ひとりをのぞいて全員が信用した。

　メイドフの逮捕からわずか二カ月後の二〇〇九年二月上旬、ハリー・マルコポロスという男性が、全国に中継された連邦議会の公聴会で証言した。詐欺のための独立調査官を務める彼は、ぶかぶかの緑のスーツに身を包み、ニューヨーク州北部のアクセントでためらいがちに話しだした。誰も、彼が何者なのか知らなかった。

「私が率いるチームは二〇〇〇年五月から、ＳＥＣにたいして深刻な警告を繰り返し、メイドフの出資金詐欺を調査・停止するように最善を尽くしてはたらきかけてきました」。マルコポロスの証言に、室内の人々はすぐに心を奪われた。彼と数人の同僚たちは、メイドフにたいする調査のために数々の図やグラフをまとめ、コンピューター・モデルを使ってシミュレーションした。さらに、メイドフが莫大な利益を上げていたヨーロッパ各地を訪れ、独自に調査を進めたという。「充分な危険信号と数学的な証明をＳＥＣに提供した。私たちはそう確信していました。そこでＳＥＣが詐欺を終わらせていれば、被害額は七〇億ドル以下で収まっていたでしょう」。ＳＥＣが何も手を打っていないことがわかると、マルコポロスは二〇〇一年一〇月に再び警告した。その後、二〇〇五年、二〇〇七年、二〇〇八年にも警告したものの、ＳＥＣはまったく動こうとしなかった。彼はゆっくりとメモを読み上げ、長年にわたって積もりに積もった不満を爆発させた。

史上最大の出資金詐欺の真相をわざわざプレゼント用に包装して届けましたが、どういうわけか彼らは大規模な調査をきちんと行なおうとしませんでした。なぜなら、より優先順位の高い問題に忙殺されていたからです。五〇〇億ドルの出資金詐欺がＳＥＣの優先順位の上のほうに来ないとなれば、誰が優先順位を設定しているのか知りたいくらいです。[2]

ハリー・マルコポロスは、バーニー・メイドフについて疑いを抱いた人々のなかで、デフォルトで信用しなかった唯一の人物だった。彼は、見知らぬ他人をなんの偏見もなくそのまま見やった。公聴会のなかで連邦議員のひとりが、ワシントンに来てＳＥＣを仕切ってみる気はないかとマルコポロスに尋ねた。史上最悪の金融スキャンダルの余波が続くなか、ハリー・マルコポロスから学ぶべき教訓は多いと人々は感じていた――デフォルトでの信用が問題であり、だからこそスパイと詐欺師は自由に歩きまわることができる。

あるいは、ほんとうにそうなのか？　ここから、デフォルトでの信用と欺き行為についてのティム・レバインの主張のふたつ目の大切なポイントについて考えてみたい。

2

ハリー・マルコポロスは小柄だががっしりとした体つきで、見るからにエネルギッシュだった。五〇代という実年齢よりずっと若く見え、人好きのする魅力的な性格だった。気まずい冗談で話に水を差す癖はあったものの、根っからの話好きだった。彼は自身を神経質なタイプだと表現する（パソコンを開くたびにキーボードを除菌シートで拭くのが習慣だった）。ウォールストリート界隈では彼は、数学的手法を駆使する金融アナリスト「クオンツ」として知られている。「私にとって数学は真実です」とマルコポロスは言う。企業や投資の機会を分析するとき、彼は関係者に実際に会わないことを好む。その狙いは、ネビル・チェンバレンと同じミスを犯すのを避けるためだ。

公での言動や財務諸表をとおして、相手の主張を一歩離れた立場から見聞きすることを私は好みます。そのあと、単純なテクニックを使って数学的に情報を分析する……私は真実を突き止めたいんです。やたらと馴れ馴れしい誰かの好意的な意見など聞きたくはありません。そのような意見は、判断に悪い影響しか与えません。

マルコポロスは、ギリシャ移民の子どもとしてペンシルベニア州エリーで生まれ育った。[3]彼の一族は、フランチャイズのフィッシュ・アンド・チップス店を町で経営していた。「おじたちはよく、無銭飲食した客を追いかけていましたよ。猛スピードで店を出て犯人を捕まえて、勘定をしっかり払わせていました」とマルコポロスは子ども時代について語った。

父親が客のあとを追いかけて、喧嘩する姿もよく見ました。ナイフやフォークはもちろん、皿を盗む客さえいましたね……私がいまでもはっきり覚えているのは、ある巨漢の男のことです。その男はカウンターに置かれた皿を勝手に取って、ほかの客が残した食べ物を食べていたんです。おじが「やめてください」と言うと、男は「なんでだよ、残したんだからいいだろ」と言いました。すると、おじはカウンターの向かい側に行って、男のあごひげをつかんで立たせようとした。ぐいぐいひげを引っぱりました。おじさんは殺されてしまうんじゃないか、と私は不安でたまりませんでした。客の男は、身長二〇〇センチはあろうかという巨漢です。ああ、おじさんは絶対に殺される……でも運がいいことに、レストランのほかのお客さんがあいだに入って助けてくれた。助けがなければ、いまごろおじは天国にいたことでしょうね。

移民の起業家にまつわる物語の多くは、根性と創意工夫による救済の力についての物語だといっていい。実家の稼業に関するマルコポロスの少年時代の経験は、世界がいかに暗く危険な場所なのかを教えてくれるものだった。

レストランでは盗難が頻発しました。それで一〇代なかばから二〇代前半へと大人になるあいだに、不正に敏感になったんです。さまざまな不正を目の当たりにしましたよ。商売をやっていると、収益の五～六パーセントが盗難によって失われます。これは、公認不正検査士協会の統計です。もちろん若いころには、統計のことなど知りませんでした。そんな組織はまだありませんでしたからね。でも、私はこの眼でちゃんと見たんです。鶏肉とエビに急に足が生えて、たびたび裏口から出ていくのを目撃しました。食材が入ったケースは、車のトランクへと運ばれていきました。犯人はみんな店の従業員でした。

ハリー・マルコポロスがビジネススクールの学生だったころ、教授のひとりが彼のレポートにAの成績を与えた。しかし教授が使う成績算出法を確かめてみると、ミスがあることに気がついた。正確な成績はAマイナスだった。マルコポロスは教授のところに行き、文句を言った。卒業後に彼は、店頭株を取引する証券会社で働きはじめた。この市場では、ブローカーはすべての取引を九〇秒以内に報告しなければいけないというルールがあった。しかし、上司たちは明らかに九〇秒以上待っていた。そこでマルコポロスは、自分の上司のことを規制当局に通報した。告げ口が好きな人などいない、と私たちは子どものころに学ぶ。公正で道徳的なものを追い求めることには、ときに受け容れがたいほど大きな社会的犠牲がともなうのだと誰もが少しずつ理解していく。子どものころにそう忠告されたことがあったとしても、マルコポロスは右から左に聞き流していたにちがいない。

彼がはじめてメイドフについて耳にしたのは、一九八〇年代末のことだった。勤務先のヘッジファンドの上司が、メイドフの会社が莫大な利益を上げていることに気づき、同じ戦略を真似するようマルコポロスに指示した。実際、彼は真似しようとした。ところが、メイドフの戦略がてんで理解できなかった。デリバティブと呼ばれる金融商品の大量取引によって利益を上げている、とメイドフは自身のビジネス手法について説明した。しかしデリバティブ市場のどこを調べても、メイドフの取引の痕跡はまったく見当たらなかった。

「私自身、大量のデリバティブを毎年のように取引していましたし、デリバティブを扱う大手投資銀行ともつながりがありました」とマルコポロスは当時を振り返った。

そこで取引デスクの知り合いに電話して、「メイドフと取引がありますか？」と訊いてみたんです。みんなノーと答えました。デリバティブを取引するとすれば、大手の五大銀行とかかわらないということはなかなか考えられません。メイドフの取引の規模を考えればなおさらです。五大銀行がその会社の取引について何も知らず、いっさい接点がないとすれば、まちがいなく出資金詐欺です。それほど単純なことなんです。何もむずかしく考える必要はありません。何本か電話をかけただけですぐにわかりましたよ。

その時点でマルコポロスはすでに、ルネサンス社の社員たちが数年後にたどり着く場所にいた。彼は論理的に計算し、疑いを抱いた。どう考えても、メイドフの取引は意味をなしていなかった。マルコポロスとルネサンス社のあいだには大きなちがいがあった――ルネサンス社は制度を信頼していた。メイドフが取引していたのは、金融市場でもとくに規制が厳しい分野のひとつだった。彼がほんとうに取引を不正にでっちあげているとすれば、政府のさまざまな監視機関がすでに気づいているのでは？　ルネサンス社幹部のナット・サイモンズがのちに言ったように、「きっと誰かが眼を光らせているはずだとみんな思い込んでしまう」。

特筆すべきことに、ルネサンス・テクノロジーズは一九八〇年代に数学者と暗号解読者が集まって設立された会社だった。ヘッジファンド史上、ルネサンス社以上の利益を上げた会社はほかにはないはずだ。サイモンズがはじめに相談を持ちかけた取締役のヘンリー・ラウファーは、プリンストン大学で数学の博士号を取得し、著書『二次元正規特異点』や論文「最小楕円型特異点」を執筆した秀才だった。ルネサンス社の社員たちはみな知性あふれる人々ばかりだった。にもかかわらず、ひとつの決定的な一面において彼らは、レバインの実験に参加した学生となんら変わりなかった。インストラクターが去ったあと学生たちは、答えの入った封筒が机の上に目立つように置いてあるのを見つけた。しかしそこから思考を飛躍させ、すべてが仕組まれていると疑うことはできなかった。

ハリー・マルコポロスはちがった。彼はほかの人々と同じ知識を持ち合わせていたが、制度にたいしての信頼はいっさい持ち合わせていなかった。彼にとって、不誠実さと愚かさはどこにでも転がっているものでしかなかった。「人々は大きな組織を信用しすぎています」と彼は言う。「多くの人は会計事務所を信頼しますが、けっして信頼するべきではありません。なぜなら彼らは無能だからです。運がいい日であれば、彼らは無能さを露呈させるだけです。しかし運が悪い日であれば彼らは不正直になり、詐欺を手助けして扇動し、見て見ぬふりをします」

マルコポロスはさらに続けた。「保険業界は堕落しきっていると思いますね。監視の眼がまったく行き届いていません。なのに、何兆ドルという資産と負債をもとに取引を続けている」。公開企業の二〇～二五パーセントが財務諸表上で不正をはたらいていると彼は主張した。ある時点でマルコポロスは不意に「別の種類の不正について知りたいですか？」と言った。彼は回顧録を出版したばかりで、例によって印税関連の書面をつぶさにチェックしている最中だった。彼はその内容を「デタラメだらけ」だと言った。「私が調査してきた悪徳企業の財務諸表のほうがまだましだと思いますね。出版社の経理ってやつはとにかくひどすぎる」

病院に行くたびにいつも心に留めている事実がひとつある、とマルコポロスは教えてくれた。医療費一ドルにつき四〇セントは不正のために利用されているか、あるいはムダになっているという。

病院に行ったときはかならず、自分が経済犯罪の調査員だと伝え、医療分野で多くの不正が行なわれていることを話します。さきほどの統計も教えますよ。私や家族にたいしてズルをさせないようにするためにね。

マルコポロスにとって、疑いが不信に変わるまでのあいだに高いハードルなどなかった。それどころか、ハードル自体が存在しなかった。

3

ロシアの神話には、佯狂者《ようきょうしゃ》（あるいは瘋癲《ふうてん》行者）と呼ばれる聖人が登場する。佯狂者は社会不適合者であり、エキセントリックで、不快で、ときに常軌を逸した存在だ。にもかかわらず、彼らは真実をつねに見抜いている。実際のところ、「にもかかわらず」はふさわしい言葉ではない。社会ののけ者だからこそ、佯狂者は真実の語り部となる。既存の社会的階層に属さない人々は、不都合な真実を平気で口走ったり、残りの私たちが当然だと考える事実に疑いの眼を向けたりすることができる。あるロシアの寓話のなかで、有名な聖母マリア像を見た佯狂者が、それを悪魔の作品だと宣する場面がある。明らかに恥知らずで罰当たりな発言だ。しかし直後、誰かが像に石を投げつけると、外側が割れてなかから悪魔の顔が現れる。

すべての文化にはその文化なりの佯狂者がいる。たとえばハンス・クリスチャン・アンデルセンの有名な童話『裸の王様』では、魔法の生地で仕立てられた服を着た王様が通りを練り歩く。国民たちはみなだんまりを決め込むが、ひとりの小さな男の子だけがこう叫ぶ。「王様を見て！なんにも着ていないよ！」。この物語のなかでは少年が佯狂者だ。王様に服を売った仕立屋は、愚か者には見えない生地で服はできていると吹聴した。大人たちは無能だと思われるのを恐れ、一様に口をつぐむ。が、小さな男の子にはそんなことはお構いなしだ。現代の私たちの生活のなかで佯狂者にもっとも近いのは、内部告発者だろう。彼らは、自分が属する組織への忠誠心を犠牲にすることをいとわず、（多くの場合、同僚たちからの支援を得ながら）不正や詐欺を暴露する。

佯狂者とほかの人々を隔てるのは、欺かれる可能性にたいする感覚のちがいだ。心理学者のティム・レバインが強調するように、実生活のなかで嘘に出会うことはまれであり、非常に限られたごく少数の人々だけが嘘をつく。つまり、実生活のなかで嘘を見抜くのがひどく苦手だとしても、それはたいした問題にはならない。当然ながらこのような状況下では、デフォルトで信用することのほうが理にかなっている。コーヒーショップのカウンターのうしろに立つ店員から、注文の合計額は税込み六ドル七四セントだと告げられたとする。あなたは頭のなかで念のため計算し、列のうしろの客たちを待たせ、三〇秒という時間をムダにすることもできる。もしくは、ほとんどのバリスタは真実を語るので、そのバリスタも真実を語っているにちがいないと単純に仮定することもできる。

それこそ、前章に出てきたＤＩＡ幹部のスコット・カーマイケルがしたことだった。彼にはふたつの選択肢が与えられた。レッジ・ブラウンは、アナ・モンテスの行動が怪しいと訴えた。対照的にアナ・モンテス本人は、自らの行動に疑わしいところなどひとつもないと説明した。一方には、DIA随一の優秀な職員がスパイであるという、ありえそうもないシナリオがあった。他方には、ブラウンがたんに被害妄想を抱いているという、はるかにありえそうなシナリオがあった。カーマイケルは確率にしたがって行動した。それこそ、デフォルトで信用するときに私たちが取る行動だ。ナット・サイモンズも同じように確率にしたがった。たしかに、メイドフが史上最大の出資金詐欺の首謀者である可能性があった。しかし、その可能性はいったい何パーセントだろう？

佯狂者とは、こんなふうに考えない人々だ。たしかに統計によれば、嘘つきや詐欺師に出会うことはまれだ。しかし佯狂者にとって、嘘つきと詐欺師はどこにでもいる存在でしかない。

私たちの社会はときに佯狂者を必要とし、彼らはこの社会で重要な役割を果たしている。だからこそ、私たちは佯狂者を美化しようとする。ハリー・マルコポロスは、メイドフの物語のヒーローになった。内部告発者を主人公とした映画が作られることも珍しくない。しかし、レバインの主張のもうひとつの重要なポイントは、私たちみんなが佯狂者になることはできないというものだ。そんな社会は災難以外のなにものでもない。

進化の過程のなかで人間は、眼のまえで起きる欺き行為を嘘だと見破る巧妙かつ正確なスキルを磨き上げなかった、とレバインは主張する。なぜなら、まわりの人々の言動を事細かに精査するためにわざわざ時間を費やすことに利点などないからだ。人間にとっての利点は、見知らぬ他人が真実を語っていると仮定することから生まれる。レバインが言うように、デフォルトでの信用と騙されるリスクのあいだの相殺取引が人間にとって非常に大切になる。

まれに出会う嘘にたいして脆弱であることとの引き換えとして、私たちは効率的な意思疎通と社会的協調を手に入れる。この取引の利点は莫大だが、それに比べてコストはごくわずかでしかない。もちろん、私たちはたまに騙されてしまうものの、それは取引にともなう小さなコストにすぎない。[4]

そんな考え方は無神経すぎる、という声が聞こえてきそうだ。アナ・モンテスやバーナード・メイドフのような人々がもたらした損害は大きく、それは火を見るよりも明らかだ。私たち人間は暗黙のうちに人を信用してしまうため、スパイは誰にも見つからずに活動し、犯罪者は自由に動きまわり、多くの命が奪われる。しかしレバインが訴えるのは、デフォルトで信用する戦略をあきらめたときの代償のほうがはるかに大きくなるという事実だ。ウォールストリートの全員がハリー・マルコポロスのように振る舞ったとしたら、ウォールストリートから不正や詐欺はなくなるはずだ。ところが疑いと被害妄想の雲に厚く覆われ、ウォールストリート自体が消滅してしまうかもしれない。[*1]

4

二〇〇二年の夏、ハリー・マルコポロスはヨーロッパを訪れた。同僚とともにファンドを起ち上げた彼は、新たな投資家を探していた。パリやジュネーブはもちろん、西ヨーロッパのあらゆる金融市場をまわり、資産管理者と面会して話し合いを進めた。その過程で知った事実に、マルコポロスはひどく驚かされた。誰もがメイドフに投資していたのだ。ニューヨークでウォールストリートの関係者の話だけを聞いていると、メイドフは局地的に活動しており、東海岸の富豪の

＊1　でも待ってほしい。防諜を担当する職員は佯狂者であるほうがいいのでは？　全員を疑う人が存在するほうが効率的に進む仕事では？　そんなことはない。スコット・カーマイケルの悪名高い前任者のひとりに、ジェームズ・アングルトンがいた。[5] 冷戦末期の数十年にわたってＣＩＡの防諜活動を指揮するあいだにアングルトンは、組織の上層部にソビエトの二重スパイがいると確信するようになった。彼は調査を始め、一二〇人のＣＩＡ職員に疑いの眼を向けたものの、スパイは見つからなかった。不満を募らせたアングルトンは、ソビエト担当部門の多くの職員をグループから追いだした。数百人の職員――アメリカの主要な対立相手であるソビエトについて膨大な知識と経験を持つ専門家――が異動を余儀なくされた。すると部門全体の士気が下がり、担当官たちは新しいスパイを雇うこと自体をやめてしまった。

　アングルトンの上級スタッフのひとりは、一〇年以上におよぶ被害妄想がもたらした破滅的な犠牲について調べ、最後に自らも被害妄想に満ちた結論を導きだした。ソビエト側の立場からＣＩＡに打撃を与えたいと考えたとき、もっとも効率的な方法は何か？　二重スパイを送り込み、長く有害で徹底的な二重スパイ狩りをさせることだ。この説が正しいとすれば、アングルトンが二重スパイであるとしか考えられなかった。

　ジェームズ・アングルトンの魔女狩りの最後の犠牲者は誰だったのか？　ジェームズ・アングルトン本人だ。一九七四年、彼は三一年勤めたＣＩＡから追放された。スコット・カーマイケルがジェームズ・アングルトンのごとく行動し、職員全員にスパイの疑いをかけていたら、ＣＩＡのソビエト部門のように被害妄想と不信の雲のなかでＤＩＡが崩壊していてもおかしくはなかった。

ための投資管理者のひとりにすぎないという印象を抱きやすくなる。しかしヨーロッパに行って気づかされたのは、メイドフが国際的な存在だということだった。その詐欺帝国の規模は、マルコポロスの想像をはるかに超えるものだった。

自分の命が危険にさらされているとマルコポロスが感じるようになったのは、そのときだった。世界各地にいる無数の裕福な権力者たちは、メイドフがこのまま同じように活動を続けることを心の奥底から望んでいた。規制当局にたいする再三の警告が無視されたのはそれが理由だろうか？　ＳＥＣの幹部たちはみなマルコポロスの名前を知っていた。メイドフの出資金詐欺の一件が公表されるまで、自分の身は安全ではないとマルコポロスは考えるようになった。

彼が思いついた次なる手段は、ニューヨーク州司法長官のエリオット・スピッツァーにはたらきかけることだった。[3]スピッツァーは、ウォールストリートにたいする調査に積極的な姿勢を示す数少ない公職者のひとりだった。しかし、慎重に動く必要があった。スピッツァーもまたニューヨーク市の裕福な一家の出身者であり、彼自身がメイドフに投資している可能性もあった。あるときマルコポロスは、スピッツァーがボストンのジョン・Ｆ・ケネディ図書館でスピーチすることを知った。彼はメイドフの取引に関する調査結果をまとめ、自分につながる情報をすべて消してから上質な用紙に印刷し、Ａ４サイズの茶封筒に入れた。念のため、その封筒をさらに大きな茶封筒のなかに入れた。指紋がつかないように手袋をはめ、厚手の服を何枚も重ね着して、いちばん大きなコートを羽織った。誰にも見つかりたくなかった。マルコポロスはＪＦＫ図書館に行き、目立たないように隅っこのほうに坐った。スピーチが終わると演壇に近づき、スピッツァーに資料を個人的に渡そうとした。しかし手渡せるほど近づくことができず、代わりにスタッフの女性に封筒を預け、スピッツァーに渡してほしいと伝えた。

「封筒を持ちながら、会場の椅子に坐っていたときのことをいまでも覚えています」とマルコポロスは振り返った。

イベントのあとに直接渡すつもりだったのですが、大勢の人がまわりにいて近づけなかったので、エリオット・スピッツァーに渡すようスタッフの女性に頼みました。それから、彼は裏口から出ていきました。たぶんトイレに寄ってから、隣の夕食会場に行ったのだと思います。もちろん、私は夕食には招待されていません。そのあと彼はまた裏口から出てリムジンに乗り、ニューヨーク行きの最終便に乗るために空港に向かいました……結局、私の封筒がエリオットの手に渡ることはありませんでした。

特筆すべきことに、当時のマルコポロスは、四〇〇〇人の専門家が所属する業界団体〈ボストン証券アナリスト協会〉の会長を務めていた。わざわざ身分を隠してスピッツァーのスピーチ会場に行く必要などなかった。ぶかぶかのコートを羽織り、二枚の無地の茶封筒に資料を押し込んで持っていく必要などなかった。たんにスピッツァーの事務所に電話し、話し合いのための約束を取りつけることもできた。

なぜ図書館で資料を手渡そうとしたのか、私は彼に尋ねた。

マルコポロス　それも後悔していることのひとつです。すべて私の責任です。この件においては、スピッツァーこそが要《かなめ》となる人物でした。いま思えば、ただ電話すればよかったんでしょうね。いきなり電話したとしても、相手にしてもらえたかもしれません。もちろん、相手にされなかった可能性もありますが、きっと約束を取りつけることができたと思いますよ。

著者　あなたにはきちんとした地位があった。ボストンの――

マルコポロス　証券アナリスト協会の会長でした……前会長や現会長が司法長官に電話して、「史上最大の詐欺の秘密を暴きました。すぐ裏庭で行なわれているんですよ」と伝えたら、約束を取りつけることができたでしょうね。

著者　なぜそうしようと思わなかったのですか？

マルコポロス　いまから何を言っても仕方がありません。とても後悔していますよ。完璧な捜査など存在しませんし、私もそれなりにミスをしました。ただ電話をするべきだったんでしょうね。

マルコポロスは一〇年以上たったいまになって振り返り、判断ミスを犯したことを認めた。当時の彼は、メイドフの不正を見抜けるほどの明晰な頭脳を持っていたにもかかわらず、大きな権限を持つ高い地位にある人物を振り向かせることができなかった。これもまた、デフォルトで信用しないことがもたらす影響だ。信用という状態から始めなければ、意義深い社会的な出会いは生まれない。

レバインはこう主張する。

たまに騙されるからといって、遺伝子の引き継ぎが妨げられたり、種の生存が深刻なほど脅かされたりはしない。一方、効率的なコミュニケーションは人間の生存におおいに影響を与える。つまりこの相殺取引では、利益のほうがはるかに大きい。[4]

図書館でマルコポロスが利用しようとした意思疎通の方法は、どう考えても効率的なものではなかった。ところで、彼が封筒を渡した女性は誰だったのか？　彼女はスピッツァーの側近のスタッフではなく、JFK図書館の従業員だった。マルコポロスと同じように彼女にも、スピッツァーに近づく特別な権利などなかった。たとえ近づくことができたとしても、ぶかぶかのコート姿で無地の茶封筒を握りしめた謎の男を警戒し、スピッツァーのような公人を守るのが自分の責務だと感じたにちがいない。

5

SECを動かすことに失敗したあと、マルコポロスはスミス&ウェッソンの拳銃を携帯するようになった。当時住んでいたマサチューセッツ州の小さな町の警察署長に会いにいき、メイドフの一件の経緯について伝えた。自分の命は危険にさらされていると彼は訴えたが、この発言を警察の記録には残さないでほしいと頼んだ。警察署長は防弾チョッキを身につけることを勧めたもののの、マルコポロスは拒んだ。陸軍予備軍で一七年にわたって訓練を続けた経験がある彼は、暗殺の戦術についていくらか知識があった。プロの暗殺者は後頭部に二発の銃弾を撃ち込もうとする、とマルコポロスは考えた。防弾チョッキを着ても意味などなかった。彼は自宅に最新の警報システムを設置し、鍵を交換した。毎晩異なるルートで帰宅するよう心がけ、尾《つ》けられていないかたびたびバックミラーを確かめた。

メイドフが逮捕されたとき、これでもう安心だとマルコポロスはいっとき考えた。しかしすぐ、ひとつの脅威が別の脅威に置き換えられただけだと気がついた。こんどはＳＥＣがファイルを奪いにくるのでは？　結局のところマルコポロスは、ＳＥＣの失態――良くいえば無能さ、悪くいえば犯罪の共謀――を示す証拠を何年もまえから事細かに記録してきたのだ。まんがいちＳＥＣがファイルを手に入れようと近づいてきたら、できるかぎり阻止して助けを呼ぶくらいしかできないと彼にはわかっていた。マルコポロスは一二ゲージの散弾銃に弾《たま》を詰め、予備としてさらに六発の弾を用意した。くわえて、一二発の弾が入った弾薬帯を銃専用のキャビネットにぶら下げた。催涙ガスが使われる場合に備え、軍隊時代に手に入れたガスマスクを倉庫から引っぱりだしてきた。誰もがふだんどおりの穏やかな生活を送るなか、彼は銃をいくつも準備して自宅でその瞬間を待っていた。

第5章　事例研究　シャワー室の少年

1

検事　二〇〇一年にあなたが大学院生助手だったとき、何か変わったことが起きましたか？
マケアリー　はい。
検事　何が起きたか陪審員に話していただけますか？[1]

二〇一七年三月二一日。ペンシルベニア州ハリスバーグのドーフィン郡裁判所。証人の名はマイケル・マケアリー。ペンシルベニア州立大学のフットボール・チームの元クォーターバックで、その後コーチに転身した男性だ。がっしりとした体軀で、自信に満ち、赤毛の髪は短く刈り込まれていた。彼を尋問するのは、ペンシルベニア州のラウラ・ディトカ司法副長官。

マケアリー　ある夜、私はフットボール部の建物に行きました。ラッシュ・フットボール・ビルディングです。ロッカールームに行き……部屋の扉を開けました。シャワーの音が聞こえました。ぴちゃぴちゃという音です。扉が開いたままの別の戸口を抜けて、ロッカーが並ぶあたりに行きました。私のロッカーはすぐ右側にあり、そちらに身体を向けました。誰かが同じロッカールームにいて、シャワーを浴びているのは明らかでした。でも、ぴちゃぴちゃという音がどこか変だった。すぐに、それがシャワーの音だけではないことがわかりました。

そこで、ディトカ検事が口をはさんだ。何時のことですか？　金曜の夜の八時半です、とマケアリーは答える。キャンパスのその一角は静かで、ラッシュ・ビルディングには誰もおらず閑散とし、扉は施錠されていた。

検事　わかりました。話を止めてしまってすみませんでした。別の質問をします。あなたは「ぴちゃぴちゃという音」と表現しましたが、それは手をたたくような音ではなかったのですね？　拍手のような音ではなかった？

マケアリー　ちがいます。

検事　別の音のことを言っている。

マケアリー　はい。

右肩越しに壁の鏡に眼をやると、ちょうどシャワー室のほうが見える角度だったとマケアリーは証言した。彼が「未成年」と呼ぶ誰かのうしろに、裸の男性が立っているのが見えた。

検事　……未成年とおっしゃいましたね。一七歳とか一六歳という意味ですか？　それとも、もっと若い人ですか？

マケアリー　ええ、もっと若かった。

検事　なるほど。では、あなたの推測では何歳くらいの少年でしたか？

マケアリー　だいたいですが、一〇歳から一二歳くらいだと思います。

検事　わかりました。彼らは服を着ていましたか？　それとも脱いでいましたか？

マケアリー　脱いでいました。裸でした。

検事　ふたりの動きは？　何か動きはありましたか？

マケアリー　ゆっくりとした、とても微妙な動きです。ほとんど動いていないといってもいいくらいの。

検事　なるほど。あなたが見た「ゆっくりとした微妙な動き」というのは、どのような種類の動きですか？　何が動いていたのでしょう？

マケアリー　男の子のうしろにジェリーがいました。すぐ真うしろです。

検事　肌は触れ合っていましたか？

マケアリー　はい。どう見ても触れ合っていました。

検事　お腹が臀部《でんぶ》に当たるように？

マケアリー　はい。

マケアリーが「ジェリー」と呼んだのは、ジェリー・サンダスキーのことだった。ペンシルベニア州立大学フットボール・チームのディフェンシブ・コーディネーターを長いあいだ務め、つい最近退任したばかりの有名コーチだ。フットボールが非常に盛んなペンシルベニア州立大学で、彼は誰からも愛される存在だった。マケアリーとサンダスキーは何年もまえから知り合いだった。

ロッカールームを出たマケアリーは階上のオフィスへと急ぎ、自分の両親に電話した。「息子は背が高くて体格もよく、臆病者などではありません。そんな息子が動揺していました」と、マケアリーのあとに証言台に立った父親が言った。「息子は明らかに動揺していました。いつもの声じゃなかった。母親は声を聞いただけでそう気づいた。『ジョン、あの子の様子がおかしいわ』と母親は私に言いました」

二〇〇一年二月にシャワー室でサンダスキーを見たマケアリーは、組織のトップであるジョー・パターノに会いにいった。パターノは、ペンシルベニア州立大学のフットボール・チームの伝説的ヘッドコーチだった。

検事　ジェリー・サンダスキーがシャワー室で裸だった、とあなたはジョー・パターノに説明しましたか？

マケアリー　はい、確実に説明しました。

検事　少年と肌の接触があったということは説明しましたか？
マケアリー　はい、そう記憶しています。
検事　「ぴちゃぴちゃという音」を聞いたことも伝えましたか？
マケアリー　はい。
検事　わかりました。ジョー・パターノがなんと言ったのかはとりあえず置いておきましょう。彼はどんな反応を示しましたか？　どんな態度でしたか？
マケアリー　悲しそうでした。椅子にぐったりと坐り込んで、片手で顔を覆いました。悲しそうな眼つきになりましたね。

ヘッドコーチのパターノは、ペンシルベニア州立大学のティム・カーリー体育局長に報告した。カーリーは、上級幹部のギャリー・シュルツに報告。カーリーとシュルツはその後、学長のグレアム・スパニアに報告した。つづいて調査が行なわれた。やがてサンダスキーは逮捕され、信じがたい物語の数々が裁判で明らかになった。八人の若い男性たちが、長年のあいだにサンダスキーから数百回にわたって性的虐待を受けたと証言した。ホテルの部屋やロッカールームのシャワー室はもとより、妻が階上にいる自宅の地下室でもサンダスキーは犯行に及んでいた。彼は四五件の児童への性的虐待の容疑で有罪評決を受け、ペンシルベニア州立大学は被害者に一億ドル以上の賠償金を支払った。[*1] この事件について描いた書籍の一冊のタイトルのとおり、サンダスキーは「アメリカでもっとも嫌われた男」になった。

しかしながら、サンダスキー事件についてもっとも世間を驚かせた事実は、さきほど私が使った「やがて」という言葉だった。マケアリーがシャワー室でサンダスキーを目撃したのは二〇〇一年。サンダスキーの不審な行動にたいする調査が行なわれたのはほぼ一〇年たってからのことで、二〇一一年一一月にやっと逮捕された。なぜそんなに時間がかかったのか？　サンダスキーが逮捕されたあと、世間の批判の眼はペンシルベニア州立大学の対応と管理体制に向けられることになった。フットボール部のヘッドコーチだったジョー・パターノは不名誉な形で辞任に追いやられ、その後まもなく病死した。数年前に大学内に設置された彼の銅像も撤去された。マケアリーから直接相談を受けたふたりの大学幹部、ティム・カーリーとギャリー・シュルツは、共謀、司法妨害、児童虐待の報告義務違反の罪で逮捕された。[*2] ふたりとも実刑判決を受けて刑務所送りになった。そしてスキャンダルの衝撃的な幕引きとして、検察はグレアム・スパニア学長に触手を伸ばした。一六年前から大学を率いてきた彼は、学業面での評判を一変させた功労者であり、誰からも敬愛されていた。二〇一一年一一月、スパニアは解雇された。その六年後、彼は子どもを危険にさらした罪で有罪評決を受けた。[*3]

世間でこの事件が大きな話題になるさなかにサンダスキーは、NBCスポーツのキャスター、ボブ・コスタスによる電話インタビューを受けた。[2]

コスタス　では、あなたは小児性愛者ではないということですか？

サンダスキー　そのとおりです。

コスタス　しかしながら、少年たちといっしょにシャワーを浴びたことはあなた自身が認めた。非常に不適切な行為です……あなたの自宅の地下室に泊まった少年たちが、あなたと同じベッドに入った。そう複数の人が証言しています。それらについてどう説明するつもりですか？　小児性愛者じゃないとすれば、あなたは何者なのでしょう？

サンダスキー　ええと、私は強い関心を持っています……若者の人生をよりよい方向に導くことに、大きな情熱を持っています。私は、彼らと心を通わせようと懸命に努力しました……

コスタス　しかし、それは多くの小児性愛者が使う典型的な手口ではありませんか？

サンダスキー　ええと……あなたはそう思うかもしれませんが、私にはわかりません。

サンダスキーはぎこちなく笑い声を上げ、ひたすら自己弁護を続けた。コスタスはこう切りだ

＊1　当時、性的虐待事件にたいしてアメリカの大学が賠償金として支払った最高額を記録。しかし、ミシガン州立大学の体操チームの医師ラリー・ナサールの事件ですぐに記録は塗り替えられた。ミシガン州立大学が支払った賠償額は最終的に五億ドルに上った。

＊2　容疑には偽証（すぐに取り下げられた）と子どもを危険にさらした罪も含まれていた。結局ふたりは、ほかのすべての容疑を取り下げるという条件のもと、子どもを危険にさらした罪のみについて有罪を認めた。

＊3　本書がアメリカで出版される少しまえ、スパニアの刑務所への出頭期限の前日に有罪評決が連邦判事によって取り消された。本書の出版時点では、検察がこの裁定に抗議して控訴するかどうかはまだ決まっていない。

した。

コスタス　あなたは若い男性に性的に惹かれるのでしょうか？　未成年の少年に？

サンダスキー　私が未成年の少年に性的に惹かれるかどうかということですか？

一瞬の沈黙。

コスタス　ええ。

また沈黙。

サンダスキー　性的に惹かれるかどうか……私は……私は若い人たちといっしょにいるのが好きなんです……彼らのまわりにいるのが好きなんです……私は……私は……いや、ちがいます。少年に性的に惹かれるわけではありません。

グレアム・スパニア学長が長いあいだ黙認したせいで、このような危険な男がペンシルベニア州立大学のキャンパスを自由に歩きまわっていた――。

しかし、私が問いたいのは別の点だ。アナ・モンテス、バーナード・メイドフ、ハリー・マルコポロスの物語、そしてティム・レバインが集めた数々の証拠について考えてみてほしい――デフォルトの信用を乗り越えるのはとてもむずかしい。あなたがペンシルベニア州立大学の学長だったらどうしただろう？　同じ事実と問題に向き合ったとき、はたして異なる行動を取っていただろうか？

2

ジェリー・サンダスキーはペンシルベニア州ワシントンで生まれ育った。彼の父親は地元のレクリエーション・センターの管理者として、子ども向けのスポーツ・プログラムの運営を担当していた。センターの建物の階上のワンフロアがサンダスキー一家の住居だった。家のいたるところに野球バット、バスケットボール、フットボールが置かれ、大勢の子どもたちが集まってきた。大人になったサンダスキーは、自らの子ども時代の世界を再び作り上げた。彼の息子のＥＪはかつて、父親のことを「不満だらけの遊び場の監督」と表現した。サンダスキーは自宅の裏庭に子どもを呼び、キックベースの大会を開くことがあった。「父さんは、子どもたちみんなを参加させていましたよ[3]」とＥＪは証言した。「アメリカでいちばん規模の大きなキックベースだったでしょうね。四〇人ほどの子どもが参加することもありました」。サンダスキーと妻のドッティは六人の子どもを養子に迎え、ほかにも里親として数多くの子どもを育てた。「あまりに多くの子どもを育てたので、家族の親しい友人たちでさえ全員を把握できていなかった[4]」と、サンダスキーの上司であるジョー・パターノの伝記を書いたジョー・ポスナンスキーは説明する。「サンダスキーはいつも子どもに囲まれていたため、〝子ども〟は彼の人格の一部になった」

　サンダスキーはひょうきん者のいたずらっ子だった。彼が書いた自伝――タイトルはまさかの『触れられて』（*Touched*［未訳］）――では、多くのページがおふざけについての描写に割かれている。化学教師の電話の受話器に木炭を塗りつけたこと。市民プールで子どもたちと悪ふざけしてライフガードに怒られたこと。大学在学中に彼が率先して行なった水風船投げについての描写には、四ページ半もの紙幅が割かれている。「どこへ行っても、私のうしろにはトラブルがついてくるようでした」[5]とサンダスキーは綴った。「私は人生の大部分を空想の世界で生きてきました。子どものふりをするのが私の愉しみでした。大人になってからも、子どもたちと同じことをするのが大好きでした。子どものふりをするのは、つねに私という人間の一部でした」

　一九七七年、サンダスキーは慈善団体〈セカンド・マイル〉を起ち上げた。問題を抱えた少年たちのためにレクリエーション・プログラムを提供するのがおもな活動だった。長年にわたって、地域に住む貧しく不安定な家庭の何千人もの子どもがプログラムに参加した。サンダスキーはセカンド・マイルの子どもたちをフットボールの試合に連れていき、いっしょにレスリングを愉しみ、プレゼントを与え、手紙を送り、旅行に連れていき、自宅に招待した。参加者の多くは、母子家庭の子どもたちだった。サンダスキーは、彼らの家庭に欠けている父親になろうとした。

　サンダスキーがペンシルベニア州立大学のコーチ職を退任したとき、スポーツ・イラストレイテッド誌の記者は記事にこう書いた。「サンダスキーにとりわけ人間的な側面がなければ、（ペンシルベニア州立大学は）彼を聖人として讃える誘惑に駆られるにちがいない」[6]。同じころ、フィラデルフィア・インクワイアラー誌は次のような記事を掲載した。

モーテルの廊下でジェリー・サンダスキーに出くわし、ちょっとした誉め言葉を伝えるたび、彼は顔を赤らめ、人を魅了してやまない引きつった謙遜の笑みを浮かべた。サンダスキーは、人に認められるためにこの仕事をしているわけではない。彼が練り上げたディフェンスは数百万人もの観客の前で披露される。しかしサンダスキーが扉を開き、寄る辺のない子どもをまた迎え入れたとき、そこに観客はいない。この男を高尚たらしめる尺度とは、大きな注目を浴びずに行なわれる仕事を選んだという事実だ。[7]

サンダスキーの行動についてはじめに疑いの眼が向けられたのは、一九九八年のことだった。セカンド・マイルに参加する少年がサンダスキーと一日を過ごして帰宅したとき、髪が濡れていることに母親が気づいた。聞けば、トレーニングをしたあとにロッカールームでいっしょにシャワーを浴びたという。サンダスキーは少年の身体を抱き締め、「きみの内臓を絞りだしちゃうぞ」と言った。それから彼は「シャンプーの泡を流すために」相手の身体を持ち上げた。そのとき少年の足は、サンダスキーの太ももに触れていた。[*4]

少年の母親は精神科医のアリシア・チェインバースに相談し、ロッカールームで起きたことを説明した。母親は、この出来事をどうとらえればいいのかわからなかった。「過剰に反応しているだけなのでしょうか？」と彼女はチェインバースに尋ねた。一方の息子のほうは何も気にしておらず、自分のことを「世界でいちばん運のいい少年」[9]だと言ってのけた。なぜならサンダスキーといっしょにいると、ペンシルベニア州立大学のフットボールの試合を特等席で観戦できたからだ。

話はそこで終わった。

次に問題が報告されたのは一〇年後だった。小学四年生からセカンド・マイルのプログラムに参加する、アーロン・フィッシャーという少年にまつわる事件だ。[10]多くのトラブルを抱える家庭で育つフィッシャーはサンダスキーと仲よくなり、たびたび自宅にも泊まるようになった。少年の母親は、サンダスキーのことを「天使のような人」だと感じていた。しかし二〇〇八年一一月、一五歳になったフィッシャーは、サンダスキーの一部の行動に不安を感じると母親に告白した。サンダスキーは彼をきつく抱き締め、尻をぴしゃりとたたくという。レスリング中も身体の触り方がどこか変だった。

フィッシャーは、マイク・ギラムという児童精神科医の治療を受けることになった。ギラム医師はこんな考えの持ち主だった――性的虐待の被害者はときに自らの経験を心の奥底にしまい込んでしまうため、細心の注意を払って辛抱強く記憶を掘り起こさなくてはいけない。フィッシャーはサンダスキーから性的虐待を受けたものの、それを思いだすことができないのだとギラムは確信した。それから数カ月にわたってフィッシャーはたびたび（ときには毎日）カウンセリングを受けた。ギラムは少年を励ましつづけ、なんとか記憶を取り戻そうとした。[11]事件を担当した警察の捜査官のひとりは、のちにこう語った。「捜査を始めてから、ひとり目の少年に証言させるまでに何カ月もかかりました。はじめは『はい、彼が肩をさすってきました』と言う程度でした。それから何度も何度も質問を繰り返して、やっと最後にほんとうに起きたことを教えてくれました」。二〇〇九年三月までにフィッシャーは、「サンダスキーとオーラルセックスをしたか？」という問いにうなずいて肯定するようになった。そして六月、彼はついに「はい」と口に出して答えた。

このように、一〇年のあいだにサンダスキーにたいして二度の告発があった。しかしながら両方とも、サンダスキーの逮捕にはつながらなかった。なぜか？　ここでもまた、人々がデフォルトで信用したからだ。

はじめに疑惑が浮かび上がったのが、シャワー室の少年の事件が起きた一九九八年。そのとき、見過ごせなくなるレベルまで疑いや疑惑が高まって大問題になったのか？　そうではなかった。事件についての報告書のなかで少年の精神科医は、「サンダスキーの行動は、『愛にもとづく行為』『特別な関係』という文脈のなかで信頼関係を築き、少しずつ身体的接触を増していくという小児性愛者にお決まりのパターンである可能性が高い」と説明した。「可能性が高い」という

*4　サンダスキーにとって珍しい行動ではなかった。セカンド・マイルに参加する少年たちとトレーニングしたあと、彼はいつもいっしょにシャワーを浴び、ロッカールームでゲームをして遊んだ。「みんなでバカ騒ぎをしていると……彼はいつも泡投げゲームのようなことを始めました」[8]とセカンド・マイルの元参加者のひとりが裁判で証言した。「それぞれのシャワーの横にはプッシュ式のソープ・ディスペンサーがついていて、彼はボディーソープを手にいっぱい溜めて投げつけるんです」

言葉が使われていることに注目してほしい。そのあと事件の調査を担当したハリスバーグ公共福祉局のケースワーカーは、さらにあいまいな結論にたどり着いた。担当者は、「どちらともとれる問題」に関する「グレーゾーン」に属する出来事だと考えた。二度目に少年を評価したジョン・シーソックというカウンセラーはこう判断した。「性的虐待と分類すべきような出来事は起きていないようだ。子どもの性的虐待にまつわる問題を抱える大人には、論理や行動について一連の共通するパターンがある。しかし、今回の事案にはそれも確認できない」。シーソックは結局、児童虐待とはまったく関係のない出来事であるという結論を下した。「誰かがサンダスキーと話をし、グレーゾーンの状況を避ける方法について教えるべきだ」と彼は助言した。

調査の途中、ケースワーカーと地元警察の刑事がサンダスキーに会って話を聞いた。少年をハグこそしたものの、「性的な意味はまったくない」[9]とサンダスキーは訴えた。過去にもほかの少年たちとシャワーをいっしょに浴びたことがあると彼は認めた。「神に誓って、何も変なことはありませんでしたよ」とサンダスキーは言った。少年自身も、何も起きていないと証言していることを思いだしてほしい。このような状況下であなたはどんな行動を取るべきか？　多くの人はデフォルトで信用するにちがいない。

次に疑惑が浮かび上がったのが、一〇年後のアーロン・フィッシャーの事件だった。彼の話も同じくらいあいまいだった。[*5]セラピストとの会話や起訴陪審での証言のあいだ、フィッシャーの記憶は変わりつづけた。あるとき彼は、二〇〇七年一一月にいったんオーラルセックスが終わったと言った。別のときには、オーラルセックスは二〇〇七年夏に始まって二〇〇八年九月まで続いたと証言した。さらに別のときには、二〇〇八年に始まって二〇〇九年まで続いたと言った。またあるときには、サンダスキーにたいしてオーラルセックスを何度も行なったと告白した。一週間後には「いちどだけ」と証言を変え、五カ月後には「いちどもやったことがない」とすべてを否定した。二〇〇九年、フィッシャーは起訴陪審で二度証言台に立ち、サンダスキーによる性的虐待について説明した。ところが、陪審員たちは彼の証言を信用できないと考えたらしく、サンダスキーの起訴は見送られた。

警察は計画的に捜査を始め、セカンド・マイルのプログラムに参加した少年たちから順に話を聞き、被害者を探した。が、見つからなかった。それが二年も続き、事件を担当する検察官もあきらめかけていた。若い男の子たちといっしょになってバカ騒ぎするのが好きな大人がいる、ただそれだけのことだった。たしかに、なかにはサンダスキーに疑いを抱く人もいた。しかし忘れないでほしい――疑いは信用の敵ではなく、信用の仲間だ。

そして二〇一〇年一一月に突然、検察局に匿名のメールが届いた。「ジェリー・サンダスキーの調査について連絡します」[12]とメールには書かれていた。「まだ調査を進めていなければ、ペンシルベニア州立大学フットボール部のアシスタント・コーチであるマイケル・マケアリーに連絡を取って話を聞くべきです。彼は、ジェリー・サンダスキーと子どもがかかわる出来事を目撃した可能性があります」

＊５　トラウマ的な記憶が抑圧され、心理療法によってのみそれを掘り起こせるという考えには、（控えめにいっても）議論の余地があるのはまちがいない。さらなる詳細については、巻末の原注を参照してほしい。[11]

もう、記憶があやふやな一〇代の少年たちに頼る必要はなくなった。マイケル・マケアリーという目撃者を見つけた検察はついに、サンダスキーと大学上層部にたいする事件の捜査を本格的に進めた。サンダスキー事件の発覚当時に報道されたのは、あらゆる疑いとあいまいさが根こそぎにされたバージョンの物語だった――ある男性がレイプの現場を目撃し、上司に報告したものの、一〇年ものあいだ放置された。

「絶対的な権力は絶対的に腐敗する、ということわざがあります」[1]と、スパニア元学長の裁判の最終弁論でラウラ・ディトカ検事は言った。「グレアム・スパニアは自らの権力によって堕落し、自らにたいするメディアの注目と評判を気にするあまり、まわりが見えなくなったのです。そして彼は、リードすることができないリーダーになった」。ペンシルベニア州立大学で起きた事件の最終的な結論は、サンダスキーの犯罪の責任は組織トップにまで及ぶというものだった。スパニアは自ら選択した、とディトカ検事は断じた。「このことは秘密にしておこう」と彼はカーリーとシュルツに告げたにちがいない、と検事は指摘した。「通報はしない。当局には伏せておこう」

が、それほど単純な話ではなかった。

3

マイケル・マケアリーの身長は一九六センチ。ペンシルベニア州立大学フットボール部のクォーターバックとして活躍しはじめたころの記録によると、体重は一〇二キロ。シャワー室での事件が起きたときの彼は二七歳で、肉体的には人生の最高潮にあった。一方のサンダスキーは彼より三〇歳年上で、いくつも持病を抱えていた。

まずこんな疑問が頭をもたげてくる――レイプを目撃したと確信したのであれば、なぜマケアリーはすぐに止めようとしなかったのか？

本書の第3部では、スタンフォード大学で起きた悪名高い性的暴行事件についてくわしく説明する。夜遅くにふたりの大学院生が自転車でキャンパス内を横切っていると、地面に横たわる若い男女を見つけた。男性は女性に覆いかぶさり、相手に押しつけるように身体を動かしていた。女性は微動だにしない。大学院生たちはふたりに近づいていった。男性が逃げ、彼らはあとを追いかけた。この状況には疑わしい事実が充分にあった。それがトリガーとなり、大学院生たちは「眼のまえの出来事に悪意はない」というデフォルトの仮定から抜けだすことができた。

マケアリーが向き合った状況は、少なくとも理論的にははるかに疑わしいものだった。シャワー室にいたのはふたりの大人ではなかった。大人と少年がいて、どちらも裸だった。にもかかわらず、マケアリーは止めようとはしなかった。彼はロッカールームをこっそり出て階上のオフィスに行き、父親に電話した。父親は家に戻るよう息子に告げた。そのあと父親は、家族ぐるみの友人で医者のジョナサン・ドラノフを家に呼び、息子の話を聞いてもらった。

ドラノフ医師は裁判で宣誓したうえで、当時マケアリーが話した内容を次のように説明した。

　音を聞いたと彼は言いました。性的な音を聞いた、と。私はどういう意味か尋ねました。すると「音ですよ、性的な音」とだけ答えました。私としては、彼が何を説明しようとしているのかはっきりわかりませんでした。よりくわしい描写や話が何も出てこなかったんです。私はさらに追及してみましたが、それ以上は何も言えることがないのは明らかでした。何を見たのか尋ねると、何も見ていないと答えました。それでも、彼はひどく動揺して神経質になっていました。[1]

内科医であるドラノフには、児童虐待に関する情報を知ったときに当局に報告する義務があった。ふたつ目の疑問――マケアリーの話を聞いたとき、なぜドラノフは通報しなかったのか？裁判ではその点についても追及された。

被告人側弁護士　その夜、あなたは彼にくわしく話を聞き、正確に何を目撃したのかを探ろうとした。ところが、彼は目撃したものについて何も言わなかった。そういう理解でよろしいでしょうか？

ドラノフ　そのとおりです。

弁護士　なるほど。ただ、話し合いを終えたあなたは、彼が性的な音を聞いたという印象を持った。そうですね？

ドラノフ　彼が性的なものだと解釈した音です。

彼が性的なものだと解釈した音！

弁護士　それで……あなたが提案あるいは提示したのは、ヘッドコーチであるジョー・パターノに伝えるというものだった。そうですね？

ドラノフ　そのとおりです。

弁護士　児童青少年局に通報するようには言わなかった。そうですね？

ドラノフ　そのとおりです。

弁護士　警察に通報するようにも言わなかった。そうですね？

ドラノフ　そのとおりです。

弁護士　大学の警備部門に報告するようにも言わなかった。そうですね？

ドラノフ　そのとおりです……

弁護士　伝聞にもとづいて通報するのは適切ではないとあなたは考えた。そうですね？

ドラノフ　そのとおりです。

弁護士　あなたはマイケル・マケアリーに児童青少年局や警察に通報するように言わなかった。なぜなら、マイケル・マケアリーがあなたに報告したことが、当局に通報するほど不適切だとは思わなかったから――。そうですね？

ドラノフ　そのとおりです。

事件が起きたその夜にマケアリー本人から話を聞いたにもかかわらず、ドラノフは通報するほど深刻だとは考えなかった。

実際の流れが明らかになるにつれ、状況はさらに複雑になった。マケアリーは当初、二〇〇二年三月一日の金曜日にシャワー室でサンダスキーを目撃したと証言した。彼の記憶によれば、春休み中のキャンパスにはほとんど人がおらず閑散としていた。そして翌三月二日の土曜日、マケアリーはパターノに会いにいった。しかし警察が大学のメール履歴を調べたところ、マケアリーが日付を勘ちがいしていることが明らかになった。彼が実際にパターノに面会に行ったのは、その一年前の二〇〇一年二月一〇日の土曜日のことだった。つまりシャワー室での事件が起きたのは、前日の二月九日の金曜日の晩だと推察された。

しかし、辻褄が合わなかった。サンダスキーをシャワー室で見かけた夜、キャンパスは閑散としていたとマケアリーは証言した。しかし二〇〇一年二月九日の金曜日のその夜、ペンシルベニア州立大学のキャンパスは閑散となどしていなかった。すぐ隣のグリーンバーグ・パビリオンでは、ペンシルベニア州立大学とウェスト・バージニア大学によるホッケーの試合が行なわれていた。開始時間は午後九時一五分。まわりの歩道は、会場に向かう人でごった返していたにちがいない。くわえて、徒歩五分の距離にあるブライス・ジョーダン・センターでは、カナダの人気ロックバンド、ベアネイキッド・レディースのライブが行なわれていた。その二月の金曜日の夜、ペンシルベニア州立大学のキャンパスはまさにお祭り騒ぎの状態だった。

このスキャンダルにまつわるさまざまな議論について積極的に報道してきたジャーナリストの

ジョン・ジーグラーは、前後の期間でキャンパスが閑散としていた可能性がある唯一の金曜日は、クリスマス休暇中の二〇〇〇年一二月二九日だと主張する。ジーグラーの予測が正しく、彼の議論に説得力があると仮定すれば、三つ目の疑問が浮かび上がってくる。一二月末にレイプを目撃したマケアリーが二月はじめまで五週間も待ち、それから大学の管理者に報告したのはなぜか？[*6]

サンダスキー事件の裁判を担当した検察官たちは、これらの不確実であいまいな事実があたかも存在しないかのようなふりをし、すべての事実は明々白々だと公の場で訴えた。二〇一一年一一月に発表された二三ページに及ぶ起訴状の中身は驚くべきものだった。「大学院助手（＝マケアリー）は裸の少年を見た……少年は両手を壁に当てて立ち、全裸のサンダスキーによる肛門性交の被害に遭っていた」[13]。翌日、マケアリーは「パターノの自宅に行き、目撃したことを報告した」。本書のここまでの議論に照らし合わせれば、この起訴状の内容は事実と一致するものではないはずだ。

＊6　この点についてジーグラーが集めた証拠はじつに強力だった。たとえば、スパニア学長の裁判のなかでドラノフ医師は次のように証言した。「二月下旬に別件でギャリー・シュルツに会ったとき、サンダスキーの話題になりました。事件からおそらく三カ月ほどたっていましたが、その後の進展についての話はまったく出てきませんでした」。はたして、正確な日付を突き止めることはできるのだろうか？　おそらく無理だろう。
　サンダスキーが不当に逮捕されたと訴える人々のなかでも、ジーグラーはもっとも声高な存在だった。くわしくは、マーク・ペンダーグラストの『アメリカでもっとも嫌われた男』（*The Most Hated Man in America*［未訳］）を参照してほしい。サンダスキーの犯罪にたいする懐疑論者の議論については、巻末の原注でくわしく説明する。

起訴状の文言を読んだマケアリーは戸惑い、裁判の主任検察官であるジョネル・エッシュバックにメールを送った。「私の言葉が少し捻じ曲げられており、正確に表現されているとはいえません」[14]と彼は訴えた。「私の説明に明確ではないところがあったのかもしれませんが、事実関係をもういちど整理していただければ幸いです……あれが肛門性交だったと一〇〇パーセントの自信をもって断言することはできません。挿入しているところを見たわけではありません。あれがなんであれ、性的行為、あるいは私の意見では〝はるかに限度を超えた行動〟であることはたしかですが……」。マケアリーは記録を修正したいと訴え、「証言の扱いについて私にはどんな選択肢があるのでしょうか？」とエッシュバックに尋ねた。

エッシュバックに捻じ曲げられた自分の証言を読んだとき、マケアリーがどう感じたのかを想像してみてほしい。ある日、彼は恐ろしいことを目撃してしまった。それから五週間、自身の良心と格闘し、苦しみ悶えつづけたにちがいない。おれはいったい何を見たのだろう？　報告するべきなのか？　もし勘ちがいだったら？　その後、起訴状を読んだ彼の眼に映ったものは？　検察は、自分たちに都合のいいようにグレーを白黒に変えてしまった。結果、マケアリーにはこんなレッテルが貼られることになった――レイプを目撃したにもかかわらず、その場から逃げて両親に電話し、警察に通報しなかった臆病者。

「私の人生は一八〇度変わってしまいました」と彼はエッシュバック検事へのメールに綴った。

夜遅くに少年たちとシャワーを浴びるサンダスキーは、マケアリーにとっては見知らぬ人だった。しかしエッシュバック検事は、見知らぬ人を理解するのがどれほどむずかしいのか認識することを拒んだ。「私の家族の生活も劇的に変わりました」とマケアリーは続けた。「この国のマスコミと世論は、あらゆる点において私という人間を完全に破壊しました。それは、いったいなんのためだったのでしょう?」

4

数年後に起きたより衝撃的な児童虐待事件とサンダスキーのスキャンダルを比べてみると、さまざまな重要な事実が浮かび上がってくる。この事件に関与していたのは、ミシガン州立大学のラリー・ナサール医師だった。アメリカ体操女子代表チームの専属ドクターを務めるナサールは、眼鏡をかけ、饒舌で、少しダサい見かけをしていた。いかにも人が良さそうで、つねに患者思いだった。夜中の二時に電話をしても、すぐに駆けつけてくれるような人物だった。選手の保護者たちはナサールのことが大好きだった。体操競技では身体に大きな負担がかかるため、若い選手にもケガはつきものだ。腰、すね、足首をはじめ、ナサールはさまざまなケガの治療を担当した。

彼が専門とするのは「骨盤底障害」と呼ばれる症状の治療だった。この治療では、患者の膣内に指を挿入し、体操競技の練習による身体への負荷によって収縮した筋肉と腱をマッサージする施術が行なわれる。ナサールは、骨盤底障害の治療を繰り返し積極的に行なった。相手の同意なしに、手袋も着用せず、必要ないときにも行なった。患者の胸をマッサージし、明らかな理由もなく肛門に指を入れた。医療行為だと偽り、自らの性的欲求を満たそうとした。二〇一七年夏、ナサールは連邦裁判所で有罪評決を受け、残りの人生を刑務所で過ごすことになった。

性的虐待スキャンダルとしては、ナサールの事件は驚くほどわかりやすいものだった。「言った言わない」の問題ではなかった。警察が押収したナサールのコンピューターのハードドライブから、大量の児童ポルノが見つかった。合計で三万七〇〇〇点の動画や画像が保存され、その一部は言語に絶するほど生々しいものだった。治療前の若い患者たちがアイスバスの浴槽に浸かる写真も含まれていた。赤裸々な物語で彼を告発したのはひとりだけではなかった。一〇〇人以上の告発者が、きわめて似通ったエピソードを語った。ここで紹介するレイチェル・デンホランダーの証言は、ナサールの有罪を決定づける貴重な証拠のひとつになった。

慢性的な腰痛に苦しんでいた一五歳のとき、ラリーは一年近くにわたって治療を装いつつ性的暴行を繰り返しました。わたしの母親がいる部屋のなかで彼は犯行に及んだんです。慎重かつ完璧に母親の視界をさえぎり、何をしているのか見えないようにしていました。[15]

デンホランダーは証拠となる文書を持っていた。

二〇一六年に被害を訴えたとき、わたしは証拠としてあらゆる資料を提出しました。虐待についてわたしがありのままを語る様子を記録したナース・プラクティショナーの医療カルテ……暴行されたあとの精神的苦痛を綴った日記……わたしが話を打ち明けた友人も証人として連れてきました……別件で性的暴行を受けたと主張するふたりの女性に関する証拠も提出しました。

ナサールの事件はどこまでも単純明快だった。にもかかわらず、彼を裁きにかけるまで何年もの時間がかかった。犠牲者のひとりであるラリッサ・ボイスは、一六歳だった一九九七年にナサールの性的暴行について訴えた。それから何が起きたのか？　何も起きなかった。ボイスはミシガン州立大学の体操部コーチ、キャシー・クレイグスに被害を告白した。クレイグスはナサールを問いただした。が、ナサールはすべてを否定した。クレイグスは教え子のボイスではなく、同僚のナサールの言葉を信じた。ボイスの申し立ては疑いを引き起こしたが、充分な疑いを引き起こすには至らなかった。性的暴行はその後も続いた。証人として法廷の証言台に立ったボイスは、胸が張り裂けるような思いをナサール本人にぶつけた。

あなたの次の治療が怖くてたまりませんでした。わたしの苦しみについて、キャシーがあなたに何かうっかり洩らしてしまうのではないかと気が気ではありませんでした……残念ながら、不安は的中した。うかつにもキャシーに告白してしまったことを後悔してもしきれず、恥ずかしくて、心が押しつぶされそうでした。あなたが部屋に入ってきて、後ろ手で扉を閉めたときのことをいまでもはっきり覚えています。椅子を持ってきてわたしの前に坐り、「おっと、キャシーと話をしたよ」とあなたは言いました。その言葉を聞いた瞬間、わたしは暗然とした気持ちになりました。秘密はバラされてしまった――。深くて暗い穴に潜り込んで、ただ隠れてしまいたかった。[16]

性犯罪者としてナサールが犯行を積み重ねるあいだに、彼の不適切な行動にたいする訴えが少なくとも一四回あった。保護者、コーチ、チーム幹部など権力のある立場の人々に向けられた警告だった。が、何も起こらなかった。二〇一六年九月、インディアナポリス・スター紙は、デンホランダーの訴えをもとにナサールの数々の性的暴行について暴露する衝撃的な記事を掲載した。記事が発表されたあとでさえも、ナサールと親しい多くの人々が彼を擁護した。ナサールの直属の上司であるミシガン州立大学オステオパシー医学部長は、学生たちにこう伝えたという。「これは単純に、医学のもっとも基礎となる教訓をきみたちがまだ学んでいない証拠だ。患者を信用するな、というのは医学の基本中の基本だよ。患者は嘘をついて、医者を困らせようとするものさ」[17]。体操部コーチのキャシー・クレイグスは「あなたを応援します」と印字されたメッセージ・カードをナサールのために用意し、自分のチームの選手に名前を書かせた。

ナサールのコンピューターのハードドライブに数々の恐ろしい画像が保存されていることがわかると、やっと人々は考えを変えた。

このようなスキャンダルが明らかになったとき、私たち人間は、犯罪者を庇った人々をまず非難しようとする。犯罪者を守り、あえて眼をつぶり、真実よりも組織的・金銭的な利益を優先させた人たちを糾弾し、沈黙の裏に隠れた共謀を探そうとする。しかしナサールの事件は、このような行動がいかに不適切かを私たちに改めて教えてくれる。ナサールを擁護しようとした人々の多くは、患者の保護者だった。彼らは沈黙の共謀を企み、より大きな組織的・金銭的な利益を優先させようとしたわけではない。被害者は彼らの子どもたちだった。

被害に遭った体操選手の母親で、自身も医者として働く女性の証言を紹介したい。ナサールのスキャンダルに関する情報をまとめた秀逸なポッドキャスト*Believed*によるインタビューのなかで、治療を受ける娘のすぐそばに坐っていたと母親は告白した[18]。

> わたしがよく覚えているのは、股間がふくらんでいるのが視界に入ってきて、もしかしたら勃起しているのかもしれないと思ったときのことです。「おかしい、これは絶対に変。かわいそうな先生」と頭のなかで考えていたのを覚えています。医者が施術中に勃起するなんて、どう考えてもおかしいと思いました……
>
> わたしは同じ部屋にいて、治療は眼のまえで行なわれていた。でもわたしは、彼は腕のいい医者なのだとしか思いませんでした。子どものために最善を尽くしてくれているんだって。それほど彼は巧妙でした。それほど動きもなめらかでした。

別の幼い少女は、父親とともにナサールの治療室に行った。父親がすぐそばの椅子に坐っているにもかかわらず、ナサールは少女の膣内に指を入れた。その日の後刻、被害に遭った少女は施術中の出来事について母親に伝えた。母親は当時のことを次のように振り返る。

いまでも五秒前のことのように覚えています。わたしが車を運転していると、助手席の娘がふとこんなことを口にしたんです。「今日、ラリーに変なことをされたの。すごくいやだった」

「ええ？　どういう意味？」とわたしは訊き返しました。

「えっと……触ってきたの」

「触ってきたって、どこを？」とわたしはさらにくわしく訊きました。

「下のほう」と娘は言いました。

娘の言っている意味ははっきりわかりました。でも、そんなことはありえないと自分をなぜか納得させようとしてしまうんです。

彼女は元夫に電話し、治療中に部屋を離れたかどうか尋ねた。離れていない、と彼は答えた。

そして……その話はおしまいにしてしまった。ほんとうに娘にはすまないと思っています。二〇一六年まで頭のなかにしまい込んだままにしてしまいました。

やがて、同じような物語が次から次へと明らかになった。別の父親はこう証言した。

車の座席に坐った娘が、落ち込んだ様子でしばらく黙り込んでいました。それから口を開くと、「パパ、あの人はあたしの背中の痛みを取ろうとしているんじゃない。もう行きたくない」と言いました。でも、相手はラリーですよ。体操チームの専属ドクターですよ。彼が娘のケガを治せないなら、誰も治せるわけがない。ラリー以上の技術を持っているのは、神だけですよ。「いい子だから我慢するんだ。時間がかかるんだよ。いいことが起きるまでには時間がかかるものさ」と私は娘に言いました。子どもたちにはいつもそう言い聞かせるようにしていました。それでこう励ましたんです。「わかった。また来週もいっしょに行こう。再来週もいっしょに行こう。そうやってがんばれば、いつかきっと良くなるはずだから」

娘は言いました。「パパ、わかったよ。うん、わかった。パパのことを信じる」

ナサールが蛮行に及んでいたという事実こそが、保護者をひどくむずかしい立場へと追いやった。もしナサールが自分の娘に無礼な態度を取ったとしたら、両親たちはすぐに文句を言ったはずだ。帰宅途中の車のなかで「ナサールの息が酒臭かった」と娘が訴えたとしたら、多くの親たちはすぐに抗議したはずだ。医者がたまに無礼な態度を取ったり、酔っ払って仕事場に来たりするのは、想像の範囲内の出来事でしかない。デフォルトでの信用が深刻な問題になるのは、「いかにもありえそうな状況」と「想像の範疇を超えた状況」のふたつから選択を迫られるときだ。アナ・モンテスは、史上もっとも政府中枢の奥深くまで潜り込んだキューバのスパイなのか？　デフォルトでの信用は私たちにバイアスをかけ、いちばんありえそうな解釈のほうに背中を押そうとする。スコット・カーマイケルは、信じることがほぼ不可能になる時点までアナ・モンテスを信じつづけた。体操クラブの親たちも同じことをした。それは彼らが不注意だったからではなく、ほとんどの人間の脳がそう設定されているからだ。

実際のところ、性的虐待を受けた多くの女性たちはナサールを擁護しようとした。彼女たちもまた、デフォルトでの信用というハードルを乗り越えて考えることができなかった。たとえばトリネア・ゴンツァールは、現役時代に八五六回にわたってナサールから施術を受けた。ある日のこと、チームメイトのひとりがやってきて、ナサールが膣内に指を入れてきたと告白した。そのとき、ゴンツァールはこう言って相手をなだめようとした。「彼、いつもわたしにもそうするのよ！」[19]

インディアナポリス・スター紙がナサールの正体を暴露したときにも、ゴンツァールは彼の味方になろうとした。すべては何かの勘ちがいであり、ナサールは無罪放免になると彼女は信じていた。ゴンツァールが最終的に考えを変えたのはいつだったのか？　ナサールの犯罪を裏づける証拠が圧倒的なほど明らかになったあとだった。ゴンツァールも、被害者のひとりとしてナサールの裁判に参加した。証言台に立った彼女はついに、自分のなかの疑いを認めた。

ラリー、わたしは今週、非常にむずかしい選択をしなくてはいけませんでした。あなたの味方をしつづけるか、女の子たちの味方をするかを選ばなくてはいけなかったんです。ラリー、わたしは彼女たちを選びます。彼女たちを愛し、守ることを選びます。あなたを心配するのも、サポートするのもやめることにします。あなたの顔をまっすぐ見て、あなたがわたしたちを傷つけ、わたしを傷つけたと告げることを選びます……今日、あなたがわたしの眼を見て、理解してくれることを望みます。限界が来るまでわたしはあなたを信じつづけた、と。わたしたちが涙を流すように、あなたも涙を流すことを望みます。自分がした行為を悔やむことを望みます。わたしがなによりも望むのは、被害に遭った女の子たちの痛みが日々少しでも癒えることです。あなたもそう願っていることを望みます。でもラリー、さようなら。いま、わたし自身が扉を閉めるべきときが来ました。被害に遭った小さな女の子たちのために立ち上がるべきときが来ました。ラリー、もうあなたの味方をすることはできません。

　さようなら、ラリー。あなたの暗く壊れた魂に神の御恵みがありますように。[20]

限界が来るまでわたしはあなたを信じつづけた。デフォルトの信用にたいするこれほど完璧な説明があるだろうか？

　犯人がハードドライブに三万七〇〇〇点もの児童ポルノ画像や映像を保存し、長年のあいだに関係者による数え切れない告発があったような事件でさえ、デフォルトの信用はきっちり機能する。ナサールの一件は単純明快なものだったが、それでも疑いが不信に変わるまでのあいだには高いハードルがあった。では、それほど単純ではない事件のなかの同じシナリオについて考えてみよう。サンダスキーの一件だ。

5

ジェリー・サンダスキーにたいする疑いが公にされたあと、もっとも声高に彼を擁護したひとりにセカンド・マイル参加者のアラン・マイヤーズがいた。ペンシルベニア警察はセカンド・マイルに参加した子どもたちから順に話を聞き、サンダスキーの容疑を裏づけようとした。警察から連絡を受けたマイヤーズは、頑として抗議した。「サンダスキーの容疑の内容は信じがたいものばかりであり、金目当ての告発にちがいないとマイヤーズは訴えた」[11]と警察の報告書に書かれている。「マイヤーズはいまでも週にいちどか二度、電話でサンダスキーと連絡を取りつづけているという」。トレーニング後のロッカールームでサンダスキーといっしょに何度もシャワーを浴びた、とマイヤーズは警察に語った。しかし、不適切な行為などいっさいなかった。

二カ月後、マイヤーズはさらに積極的な行動に出た。彼はサンダスキー側の弁護士の事務所に自ら出向き、衝撃の告白をした。マケアリーの証言をくわしく読んだマイヤーズは、その夜いっしょにシャワーを浴びていた少年が自分だったと気がついたという。サンダスキーの弁護チームのひとりである民間調査官カーティス・エバーハートがマイヤーズと面会し、話し合いの内容を文書にまとめた。非常に大切な証拠なので、ここで長めに引用したい[21]。

私は具体的に質問しました。「ジェリー（・サンダスキー）に身体を触られ、あなたが不適切だと感じたことはありますか？　あるいは、パーソナル・スペースに入り込まれていると不安に思ったことはありますか？」

マイヤーズはきっぱりと否定した。「いちども、ただのいちどもそんなことは起きていません……ジェリーと出会ってからいちどたりとも、不快だとか傷つけられたと感じたことはありません。父親のいないぼくにとって、ジェリーは父のような存在でした。（ウェストブランチ高校フットボール部の）ホームゲーム最終戦の選手入場のときに、母親とぼくと並んでフィールドまで歩いてほしいとジェリーに頼んだことがありました。そのとき、母親の名前といっしょに『父親のジェリー・サンダスキー』とアナウンスされたんです。

ジェリーと奥さんのドッティを結婚式にも招待しました。もし何かトラブルがあれば、ぼくがそんなことをするはずがありませんよね？　ホーム最終戦で父親役をやってくれと頼みますか？　ジェリーとドッティに、結婚式に出席してほしいと頼みますか？　ぼくの卒業式でジェリーにスピーチをしてほしいと頼みますか？　ジェリーはちゃんとスピーチをしてくれましたよ……もしジェリーに性的暴行をくわえられていたとしたら、ぼくがわざわざ遠くまで彼のチームの試合を観にいったり、自宅に遊びにいったりすると思いますか？　もし嫌なことをされていたら、ぼくはなるべく彼から離れようとするはずですよね？」

マイヤーズは、問題の夜についても理路整然と説明した。

サンダスキーとともにトレーニングを終え、シャワー室にいっしょに行き、そのあと家に戻ったとマイヤーズは証言した。「ぼくはだいたい週に一、二回トレーニングをしますが、その夜のことははっきり覚えています。シャワーを浴びながら、ジェリーとぼくは濡れたタオルをお互いの身体にぴちゃぴちゃぶつけて遊びました。壁をたたいたり、シャワー室の床の上を滑ったりしていたので、ロッカーが並ぶ隣のエリアにも音が響いていたと思います。そうやって遊んでいると、ロッカーの木製扉が閉まる音が聞こえました。それまでも聞いたことのある音でした。誰がロッカーを閉めたのかまでは見えませんでした。起訴陪審の報告書には、ジェリーとぼくが性的な行為をしていることに気づいた、とマケアリー・コーチが証言したと書かれています。これは真実ではありません。マケアリーの証言は真実ではありません。その夜のシャワー室では、何も変わったことは起きていません」

ところが数週間後にマイヤーズは、こんどはサンダスキーの〝被害者〟の多くを担当する弁護士に協力することを決めた。そのあと警察に話を聞かれた彼は態度を一変させ、自分もサンダスキーの被害者のひとりだと言いはじめた。

混乱している読者の方も多いはずだ。「シャワー室の少年」はこの事件のなかで誰より重要な証人だった。サンダスキーにとどめを刺せるのは、当事者である彼だった。そのため検察は、少年を見つけるために方々捜しまわった。そして、少年が姿を現した。何もなかったと彼ははじめは否定したが、すぐさま態度を翻《ひるがえ》し、ほんとうは何かがあったと言いはじめた。ではマイヤーズは、サンダスキーの裁判のなかで検察側の重要証人として証言したのか？　どう考えても、それが当然の展開だった。彼は、パズル全体のなかでもっとも貴重なピースだった。が、そうはならなかった。マイヤーズの話に信憑性がないと検察は判断し、彼を証人として呼ぶことを断念した。*7

マイヤーズが唯一出廷したのは、サンダスキーの控訴審で証言したときだった。[22] ただし彼を召喚したのは検察ではなく、被告人であるサンダスキー側だった。マイヤーズがもとの立場へと戻り、シャワー室では何もなかったと証言してくれることを望んだのだ。が、彼は態度を変えなかった。弁護士たちは代わりに、わずか一年ほどまえにマイヤーズがサンダスキーの無実を訴えたときの証言を一つひとつ読み上げた。マイヤーズは無表情のまま椅子に坐り、すべてにたいして肩をすくめてみせた。サンダスキーの隣で幸せそうな表情を浮かべて立つ写真を見せられても、いっさい反応を示さなかった。写真に写る人々は誰ですか、と弁護士は尋ねた。

マイヤーズ　ぼく自身とあなたのクライアントです。

弁護士　この写真が撮影されたのはいつですか？　覚えていれば、教えてください。

＊7　アラン・マイヤーズに関する検察の報告書はまさに傑作だ。[11] マイケル・コリチェリ捜査官がマイヤーズの弁護士に話を聞くと、「サンダスキーに繰り返しレイプされたとマイヤーズは主張している」と告げられた。最終的に弁護士は、サンダスキーから受けた虐待の詳細についてマイヤーズ自身が書いたという三ページの報告書を提出した。証言を読んだ検察チームは、それがマイヤーズによって書かれたのではなく、弁護士が代わりに書いたものではないかと疑った。結局、検察はマイヤーズの証人召喚をあきらめ、事件全体のなかでもっとも重要であるはずの人物と距離を置くことにした。

マイヤーズ　覚えていません。

それは、マイヤーズの結婚式で彼自身とサンダスキーがいっしょに写る写真だった。撮影されたのがいつかは思いだせない、と彼は計三四回答えた。

そして、ブレット・スウィッシャー・ハウツがいた。セカンド・マイルの参加者で、サンダスキーとともに親しくしていた人物だった。ハウツはおそらく、サンダスキーの裁判でもっとも驚くべき証人だったにちがいない。サンダスキーからたびたび性的暴行や虐待を受けたと彼は訴えた。一〇代なかばのころ、シャワー室、サウナ、ホテルの部屋で何十回にもわたって身の毛もよだつような性的行為を強制された、と。

検事　ミスター・ハウツ、陪審員のみなさんに説明していただけますか？　イースト・エリアのロッカールームやラッシュ・ビルディングのシャワー室で、被告人はあなたの口にペニスを入れた……だいたい何回くらいそのようなことがありましたか？

ハウツ　少なくとも、四〇回はあったと思います。

検事　あなたはそれを望んでいましたか？

ハウツ　まさか！

検事　いちども望んでいなかった？

ハウツ　はい。[8]

その後、サンダスキーの妻ドッティが証言台に呼ばれた。彼女と夫が最後にブレット・ハウツと会ったのはいつか？

ドッティ・サンダスキー　二、三年前だったと思いますが、はっきりとは覚えていません。[8]

ハウツが語った虐待の数々が起きたとされるのは一九九〇年代のことだった。ドッティ・サンダスキーの話が真実だとすれば、繰り返し残酷な被害に遭ってから二〇年後、ハウツはサンダスキーの自宅に遊びにいこうと自ら決めたことになる。

弁護士　そのときの様子について教えてください。
ドッティ・サンダスキー　はい。まず、夫のジェリーに電話がかかってきました。相手はブレットで、家に行ってもいいかと訊いてきたそうです。ガールフレンドを紹介して、赤ん坊を見せたいとのことでした。赤ん坊といっても、もう二歳くらいだったと思いますが。そのあと三人がうちにやってきました。その日は、わたしの友人のエレイン・シュタインバッハーも家に来ていました。夜、ケンタッキーフライドチキンを買ってきて、みんなでいっしょに家で食べました。とても愉しい訪問でしたね。

ナサールの事件でのトリネア・ゴンツァールの一件もややこしかったが、こちらはもっと複雑だ。ゴンツァールは、ナサールの施術のあいだに何かが起きたことを否定したわけではなかった。彼女はもっともらしい理由づけにもとづき、相手の行動が適切なものだと解釈することを選んだ。裁判で体操チームの同僚たちの証言を聞くまで、彼女はナサールを信じつづけようとした。対照的にサンダスキーは、あいまいな医療処置ではなく性的な暴力行為を繰り返したと疑われていた。〝被害者〟たちも、サンダスキーにされた行為に異なる解釈を与えようとしたわけではなかった。彼らはみな、あたかも何もなかったように振る舞った。友人に悩みを打ち明けたわけでも、苦しい胸の内を日記に書き留めたわけでもなかった。何年もたってから、自分をレイプした男の自宅に立ち寄って赤ん坊を披露した。彼らは、レイプ魔を結婚式に招待した。ある被害者はサンダスキーといっしょにシャワーを浴び、自分を「世界一運のいい少年」と呼んだ。別の男の子は、数カ月にわたってセラピストに説得された末に被害について語りだした。しかし起訴陪審は、彼の証言には信憑性がないと判断した。

恥、否定、おぼろげな記憶という何重もの層が、性的虐待にまつわる事件を複雑にする。なかでも、ジェリー・サンダスキーの一件はきわだって複雑だった。あらゆる矛盾と折り合いをつける必要がある事件の関係者にとって、このような複雑さはいったい何を意味するのだろう？　サンダスキーの行動についてはつねに疑いがあった。しかし、被害者たちがレイプ魔といっしょに愉しげにケンタッキーフライドチキンを食べるとき、充分な疑いなど抱けるだろうか？

6

最後に、大学側の対応について整理しておこう。土曜日、事件の目撃者であるマケアリーはヘッドコーチのジョー・パターノに会いにいく。驚いたパターノは、翌日曜日に大学幹部のティム・カーリーとギャリー・シュルツに会って相談する。彼らはすぐに顧問弁護士に電話し、月曜日にはグレアム・スパニア学長に報告する。それからカーリーとシュルツはマイケル・マケアリーに電話をかける。

マケアリーの話を聞きながら、カーリーとシュルツがこう考えていたことは想像にかたくない。これがほんとうにレイプだとしたら、なぜきみは止めなかったのか？　きみが見たものがそれほど恐ろしい光景だとすれば、医者である家族の友人を含め、誰も警察に通報しなかったのはなぜか？　目撃したことにひどく動揺したにもかかわらず、われわれに知らせるまでどうしてこんなに長く時間がかかったのか？

カーリーとシュルツはその後、大学の外部弁護士に連絡する。しかし、マケアリーの証言内容はあまりに漠然としていた。私たちの誰しもと同じように、彼らは本能的にもっとも害のない説明を求めようとした――ジェリー・サンダスキーはお得意のバカ騒ぎに興じていただけではないのか？　ペンシルベニア州立大学の弁護士であるウェンデル・コートニーは、幹部のギャリー・シュルツとの当時の会話について法廷で次のように振り返った。

コートニー　話し合いの途中、ジェリーと少年によるバカ騒ぎに性的な要素が少しでも含まれているのか尋ねました。彼が知るかぎり性的な要素はないという答えが返ってきました……ミスター・シュルツから説明を聞いた私としては、それだけのことだと感じました。つまり、少年がシャワーを浴びながら遊んでいただけという印象を抱きました。集団でシャワーを浴びるスペースにはたくさんのお湯が流れていて、床を滑って遊んでいただけなのではないか……

検事　ぴちゃぴちゃという音については何も言っていませんでしたか？　何か性的な要素がある可能性については？

コートニー　ぴちゃぴちゃという音がしたとか、シャワー室で性的な行為があったと報告を受けたという話は聞いていません。それは、おそらくまちがいないと思います。[1]

説明を聞いたコートニーは、最悪のシナリオについて想定してみたという。結局のところ、夜遅くに成人男性と少年がシャワー室にいたという事実に変わりはなかった。しかし彼は、自分が知るジェリー・サンダスキーについて思い浮かべた──「セカンド・マイルの少年たちといつも人前でバカ騒ぎに興じている男」。そして弁護士のコートニーもまた、自分の印象をデフォルトで信用した。[*8]

そのあと、シュルツとカーリーはスパニア学長に会いにいった。

検事　あなたはグレアム・スパニアに「バカ騒ぎ」だったと説明しましたか?

シュルツ　ええ。

検事　そう伝えたのはいつのことですか?

シュルツ　えっと……最初に……はじめに私たちが聞いたのは「バカ騒ぎをしていた」という報告でした。ジェリー・サンダスキーが、シャワー室で少年とバカ騒ぎしているところを目撃された……同じ言葉をスパニア学長に伝えたと思います……ジェリーがバカ騒ぎをしていたと。[1]

シュルツとカーリーの話を聞いたスパニア学長は、ふたつの質問をした。「あなた方に報告し

＊8　コートニーは、ほんとうにサンダスキーが潔白なのか疑いを抱いていた。しかし、サンダスキーが語った物語には説得力があった。どう考えても、セカンド・マイルの少年たちといつも人前でバカ騒ぎに興じている男にしか見えなかった。一方のティム・カーリーは、セカンド・マイルの事務局長であるジャック・レイコビッツに電話をかけた。事情を知ったレイコビッツは、サンダスキーと膝を突き合わせて話し合い、今後はキャンパスに少年たちを連れていかないよう注意すると約束した。

「個人的な意見にすぎませんが、他人との距離感や大人としての判断力についてジェリーは問題を抱えていて、何か対応が必要だと思いました」[1]とカーリーは説明した。もっと注意深く行動しないと小児性愛者だと思われてしまう、と彼は感じていた。

「私は彼に伝えたんです」とレイコビッツは言った。「トレーニングのあとに誰かといっしょにシャワーを浴びるときには、水着を着たほうがいいって。そのころは、ボーイスカウトや教会での性的虐待の問題が世間で大きな話題になっていた時期でしたから」

た人は、たしかに『バカ騒ぎをしていた』という表現を使ったんですね？[23]」。ふたりはイエスと答えた。スパニアは質問を続けた。「それ以外の説明は何も受けていない。それはたしかですか？」。ふたりはイエスと答えた。スパニア学長はジェリー・サンダスキーのことをほとんど知らなかった。ペンシルベニア州立大学には何千人もの職員がいた。（すでに退職した）スタッフのひとりが、シャワー室で目撃された――。

「〝バカ騒ぎ〟にどう対応するのが適切なのか、想像のなかで頭を掻きむしりながらいっとき考えたのを覚えています」とスパニアはのちに語った。「そんな報告を受けたのははじめてのことでしたから」

言うまでもなく、ほかの人が気づく一〇年前にメイドフの不正を見抜いたハリー・マルコポロスがペンシルベニア州立大学の学長だったら、もっとも害のない説明をデフォルトで信用することはなかっただろう。シャワー室に男がいたって？　それも少年といっしょに？　と彼は端《はな》から疑ってかかるにちがいない。マルコポロスなら、もっとも不穏な結論にすぐさま達していたはずだ。少年は何歳なのか？　彼らは夜遅くに何をしていたのか？　数年前にもサンダスキーにまつわる奇妙な事件があったのでは？

でも、グレアム・スパニアはハリー・マルコポロスではない。彼はいちばん可能性の高そうな説明に飛びついた――サンダスキーは、彼自身が主張するとおりの人間にちがいない。念には念を入れてもうひとつだけ確認しておくべきだった、なぜもっと別の質問をしなかったのだろう、などとスパニアは事件発覚後に後悔したのか？　もちろん後悔した。しかし、デフォルトでの信用は犯罪ではなく、人間に備わる根本的な性質だ。スパニア学長の行動はほかの全員と同じものだった。エル・アルピニスタ、スコット・カーマイケル、ナット・サイモンズ、トリネア・ゴンツァールと同じだった。ラリー・ナサールの施術を受けた体操選手の保護者たちと変わらない行動を取っただけだった。ナサールが自分の子どもに性的暴行をくわえているあいだ、親たちは同じ部屋のなかにいた。子どもたちは何かがおかしいと親に訴えた。にもかかわらず、親たちは何度も何度もナサールの施術室に子どもを送り届けた。ところがナサールの事件では、虐待者から子どもを守ることができなかった罪で保護者たちも牢屋送りになるべきだと訴える人は誰もいなかった。子どものまわりの共同体にたいして最低限の信頼を持つのは親として仕方のないこと、と誰もが受け容れているのだ。

すべてのコーチが小児性愛者かもしれないと疑いはじめたら、親は子どもを家の外に出せなくなるし、健全な人はコーチになろうとしなくなる。決定に恐ろしいリスクがともなっているとしても、私たちはデフォルトで信用する。なぜなら、ほかに選択肢がないからだ。さもなければ、社会は機能しなくなるからだ。信用が裏切られるというごくまれなケースのなかでは、デフォルトでの信用の犠牲となった人々は非難されるのではなく、同情されるべきなのだ。

7

ティム・カーリーとギャリー・シュルツがまず起訴された。つまり、米国でも有数の名門州立大学の最高幹部ふたりが逮捕されたことになる。その後スパニア学長の呼びかけで開かれた幹部会議では、多くの参加者が複雑な心情を吐露した。スパニアは、ペンシルベニア州立大学をひとつの大家族だと考えていた。逮捕されたふたりは彼の友人だった。シャワー室での出来事はただのバカ騒ぎだと伝えてきたときのカーリーとシュルツの言葉には、嘘いつわりなどいっさいないとスパニアは信じていた。

「誰もが、ギャリーとティムから距離を置こうとするでしょう」と彼は言った。しかし、スパニアはそうしようとはしなかった。

ここにいるみなさんは誰もが、ティムとギャリーとともに長年働いてきました。ティムは三五年、ギャリーは四〇年にわたってこの大学に勤めてきました。そのあいだずっといっしょに働いてきた方もいるでしょう……あなた方は日々、彼らと苦楽をともにしてきた。私も一六年前からいっしょに働いてきました……みんなで話し合ってきた運営方針にしたがって行動しているのだとすれば――正直に、オープンに、誠実に、つねに大学の利益を最優先に行動しているとすれば――何も心配する必要はありません。大学の方針にしたがったせいで濡れ衣を着せられたとしたら、それがここにいる誰であれ私は同じ行動を取ります。あなた方みんなにそう知ってほしいのです……誰ひとり、正しい行動を取ることを恐れるべきではありません。正しい行動を取っているとわかっているなら、不正行為の廉《かど》で告発されることを恐れてはいけません。この大学はかならずあなた方を守ります。[*9 23]

これこそ、人々がグレアム・スパニアを愛する理由だ。これこそ、彼がペンシルベニア州立大学で見事な成果を上げてきた理由だ。これこそ、多くの人が彼の下で働きたいと思う理由だ。私たちの誰もが、ハリー・マルコポロスではなくグレアム・スパニアが学長であることを望む。マルコポロスのように銃で武装し、政府組織の部隊が玄関から乗り込んでくると恐れながら生活したい人などいない。

これこそ、サンドラ・ブランドの死について考えるときにまず念頭に置くべきことだ。管理者や権限者はあらゆる疑いに警戒するべきだと私たちは考える。彼らが人をデフォルトで信用するとき、私たちはそれを非難する。グレアム・スパニア学長のような人物を刑務所送りにしようとするとき、私たちはあらゆる権限者にたいしてメッセージを送っていることになる――管理者や権限者はよく知らない他人をどう理解するべきか？　けれど誰ひとり、そのようなメッセージを送ることの影響について立ち止まって考えたりはしない。

私たちは結論を出すことをつい急いでしまう。

＊9　これはスパニアが話した言葉の正確な文字起こしではなく、彼の記憶にもとづいて言い換えたもの。

第3部　透明性

第6章　『フレンズ』型の誤謬

1

一九九八年放送のシーズン5が始まるころまでに、ドラマ『フレンズ』は史上もっとも大きな成功を収めたテレビ番組のひとつになろうとしていた。のちに隆盛をきわめることになる「ハングアウト・コメディー」〔家やカフェに友人同士が集まって物語を展開するドラマ〕の先駆けだった。モニカ、レイチェル、フィービー、ジョーイ、チャンドラー、ロスの六人の友人たちがマンハッタンの混沌としたダウンタウンで暮らし、恋愛と失恋を繰り返し、ふざけ合い、喧嘩する。しかし、彼らがおもにするのは会話だ。六人はおもしろおかしい会話を延々と続ける。

シーズン5の物語は、六人組とは無関係の女性とロスが結婚するところから始まる。シーズンなかばまでに結婚生活は破綻し、シーズン終盤までにまたロスはレイチェルとよりを戻す。フィービーは代理母として三つ子を出産し、警察官とつき合いはじめる。もっとも重要な展開としてモニカとチャンドラーが恋に落ちるが、それが差し迫った問題を引き起こすことになる。モニカはロスの妹で、チャンドラーはロスの親友だからだ。ふたりともしばらくのあいだ、ロスにほんとうのことを言う勇気を奮い立たせることができないでいた。

「チャンドラーが結婚宣言!?」と題された第一五話の冒頭、チャンドラーとモニカの嘘がついにバレてしまう。ロスが窓越しに向かいのアパートメントのほうを見やると、妹のモニカがチャンドラーと熱いハグを交わしているのが眼に入ってくる。びっくり仰天した彼は大急ぎで部屋を飛びだし、妹のアパートメントに乗り込もうとする。が、扉にはチェーンがかかっていて室内に入ることはできない。そこで彼は一五センチほどの隙間に顔を押し込んで叫ぶ。

「チャンドラー！　チャンドラー！　おまえが何をしていたか窓越しに見たぞ。おれの妹に何をしたか見たぞ。いますぐ出てこい！」[1]

警戒したチャンドラーは窓の外に逃げようとするが、モニカが彼を引き留める。「わたしがロスと話をする」と彼女は言ってドアを開け、平静を装って兄にあいさつする。「どうも、ロス。どうしたの？」

ロスは部屋に入ってチャンドラーへと突進し、キッチン・テーブルをまわって彼を追いかける。

「いったい何してるんだ！」とロスは叫ぶ。

チャンドラーはモニカのうしろに隠れる。ジョーイとレイチェルも何事かと部屋にやってくる。

レイチェル　ちょっと、いったいどうしたの？

チャンドラー　えっと、おそらく……おそらくだけど……モニカとぼくのことがロスにバレちゃったみたいだ。

ジョーイ　おい、ロスは眼のまえにいるぞ。
ロス　おまえのことは親友だと思ってたんだ！　モニカはおれの妹だぞ！　親友と妹！　信じられないよ、まったく。

流れを理解できただろうか？　標準的な『フレンズ』のシーズンには裏切りや意外な展開がふんだんに含まれており、台詞や感情表現のバリエーションも非常に豊かだ。この説明だけを読むと、あらすじ表がないと視聴者が混乱してしまうのではないかと不安になる人もいるかもしれない。しかし実際のところ、それはまったくの見当ちがい。『フレンズ』のエピソードをいちどでも見たことがある人なら、むしろ混乱するほうがむずかしいと知っているはずだ。ドラマの展開は明快そのもので、おそらく音を消しても物語を追うことができるにちがいない。

本書のはじめに私が示したふたつ目の謎は、保釈の問題にまつわるものだった。コンピューターよりも被告人について多くの情報を知っているはずなのに、仮釈放の判断においてコンピューター・プログラムより裁判官のほうに失敗が多いのはなぜか？　ここでは、この謎について深く掘り下げてみたい。まず、『フレンズ』のようなテレビドラマにどれほどの透明性があるのかという興味深い事実から考えてみよう。

2

『フレンズ』の透明性に関して検証するために私は、マサチューセッツ大学ダートマス校で教鞭をとる心理学者のジェニファー・フューゲイトに連絡を取った。フューゲイトはＦＡＣＳ（Facial Action Coding System、顔面動作符号化システム）の専門家だ。[*1] ＦＡＣＳでは、顔の四三の特徴的な筋肉の動きのそれぞれに「アクション・ユニット」と呼ばれる番号が割り当てられている。ＦＡＣＳに精通したフューゲイトのような人々は、誰かの表情を見て番号で符号化することができる。ミュージシャンが楽曲を聴き、紙の上で音符に変換できるのといっしょだ。

たとえば、次頁の右の写真を見てほしい。[3]

これは「パンアメリカン航空型スマイル」と呼ばれるもので、飛行機の客室乗務員が丁寧に接客するときにみせるような表情だ。この種の笑顔を作る人は、大頬骨筋《だいきょうこつきん》と呼ばれる筋肉を使って口角を上げるが、顔のほかの部分は無表情のままで動きはほとんどない。表情に繊細さはないため、この笑顔は偽物に見える。ＦＡＣＳでは、大頬骨筋を使ったパンアメリカン航空型スマイルはＡＵ12と分類される。

次に、その左の写真を見てほしい。

これは「デュシェンヌ型スマイル」と呼ばれるもので、本物の笑顔はこのように見える。専門的にいうと、ＡＵ12とＡＵ6を組み合わせたものだ――眼輪筋の外側（眼窩部）を含む顔の動きで、頬が上がり、目尻にはっきりとした皺《しわ》が刻まれる。

＊1　伝説的な心理学者ポール・エクマンによって開発されたシステム。[2] エクマンの研究に関しては、私の二冊目の著書『第1感』のなかでくわしく触れた。以降、その研究結果についての私の見方がどう変化したかについては巻末の原注を参照してほしい。

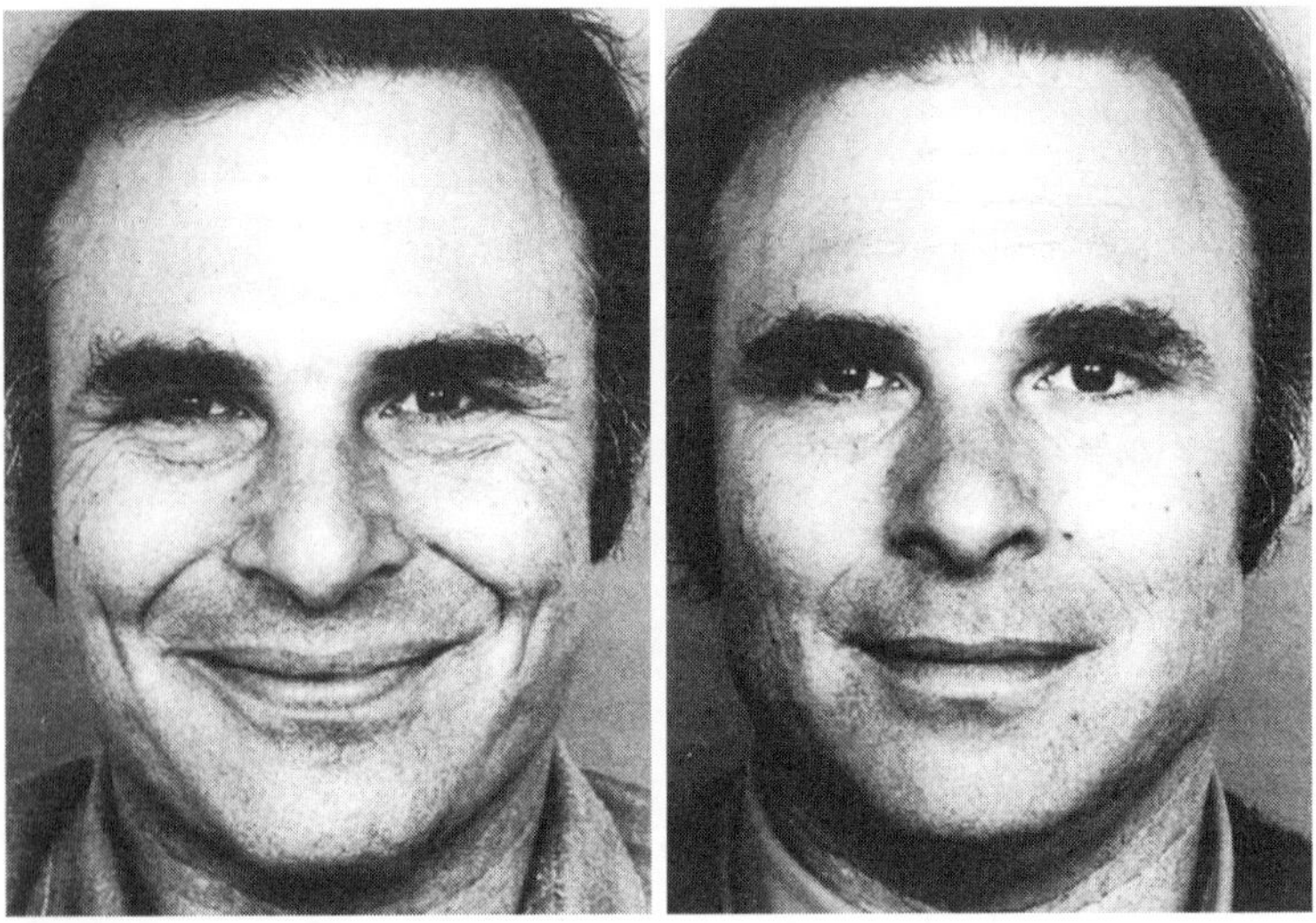

ＦＡＣＳは非常に高度なシステムであり、ほんの一瞬しか顔にあらわれない動きも含め、数千もの筋肉の動きを正確に符号化することができる。そのマニュアルはなんと五〇〇ページを超える長さだ。もしフューゲイトが「チャンドラーが結婚宣言⁉」の回を最初から最後までＦＡＣＳ分析したら、おそらく数週間かかるにちがいない。そこで私は、さきほど紹介した冒頭の場面だけを分析するよう彼女にお願いした。チャンドラーとモニカがハグしているのを目撃したロスが、怒ってアパートメントに乗り込むシーンだ。

　フューゲイトは次のように分析した。

　扉の隙間からロスが室内をのぞき込み、妹と親友が抱き合っているのを見たとき、彼の顔の動きのアクション・ユニットの組み合わせはこのとおり――ＡＵ10＋16＋25＋26[4]。ひとつずつ順に説明すると、上唇を上げる（上唇挙筋、眼窩上部）、下顎を下げる（下唇下制筋）、唇を開く（下唇下制筋、オトガイ筋または口輪筋の弛緩)、顎を下げる(側頭および内側翼突筋の弛緩)。

FACSシステムでは、筋肉の動きの激しさがAからEでランクづけされる——Aがもっとも穏やかで、Eがもっとも激しい。さきほどのロスの表情の四つの筋肉の動きは、すべてE判定だった。その回をもういちど再生し、ロスが扉の隙間からのぞき込んだ瞬間で画面を一時停止したら、FACSの分類の意味がはっきりとわかるはずだ。ロスの顔には、怒りと嫌悪がありありと浮かんでいる。

それからロスはモニカのアパートメントに駆け込む。場面の緊張感の高まりに合わせて、ロスの感情も高まっていく。ここでの彼の表情のアクション・ユニットの分類は、4C+5D+7C+10E+16E+25E+26E。またEが四つもある!

「AU4は眉を下げることを指します」とフューゲイトは説明する。


眉間に皺を寄せるときに起きる動きです。7は眼を細める動きで、「瞼《まぶた》を緊張させる」と呼ばれます。ロスは顔をしかめるのと同時に眼を閉じていますが、典型的な怒りの表情ですね。この例における10は嫌悪を示す標準的な動きで、上唇が少し上がります。鼻はほとんど動いていないのですが、あたかも上向きになっているかのように見えます。16の下唇を下げる動きが同時に起きるのも一般的です。ここでは下唇が押し下がり、下の歯が露出します。

その直前の場面で戸口にやってきたモニカは、何も不都合なことなどないふりをして兄に笑いかける。それはデュシェンヌ型スマイルではなく、パンアメリカン航空型スマイルだ。ＡＵ12の動きは見るからに明らかではあるものの、ＡＵ６はほぼ感知できないほどわずかにしか動いていない。

ロスは、キッチン・テーブルのまわりを逃げるチャンドラーを追いかけまわす。チャンドラーはモニカのうしろに隠れ、近づいてくるロスに言う。「聞いてくれ、浮ついた気持ちじゃないんだ。ぼくは彼女を愛してる。いいかい？　彼女を愛してるんだ」

それからモニカは手を伸ばし、兄のロスの手を握って言う。「ごめんなさい。こんな形で伝えることになってしまって……ごめんなさい。でもほんとうなの、わたしも彼を愛しているの」

長い沈黙。ロスはふたりを見つめ、頭のなかを駆けめぐる感情の嵐を処理しようとする。それから不意に彼は大きな笑みを浮かべ、ふたりを抱き締め、こんどは幸せそうにさきほどと同じ言葉を繰り返す。「親友と妹！　信じられないよ、まったく！」

兄にほんとうの気持ちを伝える場面のモニカの表情について、フューゲイトはこう分析した――１Ｃ＋２Ｄ＋12Ｄ。１の「眉の内側を上げる」と２の「眉の外側を上げる」が組み合わさると「悲しみ」の表情が生まれる。すでに説明したとおり、12は不完全な喜びの感情を意味するパンアメリカン航空型スマイルだ。

「奇妙にも聞こえますが、彼女は悲しみの兆候を示しているといえます」とフューゲイトは説明する。「それから幸せもあらわにします。ある意味、理にかなっていると思いますね。彼女はまず謝りますが、それからロスに真実を伝えるわけですから」

しばらく妹を見つめるロスの顔には、典型的な悲しみの表情が浮かぶ。やがて表情は1E+12Dへと少しずつ変わっていく。さきほど妹が示したのと同じ感情の組み合わせ、つまり「悲しみ」に「幸せの始まり」が組み合わさった感情だ。妹に恋人ができたのは彼にとって寂しいことでもあり、同時にうれしいことでもある。だからこそロスは、妹の喜びを理解していることを伝えようとする。

フューゲイトの説明を聞くと、『フレンズ』の俳優たちが、登場人物が抱くべきすべての感情を顔を使ってはっきり表現していることがわかる。それこそ、たとえ音を消しても流れを追うことができる理由だ。言葉は私たちを笑わせ、物語の細かなニュアンスについて説明してくれる。しかし、全体の流れを前に進めるのは俳優の表情のほうだ。『フレンズ』のなかの俳優の演技はどこまでも透明なのだ。

ここでいう透明性とは、相手の行動や態度——人々が外側に向かって自分を表現する方法——が、内側の感情を示すたしかな手がかりを与えてくれるという考え方だ。これは、見知らぬ人のことを理解するときに私たちが使うふたつ目の重要なツールである。相手を知らないとき、相手とうまくコミュニケーションが取れないとき、相手についてきちんと把握するための時間がないとき、私たちは相手の行動と態度をとおして彼らを理解できると考える。

3

透明性という概念の歴史は長い。チャールズ・ダーウィンは、進化論に関する有名な論文を発表した一三年後の一八七二年に『人及び動物の表情について』（*The Expression of the Emotions in Man and Arimals*）を出版した。この本のなかでダーウィンは、笑顔、しかめ面、鼻筋に皺を寄せる不快な表情は、進化的適応のためにすべての人間が利用したものだと主張した。自分の感情を互いに正確かつ迅速に伝えることは、人間という種の生存にとってきわめて重要だったと彼は考えた。つまり、進化をとおして顔は〝心の看板〟になった。[5]

ダーウィンのこの考えは、誰もが直感的に理解できるものだった。たしかに、世界じゅうの子どもたちは幸せなときに笑顔になり、悲しいときに顔をしかめ、愉快な気分のときにきゃっきゃと笑う。クリーブランド、トロント、シドニーの自宅の居間で『フレンズ』を見ている人々だけが、ロスやモニカの感情を理解できるわけではない。視聴者の誰もが簡単に理解できるのだ。

第2章で説明した保釈申請手続きもまた、透明性にもとづいて行なわれる。裁判官は、訴訟の関係者にメールや電話で連絡を取ったりしない。彼らは、判断を下すべき人を見ることが必要不可欠だと考える。数年前、ミシガンの裁判所でこんな出来事があった。ある民事裁判の原告のイスラム教徒の女性が、眼以外の全身を覆い隠す伝統的なニカブ姿で出廷した。裁判官はニカブを脱ぐように言ったが、女性は拒んだ。すると、裁判官は訴訟を取り下げることを決めた。どちらか一方を見ることができないとき、二者間の意見の不一致について公平な裁きを下すことはできないと裁判官は考えた。彼は原告の女性にこう伝えた。

> 証言を聞きながら私はあなたの顔を見て、表情や態度を確かめる必要があります。その服を

脱がないかぎり、私はあなたの顔を見ることができず、あなたが私に真実を語っているのかどうか判断することができません。あなたの態度や気質について、本来法廷で確かめるべき点を確かめることができません。[*2]

裁判官の判断が正しいと感じる人も多いのではないだろうか？　私たち人間がこれほど長い時間をかけて相手の表情を見るのは、そこに学ぶべきなんらかの価値があると考えているからだ。小説のなかには「彼は驚いて眼を見開いた」「彼女はがっかりして表情を曇らせた」などの表現がたびたび出てくるが、私たち読者は疑問を抱くこともなく、驚きや失望の感情に反応して実際に彼らが「眼を見開いた」「表情を曇らせた」のだと受け容れる。ロスの4C＋5D＋7C＋10E＋16E＋25E＋26Eという表情を見たとき、たとえ音がなくても私たちはその意味を理解することができる。なぜなら数千年におよぶ進化の末に、4C＋5D＋7C＋10E＋16E＋25E＋26Eを「大きな驚きや怒りを感じたときに人間が作る表情」に変換してきたからだ。相手の態度は、その人物の魂に通じる〝窓〟だと私たちは信じている。しかし、ここでふたつ目の謎について再

＊2　原告のジンナー・ムハンマドはこう答えた。「まずお伝えしたいのは、わたしはイスラム教を信仰しており、これがわたしの生き方であり、神聖なコーランを信じているということです。神こそがわたしの人生でもっとも大切なものです。女性の裁判官の前であれば、問題なくニカブを脱ぐことができます。ですのでおうかがいしたいのですが、女性の方に裁判を担当していただくことはできますか？　それなら問題ありません。けれど、それ以外の場合は命令にしたがうことができません[6]」

び考えてみよう。保釈申請手続きを取り仕切る裁判官たちは、被告人の魂に通じる窓を自分の眼で確かめることができる。一方、センディール・ムライナサンのコンピューターは窓を確かめることはできない。にもかかわらず、再び罪を犯しそうな被告人についての判断において、裁判官たちの予測はコンピューターよりもはるかにひどいものだった。

もし現実の生活が『フレンズ』と同じだったら、裁判官たちはコンピューターに勝つはずだ。しかし、実際には勝つことができない。だとすれば、現実の生活は『フレンズ』とは似て非なるものなのかもしれない。

4

南太平洋のパプアニューギニアから一五〇キロ東に離れたソロモン海の真んなかに、大小さまざまな島からなるトロブリアンド諸島がある。面積はごく小さく、人口は四万人ほど。まさに、世界から隔絶された熱帯の島々だ。島の住民たちは、数千年前の祖先たちとほぼ同じ手法で漁業や農業を営んでいる。当然ながら二〇世紀から二一世紀にかけてたびたび侵略を受けたものの、古代から続く彼らの習慣には著しい耐久性があることが証明されてきた。自動車メーカーは新モデルを北極圏に持ち込み、可能なかぎり厳しい条件下で性能を試そうとする。同じように社会科学者たちはときに、トロブリアンド諸島のような場所で仮説の〝耐久性試験《ストレステスト》〟をする。ロンドンやニューヨークだけでなく、トロブリアンド諸島でも通用するとしたら、普遍的な結果にたどり着いたと結論づけてほぼまちがいない。二〇一三年、そう考えたふたりのスペイン人社会科学者がトロブリアンド諸島に向かった。[7]

人類学者のセルジオ・ハリローは以前にもトロブリアンド諸島で調査を行なったことがあり、現地の言語や文化に精通していた。一方の心理学者のカルロス・クリベッリは、学者になりたてのころに透明性の限界について研究した。その過程で彼は柔道の試合の映像を調べ、勝ったばかりの選手が正確にいつ笑うのかを突き止めようとした。[8] 勝利の瞬間なのか？　あるいは、いったん勝ったと認識したあとに笑顔になるのか？　別の研究でクリベッリは、自慰行為にふける人々の映像を見て、絶頂に達したときの表情について調べたこともあった。[9] 当然ながら、オーガズムが真の幸せの瞬間であることはほぼまちがいない。幸福はその瞬間に表情にはっきりあらわれるのか？　どちらの場合もそうではなかった。人間の感情が心の看板だとすれば、どうも解せない話だ。このような研究結果を目の当たりにして疑い深くなったクリベッリは、ハリローとともにダーウィンの説を検証してみることにした。

ハリローとクリベッリはまず、さまざまな表情を浮かべる六人の顔写真を用意した。幸せ、悲しみ、怒り、恐怖、嫌悪の表情を浮かべる五人と、無表情な顔つきのひとりの写真だ。トロブリアンド諸島に発つまえにふたりはスペインのマドリード市内の小学校を訪れ、子どもたちが写真にどんな反応を示すか調べてみた。彼らは六枚すべての写真をひとりの子どもの前に並べ、「どれが悲しい顔だと思いますか？」と尋ねた。ふたり目の子どもの番になると、こんどは「どれが怒った顔だと思いますか？」と尋ねた。それを繰り返し、六枚の写真について何人もの子どもに質問を続けた。結果は次の表のとおりで、被験者の子どもたちはいとも簡単に感情と表情を結び

感情の分類	幸せ＝笑顔	悲しみ＝ふくれ面	怒り＝しかめ面	恐怖＝息を呑む	嫌悪＝鼻に皺を寄せる	無表情
スペイン人（サンプル数 113）						
幸せ	1.00	.00	.00	.00	.00	.00
悲しみ	.00	.98	.00	.00	.00	.02
怒り	.00	.00	.91	.00	.09	.00
恐怖	.00	.07	.00	.93	.00	.00
嫌悪	.00	.02	.00	.15	.83	.00

つけることができた。

それからハリローとクリベッリはトロブリアンド諸島に飛び、同じ調査を繰り返した。

トロブリアンド諸島の住民たちはみな友好的で協力的だった。彼らは豊かで繊細な言語を持っており、感情について調べるテストケースとしては理想的だった。ハリローは私にこう説明した。

いい意味でほんとうに驚かされたことを表現するために、彼らは「うっとりした」「心をつかまれた」などと言います。同じ表現をこちらが繰り返して「心をつかまれましたか？」と訊くと、こんどはこんなふうに答えるんです。「いや、今回については〝胃をつかまれた〟と言ったほうがいい」

つまり彼らは、何かにたいする感情を言葉で表現してほしいと頼まれたとしても、言葉に詰まって戸惑うような人々ではなかった。もしダーウィンの説が正しいとすれば、トロブリアンド諸島の住民たちは、マドリードの小学生と同じようになんなく人々の表情を理解できるはずだ。感情が進化によって形作られた普遍的なものだと仮定するなら、ソロモ

感情の分類	幸せ＝笑顔	悲しみ＝ふくれ面	怒り＝しかめ面	恐怖＝息を呑む	嫌悪＝鼻に皺を寄せる	無表情
トロブリアンド諸島民（サンプル数68）						
幸せ	.58	.08	.04	.08	.00	.23
悲しみ	.04	.46	.04	.04	.23	.19
怒り	.20	.17	.07	.30	.20	.07
恐怖	.08	.27	.04	.31	.27	.04
嫌悪	.18	.11	.08	.29	.25	.11
スペイン人（サンプル数113）						
幸せ	1.00	.00	.00	.00	.00	.00
悲しみ	.00	.98	.00	.00	.00	.02
怒り	.00	.00	.91	.00	.09	.00
恐怖	.00	.07	.00	.93	.00	.00
嫌悪	.00	.02	.00	.15	.83	.00

ン海のど真んなかの島民たちにも、マドリード市民と同じオペレーティング・システムが備わっているにちがいない。はたして結果は？

ちがった。

上の表は、トロブリアンド諸島民の正答率とマドリードの小学校に通う一〇歳児の正答率を比べたものだ。これを見ると、トロブリアンド諸島の住民たちが答えを導きだすのにひどく苦労したことがわかる。

この表の左側の縦軸の「感情の分類」は、ハリローとクリベッリが被験者の前に並べた写真の表情の種類を示している。表上段の横軸は、それぞれの写真にたいして被験者がどう判定したかを示している。たとえば一一三人のスペイン人小学生のうち一〇〇パーセントが、「幸せな表情」の写真を「幸せな表情」だと判定した。しかしトロブリアンド諸島民の場合、同じように「幸せな表情」だと判定したのは五八パーセントだけで、二三パーセントが「無表情」だと判定した。トロブリアンド諸島民とスペイン人の子どものあいだで、もっとも判定が近かったのが「幸せ」だった。ほかのすべての選択肢において、感情がどのように表情にあらわれるかというトロブリアンド諸島民の考えは、私たちのものとはまったく異なるようだった。

「いちばん驚いたのは、何かを怖がる〝恐怖〟だと西洋社会で一般的に考えられる表情が、トロブリアンド諸島ではむしろ〝脅迫〟に近いものとして認識されたことです」とクリベッリは説明した。それがどんな表情かを私に示すために、彼は大きく眼を見開き、いわゆる「息を呑む表情」を作ってみせてくれた。ムンクの有名な絵画『叫び』に描かれた人物のような表情だ。

「西洋の文化では、私のこの表情は『恐怖を感じている』『あなたを恐れている』と考えられるはずです」とクリベッリは続けた。「しかし彼らの文化では……ほかの誰かを怖がらせようとする人の顔だと判断されました……要は、まったく正反対の意味になるということです」

トロブリアンド諸島民にとっての恐怖の感覚は、私や読者のみなさんが感じる恐怖とまったく同じものだ。何かを恐れるとき、彼らも鳩尾《みぞおち》がむかむかするような不快な感情を抱く。しかしどういうわけか、トロブリアンド諸島民は私たちと同じようにそれを表情に出すわけではないらしい。

「怒り」も同じような結果になった。怒った顔なんて世界じゅうの誰もが知っているはずだ、という声が聞こえてきそうだ。きわめて基本的な感情じゃないか、と。

おそらく、多くの読者にとってはこれが典型的な怒りの表情にちがいない[10]（次頁の写真）。

厳しい眼つき、への字に結ばれた口……。しかし、この「怒り」の表情を見たトロブリアンド諸島民たちは戸惑った。さきほどの表の「怒り」の結果を確かめてほしい。トロブリアンド諸島

民の二〇パーセントがそれを「幸せ」の表情だと答え、一七パーセントが「悲しみ」だと判断した。三〇パーセントは「恐怖」だと考え、二〇パーセントは「嫌悪」の表情だと答えた。スペイン人の小学生の九割以上が「怒り」だと判断した写真について、同じような感想を抱いたトロブリアンド諸島民はわずか七パーセントだった。クリベッリはこう説明する。

彼らの説明はさまざまでした……単純に「眉をひそめている」と答える人もいました。「眉が黒い」という現地のことわざを使う人もいましたが、意味は「眉をひそめている」と同じです。ただし彼らは、それをかならずしも「怒っている」という意味だと判断するわけではないんです。

トロブリアンド諸島民が特殊なケースではない

ことを確かめるために、ハリローとクリベッリは次にアフリカ南部のモザンビークを訪れ、ムワニと呼ばれる孤立した自給自足の漁業共同体の住民について調べてみた。ここでも惨憺たる結果になった。「幸せ」の表情の正答率は五〇パーセントをわずかに超えたものの、「悲しみ」と「怒り」の表情についての判定はバラバラだった。心理学者のマリア・ジェンドロン率いる別の研究チームも、ナミビア北西部の山岳地帯を訪れ、被写体の感情表現に応じて写真を正確に分類できるか現地住民を調査した。[11] できなかった。

この研究には途中から歴史家もくわわった。タイムマシンに乗って古代ギリシャ人や古代ローマ人に会いにいき、満面の笑みを浮かべる現代人の写真を見せたら、彼らはその表情を私たちと同じように解釈するだろうか？　いや、おそらく異なる解釈をするはずだ。古典学者のメアリー・ビアードは、著書『古代ローマの笑い』（*Laughter in Ancient Rome*［未訳］）のなかでこう主張した。

ローマ人がまったく口角を上げないという意味ではない。もちろん、現代のわたしたちにとっては笑顔に見えるような形に彼らが口角を上げることもあった。しかし、口元に笑みを浮かべたそのような表情は、当時のローマの重要な社会的・文化的ジェスチャーのなかでは大きな意味を持っていなかった。反対に、現代のわたしたちにはほとんど無意味なほかのジェスチャーが、当時の社会では非常に大きな意味を持っていた。[12]

トロブリアンド諸島でさきほどの『フレンズ』のエピソードを上映したら、ロスがチャンドラーと対峙する場面を見た住民たちは、「チャンドラーが怒っている」「ロスが怖がっている」と判断するにちがいない。つまり、場面の意味は正反対になってしまう。さらに古代ローマで『フレンズ』プレミア試写会を開いたら、哲学者のキケロ、皇帝、その友人たちは、俳優のやけに大げさなしかめ面や歪んだ表情を見て「いったい何事だ？」と不安に駆られるはずだ。

5

では、ひとつの文化の内側ではどうだろう？　ひとまず隔絶された部族や古代ローマについては忘れて、先進工業国に限定したら、透明性のルールはすべて正常に機能するのか？　いや、そうではない。

次のようなシナリオについて想像してみてほしい。あなたは長く狭い廊下を抜け、奥の暗い部屋へと導かれる。あなたは椅子に坐り、フランツ・カフカの短篇小説の朗読の録音を聴く。次に、いましがた耳にした内容についての記憶力テストを受ける。テストが終わると、あなたは部屋を出て再び廊下へと戻る。しかしカフカの小説を聴いているあいだに、スタッフたちはせわしなく作業を続けていた。その廊下はじつのところ、仮のパーティションで仕切られた空間でしかなかった。いまや廊下のパーティションは取り払われ、がらんとした広い空間に変わっている。その空間は、明るい緑色の壁で囲まれている。天井から電球がひとつだけ吊り下がり、鮮やかな赤い椅子を照らしている。椅子に坐るのは、重苦しい表情を浮かべたあなたの親友だ。つまりあなたは、数分前と同じ狭い廊下に戻ると思いながら扉を開ける。なんとびっくり、さっきまで廊下だった場所にだだっ広い空間がある！　そして、ホラー映画の登場人物のごとく親友があなたを見つめている。

あなたは驚くだろうか？　もちろん驚くに決まっている。では、そのときのあなたはどんな表情を浮かべるだろう？　ここまでの説明に照らし合わせれば、似たような状況に直面したトロブリアンド諸島民や古代ローマ人と同じ表情を浮かべるわけではないはずだ。今日《こんにち》の西洋社会に生きる私たちの文化のなかでは、「驚きの表情」の典型例がはっきり確立されている。前述の『フレンズ』のエピソードのなかに完璧な例が出てくる。ロスのルームメイトのジョーイがモニカのアパートメントに駆け込んでくると、親友のふたりが大喧嘩していることを知る。そのときのジョーイの顔には、典型的な「驚きの表情」が広がっている――AU１＋２（眉を上げる）＋５（眼を見開く）＋25＋26（ぽかんと口を開く）。では、驚いたときのあなたもジョーイと同じ表情を作るだろうか？　いや、そうではない。

ドイツ人の心理学者アヒム・シュッツウォールとレイナー・ライゼンザインは、さきほどの状況を緻密に作り上げ、六〇人の被験者に体験させた。[13]カフカの朗読が終わったあとに扉を開けたときの驚きの感情がどれほど典型的なものに近いか、六〇人の被験者は一〇点満点で自己採点した。平均は八・一四点で、実際に彼らは頭のなかではびっくり仰天していた。当然、質問されたが、被験者のほぼ全員が、自分の顔いっぱいに驚きの表情が張りついていたにちがいないと答えた。が、ちがった。シュッツウォールとライゼンザインは部屋の片隅にビデオカメラを置き――

フューゲイトが『フレンズ』のエピソードの登場人物を符号化したのと同じように――被験者たちの表情を符号化した。眼を見開き、眉を上げ、ぽかんと口を開き、典型的な驚きの表情を作った人は全体のわずか五パーセントだけだった。三つのうちふたつの筋肉を動かしたのは、全体の一七パーセント。残りの被験者の顔には、このような筋肉の動きの組み合わせはほとんど見られないか、少ししか見られなかった。あとはせいぜい顔をしかめる程度で、それはかならずしも驚きと関連する表情ではなかった。[*3]

「参加者はすべての条件下において、驚きにたいする自分の表現能力を著しく過大評価していた」[14]とシュッツウォールは論文に綴った。なぜか？　「驚くべき出来事が起きたときに自分が浮かべそうな表情を、感情と顔についての民族心理学的な思い込みにもとづいて推測していたからだ」。民族心理学とは、テレビドラマなどの文化的な情報源から私たちが導きだす不完全な心理学のようなものだ。しかし、現実の生活のなかでそのような展開になることはめったにない。透明性は神話にすぎない――主人公が「驚いて口をぽかんと開け」「びっくりして眼を見開く」テレビや小説の世界に染まりすぎた私たちが、勝手に作り上げた考えでしかないのだ。シュッツウォールはこう続けた。「参加者は実際に驚きを感じたため、そして驚きは特徴的な表情と関連

＊3　一七パーセントのなかには、三つの表情をすべて作った三人（五パーセント）も含まれている。三つのうちふたつの表情をはっきり浮かべたのは、わずか七人だけだった。また、ほとんどの人は自分が驚きの表情を浮かべたと感じていたものの、とりわけ自己認識の強いひとりの男性の被験者だけが「驚いたような表情をまったく浮かべなかったと思う」と答えた。

していたため、自分もその表情を浮かべたにちがいないと考えた。ほとんどの場合、そのような推論はまちがっていた」

私が思うに、この誤り――外側と内側で起きていることが完全に一致するという思い込み――は友人同士の場合はたいした問題にはならないはずだ。誰かと親しくなるというプロセスはときに、相手の感情表現がどれほど典型例と異なるのかを理解することを意味する。あるとき、休暇中に借りた別荘で私の父がシャワーを浴びていると、母親の叫び声が聞こえてきたという。駆けつけると、大柄の若い男が母親の咽喉《のど》元にナイフを突きつけている。父はどんな行動に出たのか？　ちなみに当時の父は七〇歳で、身体が濡れたまま裸でそこに立っていた。父は犯人を指さし、「いますぐ出ていけ！」と大声で怒鳴りつけた。すると犯人はそそくさと逃げていったという。

内心、父はひどく怯えていた。人生でもっとも大切なもの――半世紀にわたって寄り添ってきた最愛の妻――にナイフが突きつけられているのだ。しかし、その恐怖が彼の表情にあらわれていたとは考えにくい。恐れて眼を見開いてはいなかったし、声が裏返ることもなかった。ほかの困難な状況に陥った父を見たことがある人なら、「怯えた表情」がどういうわけか彼のレパートリーに入っていないことを理解しているはずだ。危機的状況のなかで、父はどこまでも冷静になれた。しかし父を個人的に知らなければ、見方は変わってくる。なかには、無感情の冷たい人間だと結論づける人もいるかもしれない。見知らぬ他人に向き合うとき、私たちは直接的な経験の代わりに〝固定観念〟にもとづいて考える必要に迫られる。往々にして、その固定観念はまちがっている。

ところで、トロブリアンド諸島民が驚いたときにみせるジェスチャーをご存じだろうか？　クリベッリが島を訪れたとき、アップル製の小さなｉＰｏｄを持っていた彼のまわりに、興味津々の島民たちが集まってきた。「大勢の島民たちが近づいてきたので、ｉＰｏｄを見せたんです。誰もがとてもびっくりしていましたが、ハッと息を呑むような驚き方ではありませんでした」と言い、彼は典型的な驚きの表情であるＡＵ１＋２＋５を作ってみせた。「こういう表情を作るのではなく、舌で音を立てたんです」。クリベッリは口蓋に舌先を当てて音を出した。「コッ、コッ、コッ、と舌打ちするような音を出したんですよ」

6

ここまでの議論を読めば、第2章で示したふたつ目の謎の答えがおのずと見えてくる。裁判官よりもコンピューターのほうが保釈について優れた判断を下せるのはなぜか？　コンピューターは被告人を実際に見ることはできない。が、裁判官は見ることができる。この追加情報によって彼らはよりよい判断を下すことができるはずだ、と考えるのはいかにも論理的に思える。ニューヨーク州の裁判官のソロモンは眼のまえに立つ人物の顔を見やり、精神疾患の兆候を探すことができた。生気のない眼つき、不安定な情動、眼の奥の嫌悪……。被告人はわずか三メートル先に立っており、ソロモンは評価対象者を感覚的にとらえることができた。にもかかわらず、追加情報はほとんどなんの役にも立たなかった。驚いた人が、かならずしも驚いたように見えるとはかぎらない。精神的な問題を抱えた人が、つねに精神的な問題を抱えているように見えるわけではない。

数年前、テキサスで起きたある事件が大きな話題になった。パトリック・デイル・ウォーカーという名の若い男性が、元交際相手の女性の頭に銃を突きつけた事件だ。[15] 彼は引き金を引いたものの、たまたま銃が詰まって弾《たま》は発射されなかった。訴訟を担当した裁判官は、保釈金をいったん一〇〇万ドルに設定した。しかしウォーカーが拘置所で四日間過ごしたあと、保釈金は二万五〇〇〇ドルに引き下げられた。心を落ち着かせるために充分な期間が過ぎたと裁判官は考えた。「ウォーカーには前科がなく、交通違反さえ犯したことがありませんでした」と裁判官はのちに証言した。ウォーカーは礼儀正しかった。「彼は控えめで温厚な若者でした。私には、とても賢い青年に見えました。成績も優秀で、卒業生総代に選ばれるほどの人物だった。大学もしっかり卒業していた。事件の被害者は、彼にとって人生ではじめての交際相手のようでした」。くわえて裁判官にとってなにより重要なことに、ウォーカーは深い反省の念を示していた。

ウォーカーは透明でわかりやすい存在だと裁判官はとらえた。しかし、「反省の念を示す」とはいったい何を意味するのか？　頭をがくりと下げ、伏し目がちにして悲しい表情を作ったのだろうか？　一〇〇〇のテレビ番組で人々が反省の念を示してきた姿を真似したのだろうか？　誰かが頭をがくりと下げ、伏し目がちにして悲しそうな顔を作る姿を見ると、その人物の心のなかで大きな変化が起きたと私たちが考えてしまうのはなぜだろう？　人生は『フレンズ』ではない。ウォーカーと対面したことは、裁判官の助けにはならなかった。それどころか悪い影響を与え、単純な事実を見過ごしてしまうことになった——ウォーカーは元交際相手の頭に銃を突きつけて殺そうとしたが、たまたま発射されなかったので未遂に終わった。四カ月後、ウォーカーは元彼女を射殺した。

ムライナサンの研究チームはこう説明する。

実際に対面しないと気づきにくい要素——気分などの心の状態、あるいは被告人の外見といったやけに重視されがちな目立つ特色——は、裁判官の予測を誤った方向に導いてしまうことがある。それらの要素はどれも、個人的な判断のための情報源というより、むしろ予測ミスのための情報源となる。人が気づきにくい要素は、手がかりではなく雑音を作りだすだけだ。[16]

すなわち、コンピューターにはなく裁判官だけが持つ強みは、実際には強みなどではない。私たちは、ムライナサンの研究から論理的な結論を導きだすべきだろうか？　つまり、被告人を裁判官から隠すべきだろうか？　たとえば、女性がニカブをまとって法廷に現れたときに取るべき正しい対応は、訴訟を取り下げることではなく、全員がベールを身につけるべきだと判断することかもしれない。さらに、こんな疑問も浮かび上がってくる。ベビーシッターを雇うまえに実際に本人に会う必要があるのか？　あるいは、会社で誰かを雇うまえに対面式の面接をするのは正しいことなのか？

しかし当然ながら私たちは、個人的な接触を拒むことなどできない。すべての大切なやり取りが匿名化されたら、世界は機能しなくなってしまう。ソロモン裁判官に、私はまさにこの質問を投げかけてみた。彼の答えはじつに示唆的だった。

著者　被告人に対面できなかったらどうなりますか？　何かちがいがありますか？

ソロモン　そちらのほうを好むかという意味ですか？

著者　ええ、そちらのほうを好みますか？

ソロモン　私の脳の一部は、そのほうがいいと言っています。なぜなら、誰かを刑務所送りにすると決めることの苦労が少し減るからです。しかし、それは正しいことではありません……私たちが向き合わなければいけないのは、国家によって身柄を拘束された人間です。国家は、ひとりの人間から自由を奪う理由を正当だと説明しなくてはいけない。ですよね？　でも対面しなければ、彼らは小さな機械のように扱われてしまうかもしれない。

透明性の問題は、デフォルトでの信用と同じ場所へとわれわれを導いていく。よく知らない他人に対応するための私たちの戦略には大きな欠陥がある。が、それは社会的に必要なものでもある。私たちは、刑事司法制度、雇用プロセス、ベビーシッター選びがより人間的であることを望む。しかし人間性を求めるというのは、膨大な量のまちがいを許容することを意味する。それが、よく知らない他人との対話に潜む矛盾だ。私たちは彼らと話をする必要がある。でも、話すのがひどく苦手だ。くわえて次の二章で見ていくとおり、私たちは「ひどく苦手」であるという事実を互いにつねに正直に打ち明けようとするわけでもない。

ソロモン　私の脳のほんの一部が「そうそう、相手を見ないほうがより簡単さ」と言っているのだと思います。しかし実際には、私のことを見ている人がいて、私も彼らを見ている。たとえば被告人側の弁論のあいだ、傍聴席の家族が私に手を振って合図してくることもあります。家族三人がそこで裁判を見守っているのです。それが、正しい裁判の在り方です……ほかの誰かの人生に影響を与えている、とつねに心がけておくことが大切です。軽く考えてはいけません。

第7章　アマンダ・ノックス事件についての単純で短い説明

1

二〇〇七年一一月一日の夜、メレディス・カーチャーはルディー・グエデによって殺害された。山ほどの議論、推測、論争が繰り返されたあと、彼の罪が確定した。グエデはどことなく怪しい人物で、イギリス人の大学生カーチャーが一年の短期留学中に住んでいたイタリア・ペルージャの共同アパートメントにたびたび出入りしていた。グエデには前科があった。殺人事件の夜にカーチャーの家にいたことを彼は認めたものの、その理由についての説明はどこまでもあいまいだった。殺害現場には彼のＤＮＡの痕跡がところどころに残されていた。カーチャーの死体が見つかったあと、グエデはすぐさまイタリアを離れてドイツに逃亡した。

しかし、警察が捜査のなかで眼をつけたのはルディー・グエデだけではなかった。カーチャーの死体発見のあとに続いたマスコミの大騒ぎのなかでは、グエデは脇役にすぎなかった。代わりに注目を集めたのは、カーチャーのルームメイトのほうだった。名前はアマンダ・ノックス。ある朝、帰宅した彼女はバスルームで血痕を見つけ、交際相手のラファエレ・ソッレチートとともに警察に通報した。駆けつけた警察は、自室で死んでいるカーチャーを発見。数時間のうちに、ノックスとソッレチートも容疑者リストにくわえられた。グエデ、ノックス、ソッレチートが参加したドラッグと酒まみれの乱交パーティーの末に、カーチャーが死亡したと警察は踏んだ。三人は逮捕・起訴され、有罪となって刑務所送りになった。そのすべての過程がタブロイド紙によって執拗なほど事細かに報道された。

「殺人事件はいつも人々の興味を刺激します。ちょっとした陰謀であり、ちょっとした謎であり、犯人捜しを愉しむミステリーなのです」[1]と、ドキュメンタリー映画『アマンダ・ノックス』のなかでイギリス人ジャーナリストのニック・ピサは言った（この事件を描く膨大な数の書籍、学術論文、雑誌記事、映画、ニュース番組が生まれた）。「イタリア中部にある絵画のごとく風光明媚な丘の上の町で事件は起きました。それはそれは恐ろしい殺人事件でした。被害者は半裸姿で、咽喉は切り裂かれ、血痕がいたるところに飛び散っていました。これ以上の物語などあるでしょうか？」

O・J・シンプソンやジョンベネ・ラムジーの事件のような世間から大きな注目を浴びた犯罪物語の場合、五年から一〇年後に再び話を聞いたときにも人々はきまってまた心を奪われる。アマンダ・ノックスの事件はそうではない。あとから振り返ってみても、この一件はどこまでも不可解でしかなかった。ノックスや交際相手をカーチャー殺害と結びつける物的証拠はひとつもなかった。シアトル出身のノックスは、中流階級の家庭で何不自由なく育った未熟な若者だった。そんな彼女が、ほとんど面識のない怪しげな男といっしょに危険きわまりない乱交パーティーに参加したのはなぜか？　もっともらしい説明は見当たらなかった。彼女にたいする警察の捜査は、衝撃的なほど無能なものだった。ノックスとソッレチートを犯罪と結びつけたＤＮＡの証拠の分析は、完全なるミスでしかなかった。イタリア検察の担当検事は無責任きわまりなく、複雑な性犯罪にまつわる空想に取り憑かれていた。にもかかわらず、イタリアの最高裁判所が最終的にノックスに無罪を言い渡すまでに、事件から八年もの時間がかかった。無罪が決まったときでさえ、ふだんは知的で冷静なはずの多くの人々が最高裁の判断に疑問を呈した。ノックスがついに刑務所から釈放されたとき、大勢の怒った市民がペルージャの町の広場に集まり、抗議活動を繰り広げた。アマンダ・ノックスの事件はとにかく理解不能だった。

カーチャー殺害事件の捜査において何がまちがっていたのか、私は一つひとつ分析を示すこともできるが、おそらくこの本の紙幅がすべて埋まってしまうにちがいない。さらに、捜査の法的な欠陥についての包括的な学術分析のいくつかを紹介することもできる。たとえば、犯罪学の学術誌『犯罪科学インターナショナル』(*Forensic Science International*) 二〇一六年七月号に掲載されたピーター・ギルの綿密な論文「アマンダ・ノックスとラファエレ・ソッレチート裁判の誤審に関する分析と推測」がそのひとつだ。論文のなかには、次のような記述が含まれている。

> サンプルＢの増幅ＤＮＡ生成物は、キャピラリーゲル電気泳動装置でも検査された。電気泳動グラフは、報告の必要な閾値を下まわるピークを示し、ほとんどの遺伝子座で対立遺伝子の不均衡が同定された。報告の必要な閾値を上まわる対立遺伝子は六つしかなかった。電気

泳動グラフは、メレディス・カーチャーのものと一致すると主張されたDNA型を部分的に示した。したがって、サンプルBはさまざまな解釈のボーダーライン上にあると推察される。[2]

しかし本書では代わりに、アマンダ・ノックスの事件について解き明かそうとするあらゆる理論のなかでいちばん単純で短いものを紹介したい――これは、透明性にまつわる問題だった。見知らぬ他人の見かけや行動が感情を読み解くための信頼できる手がかりだと過信すると、つまり『フレンズ』誤謬《ごびゅう》を受け容れると、あなたはまちがいを犯すことになる。アマンダ・ノックスの事件も、そのようなまちがいのひとつだった。

2

ここで、第3章で触れたティム・レバインの理論について少しだけおさらいしておこう。すでに説明したとおり、レバインは大学生の被験者たちにおとり捜査を仕かけた。まず、雑学クイズが出題される。途中、答えの紙を机に置いたままインストラクターが部屋を出る。クイズが終わったあと、レバインは学生たちに話を聞き、ズルをしたか単刀直入に尋ねた。嘘をつく者もいれば、正直に答える被験者もいた。さらに彼はインタビューの映像を別のグループに見せ、嘘をついている学生を特定できるか確かめた。

社会科学者たちは長年にわたって、手を替え品を替えこの種の実験を行なってきた。どの実験でも〝発信者〟（＝被験者）と〝判定者〟がおり、発信者の嘘を判定者がどれほど正確に見抜けるかが調べられた。レバインが見いだしたのは、これらの研究で心理学者たちがいつもたどり着くのと同じ発見だった。つまり、私たちの大多数は嘘を見破るのがひどく苦手であるという結果だ。平均すると、判定者は五四パーセントの割合で嘘つきを正しく突き止めることができた。[3] 要は、偶然よりもわずかに高い確率でしかない。誰が判定者であろうと結果は同じだった。学生も、FBI捜査官も、CIA職員も、弁護士もうまく嘘を見抜けなかった。あらゆる常識をくつがえす〝スーパー嘘発見者〟もなかにはいるのかもしれないが、まれな存在であることはまちがいない。なぜか？

ひとつ目の答えについては、第3章ですでに説明した。私たち人間には〝真実バイアス〟がある。正当な理由と思しきものがあると、私たちは疑わしい点を好意的に解釈し、話し相手が正直だと仮定する。しかし、レバインはその説明だけでは満足しなかった。明らかに、デフォルトの信用よりも問題は根深いものだった。彼がとりわけ驚いたのは、実際の多くの例において嘘が事後的に特定されたという点だった。数週や数カ月後はもとより、数年後になって嘘だとバレることもあった。

たとえばスコット・カーマイケルは、アナ・ベレン・モンテスとのはじめの話し合いのなかでこう言った。「きみが防諜に影響を与える活動にかかわっていると疑う充分な理由がある」。モンテスは、ハトが豆鉄砲を食ったようにカーマイケルをぽかんと見つめて坐っていた。それが警告サインだったのだとカーマイケルはあとになって気がついた。まったく身に覚えがなければ、彼女は何か言葉を発し、声を大にして抗議したはずだ。しかし、そのときのモンテスは？　彼女は

「ただそこに坐っているだけ」だった。

ところが、その瞬間のカーマイケルは手がかりを見落としてしまった。モンテスがスパイだと偶然発覚したのは五年後のことだった。レバインが発見したのは、私たち人間が、その場で与えられた重要な手がかりをほぼすべて見落としているという事実だった。なぜだろう、とレバインは悩んだ。では、誰かが相手をうろたえさせるほどの嘘をついたときには何が起きるのか？　答えを見つけるために、レバインは実験映像をまた確かめることにした。

レバインが私に見せてくれた別の映像について紹介しよう。被験者は若い女性。ここではサリーと呼ぶことにする。質問者はまず、当たり障りのない簡単な質問をした。それから、決定的瞬間が訪れた。

質問者　レイチェルが部屋を出たときに何か不正行為はありましたか？
サリー　いいえ。
質問者　ほんとうのことを言っていますか？
サリー　ええ。
質問者　あなたのパートナーにインタビューして同じ質問をしたら、彼女はなんて言うと思いますか？

サリーは不安そうに言葉を詰まらせる。

サリー　たぶん……同じことを言うと思います。

質問者　わかりました。

質問者が「不正行為はありましたか?」と尋ねた直後から、サリーの腕と顔がみるみる赤くなった。恥ずかしそうな赤面、などという言葉では足りないくらい真っ赤だった。その瞬間、サリーは「現行犯《レッド・ハンデッド》で捕まる」という表現にまったく新しい意味を与えた。それから、「パートナーはなんと答えるか?」というとどめの質問の時間がやってきた。赤面サリーは「パートナーも同意すると思います」といった適当な言葉で相手を説得しようとすらしなかった。彼女は言葉を濁し、弱々しい声で「たぶん……同じことを言うと思います」と答えた。たぶん? もちろん、赤面サリーは嘘をついていた。映像を見た誰もが、彼女は嘘つきだと見破った。

レバインが見せてくれた次の映像に移ろう。この女性はインタビューのあいだずっと、取り憑かれたように髪をいじくりまわした。ここでは、神経質ネリーと呼ぼう。

質問者　さて、レイチェルがいったん部屋を離れました。彼女がいないあいだ、何か不正行為はありましたか?

神経質ネリー　じつは、パートナーが「いくつ正解したのか確かめてみたい」と言って、得点を見ようとしたんです。わたしは、やめたほうがいいと言いました。ズルなんてしたくありませんから。まちがったことだと思うので、わたしは見ませんでしたし、やめるように言いました。「そんなことしたくありません」とはっきり言いましたよ。でも彼女が「ちょっとだけだから」と言ったんです。それでも「わたしはいやです」と伝えました。これが実験の一部かどうかはわかりませんが、いずれにしろズルはしていません。

質問者　わかりました。ズルについてほんとうのことを言っていますか？

神経質ネリー　ええ。ズルはしていません。わたしたちは……彼女は……パートナーは「ちょっと見るだけだから」と実際に言いましたが、わたしは「そういうのはよくない、やめたほうがいい」と伝えました。わたしも、「お金を置いていくなんてびっくり」とパートナーの人に言いましたよ。でも盗んだりズルしたりはしていません。そういうことをするタイプではないので。ただ少し驚いたんです。だって、お金を置いていったら、ふつうの人は取ってしまうでしょ？　みんなそうするでしょ？　でも、わたしたちはズルしていませんし、何も盗んでいません。

神経質ネリーの髪いじりは最後まで止まらなかった。過剰防衛的で繰り返しの多いたどたどしい説明も、そわそわした態度も、小さな動揺も止まらなかった。

質問者　わかりました。では、あなたのパートナーにインタビューして同じ質問をしたら、彼女はなんて言うと思いますか？

神経質ネリー　得点を見ようとしたと言うと思います。

質問者　なるほど。

神経質ネリー　彼女がそう答えなかったとしたら、それはそれで問題です。だって、わたしは「ズルは絶対にしたくない」と言ったんですから。でも彼女は「ちょっと見るだけだから」と言いました。「ほら、答えがそこにあるじゃない」って。それでわたしは言いましたよ。「ダメ、そんなことはしたくありません。わたしはそういう人間じゃない。そういうタイプではないんです」って。

神経質ネリーが嘘をついていると私は確信した。映像を見たら、あなたもきっと同じ結論にたどり着くにちがいない。誰もが神経質ネリーは嘘をついていると考えた。しかし、彼女は嘘などついていなかった！　実験後、神経質ネリーが言ったすべてのことがほんとうだとパートナーもはっきり証言した。

レバインは、似たようなパターンが何度も繰り返し起きることを突き止めた[4]。たとえばひとつの実験のなかで、被験者グループAの映像を見た判定者たちが、八〇パーセントの確率で嘘つきか正直者かを見抜けることがあった。しかし、被験者グループBの映像を同じ判定者に見せると、こんどは八〇パーセントの確率で不正解となった。

どう説明すればいいのか？　レバインは、これこそが透明性という仮定にもとづいて人々が判断を下している証拠だと訴える。私たちは往々にして、相手の態度をとおして誠実さを見きわめようとする。話し上手で、自信に満ち、相手としっかり握手を交わし、友好的で、愛想のいい人は、信用できる人間だとまわりに評価される。一方、神経質で、ずる賢く、たびたび言いよどみ、落ち着きがなく、説明が大げさでまわりくどい人は、信用できる人間だと判断されない。数年前、世界じゅうの五八カ国に住む数千人を対象に「欺き行為」への態度についての調査が行なわれた。[5]「嘘つきを見抜くためにいちばん頼りにする手がかりは？」という問いに、六三パーセントの回答者が「視線を逸らすこと」だと答えた。私たちの多くは、現実世界の嘘つきも『フレンズ』の世界の嘘つきと同じように振る舞い、そわそわした落ち着きのない視線をとおして内なる感情を外に伝えると考えているのだ。

　控えめにいっても、これは戯言でしかない。嘘つきは眼を逸らしたりしない。しかしレバインはこう主張する――欺き行為と一連の非言語行動が関連しているという人間の頑固な思い込みこそが、実験映像にたびたび出てくるパターンの謎を解き明かしてくれる。私たちみんなが嘘つき／正直者だと見破ることができたのは、それらの思い込みに見合った人々だ。つまり、誠実さのレベルが言動と偶然にも一致する人だ。赤面サリーがこの一致の好例。彼女は、私たちがイメージする典型的な嘘つきのように行動した。そして偶然にも彼女は嘘をついていた。だからこそ、私たちはみな正解することができた。さきほどの『フレンズ』のエピソードのなかで、チャンドラーとの関係についてモニカが兄のロスに告白するとき、彼女は相手の手を握ってこう言う。「ごめんなさい。こんな形で伝えることになってしまって……ごめんなさい。でもほんとうなの、わたしも彼を愛しているの」。その瞬間、私たち視聴者はモニカの言葉を真実だと信じる。彼女は本気で謝り、本気でチャンドラーを愛しているのだ、と。なぜなら、モニカの態度はイメージと完全に一致するものだからだ。彼女の言葉は誠実であり、態度も誠実に見えるからだ。

ところが、嘘つきが正直者のように振る舞うとき、あるいは正直者が嘘つきのように振る舞うとき、私たちは混乱する。神経質ネリーがこの不一致の好例。彼女は嘘をついているように見えるが、そうではない。ただ緊張しているだけだ。言い換えれば、人間は嘘を見抜くのが下手くそなわけではない。相手がイメージと一致しないとき、嘘を見抜くのが下手になる。

バーナード・メイドフの詐欺事件を追っていたハリー・マルコポロスは、ある時点でベテラン金融ジャーナリストのマイケル・オクラントに相談を持ちかけた。マルコポロスの話に信憑性があると考えたオクラントは、メイドフがほんとうに詐欺をはたらいているかどうか見きわめようとインタビュー取材をする約束を取りつけた。しかし、そこで何が起きたのか？

「私が感銘を受けたのはメイドフの答えではなく、むしろ彼の態度のほうでした」[6]とオクラントは数年後に語った。

> 同じテーブルにつき、彼が根っからのペテン師だと疑うことなどできるわけもありません。インタビュー中、頭のなかでこう考えていたのを覚えています。まんがいちマルコポロスたちの言うとおりメイドフが出資金詐欺をはたらいているとすれば、信じられないほど演技のうまい俳優か完全なる社会病質者《ソシオパス》のどちらかにちがいない。罪悪感や恥、後悔の念なんてひとつも見当たりません。つねに控えめな態度で、インタビューさえ愉しんでいるかのようで

した。彼の態度からこんな声が聞こえてきそうでした。「正気の人間が私を疑うはずなんてあるわけがない。疑おうとすること自体、信じられないね」

メイドフは嘘つきのイメージと一致しなかった。彼は、正直者のベールをまとった嘘つきだった。何かがおかしいとオクラントは理性的なレベルでは気がついていた。しかしメイドフと実際に会ったことで心を揺さぶられ、疑いを捨ててしまった。彼を責めることなどできるだろうか？そもそも人間にはデフォルトで信用する傾向があるため、詐欺師は必然的に有利なスタートを切ることができる。そこにイメージとの不一致がくわわる点を踏まえると、メイドフが長いあいだ多くの人を騙しつづけることができた理由を理解するのはむずかしくない。

実際にヒトラーと会ったイギリスの政治家の多くが、相手をひどく誤解したのはなぜか？　ヒトラーも嘘つきのイメージと一致しなかったからだ。ヒトラーが両手を差しだしてあいさつしてきたときのチェンバレンの発言を思いだしてほしい。ヒトラーが気に入った信頼する人にだけみせる特別な行動にちがいない、とチェンバレンは考えた。私たちの多くにとって温かく熱烈な握手は、対面中の相手にたいして温かく熱烈な感情を抱いていることを意味する。しかしヒトラーはちがった。彼は、正直者のように振る舞う不正直者だった。*1

3

では、アマンダ・ノックスの問題はなんだったのか？　彼女はイメージと一致しなかった。

ノックスは、罪を犯したかのように振る舞う無実の人だった。彼女は神経質ネリーだった。赤の他人にとって、ノックスはつかみどころのない存在だった。事件当時の彼女は、鋭い輪郭と青い瞳が印象的な二〇歳の若者だった。あだ名は「フォクシー・ノクシー」。「フォクシー」には「キツネのような」と「セクシーな」のふたつの意味がある。タブロイド各紙は、ノックスが人生でセックスした男性全員のリストを掲載した。彼女はまさに、恥知らずで性欲の強い〝魔性の女〟として描かれた。ルームメイトの凄惨な殺人事件の翌日には、交際相手の男性といっしょにランジェリー・ショップで赤い下着を買うノックスの姿が目撃された。

実際のところ、「フォクシー・ノクシー」というあだ名はセックスとは無関係だった。一三歳のとき、彼女がピッチ上でボールを縦横無尽に巧みにパスする姿を見たサッカーチームの友人がつけたあだ名だった。ルームメイトの殺人事件の数日後に赤い下着を買ったのは、犯罪現場として家が警察によって封鎖されていたせいで服を取りにいくことができなかったからだった。ノックスは魔性の女ではなかった。[*2] 彼女は若く未熟な女性だった。わずか数年前までは、ニキビだら

＊1　もうひとつ別の例を紹介したい。多数の死傷者が出た二〇一三年のボストンマラソン爆弾テロ事件の首謀者は、チェチェン出身の兄弟だった。弟ジョハル・ツァルナエフの裁判でおもに争われたのは、死刑か終身刑のどちらが妥当かという点だった。検察官のナディーン・ペレグリーニは、被告人は自らの行動にたいして後悔の念を示していないため、死刑を免れるべきではないと強く主張した。裁判のなかでペレグリーニは陪審員にたいし、ツァルナエフが独房の隅のビデオカメラに向かって中指を突き立てる写真を見せた。「これが彼の最後のメッセージです」とペレグリーニは言い、ツァルナエフのことを「無神経で、後悔の態度を見せず、改心も見込めない男」と呼んだ。評決の前夜、オンライン・マガジン『スレート』のセス・スティーブンソン記者

は次のように記事に綴った。

うつむいた姿勢や癖を深読みしすぎるのは危険だが、ツァルナエフは陪審員に反省の念やしおらしい態度をほとんど示そうとしなかった。火曜日の法廷の様子を映しだしたメディアルームのモニターの映像は解像度が低く、私は一〇〇パーセントの確信をもって断言することはできない。しかし、中指を立てる写真をペレグリーニに見せられたあと、ツァルナエフはにやりと笑った。それはほぼまちがいない。[7]

案の定、ツァルナエフには有罪評決が下され、死刑が宣告された。裁判のあと、一二人の陪審員のうち一〇人が「被告人は良心の呵責を感じていないと思う」と答えた。

しかし心理学者のリサ・フェルドマン・バレットが指摘するとおり、ツァルナエフが自らの行動を後悔しているかどうかの議論はどれも、透明性の落とし穴を指し示す完璧な例だといっていい。陪審員たちは——感情がどう表現されるかというアメリカ人の考えと一致するように——ツァルナエフの心のなかの感情は自動的に表情にあらわれると仮定した。しかし、ツァルナエフはアメリカ人ではなかった。著書『情動はこうしてつくられる——脳の隠れた働きと構成主義的情動理論』（高橋洋訳、紀伊國屋書店、二〇一九年）のなかで、バレットはこう主張する。

ボストンマラソン爆弾テロ事件の裁判では、ツァルナエフが自分のした行為に自責の念を抱いていたら、それは外からはどう見えたのだろう？　ところ構わず泣き出しただろうか？　被害者に許しを請うたのか？　自分の犯したあやまちを詳しく説明しただろうか？　彼がアメリカ人の持つ自責の念のステレオタイプに従っていたら、あるいはハリウッド映画の裁判シーンであれば、おそらく彼はそうしたのだろう。だがツァルナエフは、チェチェン共和国出身のイスラム教徒の若者である……チェチェンの文化のもとでは、男性は逆境に置かれても冷静であることが求められる。戦いに負けたときには、敗北を勇敢に受け入れなければならない。この心構えは「チェチェンの狼」と呼ばれている。したがってツァルナエフが自責の念を覚えていたとしても、能面のような無表情をしていたことに変わりはないのかもしれない。[8]

けのダサい思春期の高校生だった。恥知らずで性欲の強い女性などではなく、ほんとうのアマンダ・ノックスは社会にうまくなじめない人間だった。

「わたしはちょっと変わった子どもでした。友だちはみんな、マンガ好きのオタクか、仲間外れにされたゲイか、ミュージカル・マニアばかり」[9]。イタリアの刑務所からついに釈放されたあと、二〇一三年に出版された回顧録のなかでノックスは説明した。

裕福なクラスメイトばかりが集まる高校のなかで、彼女は「学資援助を受ける中流階級の子ども」という立場だった。「わたしは日本語の授業を取っていました。次のクラスに移動するときには、よく大声で歌いながら廊下を歩きました。学校になかなかなじめなかったので、わたしは自分らしく振る舞おうとしました。でも、そうすればするほど、なじめないということがはっきりするだけでした」

〝一致〟の人々はまわりの期待どおりに行動するため、行動と意図は矛盾しない。しかし、〝不一致〟の人々の行動は紛らわしく想像がつかない。「まわりのティーンエイジャーや大人たちを困らせるようなことばかりしていました。たとえば、エジプト人や象の真似をしながら通りを歩いたり。でも、グループの友だちはみんなお腹を抱えて笑ってくれました」

カーチャーの殺害事件のあと、まわりの友人の振る舞い方が一様に変わった。彼女たちは静かに涙を流し、声をひそめ、同情の言葉をつぶやいた。アマンダ・ノックスはちがった。

イギリス人ジャーナリスト、ジョン・フォレインの著書『ペルージャの死』（*Death in Perugia*［未訳］）から私が無作為に選んだ引用を読んでみてほしい[10]。殺人事件の翌日、カーチャーの友人たちが警察署でノックスとソッレチートに会ったときの様子について、フォレインの本では次のように説明されている。

「アマンダ！　なんてことなの！」とソフィーは声を上げ、無意識のうちにアマンダの身体に腕をまわし、強く抱き締めた。

アマンダはソフィーを抱き締め返さなかった。代わりに彼女は身をこわばらせ、両腕を下ろしたまま立っていた。アマンダは何も言わなかった。

ソフィーは驚き、数秒後に手を放してうしろに下がった。アマンダの顔には微塵の感情も見当たらなかった。ラファエレがアマンダに近づき、手を握った。ふたりはソフィーを無視したままそこに突っ立ち、お互いを見つめた。

似たような場面を目撃した友人たちは多かった。

アマンダは、ラファエレの膝の上に足を載せて坐っていた……ふたりはハグしながらキスし、たまに笑い声を上げることさえあった。

＊2　ノックスのセックス相手のリストが公表された裏にも複雑な事情があった。イタリア警察は揺さぶりをかけるために、「あなたはＨＩＶ陽性だ」という嘘の情報をノックスに与えた。ひとり独房で恐れおののいていたノックスは、過去のセックス相手のリストを書き上げ、誰から感染したのか突き止めようとした。

　どうしてアマンダはそんなふうに振る舞えるの？　とソフィーは自問した。悲しくないの？

　メレディスの友人たちの多くは涙を流し、ひどくショックを受けていた。しかしアマンダとラファエレは、ぶちゅぶちゅ大きな音を立ててキスしつづけていた。

「少なくとも苦しまなかったことを祈ろうよ」とナタリーは言った。

「何を言ってるの？　咽喉を切られたのよ、ナタリー。クソみたいに大量出血して死んだの！」とアマンダは言い返した。

　アマンダの言葉にナタリーは寒気を覚えた。彼女がほかの殺人事件について言及したことにも、その口調の冷たさにもひどく驚かされた。ナタリーの眼には、アマンダがメレディスの死を悲しんでいるようには見えなかった。

　ABC放送のダイアン・ソイヤーはノックスへのインタビューのなかで、警察署でのこのやり取りについて触れた。[11] カーチャーの友人にぶちぎれ、「クソみたいに大量出血して死んだの！」と実際に言ったのか？

ノックス　はい。わたしは怒っていました。廊下を行ったり来たりして、メレディスがどんなに苦しんだのか考えていたんです。
ソイヤー　いまは申しわけなかったと思っていますか?
ノックス　はい。もっと落ち着いて対応するべきでした。

一般的には同情的な態度が求められる状況のなかで、ノックスは大声を出して怒った。ソイヤーはこう続けた。

ソイヤー　当然、これは悲しみのようには見えませんよね。まわりはそれを悲しみだととらえません。

このインタビューが行なわれたのは、カーチャー殺害事件における誤審が明らかになったあとだった。ノックスは「ルームメイトが殺されたときに人々がするべき振る舞いをしなかった」罪で四年ものあいだイタリアの刑務所で過ごし、釈放されたばかりだった。そんな彼女にたいし、ニュースキャスターのダイアン・ソイヤーはなんと言ったのか?　彼女は、「ルームメイトが殺されたときに人々がするべき振る舞いをしなかった」ことについてノックスを叱ったのだ。
インタビューの冒頭でソイヤーは、アマンダ・ノックスの一件は依然として物議をかもしているると伝えた。その理由のひとつについて彼女は、「多くの人にとってアマンダ・ノックスの無実の訴えは、反省から出た言葉ではなく、冷たく計算高いもののように感じられた」からだと主張した。これほどおかしな言い分があるだろうか？　なぜ私たちはノックスが後悔することを期待するのか？　後悔するべきなのは罪を犯した人物だ。ノックスはなんの罪も犯していない。にもかかわらず、彼女は「冷たく計算高い」と批判された。つまりノックスは、「性格が変わっている」ことを非難されつづけたのだ。

ノックス　何か恐ろしいことが起きたときの反応は、その人によってちがうと思います。

そのとおり！　殺人が起きたとき、悲しみではなく怒りをあらわにしてはいけないのか？　もしあなたがアマンダ・ノックスの友人だったら、彼女の行動に驚いたりはしないはずだ。なぜなら、ノックスがエジプト人や象のように通りを歩く姿を見たことがあるからだ。しかし、見知らぬ他人が予想外の感情的反応をみせることにたいして、私たちはひどく不寛容になる。

カーチャーの遺体が発見されてから四日後、警察による取り調べの待ち時間にノックスはストレッチをすることにした。それまで何時間ものあいだ前かがみになって椅子に坐っていたノックスは、前屈して両腕を伸ばし、つま先に触れた。近くにいた警察官が「すごく身体が柔らかそうだね」[9]と彼女に言った。

「むかしよくヨガをやっていたので」とわたしは答えました。すると警察官は「もっと見せてよ。ほかにはどんな動きができるんだい？」と言いました。わたしはエレベーターの前の床に坐り、開脚をしてみせました。まだむかしのように開脚ができるのだとわかり、少しいい気分になりました。足を一八〇度に広げていると、エレベーターの扉が開きました。出てきたのはリタ・フィカーラ。前日、ラファエレとわたしがキスしているのを叱責した刑事です。「いったい何をやっているの?」と、軽蔑に満ちた声で彼女は言いました。[*3]

事件の主任捜査官だったエドガルド・ジオッビは、現場検証に同行させたときからノックスを疑いはじめたという。現場に入るまえに安全靴を履いたとき、彼女は腰をくねくねとまわして「ジャジャーン!」[9]と言った。

「取り調べ中の容疑者の心理的・行動的な反応を注意深く観察することによって、罪を立証することができます」[12]とジオッビは言った。「ほかの種類の調査に頼る必要はありません」

*3　この種のエピソードの例には枚挙にいとまがなかった。事件を担当する検察官にとって、ある忘れられない決定的な瞬間があった。検察官がノックスを家の台所に連れていき、包丁の引きだしから消えているものがないか尋ねたときだ。「彼女は手のひらを耳に当て、たたきはじめたんです。あたかも、音や悲鳴に関する記憶があるかのように。そう、メレディスの悲鳴を思いだしたのではないか――。まちがいなく、この時点から私はアマンダを疑いはじめました」[1]
次のような出来事もあった。メレディスの友人たちとレストランで夕食を食べているあいだ、ノックスが突然歌いはじめた。「シアトルで笑いを引きだしていたことが、ペルージャでは困惑顔を引きだしました」[9]と彼女は回顧録に綴った。「地元の友人たちが愉しいと考える気まぐれな行動が、多様性にそれほど寛容ではない人々を不快にさせることがある。そのときまで、わたしは理解できていなかったんです」

担当検事のジュリアーノ・ミンニーニは、検察の事件の扱いにたいして高まる批判を一蹴し、なぜＤＮＡ分析の失敗にそれほどこだわるのかと疑問を呈した。「すべての証拠には不確実性という側面があります」と彼は言った。ミンニーニ検事がより注目したのは、アマンダ・ノックスが〝不一致〟の行動を取ったことのほうだった。「思いだしてください。彼女の行動はどこまでも不可解で不合理なものでした。そこに疑いの余地はありません」[*4]

バーナード・メイドフ、アマンダ・ノックス……。私たちは、不一致の人にうまく対処することができない。

4

ティム・レバインの実験のなかでもっとも不穏な結果が出たのは、嘘つきの映像を経験豊富な法執行官の集団――一五年以上にわたって尋問の経験がある人々――に見せたときだった。レバインはそれまで、さまざまな職業の大人や学生たちを判定者に選んできた。彼らの成績は一様に悪かったが、それは想定内のことだった。不動産屋さんや哲学専攻の学生たちは、ふだんの生活や仕事のなかでつねに相手の嘘を見抜こうとしているわけではない。しかし、日々の仕事が実験内容と一致する人が判定者となれば、話は変わってくるのではないかとレバインは考えた。

ある面において、彼らの正答率は実際に高かった。典型的な態度で話す〝一致〟の発信者については、ベテラン尋問者たちの答えは完璧だった。同じ映像を見た一般の判定者の場合、正答率は七〇～七五パーセントほど。しかし経験豊富な専門家たちの全員が、一致の発信者の全員を見分けることができた。ところが〝不一致〟の発信者の映像を見たときの彼らの成績は、目も当てられないほどひどいものだった。正答率はわずか二〇パーセントで、そのうち「誠実に振る舞う嘘つき」にたいする正答率は一四パーセントだった。こんな低い正答率などありえるだろうか？　ＦＢＩ捜査官が待つ尋問室に行った経験がある誰もがきっと、鳥肌が立つほどの不気味さを感じるはずだ。ベテラン尋問者たちが赤面サリーに向き合ったとき（簡単なケース）、彼らの仕事ぶりは完璧だった。しかし世のなかにたまに紛れ込んでいるアマンダ・ノックスやバーナード・メイドフに出会ったとき、彼らはどこまでも無力だった。

この結果が不穏なのは、〝一致〟の見知らぬ他人に対処するときには法執行機関の専門家など必要ないからだ。この種の人々が相手を欺こうとしているのか、それとも真実を語っているのか、私たちは誰でも簡単に見抜くことができる。専門家が必要とされるのは、〝不一致〟の見知らぬ他人に対処するときだ（むずかしいケース）。訓練を受けた尋問者は、振る舞いからかもしだされる紛らわしいシグナルに惑わされてはいけない。神経質ネリーが余計なことまで説明して防御的になったときには、それが彼女の性格――余計なことまで説明して防御的になる性格――なの

＊4　「アマンダ・ノックスについて私の心をつかんで離さないのは、ちょっとしたズレが彼女に非常に不利にはたらいたという点だ。そのようなズレは、学校の校庭や職場に日常的に存在するものでしかない」[13]と評論家のトム・ディブリーは、この事件に関する優れた記事のなかで説明した。「この種のちょっとしたズレが、疑惑や噂を生みだす。この種のちょっとしたズレが私たちの日々の生活の流れを決め、誰と親しい関係を築き、誰と距離を置くのかを決定づける」

だと理解しなくてはいけない。自分とはまったく異なる文化に生きる、失礼きわまりない変わり者の女の子が事件現場で「ジャジャーン！」と言ったとする。それを見た警察官は、彼女は「自分とはまったく異なる文化に生きる変わり者の女の子」なのだと気づかなければいけない。しかし、実験はちがう結果を示した。きわめてむずかしいケースに向き合ったとき、相手が犯人かどうかをプロとして決めるべき専門家もまた、私たち一般人と同じように判断を苦手としているようだ。もしくは、私たち以上に苦手なようだ。

これこそ、冤罪が生まれる原因のひとつなのだろうか？　私たちの法制度はそもそも構造的に〝不一致〟の人に公正な裁きをもたらすことができないのか？　保釈決定において裁判官のほうがコンピューターよりもずっと判断ミスが多いのも、これが理由なのだろうか？　まったく無害な人々の保釈が認められないのは、彼らの態度に問題があるからなのか？　制度的な決定のなかの欠陥や不正確さがランダムに起きていると考えるとき、私たちはその誤りをすべて受け容れようとする。しかしティム・レバインの研究結果は、それがランダムではないことを示唆している。私たちは、透明性についてのバカげた先入観を（なんの落ち度もなく）裏切る人々の集団を、組織的に差別する世界を作り上げてきたのではないか？　アマンダ・ノックスの物語が語り継がれるべきなのは、それが一生にいちど出会うかどうかの稀有な犯罪譚だからではない。絵画のごとく風光明媚なイタリアの丘の上の町で、美しい女性が凄惨な殺人事件に巻き込まれたからではない。この物語が語り継がれるべきなのは、たびたび同じことが起きているからだ。

「アマンダの眼つきは、悲しんでいるようにはぜんぜん見えませんでした。それで、彼女が事件にかかわっているのではないかと思ったのを覚えています」[14]とメレディス・カーチャーの友人のひとりは言った。

何年にもわたってアマンダ・ノックスはそのような発言を耳にしつづけてきた。見ず知らずの他人が、顔の表情や態度という情報にもとづいて彼女が何者なのか知っているふりをした。

「メレディスが殺害された部屋に、わたしがいた痕跡は何もありませんでした」[1]とノックスはドキュメンタリー映画『アマンダ・ノックス』の終盤で語った。「でも、あなたはわたしの眼のなかに答えを見いだそうとする……だから、あなたはわたしを見る。どうしてそんなことをするの？　これはわたしの眼であり、客観的な証拠ではありません」

第8章　事例研究　社交クラブのパーティー

1

検事　カッパ・アルファ・ハウスに行く途中のどこかの時点で、あなたは何か変わったことに気づきましたか？

ジョンソン　はい。

検事　何を見ましたか？

ジョンソン　男の人が誰かの上に乗っていた……いや、ひとりの人が別の人の上に乗っていたと言うべきでしょうね。

検事　場所は？

ジョンソン　カッパ・アルファ・ハウスのすぐそばです。[1]

二〇一五年一月一八日の真夜中ごろ、カリフォルニア州パロアルト。スウェーデン人の大学院生ふたりが、スタンフォード大学のキャンパスを自転車で横切り、社交クラブ《フラタニティー》のパーティーに向かっていた。盛大なパーティーが開催中のフラタニティー・ハウスのすぐ外で、ふたりの人間が地面に横たわっている。カップルを邪魔しないように、大学院生たちは自転車のスピードを落とす。「はじめは、カップルがただいちゃいちゃしているのだと思いました」と、学生のひとりであるピーター・ジョンソンはのちに法廷で証言した。さらに近づくと、男性が上から覆いかぶさっているのがわかった。下には若い女性がいた。

検事　上に覆いかぶさっていた人は何をしていましたか？　その人物が動いているのが少しでも見えましたか？

ジョンソン　ええ。はじめはほんの少しだけ動いていました。それから、強く押しつけるような動きをしだして……

検事　下の人が何をしているか見えましたか？

ジョンソン　何もしていませんでした。

ジョンソンと友人のカール＝フレデリック・アーントは自転車を降りてふたりに近づいていった。ジョンソンは「おーい、大丈夫ですか？」と呼ばわった。女性の上に覆いかぶさる男性は上体を起こし、目線を上げた。ジョンソンはさらに近づいた。すると男性は立ち上がり、後ずさりしはじめた。

ジョンソンは言った。「おい、いったい何をやってるんだ？　彼女は意識を失ってるじゃないか」。彼は同じ言葉を繰り返した。「おい、いったい何をやってるんだ？」」。男性が走りだすと、ジョンソンと友人はあとを追いかけて相手に飛びかかった。

ジョンソンが捕まえたのは、ブロック・ターナーという一九歳の若者だった。スタンフォード大学の一年生で、水泳部に所属していた。わずか一時間ほどまえに彼は、カッパ・アルファのパーティーの会場で若い女性と出会った。のちにターナーが警察に語った供述によると、ふたりはいっしょに踊って話をしたあと、外に出て芝生の上に横たわったという。相手は、最近大学を卒業したばかりの女性だった。事件発生後、性的暴行に関する法律のプライバシー規定により、彼女は「エミリー・ドウ」という仮名で呼ばれるようになった。友人グループといっしょにパーティーにやってきたドウは、マツの木の下に置かれた大型ゴミ容器の隣で微動だにせず横たわっていた。スカートが腰のあたりまで捲り上がり、下着はすぐそばの地面の上。トップスの一部が引っぱられ、片方の乳房があらわになっていた。その夜、数時間後に病院で眼を覚ました彼女は、性的暴行を受けた可能性があると警察に告げられた。ドウは混乱していた。立ち上がってトイレに行くと、下着を穿いていないことに気がついた。証拠として警察に押収されていたのだ。

検事　トイレに行ったあとは？

ドウ　首のあたりがチクチクするので確かめてみると、マツの葉だとわかりました。それで、もしかしたら木から落ちたのかもしれないと考えていました。どうして病院にいるのか、わかりませんでしたから。

検事　トイレに鏡はありましたか？

ドウ　はい。

検事　鏡で髪を見ることはできましたか？

ドウ　はい。

検事　そのときの髪について説明してください。髪はどのような状態でしたか？

ドウ　ぼさぼさに乱れていて、いろいろと小さなゴミがくっついていました。

検事　髪がそのような状態になった理由はわかりますか？

ドウ　まったくわかりません。

検事　トイレで用を済ませたあと、あなたは何をしましたか？

ドウ　ベッドに戻り、もらった毛布に包まってまた寝ました。[1]

2

世界じゅうで毎年、見知らぬ他人同士によるこの種の事件が数えきれないほど起きている。スタンフォード大学のカッパ・アルファ・ハウスの外の芝生でひどい結末を迎えた事件も、そのような他人同士の出会いのひとつだった。お互いをよく知らないふたりの若者が出会い、会話をする。会話はすぐに終わることもあれば、何時間も続くこともある。ふたりがいっしょに家に帰ることもあれば、その場で別れることもある。しかし夜のどこかの時点から、事態は悪い方向に進んでいく。じつに米国の女子大学生のおよそ五人にひとりが、性的暴行の被害に遭ったことがあるという。[2] そのうちのかなりの割合の事例が、このカッパ・アルファの事件と同じような流れで進む。

この類の事件できまって問題になるのは、出会ったときの状況を再現するのがむずかしいという点だ。両者の同意はあったのか？　一方が拒否し、もう一方がその拒否を無視あるいは誤解したのか？　透明性という前提は、容疑者を理解しようとする警察官にも、被告人の心を読もうとする裁判官にも大きな影響を与える。そう考えれば、人間生活のもっとも複雑な領域のひとつで日々うまく舵取りをしなければいけないティーンエイジャーや若者たちにとっても、透明性の前提が大きな問題になることは言うに及ばない。

二〇一五年にワシントン・ポスト紙とカイザー家族財団が大学生一〇〇〇人を対象に行なった調査の結果を見てみよう。「相手が次のような行動を取ったとき、さらなる性的行為にたいする同意を示していると思いますか？」[3]

「コンドームを持ってくることがセックスの暗黙の合意となる」「キスや愛撫などの前戯はより親密な性行為への誘いにはならない」などとすべての大学生が同じように理解していたら、同意はいたって単純な問題になる。はっきりとしたルールがあれば、その行動によって相手が何を求めているのか両者が簡単かつ正確に予想することができる。しかし調査結果を見るかぎり、そのような明確なルールは存在しないことがわかる。すべての問題について、ある考え方をする女性もいれば、別の考え方をする女性もいる。一部の女性と同じように考える男性もいれば、別の考え方をする男性もいる。そして男女を問わず、「どちらともいえない」と答える人が不穏なほど

相手が次のような行動を取ったとき、
さらなる性的行為にたいする同意を示していると思いますか？

1　自分の服を脱ぐ

	はい	いいえ	場合による	どちらともいえない
全体	47	49	3	1
男性	50	45	3	2
女性	44	52	3	1

2　コンドームを持ってくる

	はい	いいえ	場合による	どちらともいえない
全体	40	54	4	1
男性	43	51	4	2
女性	38	58	4	1

3　同意するようにうなずく

	はい	いいえ	場合による	どちらともいえない
全体	54	40	3	3
男性	58	36	3	3
女性	51	44	3	3

4　キスや愛撫などの前戯をする

	はい	いいえ	場合による	どちらともいえない
全体	22	74	3	*
男性	30	66	3	*
女性	15	82	3	*

5　「ノー」と言わない

	はい	いいえ	場合による	どちらともいえない
全体	18	77	3	1
男性	20	75	4	1
女性	16	80	2	1

29　次のそれぞれの説明について、性的暴行だと「思う」か、性的暴行だと「思わない」か、「はっきりとわからない」か答えてください。

両者が明確な同意をしていない場合の性行為

	思う	思わない	はっきりとわからない	いずれでもない
全体	47	6	46	*
男性	42	7	50	1
女性	52	6	42	−

の割合で存在した。

性交渉にたいして明確な同意が必要かどうかという問いに、若い男女の半数が「はっきりとわからない」と答えたのは何を意味するのか？　深く考えたことがないということだろうか？　むしろケースバイケースで判断するべきだという意味だろうか？　ときにきちんとした同意なしにセックスを愉しみつつ、ときにきちんとした同意を求める権利を保っておきたいということだろうか？　アマンダ・ノックスによって法執行機関が混乱に陥ったのは、彼女の行動と感情のあいだに隔たりがあったからだった。しかし性行為への同意についてのこの調査結果は、透明性についてより深刻な失陥があることを示している。ひとりの大学生が別の大学生と出会うとき――たとえ両者に悪意はいっさいないとしても――相手の行動に性的な意図があるかどうかを予想するのは、コイントスによる予想とほとんど変わらない。法学者のローリ・ショーはこう問う。「境界線が何かについての合意が存在しないのに、学生たちが境界線を尊重することなどできるだろうか？[4]」

それどころか、これらの出会いの多くにはふたつ目の複雑な要素も隠れている。近年は悲しいことに、大学キャンパス内での性的暴行事件がすさまじい頻度で起きている。くわしく調べてみると浮かび上がってくるのが、きわめて多くの事件にほぼ同じ展開が含まれているという驚くべき事実だ。若い男女がパーティーで出会い、お互いの意図を悲劇的なまでに誤解してしまう。そのとき、彼らは酔っぱらっている。

3

弁護士　何を飲みましたか？
ターナー　ローリング・ロックのビールを五本くらい飲みました。[1]

ブロック・ターナーは、カッパ・アルファのパーティー会場に着くかなりまえから飲みはじめていた。夕方ごろ、彼は友人ピーターのアパートメントにいた。

弁護士　ピーターの部屋では、さきほどのローリング・ロックのビール五本のほかに何かお酒を飲みましたか？
ターナー　はい。ファイヤーボール・ウイスキーを飲みました。
弁護士　どのように飲みましたか？
ターナー　瓶に口をつけてラッパ飲みしました。

ターナーは、パーティー会場に着いたあとも飲みつづけた。カリフォルニア州では、自動車運転者の血中アルコール濃度の法定限度は〇・〇八パーセントと定められており、それ以上の数値を記録すると「酔っぱらい」とみなされる。その夜の終わりごろ、ターナーの血中アルコール濃度は法定限度の二倍に達していた。[1]

一方のエミリー・ドウは、妹や友人のコリーンとトレアらといっしょにパーティーにやってきた。その夜のトレアはすでに、さまざまな酒にくわえてシャンパンのボトル一本を飲み干していた。彼女たちは、同じく早くから酒を飲んでいた友人のジュリアと会場で合流した。

検事　夕食のときに何かお酒を飲みましたか？
ジュリア　はい。
検事　何を飲みましたか？
ジュリア　ワインのボトルを一本空けました。
検事　夕食のあとは何をしましたか？
ジュリア　夕食後は、ウーバーのタクシーを使ってグリフィン・スイートという店に移動しました……
検事　グリフィン・スイートではどんなことをしたのでしょう？
ジュリア　ウォーミングアップを。
検事　ウォーミングアップ？
ジュリア　ああ、すみません。わたしたちのグループで使う隠語で、パーティーに行くまえにお酒を飲むという意味です。[1]

ウォーミングアップのあと、ジュリアはカッパ・アルファのパーティーに向かう。その会場の地下室で、彼女は未開封のウォッカのボトルを見つける。

ジュリア　栓を空けてグラスに注ぎ、みんなでショットで飲みました。

では、エミリー・ドウの話に移ろう。

検事　あなたはまず、ウイスキーのショットを飲みはじめた。それから……家を出るまでに何杯飲みましたか？

ドウ　四杯です。

検事　すべて同じ種類のお酒ですか？　はじめに飲んだウイスキーのショットを飲みつづけた？

ドウ　ウイスキーのショット四杯とシャンパンを一杯飲みました。

検事　わかりました。では、ウイスキー四杯とシャンパン一杯をだいたいどのくらいの時間で飲んだのか覚えていますか？

ドウ　おそらく、一〇時から一〇時四五分のあいだだったと思います。[1]

それから、ドウと友人たちはパーティー会場に向かう。

検事　なるほど。では、互いにふざけ合ったり、新しく加入した人への案内係を務めたりしたあと、あなた方は何をしましたか？

ドウ　ジュリアが取っ手つきのウォッカ・ボトルを見つけました。

検事　なるほど。「取っ手つきのウォッカ・ボトル」といまあなたは表現しましたが、どういう意味ですか？

ドウ　これくらいの大きさの……コストコで売っているような大きなサイズのものです。

検事　友人のジュリアがウォッカを見つけたあと、どうしましたか？

ドウ　〈ソロ〉のプラスチック製の赤いショットカップに適当に注ぎ入れました。

検事　なるほど。カップにどれくらいのウォッカを注いだか、なんらかの方法で量りましたか？

ドウ　自分では量っているつもりでしたが、ちがいました。二番目のマークのすぐ下まで注いだので、二、三ショット分かと思っていたんです。でも結局、三、四ショット分だったとあとでわかりました。そのマークは五オンス［約一五〇ミリリットル］の印だったんです。

検事　赤い〈ソロ〉のプラスチック・カップのことですね。

ドウ　はい。

検事　よくパーティーで見かける種類のカップですよね？
ドウ　はい……
検事　わかりました。では、ウォッカを注いだあと、あなたはどうしましたか？
ドウ　それを飲みました。
検事　どのように飲みましたか？
ドウ　ただ……ぜんぶ飲みました。
検事　一気に？
ドウ　ええ、ほとんど一気飲みでしたね。そんなことができたのは、すでに酔っ払っていたからだと思います。
検事　では……その時点でのあなたの酩酊度合いについて説明してください。
ドウ　えっと……ほぼ頭が空っぽだったと思います。うつろな感じで、呂律《ろれつ》もまわっていませんでした。ただ突っ立っていただけです。[*1]
検事　何時ごろだったか、何か記憶は残っていますか？
ドウ　たぶん、真夜中近かったと思います。

＊1　事件当時の血中アルコール濃度は、ドウが〇・二四九パーセント、ターナーが〇・一七一パーセント。ドウは法定限度の三倍、ターナーは二倍の数値だった。これらの血中アルコール濃度の数値は、専門家証人の証言によるもの。[1]

ブロック・ターナーがエミリー・ドウに接近したのはそのときだった。ドウはひとりで踊っていた、とターナーは言った。その後の流れについて、彼は次のように証言した。ドウに近づき、「踊りがうまいね」とターナーは伝えた。彼女は笑い、ふたりは会話をした。いっしょに踊ろうと誘うと、ドウはイエスと答えた。ふたりで一〇分ほど踊り、それからキスをした――。

弁護士　なるほど。あなたのキスに彼女が積極的に応えているように見えましたか。
ターナー　はい。
弁護士　ほかに何か彼女と会話したことを覚えていますか?
ターナー　はい、ぼくの寮の部屋に来ないかと誘いました。
弁護士　なるほど。彼女は何か反応を示しましたか?
ターナー　はい。
弁護士　なんと答えましたか?
ターナー　いいよ、と答えました。
弁護士　だとすれば、おそらくそれは一二時半よりあとのことになりますね?
ターナー　はい。
弁護士　その夜、彼女の名前を聞きましたか?
ターナー　はい。ダンスをしているあいだに名前を聞きましたが、忘れてしまいました。[1]

ドウの身体に腕をまわし、彼女を連れてパーティー会場をあとにしたとターナーは説明した。裏庭を歩いているあいだに、芝生の上でふたりは滑って転びそうになった。

ターナー　彼女はとっさにぼくの身体をつかんで立とうとしたのですが、そのせいでこちらも転んでしまいました……

弁護士　そのあと、どうなりましたか？

ターナー　ふたりで大笑いしました。ケガをしていないか、ぼくは訊きました。

弁護士　彼女は答えましたか？

ターナー　はい。大丈夫だと思う、と。

弁護士　それから？

ターナー　キスをしました。

一般的な性的暴行事件の裁判では、検察側が目撃者を証人として呼び、被告人の説明の矛盾について追及する。しかし、ブロック・ターナーの裁判ではそのような流れにはならなかった。事件が起きるまえに友人トレアがすっかり酔っぱらってしまい、エミリー・ドウの妹とコリーンが彼女をジュリアの寮の部屋まで連れていくことになった。ターナーの友人のピーターはパーティー会場にたどり着いてさえいなかった。彼もひどく泥酔していたため、ふたりの友人が寮の部屋まで送り届けなければいけなかった。パーティーの参加者のなかに、ターナーの説明の真偽について意見できる人がいてもおかしくはなかった。ところが、真夜中すぎのこの時点までに部屋の明かりは薄暗くなり、多くの人がテーブルの上で踊っているような状況だった。
　そのため、存在するのはターナーの説明だけだ。

弁護士　そのあとどうなりましたか？
ターナー　しばらくキスしたあと、指であそこをいじってほしいか訊きました。
弁護士　返事はありましたか？
ターナー　はい。
弁護士　彼女はなんと言いましたか？
ターナー　いいよ、と言いました……
弁護士　彼女の陰部に触れる合意あるいは許可を得たのち、あなたは実際にそうした。そのあとは？
ターナー　しばらく触っていたら、彼女はオーガズムに達したようでした。それから……その最中に、気持ちいいか訊いたら、「うん」と彼女は答えました。
弁護士　そのあと、あなたは何をしましたか？
ターナー　また彼女にキスをして、お互い服を着たまま身体を触り合いました。

カリフォルニア州の法律では、意識がない場合、または「抵抗できないほど」の酩酊状態にある場合、その人物は性行為に同意することはできないと定められている。法学者のローリ・ショーは次のように説明する。

「被害者がいくらか酩酊していた」「酩酊によって被害者の性的抑制力が下がっていた」という程度では充分ではない……この法律が適用されるのは、酩酊レベルとそれにともなう精神的な機能障害がきわめて強力であり、眼のまえの問題について被害者が合理的な判断を下せない状況である。カリフォルニア州のある検察官はこう解説した。「ここでいう〝酩酊した被害者〟とは、べろんべろんに酔っぱらって自分の行動もまわりの様子もまったく理解できない状況に陥った人を意味する。『飲みすぎてしまった』程度の状況を意味するわけではない[4]」

では、エミリー・ドウは自発的に性行為に及び、そのあと意識を失ったのだろうか？　あるいは、ターナーが陰部に指を挿入した時点で、彼女はすでに同意できる状況ではなかったのか？　ターナー裁判の争点はアルコールについてだった。はじめから最後まで、エミリー・ドウの酩酊度に関する議論を軸に話し合いは進んだ。

結局、陪審員はターナーに有罪評決を下した。その晩の出来事についての彼の説明には、まったく説得力がなかった。ターナーが主張したとおり、彼らは好意を抱き合い、合意にもとづいて性行為に及んだとする。だとすれば、ふたりの大学院生に見つかったときになぜターナーは逃げようとしたのか？　ドウが意識を失ったあと、「服を着たまま身体を触った」のはなぜか？　真夜中すぎ、ドウは交際相手の留守番電話にメッセージを残していた。裁判では、その録音内容が証拠として陪審員のために再生された。彼女の話は支離滅裂だった。「べろんべろんに酔っぱらって自分の行動もまわりの様子もまったく理解できない」のが法的な基準だとすれば、ドウの声はかなりそれに近い状態に聞こえた。

最終弁論のなかで検察官は陪審員にたいし、ドウが地面に横たわる写真を見せた。松葉の上に倒れた彼女の服ははだけ、髪は乱れていた。うしろのほうに大型ゴミ容器が見えた。「自尊心を持ち、まわりの状況を理解できる女性が、このような性行為を望むわけがありません[1]」と検察官は言った。「この写真を見ただけでも、まわりの状況を理解できない人間が被害に遭ったということがわかるはずです」。ターナーは、指を使った違法行為に関連する三つの重罪で有罪になった――酩酊状態または無意識の人にたいする強姦目的の暴行、酩酊状態の人にたいする性的暴行、無意識の人にたいする性的暴行。ターナーは六カ月の実刑を言い渡され、生涯にわたって性犯罪者として登録されることになった。

ブロック・ターナー事件の〝誰〟には疑いの余地がなかった。〝何〟は陪審員によって決められた。しかし〝なぜ〟は未解決のままだ。ダンスフロアでの当たり障りのない出会いが、いかにして犯罪へとつながったのか？　ここまで説明してきたように、人が透明であるという誤った思い込みが、見知らぬ他人同士の関係にあらゆる問題を生みだしている。結果、無実の人が犯罪者だと勘ちがいされ、犯罪者が無実だと勘ちがいされる。ふつうの状況下でさえ、透明性が実際にはないせいで、パーティーの席での男女の出会いが問題に満ちた出来事に変わってしまう。では、そこにアルコールという要素がくわわるとどうなるのだろう？

4

ドワイト・ヒースはイェール大学で人類学を研究する大学院生だった。[5] 一九五〇年代なかばに彼は、博士論文用のフィールドワークを行なうためにボリビアに行くことにした。彼と妻のアナ・ヒースは、まだ赤ん坊の息子を連れてまずペルーの首都リマに飛んだ。リマの空港では、整備士が飛行機のエンジンにブースターを取りつけるあいだ五時間以上も待たなければいけなかった。「その飛行機は、第二次世界大戦のあとにアメリカが売却処分したものでした」とヒースは当時を振り返る。「本来、三〇〇〇メートル以上の高度では飛行できない機種です。でも、われわれの目的地であるラパスは標高三六五〇メートルのところにありました」。そのときのフライトについて、妻のアナ・ヒースはこう語る。「アンデス山脈の上空から窓越しに下を見ると、ブースターがうまく作動せずに墜落した飛行機の残骸が山肌にいくつも見えました」

ボリビアの首都ラパスに着いた彼らは、内陸部に向けて東にさらに八〇〇キロ移動し、モンテロという辺境の小さな町に行った。アマゾン盆地とチャコ地域が接するボリビア最東部のその場所には、いまだジャングルと青々とした大草原が手つかずのまま残っていた。この地域に住む「カンバ」と呼ばれる人々は、先住民インディオとスペイン人入植者の血を引く混血《メスティーソ》だった。彼らが話すのは、地元のインディオの言葉と一七世紀のスペイン語のアンダルシア方言が混じった言語だ。「地図上では空白の場所でした」とヒースは言った。「鉄道も、幹線道路も、ボリビア政府さえまだたどり着いていないようなところでした」

ヒース一家は、町はずれに小さな家を借りて住みはじめた。「舗装道路も歩道もありませんでした」とアナ・ヒースは振り返った。

誰かが肉を手に入れたときには、獣皮が家の外に捨ててあるので、どこにいけば肉が手に入るのかすぐにわかりました。道端で拾ってきたバナナの葉が、お皿代わりになります。町には、日干しレンガ造りの漆喰壁と瓦屋根の家々が建ちならび、中心には三本ヤシが目印の広場もありました。牛車が行き交う大きな音がいつも聞こえてきました。町の神父はジープを所有していました。女性たちが鍋いっぱいのライスやソースを出してくれる場所もあり、そこが町のレストランです。レストランでコーヒーを淹れていたのは、ドイツから来た男の人でした。わたしたち一家がモンテロで暮らしはじめたその年、ボリビアを訪れた外国人は合わせてわずか八五人。人気の観光地とはほど遠い場所でした。

モンテロで暮らしはじめたヒース一家は、むかしながらの民族誌学の手法にしたがって調査を進めた。「すべてを吸収し、すべてを学びました」とヒースは言う。彼らは自分たちが宣教師ではないことをカンバの人々に示すために、堂々とタバコを吸った。夫婦は何千枚もの写真を撮り、町じゅうを歩きまわって多くの住人と会話を交わした。一日が終わって家に戻ったヒースは、夜な夜なメモの内容をタイプライターで清書した。一年半後、一家はすべての写真とメモを鞄に詰め、コネチカット州のニューヘイブンに戻った。さっそく博士論文の執筆にとりかかったドワイト・ヒースは、ふとあることに気がついた。一年半にわたって現地で研究してきた共同体について、もっとも興味深い事実を彼はあやうく見逃すところだった。「気づいていたかい？」とヒースはメモを見ながら妻に言った。「ボリビアにいたあいだ、ぼくたちは毎週末お酒を飲みに出かけていたって」

滞在中ずっと、毎週土曜日の夜になるたびヒース夫妻は宴会に招待された。宴会の主催者は一本目の酒のボトルを買い、人々を家に招いた。たいてい十数人が集まり、宴が始まる。みんなが仕事に戻る月曜日の朝まで宴会が続くことも珍しくなかった。参加者選びに堅苦しいルールはなく、通りすがりの住民が招き入れられることもあった。一方、宴会の流れはひどく儀式張ったものだった。まず、一同は輪になって坐る。誰かがドラムやギターを演奏することもあった。テーブルの上には、地元の製糖所で作られたラム酒の瓶が一本と小さなグラスがひとつ。主催者が立ち上がってグラスに並々とラムを注ぎ、輪のなかの誰かのほうに向かって歩いていく。彼は〝乾杯のパートナー〟の前に立ってうなずき、グラスを持ち上げる。パートナーはにこりと笑い、うなずき返す。次に主催者は半分の量のラム酒を飲んでグラスを差しだす。グラスを受け取ったパートナーは残りを飲み干す。やがてパートナーは立ち上がり、こんどは自分でグラスを満たし、輪のなかの別の人と同じ儀式を繰り返す。疲れたり酔いつぶれたりしたときはその場で丸まって横になり、眼が覚めるとまた宴会に参加した。

「彼らが飲むお酒といったら、それはひどい味でした」とアナ・ヒースは振り返った。「文字どおり、涙が出そうなくらいの不味《まず》さですよ。はじめて飲んだとき、みんなの眼のまえで吐きだしてしまったらどうしようと不安になったのを覚えています。カンバの人たちでさえ、そのラム酒が苦手だと言っていました。ひどい味がするって。宴会の次の日に彼らが汗をかくと、ラム酒のにおいがぷーんとただよってきました」。しかし、ヒース夫妻は最後までなんとか我慢しつづけた。

「一九五〇年代の人類学の大学院生にとっては、とにかく現地に溶け込むというのが鉄則でした」とヒースは言った。「住民の機嫌を損ねないように、何ひとつ断ってはいけないというのが基本です。私は歯を食いしばって、ひたすら酒を飲みつづけました」

「わたしたちはそれほど酔っぱらいませんでした」とアナは続けた。「まわりの住民みたいに頻繁にはパートナーに選ばれなかったので。所詮、わたしたちは赤の他人ですから。でもある夜、七、八〇人ほどが集まる大きな宴会が開かれたことがありました。住民たちはみなお酒を飲み、酔いつぶれ、眼を覚まし、また宴会を愉しみました。全体のパターンを観察していたわたしは、自分が飲む番になったときにドワイトに代理で飲んでもらってもいいと気づいたんです。夫は妻のために代わりに酒を飲まなくてはいけない、というルールがあった。ドワイトはひどく酔っぱらって、片腕を巻きつけるように熱いランタンを持っていました。『ドワイト、腕をやけどするわよ』とわたしは注意しました」とアナは言い、熱いランタンの表面から夫が腕を放す姿を真似てみせた。「すると夫は、わざと時間をかけてゆっくり言いました――『もうやけどしたよ！』」

ニューヘイブンに戻ったヒース夫妻は、持ち帰ってきたカンバのラム酒のボトルの成分を分析してもらった。すると、それがアルコール度数九〇パーセントの代物であることがわかった。科学者が内臓組織を保存するために使う、実験用のアルコールと同じ濃度だ。これが、ヒース夫妻によるひとつ目の驚くべき発見だった。夫婦の予想どおり、はじめは誰も信じようとしなかった——実験用のアルコールを飲む人などいるはずがない。

「アルコール研究では世界随一の生理学者がイェール大学にいました」とヒースは説明した。「レオン・グリーンバーグという名のその教授は、『作り話に決まってる。そんな酒を飲めるはずがないだろうが』と私に言いました。わざととげのある言い方をして、相手から反応を引きだすのが彼のやり方なんです。私も売り言葉に買い言葉でつい『飲んでみせましょうか？　現地から持ってきた瓶がありますから』と言い返してしまいました。ある土曜日、管理された条件下で私はカンバのラム酒を飲みはじめました。グリーンバーグ教授は、二〇分おきに私の血液を採取して様子を観察しました。実際、私は飲みましたよ。現地で飲んでいたようにね」

グリーンバーグはまんがいちに備え、ヒースを家に送り届けるために救急車まで用意していた。しかし、ヒースは歩いて帰宅することにした。妻のアナは、自宅——エレベーターのない、古い友愛会館の三階に借りた部屋——で夫の帰りを待っていた。「窓際で外の様子をうかがっていると、通りをやけにゆっくりと走る救急車が見えて、その横にドワイトがいました。夫にはこちらに手を振るくらいの余裕があって、それほど具合が悪そうには見えませんでした。それから三階まで階段を上がってくると、『ああ、酔っぱらった』と言い、床の上にうつ伏せに倒れ込みました。そのまま三時間は眠っていましたね」

　未開発地域の貧しい辺境の町では、住民たちがアルコール度数九〇パーセントのラム酒を飲みながら宴会を開いていた。それも毎週、土曜日の晩から月曜日の朝までずっと。だとすればカンバの人々は、過度のアルコール摂取による大きな代償を払うことになったにちがいない。が、そうではなかった。

「社会病理はひとつも見られませんでした。ゼロです」とドワイト・ヒースは言った。「言い争いも、口論も、性的な嫌がらせも、乱暴な言葉も何もありません。愉しい会話が続くか、みんな黙り込むかのどちらかだけです……飲酒が仕事の妨げになることも、警察沙汰もありません。アルコール依存症の人も見当たりませんでした」

　ヒースは自らの発見を（のちに有名になった）論文にまとめ、学術誌『アルコール研究』（*Quarterly Journal of Studies on Alcohol*）で発表した。[6] それからの数年のあいだに、ほかの多くの人類学者たちも議論にくわわり、同じような内容を次から次に報告した。ときにアルコールの影響によって人々は声を荒らげ、喧嘩し、ふだんならけっして言わないようなことを口にしてしまう。一方、ヒースが見つけたカンバの例のように、飲酒が悪い状況につながらないことも多い。メキシコ中部の先住民だったアステカ人は、飲酒者が多種多様な行動をみせることにちなみ、伝統的な発酵酒プルケのことを「四〇〇羽のウサギ」と呼んだ。人類学者のマック・マーシャルは南太平洋のチューク諸島を訪れ、酔っぱらった若者による暴力沙汰や迷惑行為が多発していることを知った。しかし三〇代なかばを過ぎた島民にたいしては、酒にはまったく反対の効果があった。

メキシコのオアハカ州北部に住む先住民ミヘーはかつて、酔ったときに激しい殴り合いをすることで有名だった。しかし、現地で様子を見た人類学者のラルフ・ビールズは、たんなる制御不能な喧嘩ではないことに気がついた。あたかも、すべての行動は同じ筋書きにしたがっているかのように見えた。

私は数百回の喧嘩を目撃した。ほぼすべての男性がマチェーテ（なた）を持ち歩き、多くがライフル銃を持っているにもかかわらず、武器が使われるところを見たことがない。ほとんどの喧嘩は、酔っぱらい同士の口論から始まる。声がある一定の高さに達すると、誰もが喧嘩が始まることを予期する。すると男性たちは身につけている武器を見物人に渡し、素手で喧嘩を始め、激しく拳《こぶし》を振りまわす。どちらかが倒れた時点で、勝者は敗者の身体を支えて立たせ、両者は抱き締め合う。[7]

いったいどういうことだろう？　アルコールは強力な薬物だ。酒は人間の「脱抑制」をうながし、衝動や感情を抑え込むダムを崩壊させてしまうと考えられてきた。暴力、交通事故、性的暴行と飲酒にきわめて強い関連性があることは、私たちにとってそれほど大きな驚きではない。ところが、ボリビアのカンバの人々の激しい飲酒に社会的な悪い影響はほとんどなく、メキシコの先住民ミヘーは酒席での喧嘩のあいだも慣習にしたがって行動した。だとすれば、アルコールが脱抑制の要因であるという認識はかならずしも正しいとはいえなくなる。何かほかに理由があるはずだ。ドワイトとアナ・ヒース夫妻のボリビアでの経験は、酔っぱらうことにたいする私たちの理解を根本から見直すきっかけになった。この分野の研究者たちの多くはもはや、アルコールを脱抑制の要因とは考えていない。彼らはむしろ、アルコールを近視の要因だととらえている。

5

この近視理論を世界ではじめて提唱したのは、心理学者のクロード・スティールとロバート・ジョセフスだった。[8] 彼らは〝近視〟という言葉を使い、アルコールには人間の感情的・精神的な視野を狭める効果があると主張した。ふたりの言葉を借りれば、アルコールによって作りだされるのは、「眼のまえの経験についての表面的な理解が、行動と感情に不均衡なほど大きな影響を与える近視状態」だ。つまりアルコールは前面にあるものをより際立たせ、うしろ側にあるものをより目立たなくさせる。短期的な思考は大きく映り、認知能力をより必要とする長期的な思考は脇に追いやられる。

一例を示したい。気分が落ち込んでいるとき、悩みが吹き飛ぶことを期待してお酒を飲む人は多い。これは、アルコールが良い気分を解き放ってくれるにちがいないという脱抑制の考え方にもとづく行動だ。しかし、実際にそんなことが起きているわけではない。もちろん、アルコールによって明るい気分になることもある。ところが不安を抱えた人がお酒を飲むと、かえってその気持ちが増すこともある。近視理論はこの謎を解き明かしてくれる。カギとなるのは、不安を抱えて酔った人が何をしているかだ。たとえばその人物が、熱狂的なファンが集まるフットボールの試合会場にいるとする。まわりで繰り広げられる興奮とドラマによって、彼が抱える現実的で切実な悩みは一時的にかき消されてしまう。試合はすぐ眼のまえで起きており、彼の心配事はそこには存在しない。しかし、同じ男性が静かなバーでひとりでお酒を飲んでいたら、彼はもっと憂鬱になる。バーの室内には、彼の気を逸らすものは何もない。お酒の効果は環境に大きく左右される。アルコールは、すぐ眼のまえの経験以外のすべてのものを根こそぎにする。*2

別の例に変えよう。近視理論の核となる考えのひとつに、酩酊は「激しく対立する状況」に

＊2　タラ・マクドナルド率いるカナダの心理学者のグループは、最近の実験のなかで街中にあるバーに出向き、常連客に短い物語を読んでほしいと頼んだ。[9] 自分が次のような状況になることを連想させる物語だった。バーで魅力的な相手に出会い、その人物を家へと招き、いっしょに寝室に行く。が、そこでどちらもコンドームを持っていないことに気づく。物語を読みおえた被験者たちは、「同じ状況になったらセックスすると思う」という文章について１（絶対しない）から９（絶対する）で自分の気持ちを評価した。おそらく多くの人は、大量に酒を飲んだ被験者のほうが「セックスする」と答えるはずだと考えるにちがいない。実際、そのとおりの結果になった。酔っぱらった人の自己評価は、平均で五・三六ポイントだった。一方、素面《しらふ》の人の平均は三・九一。つまり飲酒者は、コンドームを使わない無防備なセックスの長期的な影響について考えることが苦手だった。次にマクドナルドらはバーに戻り、一部の常連客の手に「エイズは命を奪う」というフレーズのスタンプを捺《お》した。再び同じ質問を投げかけると、手にスタンプを捺された飲酒者のポイントが、素面の人のポイントをわずかに下まわった。言い換えれば、素面の人よりも飲酒者のほうがセックスするべきではないと強く感じたことになる。エイズの危険を無視するためにはより複雑で合理的な理由づけが必要になるが、飲酒者はそのように考えることが苦手だった。規範や基準があまりに明らかな場合、飲酒者は素面の人よりルールにこだわる傾向があるのかもしれない。

もっとも大きな影響を与えるというものがある。近くと遠くに異なるふたつの意見があり、それらが相反する場合だ。たとえば、自分が一流のコメディアンだと想像してみてほしい。世のなかの人々からあなたの芸は一流だと認められているし、あなたも自分が一流のコメディアンだと自負している。たとえ酔っぱらったとしても、あなたの自己評価は変わらない。あなたがおもしろいかどうかという問題について、アルコールが解決できる対立構造は存在しない。では、あなたは自分のことをおもしろいと自負しているものの、世のなかの多くの人はそう考えていない状況を想像してほしい。笑い話で誰かを愉しませようとするたび、翌朝になると友人が耳元で「あんな話は二度としないほうがいい」とこっそり忠告してくる。ふつうの状況であれば、友人から気まずい忠告を受けたあなたは同じ行動を取るまいと自制するはずだ。この場合、あなたがおもしろいかどうかという問題について対立構造が存在することになる。しかし、あなたが酔っぱらっていたら？　アルコールによって対立構造はどこかに消えてしまい、つまらない冗談を言った翌朝にきまって言われる友人の忠告のことなどどうでもよくなる。いまや、あなたは自分が実際におもしろいのだと感じる。酔っぱらったとき、ほんとうの自分にたいする理解が変わる。

これこそ、酔っぱらった状態を近視にたとえるべき理由だ。むかしながらの脱抑制の理論のなかでは、酔っぱらったときに明らかになるのは、素面のときの自分自身を裸にしてムダなものを捨て去った自己だと考えられていた。社交辞令や礼儀正しさにまつわる面倒であいまいな影響がすべて取りのぞかれ、素の自分があらわになる――。まさに、古代のことわざ「酒に真実あり」のとおり。

しかし、実際はその逆。人の性格を作り上げる決定的な要素となるのは、通常の状況下で衝動を抑え込もうとする葛藤のほうだ。眼のまえにある喫緊の思考と、より複雑な長期的な思考のあいだの葛藤をやりくりすることによって、私たちはみな自分の人格を築き上げていく。これこそが、倫理的で、生産的で、責任感の強い人間になることの意味だ。良い親とは、自身の眼のまえの欲求（「ひとりになりたい」「ゆっくり眠りたい」）を抑え込み、より長期的な目標（「良い子を育てる」）を優先できる人だ。アルコールによって行動にたいする長期的な抑制が剝ぎ取られるとき、私たちのほんとうの自己も消えてしまう。

では、カンバの人々の真の姿とは？　彼らの社会は「共同体としての表現」の著しい欠如によって特徴づけられていた、とヒースは主張する。彼らは移動を繰り返す農業労働者で、親族の絆は弱かった。日々長時間にわたってひとりで働くことが多く、隣人や住民同士のつながりもきわめて希薄だった。このような毎日の生活様式によって、人づき合いはよりむずかしくなった。そのため週末になるたびに彼らは、アルコールの〝人を変える〟力を利用し、月曜から金曜のあいだにはひどく欠けていた「共同体としての表現」を生みだそうとした。カンバの人々はアルコールの近視効果を使い、自分たちのために異なる世界を一時的に作りだした。彼らは厳格なルールを定めていた。同時に二本以上の瓶を開けない、組織化された一連の乾杯の作法を守る、みんなで車座になって坐る、宴会は週末のみ開催する、ひとりでは飲まない……。カンバたちは、ひとつの構造の内側だけで酒を飲んだ。ボリビア内陸部に存在するそのような酒席の構造は、やさしい音楽と穏やかな会話によって成り立っていた。秩序、友情、予測可能性、儀式に支えられた世界だった。その新しい種類のカンバ社会は、地球上でもっとも強力な薬物のひとつの助けによって構築されたものだった。

　アルコールは素の自分をあらわにする薬物ではなく、素の自分を変える薬物なのだ。

6

　二〇〇六年、イギリス版のブロック・ターナー裁判が開かれた。世間から大きな注目を集めたこの事件の当事者となったのは、ベンジャミン・ブリーという名の二五歳のソフトウェア・デザイナーと、裁判所が「M」と呼ぶ女性だった。この事件は、アルコール近視が引き起こすやっかいな問題の典型的な一例だった。

　ブリーの弟のアパートメントでふたりははじめて出会い、その夜にいっしょに出かけた。夕方から夜にかけてMはシードルを二パイント、ウォッカのレッドブル割りを四～六杯飲んだ。その日の早い時間からすでに酒を飲んでいたブリーも、彼女と同じペースで同じ量を飲みつづけた。その監視カメラの映像には、午前一時にふたりが腕を組んでMのアパートメントに入る姿が映っていた。その後、ふたりはセックスした。セックスは合意にもとづくものだとブリーは考えていた。そうではないとMは訴えた。ブリーはレイプ容疑で有罪となって懲役五年の刑が言い渡されたものの、上訴審で評決が取り消された。この種の事件について書かれた説明を読んだことがある人なら誰もが、それが痛み、後悔、誤解、怒りに満ちた気の滅入るような物語だと知っているはずだ。

ブリーはこう証言した。

床で寝るのはどうしても避けたくて、ベッドでいっしょに寝られないかと考えたんです。いま思えば、ほんとうにバカなことでした。

セックスをしたかったわけではなく、ただマットレスと話し相手が欲しかっただけでした。彼女が眼を覚まして、ぼくは隣に横たわりました。そのうちお互い抱き締め合って、キスをしました。

少し予想外ではありましたが、うれしかったですよ。三〇分くらい前戯をしていましたが、彼女は愉しんでいるようでした。[10]

裁判所の判決文には次のように書かれている。

それまでやさしく身体を撫でていたブリーは、性的な接触へと動きを変えていった。そのあいだもMは喜んでいるようだった、と彼は主張した。Mは拒むような言動をみせなかった。同意があるか確かめる必要があると考え、長いあいだ相手の身体を撫でつづけたとブリーは陪審員に説明した。一方の原告のMは、前戯が長く続いたという事実を否定することができなかった。やがてブリーは、Mのパジャマのズボンのなかに指先を入れた。そのタイミングで、Mは相手を拒むこともできたはずだが、そうしなかった。パジャマのズボンの内側に手を入れたとき、Mはとくに敏感に反応したようだった。しばらく性的に陰部に触れたのち、ブリーはパジャマのズボンを脱ぐように合図した。彼が少しだけズボンを下げると、残りはMが自ら脱いだ。[11]

Mの態度から感情を読み取ることができる、とブリーは考えていた。彼女は透明だと仮定した。そうではなかった。上訴審の資料のなかに、Mの実際の感情についての説明がある。

性交がどれくらい続いたのか、Mにはわからなかった。終わったとき、彼女は壁に身体を向けたまま動かなかった。被告人がコンドームを使ったのか、射精したのかどうかもわからなかった。性交後、このまま部屋に残ってほしいかどうか男性が尋ねてきた。彼女は「ノー」と答えた。「すぐに部屋から出ていって」と叫びたかったものの、実際に口にはしなかった。「なんて言えばいいのか、何を考えるべきなのかわかりませんでした。相手が殴りかかってきたらどうしようという不安に駆られました。彼が扉を閉め、部屋を出ていったのを覚えています」。彼女は立ち上がり、玄関の扉を施錠し、ベッドに戻って横たわり、身体を小さく丸めた。どれくらいその姿勢でいたのか、彼女は思いだせなかった。

朝五時、Mは泣きながら親友に電話した。一方、彼女の心の内にまったく気づいていなかったブリーは、数時間後にMの部屋に戻って扉をノックし、いっしょにフィッシュ・アンド・チップス店に昼食を食べにいかないかと誘った。
刑務所で数カ月過ごしたのち、ブリーは釈放された。控訴裁判所は、その夜にMの寝室でふたりが何に同意したのか、あるいは同意しなかったのかを突き止めるのは不可能だと結論づけた。「両者とも成人である」と裁判官は判決文に綴った。

どちらも、過度の飲酒によって違法行為を犯したわけではない。ふたりとも、どれだけの酒を誰と飲むか自由に選ぶことができた。もし望むのなら、両者とも自由に性交することができた。男女の一方または両方が自発的に大量のアルコールを摂取し、ふたりが合意のうえで性交するのは異常でも驚くべきことでも、さらには珍しいことでもない……現実的な問題として人間の行動のなかには、法的な細かな制度による裁きには適さないエリアがいくつかある。[*3]

この最終判決には賛否両論の声がありそうだ。でも、裁判官の根本的な主張に異議を唱えるのはむずかしい――他人の意図を理解するというプロセスにアルコールという要素がくわわると、もともとむずかしい問題がまったく解決できない状態になる。アルコールという薬物は、眼のまえの環境の輪郭に沿って飲み手を別の形に変える。ボリビアのカンバの人々の場合、性格と行動を変えるそのプロセスは社会に良い影響を与えた。彼らの眼のまえの環境は、慎重かつ意図的に築かれたものだった。カンバの人々はアルコールの力を使い、一時的に別の自分――よりよい自己――を作りだすことを望んだ。ところが今日《こんにち》の若者たちが大量にお酒を摂取するとき、よりよい自己を作りだすために慎重に築かれた儀式的かつ予測可能な環境でそうしているわけではない。彼らは、社交クラブのパーティーやバーの過度に性的な混沌のなかで酒を飲んでいる。

弁護士　これまで参加してきたカッパ・アルファのパーティーの雰囲気について、あなたはどんなことを感じていましたか？
ターナー　いたるところでグラインディングが――
弁護士　グラインディングとは？
ターナー　女子が背中を向けて立って、うしろの男子といっしょに踊ることです。
弁護士　なるほど。ということは、ふたりとも同じ方向を向いているということですか？
ターナー　はい。
弁護士　でも、男子が女子のうしろに立っている？
ターナー　はい。
弁護士　このグラインディングというダンスのあいだ、両者の身体はどれくらい接近していますか？
ターナー　触れ合っています。
弁護士　これらのパーティーでは、よくある光景でしたか？
ターナー　はい。

弁護士　テーブルの上で踊る人もいましたか？　それもよくある光景でしたか？

ターナー　はい。[1]

同意とは、それぞれが自分の主張どおりの人間であるという前提のもと、ふたりの当事者が交渉して何かを決めることを意味する。しかし、交渉の際に両者がほんとうの自己からかけ離れた状況にあるとき、同意内容を決めることなどできるだろうか。

＊3　酒に酔ったうえでの同意は同意として認められるのか？　判決文では、認められるべきだと主張されている。さもなければ、酔っぱらってセックスしたことが犯罪行為だと判断されたごく少数の人々はもちろん、酔っぱらって愉しくセックスした大多数の人が刑務所送りになってしまう。くわえて、「酔っていたので自分の判断に責任を持てない」とMが主張できる一方で、ベンジャミン・ブリーが同じことを主張できないのはなぜか？　判決文はこう指摘する。「酔ったうえでの同意も正式な同意であるという原則は、同時に次のような点を強調するものでもある――酔った状態でレイプする意図を持ち、実際にレイプした男性が、自分の意図は酔った状態での意図だったと言い逃れることはできない」。ブリー裁判の判決は、「ひどい酩酊状態にある人物は性行為に同意することはできない」というカリフォルニア州が定める同意の定義が投げかける問題についても言及している。たとえば、両者のどちらかひとりがひどく酔っぱらっていたら？　そもそも、「ひどく酔っている」の意味をどう決められるというのだろう？　私たちは立法者にたいして、複雑なアルゴリズム――寝室というプライベートな空間でいつセックスしていいのか、してはいけないのかを定義する緻密な法律――を作ることを望んでいるわけではないはずだ。ブリー事件の裁判官はこう結論づけた。「この事件の問題は、法的原則から発生するものではない。問題は、人間が行動する無限の環境のなかに潜んでいる。われわれは往々にして、独立した証拠が存在しないプライベートな空間で行動する。よって、これを深刻な違反だと証明することはむずかしい」

7

私たちが酔っぱらったときに起きる現象は、アルコールが特定の経路をとおって脳組織に浸透するプロセスの作用によるものだ。その影響はまず前頭葉で始まる。額のすぐうしろにある前頭葉は、注意、動機づけ、計画、学習をつかさどる脳の一部である。一杯目の酒は、この領域の活動を鈍らせる。すると相反する複雑な物事について考える能力が衰え、私たちは少しマヌケになる。次にアルコールは、幸福感をつかさどる脳の報酬中枢に行ってちょっとした刺激を与える。そのあと、扁桃体にたどり着く。扁桃体の役割は、まわりの世界にどう対応するべきか指示することだ。危機が迫っているのか？　恐れるべきなのか？　アルコールは扁桃体の機能を一段階下げる。これらの脳の三つの効果の組み合わせによって近視が引き起こされ、より長期的で複雑な問題に取り組む知力が奪われる。アルコールの予期せぬ喜びに気を取られ、神経学的な防犯ブザーのスイッチは切られてしまう。眼のまえの瞬間に囚われた私たちは、別のバージョンの自分に変わる。アルコールはさらに、脳のいちばんうしろにある小脳にも浸透していく。バランスや調整をつかさどる小脳に影響が及ぶことによって、酩酊状態に陥った人はつまずいたりふらついたりするようになる。これらが、酔うということの予測可能な影響だ。

しかし、ある特殊な状況下においては――とくに大量のアルコールを短時間で摂取した場合――さらに別の現象が起き、アルコールが海馬に浸透することがある。脳の両側にあるソーセージ状の小さな領域である海馬は、生活のなかの記憶を形成する役割を担っている。血中アルコール濃度がおよそ〇・〇八パーセント（酩酊状態を示す法定レベル）に達すると、海馬の機能が衰えはじめる。カクテル・パーティーの翌朝に眼を覚ましたとき、誰かに会ったことは覚えているものの、彼らの名前や会話の中身をどうしても思いだせないことがある。それは、短いスパンで立てつづけに飲んだ二ショットのウイスキーが海馬にたどり着いたからだ。さらにお酒を飲みつづければ、記憶喪失の幅はより大きくなる。その夜の情報を断片的には覚えていたとしても、さまざまな詳細を呼び起こすのは非常にむずかしくなる。

ワシントンＤＣ郊外にあるアメリカ国立衛生研究所（ＮＩＨ）のアーロン・ホワイトは、飲酒による記憶喪失《ブラックアウト》に関する世界屈指の専門家だ。何が記憶され、何が記憶されないかについて明らかな法則はないと彼は言う。「感情的な性質は、海馬が何を記憶するかということには影響を与えないようです。つまりパーティー参加者の女性が、階下でドリンクを飲んだのは覚えていても、レイプされた事実だけは覚えていないこともありえます。にもかかわらず、タクシーに乗ったのはきちんと覚えていたりする」。血中アルコール濃度がおよそ〇・一五パーセントになると、海馬の機能は完全に止まる。

「ほんものの純粋な記憶喪失になると」とホワイトは言った。「何も残りません。記憶はゼロです」

記憶喪失に関する初期の研究のひとつのなかで、アルコール研究者のドナルド・グッドウィンは、セントルイスの職業安定所にいた一〇人の男性の失業者を被験者として集めた。[12] 被験者たちはバーボンのボトル一本ほどを四時間かけて飲み、それから一連の記憶力テストを受けた。グッドウィンは次のように説明する。

実験のなかで被験者に、蓋をかぶせたフライパンを見せ、お腹は空いていないかと尋ね、蓋を取った。なかには三匹の死んだネズミが横たわっている。素面の人間であれば、おそらく一生忘れることができない経験になるにちがいない。

では、バーボンを飲んだ人の場合は？　何も記憶していなかった。三〇分後に調べても、翌朝にまた尋ねても結果は同じ。三匹の死んだネズミについての記憶はいっさいなかった。

記憶喪失の状態――極度の酩酊状態によって海馬の機能が一時的に止まっている期間――の酔っぱらいは、何も記憶にとどめることなく世界を動きまわる無価値な存在だといっていい。

グッドウィンは、記憶喪失についての論文の冒頭でこんなエピソードを紹介した。

三九歳のセールスマンが見知らぬホテルの部屋で眼を覚ました。軽い二日酔いではあったもののの、それ以外はいたってふつうだ。服はクローゼットに掛かっており、ひげはきれいに剃られている。彼は服を着てから階下のロビーに行った。フロント係に話を聞いたところ、彼はいまラスベガスにおり、二日前にチェックインしたという。ホテルに来たときの彼は明らかに酔っていたものの、泥酔状態には見えなかったとフロント係は言った。その日は一四日の土曜日だった。彼の最後の記憶は、九日の月曜日にセントルイスのバーで酒を飲んでいるというものだった。一日じゅう飲んで酔っぱらっていたが、午後三時までのことはすべてはっきり覚えていた。しかしそれ以降の記憶は、「緞帳《どんちょう》が下りたかのように」真っ白だった。およそ五日間の記憶が空白のままだった。三年たっても記憶が戻ることはなかった。この経験に恐れおののいた彼は、二年にわたって酒を断った。

このセールスマンはセントルイスのバーを出たあと、空港に行き、航空券を買い、二〇〇〇キロ以上離れたラスベガスに飛行機で移動し、ホテルを見つけ、チェックインし、スーツをハンガーにかけ、ひげを剃った。脳が記憶喪失モードに陥るなかで、彼の行動はすべて完璧に機能していた。それが、酒による一時的な記憶喪失の仕組みだ。血中アルコール濃度がおよそ〇・一五パーセント以上になると、海馬の活動が止まって記憶が作られなくなる。しかしそのあいだも、前頭葉、小脳、扁桃体がほぼ正常に機能しつづけることがあるのだ。

「記憶喪失に陥ったとしても、ふつうに酔っぱらったときにできることはなんでもできます」とアーロン・ホワイトは説明する。

ただ覚えていないだけです。知らないうちにアマゾンで何か注文しているという話をよく耳にしますよね……記憶はなくても、とても複雑なことができるんです。切符を買ったり、移動したり、あらゆる種類のことができるのに、ただ覚えていない。

誰かを見ただけでは、その人物が記憶喪失の状態になっているかどうかを判断するのはむずかしい。言い換えれば、表情だけを見て相手が頭痛に苦しんでいるかを突き止めようとするようなもの。「（たとえ記憶喪失になっても）私は少しだけ酔っぱらっているように見えるかもしれませんが、あなたと話をすることはできる」とホワイトは続けた。

きちんと会話することもできる。みんなの飲み物を買いにいくこともできる。短期的な情報蓄積を必要とすることはなんでもできます。いっしょに過ごした少年時代について語り合うこともできる……重度のアルコール依存症の夫を持つ妻たちでさえ、配偶者が記憶喪失に陥っているのかどうか判別できないそうです。[*4]

一九六〇年代に先駆的な研究に取り組んでいたグッドウィンは、アルコール依存者だけが一時的な記憶喪失に陥ると考えていた。実際、記憶喪失が起きるのはまれだった。当時の科学者たちは、未知の病気を説明するかのように記憶喪失に関する論文を学術誌に発表した。ここで、大学生の飲酒習慣について早い段階で行なわれた包括的な研究の結果を確かめてみよう。[14] 一九四〇年代末ごろから一九五〇年代はじめにかけて、アメリカ全土の二七の大学を対象に調査が行なわれた。学生たちは、平均して「いちどに」どれくらいの酒を飲むかという問いに答えた。簡単に回答できるように、飲酒量は三つのグループに分類された。「少」はワイン二杯、ビール二缶、あるいはカクテル二杯以下。「中」は三〜五杯（缶）のワインかビール、または三〜四杯のカクテル。「多」はそれ以上。

調査結果（次頁の表）を見るかぎり、記憶喪失に至るレベルまで飲酒する人はほとんどいないことがわかる。

現在までに、この表に関するふたつのことが変わった。第一に、最近の大酒飲みは、五〇年前の大酒飲みよりはるかに多くの酒を飲むようになった。「最近の学生たちに四、五杯のお酒について話すと、『そんなのまだ序の口ですよ』という答えがきまって返ってくるようになりました」と、アルコール研究者のキム・フロムは言う。彼女によると、大量飲酒をともなうどんちゃん騒ぎに参加する若者たちにとっては、いっときに二〇杯以上を飲むことも珍しくないという。かつてはまれだった記憶喪失が、いまでは一般的になった。アーロン・ホワイトは最近、デュー

＊4　ところで、記憶の有無に関係なく、ただ酔っぱらっているかどうかを判断するのも驚くほどむずかしい。その好例が警察の飲酒検問だ。[13] 金曜日の夜遅く、混み合う道路脇に立つ警察官は多くの車を停め、それぞれの運転手と話し、それぞれの車をチェックする。法的制限を超えて酩酊状態にありそうな運転者がいる場合、アルコール検知器を使って検査を行なう。検知器を使って調べるべきレベルの酔っぱらいを見抜くのは、じつのところ非常にむずかしいという。ある調査では、飲酒運転者の半分以上が検問をやすやすと切り抜けているという結果が出た。

カリフォルニア州オレンジ郡で行なわれた研究では、一〇〇〇人以上の運転手が被験者として夜遅くに駐車場へと誘導された。被験者たちは、当日の夜の行動についての質問票に答えを記入し、酔っぱらいを見抜くための訓練を受けた大学院生から尋問を受けた。運転者の話し方は？　歩き方は？　息から酒のにおいはするか？　車のなかに酒の瓶やビール缶はあるか？　大学院生の質問者が判断を下したあと、運転者たちの血中アルコール濃度が調べられた。質問者が正確に飲酒運転者を特定できた割合は……二〇パーセントだった。

	ビール	
	男性（%）	女性（%）
少（２缶以下）	46	73
中（３〜５缶）	45	26
多（それ以上）	9	1

	ワイン	
	男性（%）	女性（%）
少（２杯以下）	79	89
中（３〜５杯）	17	11
多（それ以上）	4	0

	蒸留酒（カクテル）	
	男性（%）	女性（%）
少（２杯以下）	40	60
中（３〜４杯）	31	33
多（それ以上）	29	7

ク大学の七〇〇人以上の学生を対象に調査を行なった。[15] 飲酒習慣がある学生のみに絞ると、半数以上が一時的な記憶喪失を経験したことがあると答えた。四〇パーセントは一年以内、およそ一〇パーセントはここ二週間以内に記憶喪失を経験していた。[*5]

第二に、一世代前には顕著だった男女間のアルコール消費量の差が大幅に狭まった。[17] とくに、白人女性のあいだでその傾向が強く見られる（アジア人、ヒスパニック、アフリカ系アメリカ人のあいだで目立った変化は見られない）。

「女性の権利拡大に関連する問題だと思います」とフロムは主張する。

わたしは軍でも多くのコンサルティング業務を行なっていますが、そのような傾向がよりわかりやすく表面化していますね。なぜなら軍では、身体を使うブートキャンプや訓練などあらゆる面において、女性が男性と同じ立場に置かれているからです。彼女たちは懸命に努力し、こう主張しようとするんです。「わたしたちは男性と変わらない。だから、男性と同じくらいお酒を飲むこともできる」

生理的な理由から、この傾向は女性が記憶喪失に陥るリスクを深刻なほど高める。平均的な体重のアメリカ人男性が四時間かけて八杯のアルコール飲料を飲んだとき（社交クラブのパーティーでは「ほどほどの量」）、血中アルコール濃度は〇・一〇七パーセントになる。運転こそで

＊5　ニューヨーク・タイムズ紙に掲載された優れた記事のなかで、ノースカロライナ大学に通うアシュトン・キャサリン・カーリックという学生が、「手錠と一気飲み」と呼ばれる飲酒ゲームについて解説した。[16] ボトルの五分の一を飲み干すまでふたりの学生が手錠でつながれる、というのがゲームの基本的なルールだ。

極端な競争をうながすため、飲んだ杯数が油性ペンで腕に書かれる。記憶喪失になるまでの時間と酒量の比率は一目瞭然だ。記憶喪失にならずに短い時間で大量に飲めることは、男子たちのあいだでは自慢の種になった。記憶喪失状態になった仲間にたいするわたしたち学生の態度もまた、このようなことが当たりまえのように行なわれる要因となっている。実際のところ、わたしたちはすべてをおもしろがっている。友人が意識を失ってトイレの床で倒れ込んだり、まわりの男子と踊っていちゃつきながらスナップチャットしたりしたことを、翌日になってわたしたちは笑い合う。つまり、彼女たちの行動を認め、同じことをするよう後押ししているといっていい。一時的な記憶喪失はいたってよくある出来事でしかない。たとえ自分で経験したことがなくても、ほかの人がそうなる理由は理解できる。これは、互いに認識されているストレス発散方法なのだ。そう考えない人には、つき合いの悪い批判的な人間というレッテルが貼られる。

きない酩酊状態ではあるものの、一般的に記憶喪失を引き起こす〇・一五パーセントよりはずっと低い数値だ。一方、平均的な体重の女性が四時間かけて同じく八杯のアルコール飲料を飲んだとき、血中アルコール濃度は〇・一七三パーセントに上がる。つまり、多くの人はすでに記憶喪失に陥っている状態だ。[*6]

状況はさらにやっかいになりつつある。最近ではワインや蒸留酒を好んで飲む女性が増えたが、それらのアルコール飲料はビールよりも血中アルコール濃度をずっと速く上昇させる。「さらに、飲酒するとき女性は男性よりも食事を抜く傾向があります」とアーロン・ホワイトは説明する。

お酒を飲むときに胃のなかに食べ物が入っていると、ＢＡＣ（血中アルコール濃度）の最高値を三分の一ほど下げることができます。言い換えれば、空腹時にアルコールを摂取すると、ＢＡＣははるかに高くなり、上昇のスピードもはるかに速くなります。また、空腹時に蒸留酒やワインを飲むと、ＢＡＣはさらに速く高くなります。くわえて女性の場合、身体の水分量が少ないため、ＢＡＣはより速いスピードでより高くなります。

では、記憶喪失になることの影響とは？　それは、女性たちが脆弱な立場に置かれることを意味する。見知らぬ他者との交流では、自分の記憶が防御の第一線となる。私たちはパーティーで誰かと三〇分にわたって話し、学んだことを評価する。記憶を使い、相手が誰なのかを理解しようとする。発言や行動について集まった情報にもとづいて、私たちは相手への反応を変える。たとえ酔っていない状況下でも、この判断にはミスがつきものだ。それでも、私たちはこの種の判断を下しつづけなければいけない。相手の家に行くかどうかをその場で決める必要があるとすれば、とりわけこの判断には大きな意味がともなう。ところが、学んだばかりのことを思いだせないとしたら、海馬が正常に機能しているときと同じ質の決定を下すのはむずかしい。記憶を失ったとき、あなたは状況をコントロールする力を放棄していることになる。

「はっきりさせておきますが、犯罪者は罪を犯した張本人であり、きちんと裁きを受けなければいけません」[20]と評論家のエミリー・ヨッフェはオンライン・マガジン『スレート』に投稿した。

しかし、わたしたちは女性にこう知らせることを忘れているのではないでしょうか？　女性たちが自ら無防備になることを受け容れるとき、ひどい目に遭う可能性がある、と。若い女性たちは、「男性と同じ量のお酒を飲む権利は男女平等の問題」という歪んだメッセージを社会から受け取っています。男女平等のための正しいメッセージは、「自身にたいして責任を持つ能力を失ったとき、悪意を持った人を惹きつける可能性は劇的に高まる」というものです。犠牲者を非難しているわけではありません。さらに犠牲者が増えることを防ごうとし

＊6　単純に体重だけの問題ではなく、アルコールの代謝にも大きな性差がある。[18] 女性は男性に比べて体内の水分量が少ないため、結果としてアルコールが血流に入り込む時間がはるかに速くなる。体重が同じ八九キロの女性と男性が四時間にわたって八杯のアルコール飲料を飲みつづけると、男性の血中アルコール濃度が〇・一〇七パーセントになる一方で、女性のほうは〇・一四〇パーセントになる。[19]

ているだけです。

では、あなたに話しかけてくる見知らぬ相手は何を考えているのだろう？　その男性は、あなたが記憶喪失の状態であることに気づいていないかもしれない。彼が身を乗りだして身体に触れようとすると、あなたは身をこわばらせる。一〇分後、彼はもう少し巧妙に近づいてくる。通常なら、その見知らぬ相手の行動パターンをすでに認識しているため、あなたは再び身をこわばらせるはずだ。が、今回はちがう。なぜなら、さきほどの一回目の出来事を覚えていないからだ。そして、あなたが一回目と同じように身をこわばらせないという事実を目の当たりにした見知らぬ相手は、透明性という前提にもとづき、あなたが性的なアプローチを歓迎しているのだと考えるようになる。ふだんであれば、彼もこのような前提にもとづいて行動することには慎重になるはずだ。当然ながら、フレンドリーな態度と性的な誘いはちがう。しかし彼も酔っぱらっており、アルコール近視の影響下にある。いつもなら自身の行動を抑制する長期的な思考――この状況を読み誤ったら明日何が起きるだろう？――が、視界から消えてしまう。

アルコールはすべての男性を怪物に変えるのか？　もちろん、そうではない。ときにアルコール近視は、行動への大きな制限を取っ払い、激しい対立を解決してくれることもある。たとえば、ふだんは自身の感情を口にできない控えめで恥ずかしがり屋の男性が、心の内を何気なく話しだすかもしれない。自分の冗談がつまらないと自覚している退屈な男性が、コメディアンを演じはじめるかもしれない。このような行動に害はない。しかし、性的に攻撃的な一〇代や二〇代の若者の場合は？　彼らの衝動は、その行動がいかに不適切かという理解によってふだんは抑え込まれている。が、お酒を飲んだら？　さきほどエミリー・ヨッフェが女性たちに与えた警告を少し変えるだけで、それが男性への警告に変わる。

しかし、わたしたちは男性にこう知らせることを忘れているのではないでしょうか？　男性たちが自らアルコール近視を受け容れるとき、誰かをひどい目に遭わせる可能性がある、と。若い男性たちは、「アルコールの過度な摂取は害のない行動である」という歪んだメッセージを社会から受け取っています。正しいメッセージは、「自身にたいして責任を持つ能力を失ったとき、性犯罪の加害者となる可能性が劇的に高まる」というものです。アルコールの役割を認めることは、加害者の行動を許す行為ではありません。より多くの若い男性が加害者になるのを防ぐための行為です。

アルコール近視の及ぼす力は、驚くほど過小評価されている。前述のワシントン・ポスト紙とカイザー家族財団による学生向けの調査のなかには、「性的暴行を減らすためにもっとも効果的だと思う対策を挙げてください」という質問もあった。リスト上位には、「性犯罪者にたいするより厳しい処罰」「被害者への自己防衛の訓練」「女性尊重のための男性への教育」といった回答が並んでいた。飲酒量を減らすことが「とても効果的」だと考えた被験者は……三三パーセント。大学キャンパス内でのアルコール規制を強めることが「とても効果的」だと考えた被験者は……

一五パーセント。[*7]

　学生たちの態度は明らかに矛盾している。彼らは、自己防衛のための訓練を受けるのはいいアイデアだと考えたが、飲酒を取り締まることをそれほどいいアイデアだとは考えなかった。しかし泥酔した女性にとって、自己防衛の技術など役に立つだろうか？　学生たちは、男性がもっと女性を尊重することはいいアイデアだと考えた。しかし問題は、素面の男性が素面の女性にどう振る舞うかということではない。問題は、酔っぱらった男性が酔っぱらった女性にどう振る舞うかということだ。アルコールによってまわりの世界への理解がまったく異なる人物に変わった男性が、同じように泥酔した女性にどう対処するべきなのか？　他者を尊重するためには、複雑な計算が必要になる。当事者たちは願望を抑え込み、自らの行動の長期的な影響を考え、眼のまえで起きていないことについて想像する必要に迫られる。酩酊にともなう近視によって、まさにそのような行動を取ることが非常にむずかしくなる。

　アルコール近視が教えてくれる教訓はじつに単純なものだ。見知らぬ人と出会ったときにありのままの自分として振る舞い、自らの望みを正直かつ明確に表現したいのであれば、泥酔してはいけない。しかし、泥酔して環境に身を任せなければいけないとしたら？　考えられるかぎり最悪の場所は？　まちがいなく、男性と女性がダンスフロアでグラインディングしながらいちゃつき、テーブルの上で飛び跳ねているような場所だ。カッパ・アルファ社交クラブのパーティーは、カンバの人々の酒席とはちがう。

「人々は、酔っぱらうということが社会で何を意味するのかを徐々に学んでいく。そして、その理解にしたがって振る舞うことによって、社会の教えを自ら体現していく」[22]とクレイグ・マカンドリューとロバート・エドガートンは、一九六九年に出版された名著『酔っぱらいの振る舞い』（*Drunken Comportment*［未訳］）のなかで断じた。「個人と同じように社会もまた、許容された酔っぱらいの振る舞いに合わせて成り立っているため、それ相応の報いを受ける」

8

では、スタンフォード大学で開かれたカッパ・アルファのパーティーの話に戻ろう。真夜中すぎ、エミリー・ドウは一時的な記憶喪失の状態に陥った。それも当然の話だ。彼女はパーティーに来るまえ、軽い夕食を食べながら短時間のうちにウイスキーのショット四杯とシャンパン一杯を飲んだ。パーティー会場に来ると、さらに三、四杯のウォッカのショットをあおった。

検事　ある時点で、妹さんがパーティー会場を去ったことを覚えていますか?

ドウ　覚えていません。

検事　あなたは外にあるトイレに行き、中庭に戻り、ビールを飲み、男子学生たちがビールをショットガン飲みしているのを見たと言いましたね。その次の記憶は?

ドウ　病院のベッドで眼を覚ましました。[1]

＊7　大人の感じ方はかなり異なるものだった。大学生以外の成人の五八パーセントが、飲酒量を減らすことは「とても効果的」だと答えた。[21]

エミリー・ドウには、ブロック・ターナーに会った記憶がなかった。彼といっしょにダンスしたのかしなかったのかの記憶もなかった。彼とキスしたのかしなかったのか、彼の寮の部屋に行くことに同意したのか否かの記憶もなかった。性行為に乗り気だったのか乗り気ではなかったのかの記憶もなかった。パーティー会場を出るとき、ドウは抵抗してもがいたのか？　彼女はターナーといちゃついていたのか？　彼女はほんとうにつまずき、相手の身体にしがみついたのか？　答えはわからない。事件後に素面に戻ったドウは、出会ったばかりの男性と自ら進んでパーティー会場を離れるわけがないと強く主張した。彼女には真剣につき合っている交際相手がいた。しかしブロック・ターナーに会ったのは、ほんとうのエミリー・ドウではなかった。酔っぱらって記憶喪失状態になったエミリー・ドウだった。酔っぱらって記憶喪失状態になった自己は、素面の自己と同じではない。

ブロック・ターナーはその夜の出来事を覚えていると言い、エミリー・ドウははじめからずっと乗り気だったと主張した。しかし、それは彼が裁判で語った話だ。何カ月ものあいだ弁護士といっしょに準備し、戦略を練ったうえでの証言だ。逮捕された夜、地元の警察署の取り調べ室の椅子に茫然自失の体《てい》で坐っていたターナーは、エミリー・ドウがほんとうに乗り気だったのかまったく確信を持てずにいた。

警察官　ずっとまえから、つまり芝生の上に移動するまえから、きみたちはずっといちゃいちゃしていた？

ターナー　そうだと思います。でも、いつからキスしていたのかは、ほんとうに覚えていないんです。[1]

次に警察官は、エミリー・ドウと芝生の上にいるところを大学院生たちに見つかったときに逃げようとした理由を尋ねた。

ターナー　逃げていないと思います。

警察官　逃げたことを覚えていない？

ターナー　覚えていません。

問題の出来事はその夜に起きたばかりだった。くわえて取り調べ中のターナーは、逃げて身体を押し倒されたときにできた手首の傷を庇うような仕草をみせていた。しかし、記憶はまったくなかった。

警察官　その最中に……彼女の様子を見ましたか？　男性たちが近づいてきて、あなたに話しかけてきたとき、彼女の様子を見ましたか？

ターナー　いいえ。

警察官　その時点で、彼女が反応を示していなかった可能性はありますか？

ターナー　正直なところ、わからないんです。なんていうか……えっと……ほんとうに覚えていないんです。えっと……酔っぱらって記憶を失っていたっていうか……彼女をナンパした時点から、芝生で取り押さえられるまでのあいだ……ほんとうに、何が起きたのか覚えていないんです。

ターナーははっきりと「酔っぱらって記憶を失っていた」と言った。つまり、いちゃつきながらキスをしたあと、エミリー・ドウが寮の部屋に戻ると同意したという物語はすべて作り話だったことになる。それは彼が望む流れでしかなかった。実際に何が起きたのかは永遠に謎のままだ。もしかすると、ターナーとエミリー・ドウはただダンスフロアに突っ立ち、記憶喪失の無限ループに囚われた事実に気づかず、互いに同じことを延々と繰り返していたのかもしれない。

裁判の最後に、エミリー・ドウはブロック・ターナーに宛てた手紙を読み上げた。バーや大学の社交クラブのパーティーに行く可能性があるすべての若い男女は、エミリー・ドウの手紙を読むべきだ。勇敢で雄弁なその手紙には、性的暴行の影響について訴える力強い警告の言葉が並ぶ。

ふたりの見知らぬ他人のあいだではっきりとした同意なく起きたことが、大きな痛みと苦しみをもたらした。その夜の出来事によって心はズタズタに引き裂かれた、とエミリー・ドウは語った。

これまで当たりまえのように享受してきた自立、自然な喜び、穏やかさ、安定した日々の生活が、原形をとどめないほどに歪められてしまいました。わたしは心を閉ざし、怒り、自分を卑下し、疲れ、イライラし、空っぽになりました。ときに、耐えがたいほどの孤独に襲われました。[23]

彼女は毎日のように仕事に遅刻するようになり、出社したあとも階段の踊り場で泣いた。夜も泣きながら眠りについた。朝になると、冷蔵庫で冷やしたスプーンを眼に当ててなんとか腫れを抑えようとした。

まるで五歳の子どものように、明かりをつけないと夜ひとりで眠ることもできません。身体に触られ、眼を開くことができなくなる悪夢を見るんです。太陽が昇るまで待つとやっと、安心して眠ることができました。事件から三カ月のあいだ、わたしは朝六時に眠りにつきました。

以前のわたしは、自分の独立心を誇りに思っていました。でもいまは、夜に散歩したり、友人との飲み会に参加したりするのが怖くなりました。そういった愉しいことが怖くなりました。わたしはある意味、誰かにつきまとわないとダメな人間になってしまいました。いつも誰かにそばにいてもらう必要があるんです。ボーイフレンドに横に立ってもらい、隣で寝てもらい、守ってもらう必要があるんです。これほど弱い人間になり、臆病な日々を送っているることを考えると、とても恥ずかしい気持ちでいっぱいです。つねに警戒し、つねに自分を守り、いつも怒りを抱えているのです。

彼女はアルコールの問題にも言及した。その夜の出来事の要因はアルコールだったのか？　もちろんそうだ。しかし、彼女はこう言う。

アルコールがわたしの服を剥ぎ取り、指を挿入し、ほぼ全裸のわたしの頭を地面に押しつけたわけではありません。お酒を飲みすぎたのはわたしの甘いミスだったと認めますが、それは犯罪ではありません。この室内にいる誰もが、飲みすぎたことを後悔した夜があるはずです。親しい友人が飲みすぎたことを後悔する姿を見てきたはずです。飲みすぎを後悔するのと、性的暴行を後悔するのは同じことではありません。わたしたちはどちらも酔っていた。異なるのは、わたしがズボンと下着を脱いだわけではないということです。わたしが相手の身体に不適切に触り、逃げたわけではないということです。それが決定的なちがいです。

法廷での声明のなかで被告人のブロック・ターナーは、学生のためのプログラムを起ち上げ、「キャンパスでの飲酒文化とそれにともなう乱れた性行動を抑制するための活動をしたい」と主張した。ドウはこれを痛烈に非難した。

キャンパスでの飲酒文化……わたしたちが声高に反対しているのはそれなのでしょうか？

これまで一年間、わたしがそのために闘ってきたと思っているのでしょうか？　キャンパスでの性的暴行、レイプ、同意を取ることにたいする認識の向上ではなく？　キャンパスでの飲酒文化、ジャックダニエルの一気飲み、スカイ・ウォッカの一気飲み……。飲酒について話したいなら、アルコール依存者のための自助グループに参加してください。お酒について問題を抱えているというのは、お酒を飲んで無理やり誰かとセックスしようとすることとはちがうと気づいていますか？　飲酒量を減らすことではなく、女性を尊重することを男性たちにうながしてください。

いや、そうではないはずだ。最後の一行は「女性を尊重し、かつ、飲酒量を減らすことを男性たちにうながしてください」となるべきだ。このふたつの要素は密接に関連している。ブロック・ターナーはその夜、見知らぬ相手の願望と動機を理解するというきわめて重要な行動を取る必要に迫られた。たとえ最高の条件下でも、そのような行動を取るのは誰にとっても容易なことではない。なぜなら、私たちが他者と出会うときに頼る透明性という前提は欠陥だらけだからだ。大学の社交クラブが主催するパーティー会場のエロティックな混沌のなかで、酔っぱらった未熟な一九歳の若者に「他者の願望と動機をしっかり理解してください」などと頼んでも意味はない。大惨事が起きるのは必定だ。

ブロック・ターナーの裁判の結末は、エミリー・ドウに一定の正義をもたらした。しかし、見知らぬ他人同士の関係にアルコールが与える影響について認識することを拒むかぎり、カッパ・

アルファのあの夜の出来事は何度も繰り返される。

検事　あなたは、被害者の留守番電話の録音を聞きましたね？

ターナー　はい。[1]

ターナーへの反対尋問のなかで検察は、エミリー・ドウの留守番電話について尋ねた。記憶喪失になった少しあとに交際相手に電話したドウは、すでに呂律がまわらない状態だった。

検事　留守番電話の彼女の声は、とんでもない酩酊状態にあるように聞こえる。あなたも同意しますか？

ターナー　はい。

検事　それが、あの晩あなたといっしょにいた彼女ですね？

ターナー　はい。

検事　彼女はとても酔っぱらっていた。そうですね？

ターナー　これまでも、そのくらい酔っぱらった人は何度も見たことがあります。

第4部　教訓

第9章　テロリストの心の内は覗けるか

1

「小人の妖精《トロール》みたいだというのが私の第一印象です」とジェームズ・ミッチェルは当時を振り返った。「彼は怒り、好戦的で、こちらをじろりと睨みつけてきました。私は中立的な調査をしているので、基本的にはあなたにいま話しているように彼にも語りかけました。私はフードを脱ぎ、『あなたをなんと呼べばいいですか?』と訊きました」

男性はアクセントの強い英語で答えた。「ムフタールと呼んでください。ムフタールとは〝頭脳〟という意味です。私は9・11テロ攻撃の司令官《アミール》でした」

二〇〇三年三月、ミッチェルが「世界の反対側」と表現した場所にあるCIAの秘密軍事施設《ブラック・サイト》。自らをムフタールと名乗ったのは、KSMとして知られるハリド・シェイク・モハメドという男性で、これまで米国に拘束されたなかでも最高位のアルカイダ幹部だった。裸の身体に手錠と足かせという姿だったものの、それでも彼は反抗的だった。

「私が会った時点で、すでに頭の毛と顔のひげがすべて剃られていましたた」とミッチェルは言った。「でも彼は、私が人生で出会ったなかでいちばん毛深い人間でした。そして、とにかく小柄だった。ベトナム産のポットベリー・ピッグみたいな巨大な太鼓腹でね。この男があれほど多くのアメリカ人を殺したのか、と私は不思議に思っていましたよ」

ジェームズ・ミッチェルは長身痩軀のランナー体型だった。長めの白髪は中央できっちり分かれ、あごひげはきれいに整えられていた。言葉にはうっすら南部訛りが混じる。「典型的な親戚のおじさん」というのが自らの外見にたいするミッチェルの自己評価だったが、それは自虐的すぎるかもしれない。彼は、揺るぎない自信に満ちているように見えた。その日の昼間に誰かに何をしても、あるいは誰かに何をされても、夜になればぐっすり眠ることができるタイプに見えた。

ミッチェルは訓練を受けた心理学者だった。9・11のあとに彼は、「リスクの高い尋問」への特別なスキルを買われ、同僚のブルース・ジェッセンとともにCIAに雇われた。ジェッセンはミッチェルより大柄で、より物静かで、髪は軍人のように短く刈り込まれていた。「歳を取ったジャン＝クロード・バン・ダムって感じかな」とミッチェルはジェッセンの見かけについて説明した。ジェッセンが公の場で発言することはほとんどなかった。ネット上を探しまわると、尋問手法にたいして起こされた訴訟でふたりが証言する様子をとらえた映像がいくつか見つかる。[2]ミッチェルは冷静沈着で、雄弁で、裁判をバカにしているかのような態度をみせた。一方のジェッセンは自己防御的で口数が少なく、「私たちは、指示されたことをする兵士にすぎませんん」と弁明した。

二〇〇一年九月の同時多発テロによってニューヨークのツインタワーが崩壊したあと、彼らにはじめに与えられたのはアブ・ズベイダへの尋問を手伝うという任務だった。ズベイダは、早い段階で捕まったアルカイダ幹部のひとりだった。それから八年にわたりミッチェルとジェッセンは世界各地のブラック・サイトをまわり、多くの〝重要〟テロ容疑者を尋問した。なかでも、ＫＳＭはもっとも貴重な容疑者だった。

「とにかく頭脳明断な人物だと感じました」とミッチェルは言う。尋問のあいだ、ＫＳＭからこんな答えが返ってくることがあった。「私ならそんな質問はしませんよ。あなたは答えを聞いて、役立つ内容だとわかり、必要なのはそれだけだと思うでしょうね。けれど、私だったらこう質問しますね」。その質問を教えられたミッチェルは、ＫＳＭ自らが考えたＫＳＭ自身に関する質問をＫＳＭに投げかけた。「すると彼はよりくわしく、はるかに情報量の多い答えを口にした」。テロ攻撃の戦術、戦略的なビジョン、聖戦《ジハード》の最終目的についてＫＳＭは長々と語った。アメリカに身柄を拘束されていなければ、ＫＳＭは９・11後もさまざまな計画を実行するつもりだった。

「ハイテク技術を使わない一匹狼型《ローン・ウルフ》テロについての彼の説明は恐ろしいものでした」とミッチェルは言う。「ＫＳＭがどこかでのんきに坐り、人をいかに効率的に殺せるかについて考えているところを想像するだけで……」と言って彼は首を振った。

「ＫＳＭがダニエル・パールの話をしたときは、気味が悪くてぞっとしました。そのときがいちばん……あまりの恐怖に私は涙をこらえることができませんでした。いまでも思いだすと涙が出てきますよ」。ウォール・ストリート・ジャーナル紙の記者だったダニエル・パールは二〇〇二年一月にパキスタンで誘拐され、のちに殺害された。ＫＳＭは質問されてもいないのに自らこの話を持ちだし、椅子から立ち上がり、パールを斬首するために使った技術を披露してみせた（愉しそうに語っていたというのがミッチェルの感想だった）。「とくに恐ろしかったのは、記者のダニエルとのあいだにあたかも親密な関係があったかのように振る舞ったことです。彼は何度も『ダニエル』とファースト・ネームで呼びました。その言い方が……恋人とまでは言いませんが、まるで親友に呼びかけるような声色だったんです。不気味以外のなにものでもありませんでしたね」

しかし、それはすべてKSMが口を割ったあとの話だ。二〇〇三年三月、ミッチェルとジェッセンが小柄で毛むくじゃらで太鼓腹のKSMにはじめて向き合ったとき、状況は大きく異なっていた。

「忘れてはいけないのは、その当時、アルカイダからまた大きな攻撃の波がやってくるというたしかな証拠があったことです」とミッチェルは言った。

あらゆる噂が飛び交っていました。ウサマ・ビン・ラディンがパキスタンの科学者と会い、核技術に関する情報を得たこともわかっていました。科学者たちが「いちばんむずかしいのは核物質の入手です」とビン・ラディンに伝えたこともわかっていました。ビン・ラディンは「すでに持っている場合はどうなる？」と訊いたといいます。その情報に、アメリカの諜報機関の誰もが凍りつきましたよ。

二〇〇三年のその当時、CIAの職員たちはガイガー・カウンターを手にマンハッタンじゅうを歩きまわり、汚い爆弾《ダーティー・ボム》を探していた。当然、ワシントンは厳戒態勢を布《し》いていた。KSMの身柄が拘束された当初、今後のテロ攻撃の計画について彼からすぐに話を聞きだすことができるだろうと誰もが信じていた。しかしKSMはどこまでも強情で、けっして口を割ろうとしなかった。ミッチェルもけっして楽観的には考えていなかった。

早い段階でKSMのところに送り込まれた尋問者たちは、フレンドリーに接して話を進めようとした。相手をリラックスさせ、紅茶を淹れ、丁寧な態度で問いかけた。が、何も結果は出なかった。KSMはただ尋問者たちを見やり、身体を前後に揺するだけだった。

KSMの身柄は次に、ミッチェルが「町の新しい保安官」と呼ぶ人物に引き渡された。その尋問者は一線を越えてみるみる残酷になったという。たとえば彼は、KSMに無理な姿勢を取らせた。背中にまわした両手にテープを巻きつけ、肩が外れそうになるまで頭の上のほうに持ち上げたこともあった。「その男は、南米の反政府共産ゲリラから尋問方法を学んだと私に教えてくれました」とミッチェルは言った。「彼とKSMは意地の張り合いを続けた。新しい保安官は、自分を『サー』と呼ばせることにこだわっていました。なぜか、そればかりに固執していました」。しかしKSMは、相手が誰であれ「サー」と呼ぶつもりなどなかった。一週間にわたって尋問を続けたのち、新しい保安官はついにあきらめた。かくしてKSMは、ジェームズ・ミッチェルとブルース・ジェッセンのもとにやってきた。

ここからの流れが、のちに大きな物議をかもすことになった。KSMにたいして使われた尋問方法が、訴訟、議会の調査、世間での終わりのない議論の対象になった。賛成派は、その方法を「強化尋問技術（ＥＩＴ）」と呼ぶ。反対派はそれを「拷問」と呼ぶ。とりあえず、より大きな枠組みの倫理的な問題については置いておこう。ここでは、見知らぬ他人を理解するときのふたつの〝謎〟についてＫＳＭへの尋問が教えてくれることに注目したい。

アナ・モンテスとバーナード・メイドフの嘘、アマンダ・ノックスの混乱、グレアム・スパニアとエミリー・ドウの苦しみはどれも、見知らぬ他人を理解しようとするときに私たちみんなが根本的な問題を抱えていることを指し示す証拠だ。デフォルトでの信用はきわめて重要な戦略ではあるものの、ときに私たちをまちがった方向に押し進めようとする。透明性という考えはいかにもごく常識的な前提に思えるが、それは幻想でしかない。しかしながら、デフォルトでの信用と透明性はどちらも同じ問いを私たちに投げかける――自分たちの短所をいったん受け容れたあと、われわれはどうすればいいのか？　サンドラ・ブランドの物語――テキサス州の道端で実際に何が起きたのか？――に戻るまえに、「見ず知らずの相手と話す《トーキング・トゥ・ストレンジャーズ》」という問題のおそらくもっとも極端な例について説明したい。自分の秘密をかたくなに守ろうとするテロリストと、どんな手段を使ってでも秘密を暴こうとする尋問者は、どのようにすればお互いを理解し合えるのだろう？

2

ミッチェルとジェッセンがはじめに出会ったのは、ワシントン州スポーケンの軍施設でのことだった。ふたりはともに、米空軍のＳＥＲＥプログラム（Survival［生存］、Evasion［回避］、Resistance［抵抗］、Escape［脱走］の頭文字）に外部協力者として参加する心理学者だった。米軍のすべての部門には独自のＳＥＲＥプログラムがあり、敵に捕らえられたときに取るべき行動について軍人たちに教えている。

　いったん演習が始まると、予告なしで基地にやってきた地元警察が空軍の軍人たちを取り押さえ、敵の捕虜収容所を模した拘置施設に連れていく。「警察は急に来て軍人たちを呼び止め、逮捕するんです」とミッチェルは説明する。「次に別の担当者が現れ、作戦即応性を調べる検査を行ないます」

　ある演習には、核兵器を搭載した爆撃機の乗組員たちが参加した。当然ながら、彼らの任務に関する情報はすべて機密事項だった。飛行機が敵地に墜落した場合、相手が搭載物に大きな興味を抱くのはほぼまちがいない。ＳＥＲＥプログラムをとおして、爆撃機の乗組員たちは捕虜になったときのための準備を進めていく。

　参加者は寒さや飢えに耐え、何日ものあいだ箱のなかで（寝ずに）立ちつづけることを強いられた。それから尋問が始まった。「こちらは、飛行機の搭載物の情報を軍人たちからなんとか聞きだそうとします」とミッチェルは言った。「実際の尋問とほとんど同じ流れでね」。ＳＥＲＥプログラムのなかで開発された効果的な尋問技術のひとつに「ウォーリング」があった。捕虜役の軍人の首にタオルを巻きつけて頭部を支え、特製の壁に打ちつけるという方法だ。

「偽の壁を使うんです」とミッチェルは解説した。

壁のうしろにバネがあり、すごいしなりで大きな音が鳴る。耳がきんきんするくらいの音です。もちろん、ケガなどがないように細心の注意を払って行ないます。壁はレスリングのマットのような柔らかい素材でできていて、ただ大きな音だけが鳴るようになっているんです。痛くもなく、参加者はただ混乱するだけ。思考パターンがぐちゃぐちゃになって、バランスが崩れます。物理的に身体のバランスが崩れるだけでなく、精神的なバランスも崩れてきます。

ミッチェルの役割はSEREプログラムの設計を手助けすることであり、彼自身もときおり訓練の手順を体験して確かめることがあった。ミッチェルはいちど、尋問のためのもっとも古い常套手段を使った演習に参加した――捕虜本人ではなく同僚について脅迫するというやり方だ。ミッチェルが実際の経験から学んだのは、このシナリオにたいする反応は男女で大きく異なるという点だった。男性は脅しに屈しやすかったが、女性はなかなか屈しなかった。

「女性パイロットに向かって、同僚の男性パイロットに何かすると脅したとします。多くの女性は『お気の毒に』という態度を取りました」とミッチェルは言う。「『あなたはあなたの仕事をしてください。わたしはわたしの仕事をして秘密を守ります。あなたがこんなことになって残念だけど、参加したときにはじめからわかっていたわよね』という態度です」。ミッチェルがはじめてこの傾向について知ったのは、湾岸戦争中に捕虜として敵に身柄を拘束された女性たちから話を聞いたときだった。

なかなか口を割ろうとしない男性捕虜がいると、敵は女性捕虜を引きずりだしてきて、殴ると脅したそうです。多くの男性が屈してしまいました。しかし女性たちは、男性兵士たちが最後まで耐えなかったことに怒りをあらわにしました。「もしかしたら殴られたり、性的ないたずらを受けたりしてしまうかもしれない。ただし、起きたとしてもそれはいちどだけ。でも、わたしを引きずりだせば男性たちが口を割るとわかれば、彼らは毎回同じことをする。だから、わたしにはわたしの仕事をさせてほしいんです。あなたはあなたの仕事をすればいい」

SEREプログラムに自ら参加したとき、ミッチェルは空軍の幹部クラスの女性将校とペアを組んだことがあった。尋問者は彼女にたいし、情報を明かさないならミッチェルを拷問すると告げた。例によって彼女も「話しません」と言って抵抗した。ミッチェルはこう説明する。

私は五五ガロンのドラム缶に入れられて、地面に埋められ、蓋を閉められ、上から土をかけられました。ドラム缶の上部の蓋にホースが突き刺さっていて、そこから冷たい水がちょろちょろと流れてくるんです……おかしな体勢だったのですぐにはわからなかったのですが、排水のための穴はドラム缶のいちばん上、私の鼻の高さのところにありました。

ドラム缶のなかにゆっくりと水が溜まっていった。

ミッチェル　SEREプログラムの担当者になる予定の心理学者を殺すわけがない、とわかってはいましたよ。そう頭のなかでは理解していました。ですが、絶対にそう確信することはできなかった。この気持ちがわかりますか?

著者　そのとき、あなたはどう感じていましたか?

ミッチェル　そりゃ愉しい気分ではありません。膝が胸のところにぴったりとくっついて、動けないんです。腕は身体の横に固定されて、もがくこともできない。身体はストラップでドラム缶の下のほうに留められています。

著者　どの時点で解放されたのですか?

ミッチェル　一時間ほどたってからです。

著者　水はどのくらいの高さまで溜まっていましたか?

ミッチェル　鼻の下あたりでしょうか。顔のすぐ近くに感じましたが、どのあたりかははっきりとはわかりません。首を越えて、耳のあたりまでは来ていたと思います。

著者　なかは暗闇だった?

ミッチェル　ええ、もちろん……もしかしたら一時間もたっていなかったかもしれない。もっと短い時間だったのかもしれません。そうでしょうね。でなければ、低体温症になってしまうはずです。でも、一時間くらいに感じました。いずれにしろ私はドラム缶のなかにいて、身体は底に縛りつけられていた。「おっと、ドラム缶のなかに入れられたぞ。これが閉所恐怖症か調べるつもりか？　平気さ。どうってことない」とはじめは思っていました。でも、そんな悠長な気持ちはすぐに吹き飛びました。ドラム缶にホースが入れられて、金属の蓋がされて、上に岩が置かれたあたりで……

著者　何が行なわれるかまえもって知らされるんですか？

ミッチェル　いいえ、やっている最中に教えられます。

著者　ＳＥＲＥプログラムで行なわれるすべての訓練を、あなたも実際に体験したのですか？

ミッチェル　ええ、もちろんです。

「たくさんの人がドラム缶に閉じ込められました」とミッチェルは語った。当時、それは標準的な研修コースに含まれる演習のひとつだった。

ミッチェル　私は上級コースを受けたこともあります。基本コースも充分に厳しいと思っていましたが……上級コースはもう地獄ですよ。

3

　ここから、ＣＩＡの「強化尋問技術」プログラムが生まれる。ＣＩＡ職員はミッチェルとジェッセンのもとを訪れ、助言を求めた。それまで何年ものあいだふたりは試行錯誤を繰り返し、より効果的な尋問技術を編みだし、実行に移してきた。ＣＩＡが知りたかったのはその情報だった。ミッチェルとジェッセンがＣＩＡのために作ったリストの上位には、「睡眠妨害」「ウォーリング」「水責め」という方法が並んでいた。たとえば、水責めは次のような流れで進む。頭の位置が足より下になるよう斜めにした寝台に相手の身体を縛りつけ、顔に布をかぶせ、口と鼻に向かって水を注ぎ込み、溺れているような感覚を作りだす。じつのところ水責めは、ミッチェルとジェッセンが空軍のＳＥＲＥプログラムで試したことのない数少ない方法のひとつだった。空軍にとって、水責めはあまりに強力な手法だった。彼らが軍人に教え込もうとしたのは、拷問に耐えるためのスキルだった。よって、ほとんどの人がそもそも耐えられない拷問を経験させることに意味はなかった。[*1] しかし、テロの容疑者にたいして使うのは妥当だろうか？　ＣＩＡの多くの職員にとって、水責めの利用は理にかなった選択だった。不測の事態に備えた予防措置として、

＊1　一方、米海軍のＳＥＲＥプログラムでは、水責めの予行演習がたびたび行なわれていた。ただし、訓練にたいする考え方は少しちがった。「なんでも耐えられる、という自信満々の態度でそのような状況に立ち向かうべきだというのが海軍の考え方でした。まんがいち拷問に屈したら、心はズタズタに引き裂かれて立ちなおることができないというスタンスです」とミッチェルは説明する。「同時に海軍のプログラムでは、人はどこかの時点で降伏するものだと教えられます。ただしアメリカの軍人としての仕事は可能なかぎり抵抗することだ、と」。つまり海軍は、最悪の状況について軍人に伝えることを望んだ。一方の空軍のほうは、最悪の状況について軍人に伝えないほうがいいと考えた。

ミッチェルとジェッセンはまず自分たちで試してみることにした。もっとも過酷な手法をあえて選び、四〇秒続けて顔に水を注ぎつづけ、それを二回繰り返し経験してみた。

「私たちとしては、医師が安全な手順を考えだし、看守がその手順をしっかり理解することが大切だと考えました。くわえて、捕虜が実際にどんな経験をすることになるのか、私たちとしても把握しておきたかった」とミッチェルは言った。

著者　自分で体験したときの感想を教えてください。

ミッチェル　超高層ビルの階上《うえ》に行って、下に落ちてしまうかもしれないと感じたことはありませんか？　まさにそういう感覚でした。実際に死ぬとは思いませんでしたが、死んでしまうかもしれないという恐怖に駆られました。

司法省はベテラン弁護士ふたりを尋問現場に派遣し、検討中の拷問技術が合法かどうかを確かめようとした。その際、ミッチェルとジェッセンはふたりにも水責めを経験してもらった。ミッチェルによると、弁護士のひとりは終わったあとに身体を起こして髪を拭き、「最悪だ」と一言だけつぶやいたという。

このようにしてミッチェルとジェッセンは一連の手順を作り上げた。被収容者が質問になかなか答えようとしないとき、まずはもっとも穏やかな「強化尋問技術」から始める。相手がなおも証言を拒むときには、少しずつ強力な方法に変える。その際に使うべき手法として、ふたりはウォーリングと睡眠妨害を推奨した。司法省は睡眠妨害の上限を七二時間に定めたが、ミッチェルとジェッセンにとっては不要なルールだった。彼らがより効果的だと考えたのは、相手を寝かせつつ充分な睡眠を与えず、レム睡眠のサイクルを意図的に壊すことだった。

最後の手段となるのが水責めだった。ミッチェルとジェッセンは、四五度に傾けた病院用の担架を使った。司法省は水責めのルールを次のように定めた――二〇秒から四〇秒おきに三回の深呼吸分のあいだを空け、計二〇分まで。ふたりの心理学者が好んだのは、四〇秒を一回、二〇秒を二回、そのあいだに三秒から一〇秒の間《ま》を置くというサイクルだった。ミッチェルはこう説明する。

大切なのは、肺ではなく鼻に水が入るようにすることです。われわれは、相手を溺死させるつもりは毛頭ありません。はじめは一リットルのボトルに入った水を使っていましたが、医師から生理食塩水を使うよう指導されました。なかには水を飲み込んでしまう人がおり、水中毒[3]になるおそれがあるからです。

はじめに水を注ぐまえに、彼らは黒いＴシャツを被拷問者の顔にかぶせて鼻を覆った。「布はこんな感じでかぶせます」とミッチェルは言い、Ｔシャツをかける様子を真似てみせた。

それから布を持ち上げ、また布をかぶせる。それから布を持ち上げ、また布をかぶせる。そ

れから布を持ち上げ、また布をかぶせる。その連続です。
布を持ち上げたときに、水を注ぐ係の人は動きを止めます。すぐ隣にストップウォッチを持ったスタッフがいるので、何秒間水が注がれているのかを把握することができます。くわえて、医師もそばで待機しています。

尋問室にはたくさんの人がいた。基地の責任者、事件を担当する情報分析官、心理学者などがたいてい同席していた。別室にもＣＩＡの専門家、弁護士、看守など大勢の関係者が集まり、大型モニターをとおして様子を見守っていた。
拷問中には尋問は行なわれなかった。質問するのは拷問のあとだ。

ミッチェル　その男に向かって何かを叫ぶわけではありません。ただ水を顔に向けて注ぎ、会話する口調でもなく、攻撃的な口調でもなくこう言います。「われわれとしても、このような手段を取りたくはない。私たちは、米国内でのテロ活動を止めるための情報を求めている。あなたはすべての情報を把握しているわけではない。私たちもそれはわかっています。ただし、一部の情報を把握していることもわかっている」。水責めを続けながら、そう伝えるんです。「われわれも、このような方法を取りたいわけではない。すべてあなた次第だ」

著者　一般的に強化尋問技術では、必要なレベルまで達したことをどう見きわめるのでしょうか？

ミッチェル　相手が話しはじめます。

ここでいう「話しはじめる」とは、なんらかの詳細、名前、事実などの具体的な情報を明かすことを意味する。

ミッチェル　たとえば、写真を見せて「こいつは誰だ？」と尋ねると、相手はこう答える。「この男は○○だ。だが、そのうしろに立っているのが××だよ。××は△△の計画にかかわっていて……」。こういうふうに、質問以上のことを答えるようになるんです。

ミッチェルとジェッセンは服従に重点を置いた。彼らが望んだのは、被拷問者が自ら進んで話し、情報を提供し、質問に答えるという状況だった。ＫＳＭとの話し合いが始まった早い段階から、口を割らせるためには手持ちのすべての技術を使う必要があるとふたりにはわかっていた。ＫＳＭはアルカイダの末端に属す歩兵ではない。つまり、テロ攻撃に参加するかどうか迷っているようなレベルの人物ではなかった。歩兵の取り調べは簡単だった。そもそも彼らは重要な情報などほとんど持ち合わせていないし、情報を話したところで失うものもない。歩兵の多くは尋問者に協力する。なぜなら、それが自由を勝ち取るためのいちばん手っ取り早い方法だとわかっているからだ。

しかしＫＳＭは、自分がもう自由の身になることなどないとわかっていた。彼には協力する動機がなかった。ミッチェルは、強化尋問技術に否定的な人々が用いる心理的尋問技術についてもすべて心得ていた。「戦場で捕まったふつうのテロリスト、アメリカを敵対視する一般的な聖戦士《ジハーディスト》が相手であれば、心理的な尋問技術がうまく機能することもあります。ただし、筋金入りの男たちには通用しません」

ＫＳＭは筋金入りの男だった。ＫＳＭにたいして、ミッチェルとジェッセンはウォーリングと睡眠妨害しか使うことができなかった。驚くべきことに、水責めに効き目はなかった。ＫＳＭはなんらかの方法を使って鼻腔を自分で開き、鼻に入った水を口から出すことができた。実際に彼がどうやっているのかは最後まで謎で、ミッチェルはそれを「魔法のトリック」と呼んだ。数回の水責めを続けると、ＫＳＭは水が注がれる秒数やパターンまで把握するようになった。すべてのプロセスをあざ笑うように、彼は指で残りの秒数を数えた。拷問が終わると、手で首をかき切るようなジェスチャーをして挑発した。ミッチェルとジェッセンがほかのスタッフに相談するためにいったん部屋を出てから戻ると、ＫＳＭがいびきをかいて寝ていたことさえあった。「ぐっすり眠っていました」とミッチェルは思いだしながら笑った。「その忌々しい状況を想像しただけで、誰でも笑ってしまいますよね。ただし、そのときの部屋はただならぬ雰囲気に包まれていました……」。彼は感嘆するように首を振った。「そんなことは聞いたことがありませんでした。はじめてですよ。水責めの失敗について調査を始めたＣＩＡは、統合人員復旧機関（ＪＰＲＡ）に連絡を取りました」。国防総省のＪＰＲＡは、米軍の各部門が運営するＳＥＲＥプログラムを総括する機関で、水責めに関するあらゆる情報を把握していた。「水責めは研修参加者の全員に効果があった、とＪＰＲＡの担当者は請け合ったそうです。降伏しなかった人はひとりもいなかったと」

ミッチェルとジェッセンは三週にわたってＫＳＭにありとあらゆる拷問を繰り返した。ついに彼は抵抗をやめた。しかし、やっとのことで手に入れたＫＳＭの服従は、問題の解決につながるものではなかった。実際のところ、新たなむずかしい状況が生まれようとしていた。

4

9・11同時多発テロ事件の数年前、精神科医のチャールズ・モーガンが、神経科学に関する軍の会議に出席した。心的外傷後ストレス障害（ＰＴＳＤ）の専門家である彼は、ＰＴＳＤに苦しむ退役軍人がいる一方で、同じことを経験してもなんら影響を受けない軍人がいる理由を解き明かしたいと考えていた。この謎を突き止めるのはひどく難儀なことだ、とモーガンは出席者たちに説明した。彼が望む研究方法は、トラウマを経験するまえの集団を特定し、反応をリアルタイムで追跡するというものだった。しかし、そんなことができるだろうか？　当時、戦争は起きていなかった。被験者たちがいっせいに銃を突きつけられて強盗に遭ったり、破滅的な死を同時に目の当たりにしたりする状況を作るのは不可能に近かった。結婚式前日のカップルを調べるのがいちばんの代替案かもしれない、とモーガンは冗談を言った。

ところが、同じ会議に出席していた陸軍大佐がモーガンのところにやってきて、「あなたの問題を解決できると思いますよ」と告げた。ノースカロライナ州フォート・ブラッグ基地のSERE研修センターに勤めるその大佐は、モーガンを施設に招待した。そこは、ミッチェルとジェッセンが働くスポーケン空軍基地の研修施設の陸軍版だった。「非現実的な場所でした」とモーガンは言った。陸軍は基地のなかに、旧ソ連の僻地や北朝鮮にあるような捕虜収容所のレプリカを作り上げていた。「私が施設を見学したのは、まだ何も行なわれていない早朝でした。霧が立ち込めたどんよりとした朝です。どこかで観た戦争映画のようでしたね。眼を覚ますと、誰もいない強制収容所にいる……そんな場面に出くわしたかのようでした」

モーガンは続けた。

それぞれの訓練サイクルが終わると毎回、元捕虜が参加者に体験談を話しました。「これは私に実際に起きたことです。あなた方はいま小さな檻のなかで三時間過ごした。私はそこに四年も住んでいたんです。やつらは、こんなふうに私を騙そうとしてきた……」

モーガンはおおいに心を惹かれたものの、まだ懐疑的だった。彼はPTSDについて研究することを望んでいた。SERE研修施設で行なわれるのは、敵の捕虜となって尋問されることを想定した現実的なシミュレーションだった。とはいえ、あくまでもシミュレーションにすぎなかった。結局のところ参加者はみなノースカロライナ州にいて、訓練が終わったあとはビールを飲みにいったり、友だちと映画を見にいったりできる。「軍人たちは自分が研修中の身であり、訓練を受けていると認識しています。実際の戦闘状態のときのような緊張感などあるはずもない」とモーガンは自問した。SEREプログラムの指導官たちは彼の意見を聞いてにやりと笑った。「研修を半年くらいモニター調査してみたらどうかと提案されました。それから毎月、二週間ほど基地に行って研修を見学しました。フィールドワーク中の人類学者になって、日々起こる眼のまえの出来事を記録しているような気分でした」

まずモーガンは尋問の訓練について調査し、研修を終えた兵士たちの血液と唾液を採取した。学術誌『生物学的精神医学』（*Biological Psychiatry*）のなかで、モーガンは調査結果を報告した。

シミュレーション訓練によって引き起こされる現実的なストレスは、コルチゾール、テストステロン、甲状腺ホルモンに急速かつ深刻な変化をもたらした。これらの変化は、大手術や戦闘などの身体的ストレス因子にさらされた個人の体内で記録される変化と同等レベルのものである。[4]

すべては架空の尋問だった。それぞれのセッションは三〇分続いた。被験者の多くは、グリーンベレーなどの特殊部隊に属する軍人たちだった。そのような軍の精鋭たちがみな、実際の戦闘に参加するときとほぼ同じ反応をみせた。軍人が次から次に泣きだす姿を、モーガンは衝撃とともに見つめた。「ほんとうにびっくりしました」と彼は言った。「なかなか理解できませんでした」

参加するのは屈強な軍人たちばかりです。彼らにとってはちょっとしたゲームのようなものにちがいない、とシミュレーションが始まるまえの私は考えていました。まさか、軍人たちが苦しんだり泣いたりする姿を見るとは予想していませんでした。それは肉体的な圧力のせいではなかった。誰かに手荒い扱いを受けているからではありませんでした。

彼らはみな、几帳面で、規律正しく、意気軒高な兵士たちだった。モーガンが気づいたのは、状況の不確実性が彼らを不安にさせていたということだった。

兵士たちの多くは、「まずルールを知り、やるべきことを把握する」という考え方で仕事を進めていました。調査を続けるうちに、兵士たちのストレスの大部分を駆り立てていたのが、「正しい答えが見えない」といった内なる警戒心なのだとわかりました。

それからモーガンは、ＳＥＲＥプログラムの参加者に「レイ＝オステライト複雑図形」を使った検査を受けてもらった。被験者には次頁の上の図形が示された。

まず、被験者は図形を暗記する。図形が隠されたあと、被験者は記憶を頼りに図形を再現して描く。多くの大人はこのタスクを得意としており、きまって同じ戦略を使う――さきに図の輪郭を描き、それから詳細をつけ足していく。一方、子どもの多くは断片的アプローチを利用す

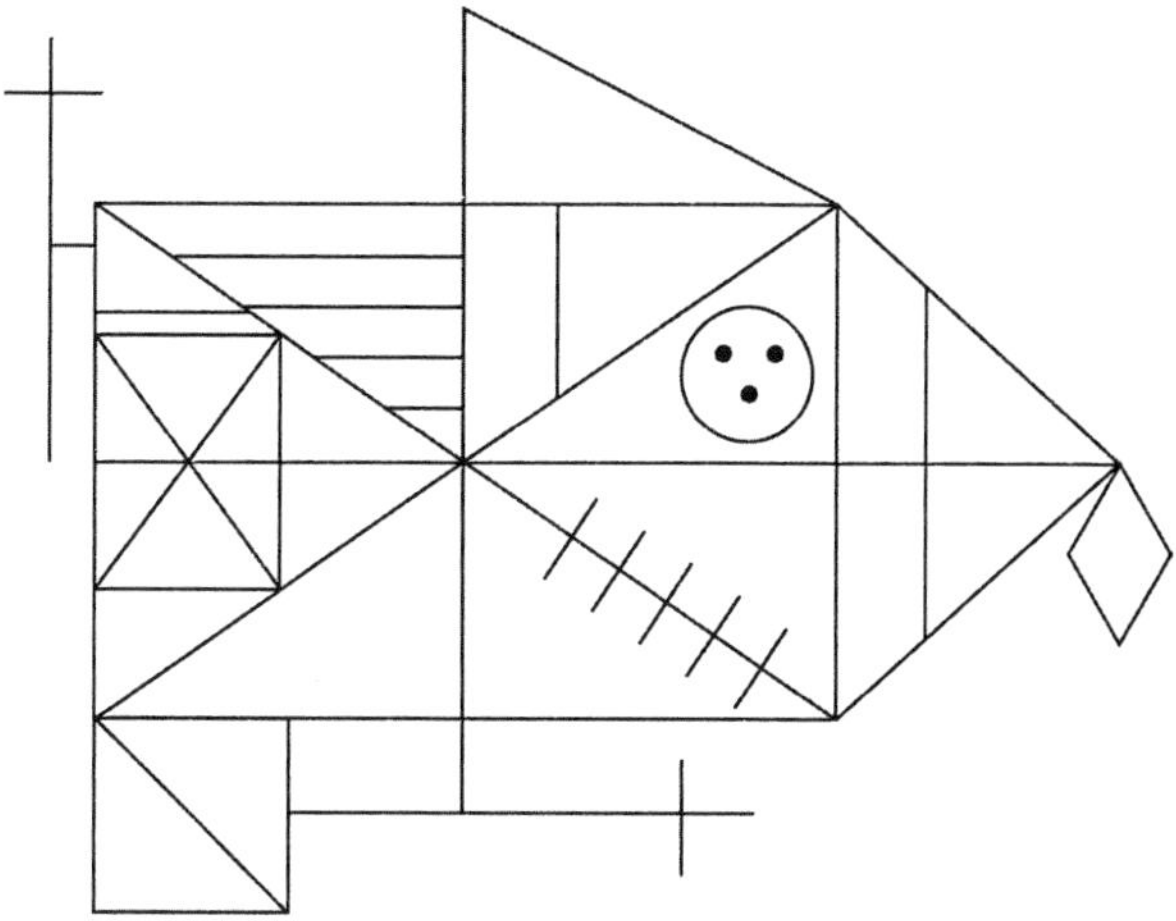

被験者に示された図形

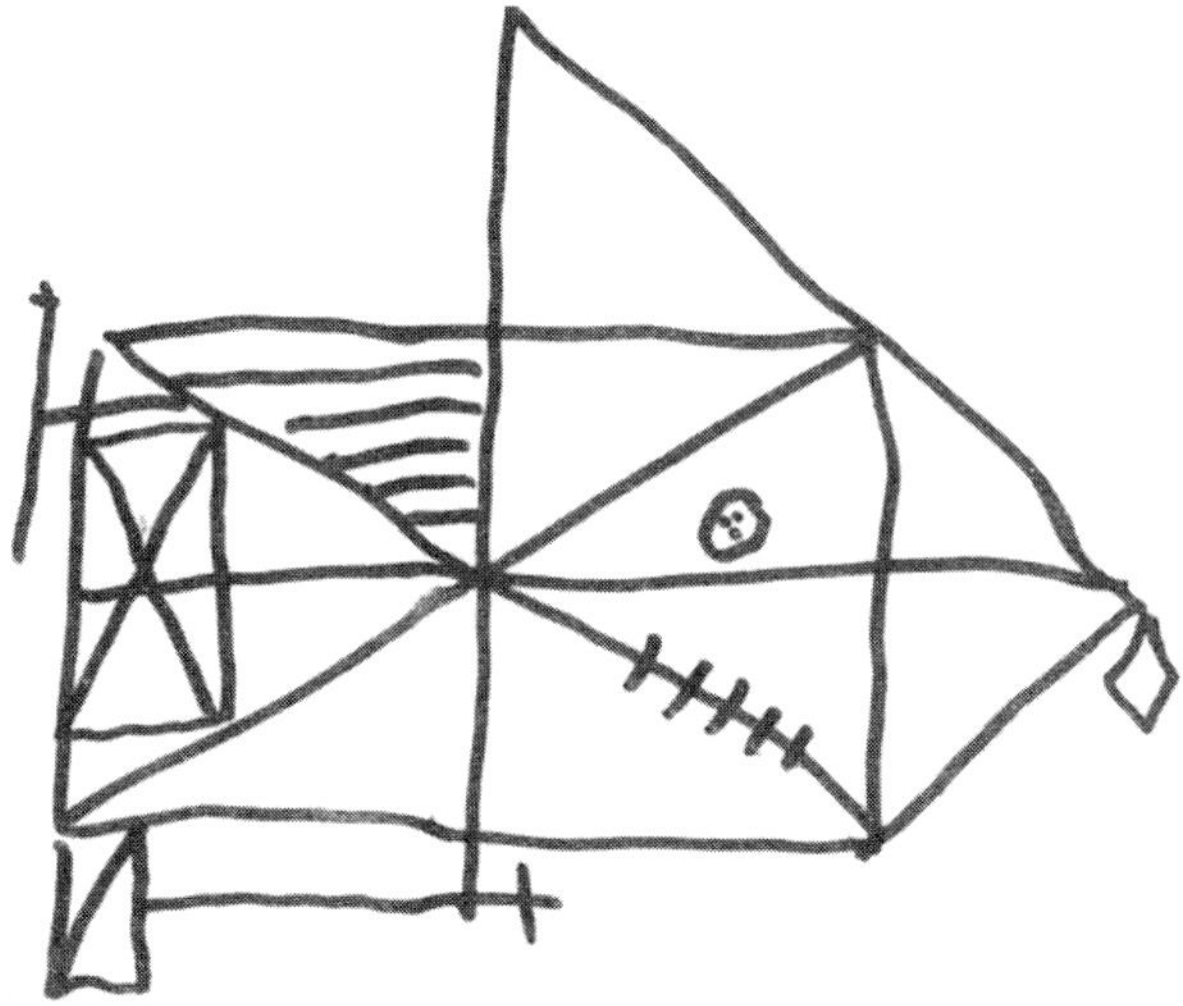

尋問前の兵士が再現した図形

る——図形のどこか一部分をさきに描いてから、次の部分に移る。尋問を受けるまえのＳＥＲＥプログラム参加者はみな、この図形テストをやすやすとクリアした。結局のところ、複雑な視覚情報をその場で記憶して再現するというのは、特殊部隊の兵士が日ごろから訓練していることのひとつだ。前頁の下の図形は、尋問前の兵士が記憶を頼りに再現したレイ＝オステライト図形の典型的な例だ。[5] かなり優秀であることは誰の眼にも明らかだろう。

しかし尋問を受けた一五分後、同じ兵士は下のような図形を描いた。

別の実験では、拷問をともなう厳しい尋問を受けたあとの被験者の八割が、断片的アプローチで図形を描こうとした。「それは思春期前の子どもが使うような手法であり、前頭前皮質の機能が一時的に停止していることを意味します」とモーガンは説明した。

尋問にかかわる関係者の全員にとって、モーガンの研究結果はとりわけ不穏なものだった。尋問において大切

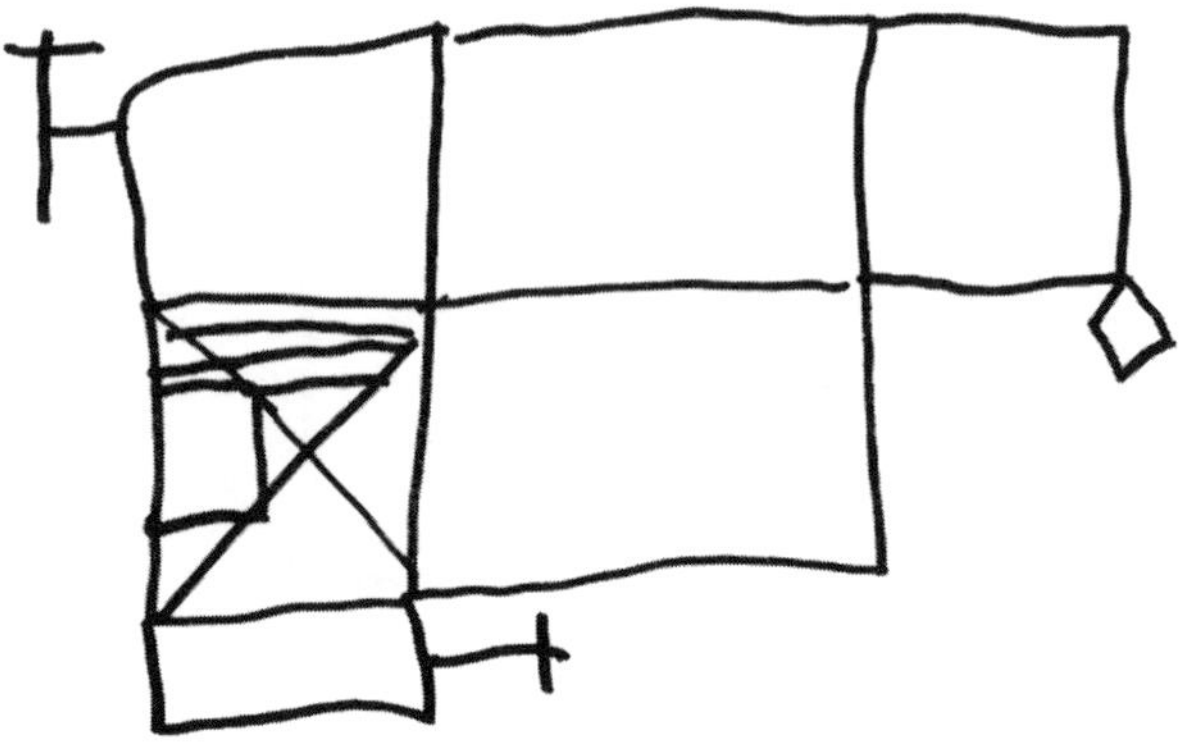

尋問後の兵士が描いた図形

なのは、相手が秘密を明かすよう仕向けることだ。対象者の記憶の殻を破り、そのなかにある情報を手に入れることだ。しかし、服従させるためのプロセスが、被尋問者にとって非常にストレスの多いものだったら？　そのプロセスが、彼らの記憶の機能になんらかの影響を与えるとしたら？　モーガンは、眼のまえで大人が子どもへと変わっていく姿を目撃した。

SEREプログラムの調査の初期段階で起きたある出来事について、モーガンはこう説明する。

施設のなかで、受講者たちの唾液を集めていたときのことです。一連の訓練が終わって門が開いたので、私もいっしょに外に出ました。軍人たちの家族が待っており、みんながあいさつを交わしていました。私も受講者のところに行き、「さきほどはありがとうございました。今日の訓練はほんとうにたいへんでしたね」と伝えました。

するとと受講生の数人が、「あれ、いつ来たんですか？」と訊いてきました。

私はびっくりして言いました。「『いつ来た』ってどういうことですか？　二〇分前、あなたから唾液を採取しましたよ。質問票にもきちんと記入してもらいました」

「すみません、覚えていません」

「ついこのあいだの夜も、あなたが尋問されているところを見ましたけど」と私は説明しました。

彼らはみな戸惑っていました。「あれ？　どういうことかよく意味がわからないな」

「信じられない」と私が言うと、指導官のひとりがこう教えてくれました。

「いつも起きるんですよ。三〇分前、私は彼らを怒鳴りつけていた。それなのに、私のことさえ忘れてしまう人がいる」

驚いたモーガンは、その場で簡単な実験をしてみることにした。警察の面通しのように、指導官、将校、見ず知らずの部外者数人に一列に並んでもらった。

「部隊の医師がちょうど休暇から戻ってきたところでした……面通し実験に参加してほしいと私は医師に言い、列にくわわってもらうことにしました」

それからモーガンは軍人たちに指示を出した。「私たちが知りたいのは、部隊を運営し、あなたに罰を与えることを命じた人物が誰かということです。その人物が列にいたら、教えてください。列にいなければ、『いない』と答えてください」。つまり、部隊の責任者である司令官を特定してもらうという簡単なタスクだった。

「五二人の研修者のうち、二〇人が医者を選びました……医者はびっくりしていましたよ。『私はここにいなかったんですよ！　ついこのあいだまでハワイにいたんですよ！』と言ってね」[*2]

答えをまちがったのがひとりだけなら、充分に理解できることだろう。当然、人間はときにまちがいを犯す。ふたり、あるいは三人が誤認したとしても不自然ではない。しかし、五二人のうち二〇人が答えをまちがった。これが裁判だったら、不運な医師は有罪評決を受けて刑務所送りになってしまうにちがいない。

9・11のあとＣＩＡで働くことになったモーガンは、この調査結果にどれほど大きな意味があるのか同僚たちに伝えようとした。CIAのスパイや秘密の情報提供者は世界各地で活動していた。くわえて、強制的に寝返らせた協力者や捕虜からさまざまな情報を集めていた。このような情報提供者は、ときに自信いっぱいに話を伝えた。なかには、当局が大きな信頼を寄せる情報提供者もおり、一部の情報はきわめて信憑性が高いと判断された。しかしモーガンは懐疑的だった。それが、強いストレス下に置かれた人物が提供した情報だとしたら——イラク、アフガニスタン、シリアの悪夢を経験したばかりの人物からもたらされた情報だとしたら——ほんとうに正確かどうかはわからない。はたまた、本人が不正確な情報だと気づいていない可能性もあるはずだ。医者は何千キロも離れた場所にいたにもかかわらず、軍人たちは声をそろえて「医者だ！　おれが見たのは医者だ！」と言った。「『この調査結果の意味することはとても不穏なものですよ』と私はほかの分析者たちに警告しました」

では、ジェームズ・ミッチェルとブルース・ジェッセンが遠く離れたブラック・サイトでKSMにたいして使った尋問方法について知ったとき、チャールズ・モーガンは何を思ったのか？

CIAに協力するまえにも言いましたし、協力中もずっと言いつづけましたよ。睡眠を妨害された人物から情報を得ようとするのは、ハンマーでぶっ壊した無線機から質の高い信号を

＊2　同じくモーガンが行なった大規模な実験では、写真による面通しに参加した軍人一一四人のうち七七人が、尋問者を特定できなかった[6]。この実験が行なわれたのは、なんと尋問から二四時間後！　自分の回答にどれくらい自信があるか軍人たちに尋ねたところ、自信度と回答の正確さには関連性がないことがわかった。

得ようとするようなもので、まったく意味のないことだとね。

5

KSMがはじめて公の場で発言したのは、二〇〇七年三月一〇日の午後のことだった。[7] パキスタンのイスラマバードで彼がCIAに拘束されてからちょうど四年が過ぎたその日、キューバのグアンタナモ湾にある米海軍基地で裁判が開かれた。KSMのほかに八人が同席した――KSMに割り当てられた〝代理人〟、通訳、米軍の四軍の士官たち。

KSMはまず、裁判の意味を理解しているか訊かれた。理解している、と彼は答えた。次に、KSMにたいする容疑の詳細が読み上げられた。代理人をとおして、彼はいくつか訂正をくわえた。「証拠概要のなかの私の名前のスペルがまちがっています。件名にS-h-a-y-k-hとありますが、正しくはS-h-a-i-k-h、あるいはS-h-e-i-k-hとなります」。さらにKSMは、コーランの一節を翻訳したものが欲しいと要求した。事務手続きについていくつか確認が終わると、代理人がKSMの自供書を読み上げた。

強制されたわけではなく、自らの意思により私は次のように認めます。

私はウサマ・ビン・ラディン導師《シャイフ》に忠誠《バイア》を誓い、聖戦《ジハード》を決行しました……

私は、ウサマ・ビン・ラディン導師による作戦の実行を取り仕切る幹部として、9・11作戦の組織、計画、フォローアップ、実行を担当しました……

アブー・ハフス・アル・マスリ・スブヒ導師の死後に私は、炭疽菌などを作る生物兵器生産チームの管理と調査、アメリカ本土での汚い爆弾《ダーティー・ボム》作戦のフォローアップを自ら担当することになりました。

それから彼は、「責任ある参加者、主たる計画者、訓練者、（軍事評議会の資金を管理する）財務担当者、遂行者、あるいは個人的な参加者」としてかかわったアルカイダによる全活動のリストを挙げた。リストには三一の項目があった。シカゴのシアーズ・タワー、ロンドンのヒースロー空港やビッグ・ベン、世界各地のアメリカとイスラエル大使館などへのテロ攻撃、ビル・クリントンやヨハネ・パウロ二世にたいする暗殺計画など、恐ろしい計画が事細かに説明されていた。たとえば、項目25〜27には次のように書いてあった。

25　私は、米国の数州に電気を供給する原子力発電所を攻撃するために必要な監視活動を担当していた。

26　私は、ヨーロッパのＮＡＴＯ本部を攻撃するための計画、調査、資金調達を担当していた。

27　私は、ボジンカ計画を実行するために必要な計画と調査を担当していた。この計画は、多くの客が搭乗するアメリカ系航空会社の飛行機一二機を墜落させるというものである。私個人は、パンアメリカン航空機のマニラ＝ソウル便の往復の流れを監視していた。

代理人による自供書の朗読が終わると、裁判官がＫＳＭのほうに向きなおって言った。「ハリド・シェイク・モハメドさん、まずお尋ねします。いま代理人が読み上げた自供書の内容は、あなた自身の言葉で書かれたものですか？」。ＫＳＭは肯定し、それから自らの行動について長々と情熱的に説明した。自分はただの戦士であり、ほかの兵士と同じように闘っていただけだと彼は言った。

アダムとイブの息子カインが弟アベルを殺したときに戦争は始まり、現在まで続いています。殺人行為はけっして終わりません。言語がこの世に存在するのと同じです。アメリカ人が独立戦争を始め、のちに米墨戦争が起きた。それから米西戦争、第一次世界大戦、第二次世界大戦と続いた。歴史を見れば、戦争に終わりがないことがわかるはずです。それが人生というものです。

ＫＳＭの驚くべき告白は、ミッチェルとジェッセンにとって勝利を意味するものだった。二〇〇三年に彼らのもとにやってきたＫＳＭは、怒りに満ちた挑発的な人物だった。その男がいま、自分の過去を進んで明らかにしていた。

しかしＫＳＭの協力的な態度には、大きな疑問符がついたままだった。彼の話は真実なのか？いったん拷問のストレスにさらされると、人々はチャールズ・モーガンが目撃した領域へと入っていく。KSMがあらゆる犯罪について告白したのは、たんにミッチェルとジェッセンを止めるためだったのか？　一部の報告によると、ふたりは一週間にわたってKSMの睡眠を妨害したという。そのような過酷な虐待を受けたあと、何がほんとうの記憶なのかKSMはきちんと把握できていたのだろうか？　神経科学者のシェーン・オマラは著書『なぜ拷問は機能しないのか？』（*Why Torture Doesn't Work*［未訳］）のなかで、こう指摘する。「長い時間にわたる睡眠妨害によって、表面的な服従のようなものが生みだされる可能性はある。その一方で、脳システムの構造――まさに尋問者が知りたい情報の処理をつかさどる構造――を長期的に作り変えてしまうリスクがある[8]」

元CIA高官のロバート・ベアは裁判での供述の内容を読み、KSMは「話をでっちあげている[9]」と結論づけた。KSMは標的のひとつとして、シアトルのダウンタウンにあるプラザ銀行の建物を挙げた。しかしプラザ銀行が会社として設立されたのは、KSMが逮捕されてから数年あとのことだった。別の元CIAベテラン職員のブルース・リーデルは、そもそもKSMの協力を取りつけるのを困難にした理由――刑務所から一生出ることができないという事実――が、彼の主張を疑わしいものにしたと訴えた。「有名なテロリストとして記憶される以外、彼の人生にはもう何も残っていません」とリーデルは主張した。「KSMは自分がどれほど重要な人間なのかを知らしめようとしている。それが、逮捕されてからずっと問題だったんです[10]」。残りの人生を刑務所の独房で過ごすことが決まっているのなら、歴史の教科書に載るほうがましだと考えてもおかしくはない。KSMの告白は延々と続いた。

9　私は、パナマ運河を爆破・破壊する作戦の計画、訓練、調査、資金調達を担当していた。

10　私は、カーター大統領を含む歴代大統領の数人の暗殺計画のための調査と資金調達を担当していた。

ＫＳＭが自分の手柄だと主張しなかったことは？

ＫＳＭの供述内容について批判する人は大勢いたものの、ＫＳＭを尋問する必要性について疑問を投げかけた者は誰ひとりいなかった。見知らぬ相手を理解するのがむずかしいからといって、はじめから理解するのをあきらめるべきだという意味ではない。出資金詐欺の計画者や小児性愛者が自由に歩きまわることなど許されない。イタリア警察にはアマンダ・ノックスを理解する責任があった。ネビル・チェンバレンが必死になってヒトラーと会おうとした理由は？　なぜなら、世界戦争の脅威が迫りくるなかでは、敵と和解しようとする努力が不可欠だからだ。

　ところが、見ず知らずの人の本性を暴こうとすればするほど、相手はさらにわかりにくくなる。実際にヒトラーに会わなかったほうが、チェンバレンはうまく事《こと》を運べていたはずだ。家にとどまり、ただ『我が闘争』を読んでいたほうがよかったにちがいない。ジェリー・サンダスキー事件の捜査のなかで警察は、二年にわたって被害者たちをくまなく調べ上げた。結果としてもたらされたのは明確な答えではなく、混乱だった。変わっていく物語、浮かび上がっては消えていく疑惑……。サンダスキーのもとに嬉々として子どもたちを送りだしていた親たちは、のちに恐ろしい犯罪の廉《かど》で彼を非難するようになった。

ジェームズ・ミッチェルも同じ立場にいた。ＣＩＡには、９・11後にアルカイダが第二の攻撃を計画していると信じるに足る充分な理由があった。核兵器が使われるおそれさえあった。ミッチェルは、なんとしてでもＫＳＭから自供を引きださなければいけなかった。ところが話をさせようと努力するほど、ＫＳＭとの意思疎通の質は低下していった。ミッチェルが一週間にわたって睡眠を奪った結果、ＫＳＭはありとあらゆる犯罪について告白するようになった。しかし、彼はほんとうにパナマ運河を爆破しようと計画していたのだろうか？

われわれの社会のなかにいる見知らぬ他人について知りたいことがなんであれ、それは頑丈なものではない。アマンダ・ノックス、ジェリー・サンダスキー、ハリド・シェイク・モハメドについての〝真実〟は、光り輝く硬い何かではない。しっかり掘り下げて判断すれば、かならず見つかるようなものではない。見知らぬ他人について私たちが知りたいことは、脆くて壊れやすい。不注意にどすんどすんと歩いていけば、踏みつけられてぐしゃぐしゃになってしまう。ここから、ふたつ目の警告を導きだすことができる――見知らぬ他人を理解するための探求には限界がある、と私たちは受け容れなくてはいけない。すべての真実を知ることなどできるはずがない。私たちは、それ以下の何かで満足しなくてはいけない。見知らぬ相手と話をするためには、慎重さと謙虚さを持つことがなにより大切になる。これらの教訓を肝に銘じていれば、本書でここまで説明した危機や論争をいくつ回避できただろう？

そろそろ、あの日の出来事に戻るときが近づいてきた。テキサス州プレーリー・ビューで、ブライアン・エンシニアがサンドラ・ブランドの車を停めたあの日、実際には何が起きたのか？

しかしそのまえに、最後にひとつだけ検討しておくべきことがある——奇妙なほど見過ごされがちな〝結びつき〟の現象だ。

第5部　結びつき（カップリング）

第10章　シルビア・プラス

1

一九六二年秋、アメリカ人の詩人シルビア・プラスは、イギリスの片田舎にあるバンガローを出てロンドンに向かった。新たなスタートが必要だった。夫で詩人のテッド・ヒューズは彼女とふたりの幼子を捨て、別の女性のもとに行ってしまった。ロンドンに着いたプラスは、高級住宅街のプリムローズ・ヒル地区にアパートメントを借りた。タウンハウスの最上階の二フロアが彼女の新たな住処になった。「いまロンドンから手紙を書いています。とてもうれしくて言葉にならないくらい」[1]と彼女は母親宛ての手紙に綴った。「それに、なんとW・B・イエーツの家なの。玄関の扉の上に、彼がむかしここに住んでいたって書かれた青いプレートが貼ってあるの！」

プリムローズ・ヒルに移り住んだプラスは、子どもたちが寝ている早朝の時間帯を執筆活動に充てた。彼女の速筆ぶりは類まれなものだった。一二月には詩集を書きおえ、出版社の担当者はピューリッツァー賞を受賞してもおかしくない出来だとお墨つきを与えた。プラスはまさに、世界でもっとも有名な若い詩人のひとりになろうとしていた（評判が実際に高まったのは数年後）。

一二月下旬、イギリスは恐ろしい寒波に襲われた。ここ三〇〇年でもっとも厳しい冬といっても過言ではなかった。雪が降りはじめ、その後ずっとやまなかった。氷が張ったテムズ川では、住民たちがスケートをして遊んだ。水道管が凍結した。停電やストライキがたびたび起きた。生涯うつ病と闘いつづけてきたプラスに、また暗闇が戻ってきた。友人で文芸評論家のアルフレッド・アルバレズは、クリスマス・イブにプラスに会いにいった。「彼女はすっかり変わってみえた」[2]とアルバレズは回顧録『自殺の研究』に綴った。

> ふだんは女教師みたいにかたく結んでいた髪を、ほどいてしまっていた。それを腰のところまで長く垂らし、血色はわるいし、軀はやせているから、密教の祭儀を終えて疲れきった巫《み》女《こ》みたいに、心がすさみながら興奮していて妙な具合だった。わたしを案内して玄関の廊下を通り、階段をのぼった……そのときの彼女は動物じみたいやな臭いがした。

プラスのアパートメントは質素で寒く、わずかな家具しか置かれていなかった。子どもたちのためのクリスマス飾りもほとんどなかった。「不幸な人間には」とアルバレズは続けた。「いつだってクリスマスはいやなものだ。四方から押しよせてくる、すさまじいまやかしの明るさ、善意と平和と一家団欒の騒ぎが、孤独と憂鬱をことさら耐えがたいものにする。シルビアがあれほど神経をたかぶらせているのを、わたしは見たことがない」

ふたりはワインを一杯ずつ飲んだ。いつもの習慣にしたがい、プラスがアルバレズに最新の詩を読んで聞かせた。どれも暗い詩だった。年が明けても、天気は悪くなる一方だった。プラスは元夫と対立するようになった。彼女は、オペア［ホームステイしながら子どもの世話をする外国人留学生］をクビにした。ある日、プラスは子どもたちを連れ、近くに住むジリアンとゲリー・ベッカー夫妻の家に泊まりにいった。「ひどい気分なの」と彼女は言った。プラスは抗うつ剤を飲み、眠りにつき、涙を流しながら眼を覚ました。それが木曜日だった。金曜日、彼女は元夫のテッド・ヒューズ宛てに手紙を書いた（ヒューズはのちに「お別れの手紙」と呼んだ）。日曜日、プラスはゲリー・ベッカーに頼み込み、子どもといっしょにアパートメントまで車で送ってもらった。夕方、プラスが子どもたちを寝かしつけたのを確かめたあと、ベッカーは帰宅した。それから数時間のどこかの時点で、プラスは食べ物と水を子ども部屋に置き、彼らが眠る寝室の窓を開けた。かかりつけ医の名前と電話番号を書き、そのメモを廊下の乳母車に貼りつけた。それからタオル、布巾、テープで台所の扉を目張りした。彼女はガス栓をひねり、オーブンのなかに頭を入れ、自らの命を絶った。

2

詩人は若くして死ぬ。それはただの常套句ではない。詩人の平均寿命は、劇作家、小説家、ノンフィクション作家に比べて著しく短い。くわえて、俳優、音楽家、作曲家、小説家よりも「情緒障害」を発症する割合が高い。あらゆる職業区分のなかでも詩人の自殺率は圧倒的に高く、その率は一般人口の五倍に上る[3]。詩を書くことについての何かが、心に傷を負った人を惹きつけるのか、あるいは新たな傷を作りだしてしまうようだ。とはいえシルビア・プラスほど、絶望的な天才のイメージを完璧に体現した人はほとんどいない。[*1]

プラスは〝自殺〟に取り憑かれていた。彼女は自殺について考え、自殺について綴った。「自殺を、ほかの危険な、冒険心をそそる行為と同じ調子で語っているのである。切迫した気持ちを思いつめたように訴えているが、みじめな言いかたはぜんぜんしていない」[2]とアルバレズは説明した。「死というものを、再三打ちかかってきた肉体的挑戦とみているように感じられる……スキーをろくに知らずに危険な雪のスロープを滑降したりする……のと同質の経験であった」

プラスは、自殺のリスクが高まるすべての基準を満たしていた。彼女は以前にも自殺を試みたことがあった。かつて精神疾患を患っていた。家族や友人から離れて異文化に暮らすアメリカ人だった。崩壊した家庭で生まれ育った。心酔した男性に拒絶されたばかりだった……。[*2]

自殺した夜、プラスは自分のコートと鍵をベッカーの家に置いていった。プラスについて綴った本のなかでジリアン・ベッカーは、その行動をプラスの決意の強さの表れだと解釈した（プラスの知り合いの誰もが――内容の濃淡の差はあれど――彼女についての本を少なくとも一冊は執筆した）。

＊1　著名な詩人であるスティーブン・スペンダーはこう綴った。「……つまり詩人は普通の社会において、己れの天職の要求するさまざまな事柄に対して、多少なりとも意識的に自分を適応させなければならないということである。このため、詩人の奇矯さとか、多くの人たちが狂気に近いものだと言うインスピレーションの状態に自分を近づけなければいけない」[4]

夫のゲリーかわたしがコートと鍵を持って夜中に追いかけてくると彼女は想定していたのだろうか？　ちがう。最期の瞬間の彼女は、自ら招いた死から救われることを期待してもいなかったし、望んでもいなかった。[6]

監察医の報告書によると、あたかも自殺をやり遂げることを固く誓うかのように、プラスはできるかぎりオーブンの奥まで頭を突っ込んでいたという。ジリアン・ベッカーはさらにこう説明する。

彼女は、踊り場と居間につながる扉の下の隙間をふさぎ、ガス栓を全開にし、布巾をきれいに畳んでオーブンの底に敷き、その上に頬を置いた。

プラスの意図に疑いの余地などあるだろうか？　自殺する数日前、彼女はこんな詩を書いた。

その女は完成される。
彼女の死んだ
身体は成功の微笑をまとい……
そのむき出しの

両足は語りかけるかのようだ、

「わたしたちははるばる歩いて来たのよ、でももう終わった」[7]

［Edge（縁）］

シルビア・プラスの詩や人生についての説明を読み、その精神状態について少しだけ知った私たちは、彼女を理解したと考える。しかし、ここに多くの人が見落としがちな事実が隠れている。それこそ、よく知らない他人との関係のなかで犯しやすい三つ目のまちがいだ。

＊2　アーネスト・シュルマンは論文のなかでこう説明する。「三〇歳で自殺したときのシルビア・プラスの状況は、自殺のリスクが高まるいくつかのカテゴリーに当てはまっていた。自殺企図者は人口の五パーセント程度ではあるものの、自殺既遂者の三分の一は以前に自殺を図ったことがある未遂者である――これにプラスも含まれる。自殺者のかなりの割合は元精神疾患者である――ここにもプラスが含まれる。離婚者の自殺率は既婚女性よりも数倍高い――プラスは離婚しようとしていた。どの国でも外国人の自殺率は地元住民より高い――プラスはなじみのある場所や人々から遠く離れたイギリスで生活していた。自殺者は、重度のストレスにさらされた孤立者である傾向が強い――これもプラスに当てはまった。崩壊した家庭が大多数の自殺者を生みだす――プラスも崩壊した家庭の出だった……かつてプラスは、夫の〝偉大さ〟は、彼女自身に栄光の夢を与えてくれると語った。しかし、その男性とは二度とつながりを持つことができなくなった」[5]。くわえて、八歳のときに亡くなった父親にたいする不完全な深い悲しみもまた、自殺のリスクを高める要素になった。「死への中途半端な悲しみによって発育が妨げられた子どもは、しっかりとした人格形成や強い感情的つながりの維持のために必要な人間関係を築くのが苦手になる。プラスの自己愛こそが、究極的には彼女の破滅の原因だった」

3

第一次世界大戦のあと、イギリスの多くの家庭では、コンロや湯沸かし器のために「石炭ガス」が使われはじめた。石炭から作られたガスは、さまざまな化学物質の混合物だった――水素、メタン、二酸化炭素、窒素。そしてもっとも重要なことに、無臭で致死性の高い一酸化炭素も含まれていた。この最後の事実が、ほぼすべての人に自宅で自殺するための簡単な手段を与えることになった。石炭ガスの致死性に関して一九二七年に書かれた論文のなかで、ある医師はこう説明した。

ほとんどの事例の犠牲者はコートや毛布で頭を覆い、ガス栓につないだホースをその下から差し込んでいた……いくつかの例では、椅子に坐ってガスホースをくわえるか口に近づけ、手で持ったままの状態で死んでいた。ガスオーブンに頭を入れ、床に横たわっている死体もあった。ある女性は、ティーポットの保温カバーで作ったマスクをかぶってひもを縛り、カバー上部の穴からガスホースをなかに差し込んだ。[8]

シルビア・プラスが自ら命を絶った前年の一九六二年、イングランドとウェールズでは五五八八人が自殺した。[9]そのうち四四・二パーセントにあたる二四六九人が、シルビア・プラスと同じ方法を選んだ。当時のイギリスでは、自殺の死因としてもっとも多いのが一酸化炭素中毒だった。

薬の過剰摂取や橋からの飛び降りなどのほかの死因に比べても、一酸化炭素中毒の割合は圧倒的に高かった。

しかし一九六〇年代の同じ時期、英国のガス産業は大きな転換期を迎えようとしていた。石炭ガスはますます高価になり、そのうえ環境にも悪かった。北海に大量の天然ガスが埋蔵されていることがわかると、全国規模での石炭ガスから天然ガスへの切り替えが決まった。かつてない規模の計画だった。天然ガスの科学的な特性は石炭ガスとは大きく異なるものだった。完全燃焼させるには二倍の酸素が必要になり、燃焼速度もはるかに遅く、ガスの圧力をより大きくする必要があった。これらの事実が合わさると、イギリスのほぼすべての家庭に現存するコンロのガス噴出口やバーナーのサイズや形が規格外になることを意味した。かくして、国じゅうのすべてのガス器具の改良や交換が必要になった。メーター、炊事用具、給湯器、冷蔵庫、ポータブル・ヒーター、ボイラー、洗濯機、火格子……。新しい精製所が建設され、全国で新しいガス管が引かれることになった。ある政府高官は「平時におけるこの国の史上最大のプロジェクト[10]」と表現したが、それは誇張などではなかった。

長いプロセスは一九六五年に始まった[11]。まず、ロンドンから五〇キロ離れた人口七八五〇人の小さな島でモデル事業が行なわれた。次にヨークシャーとスタッフォードシャー、それからバーミンガム……。国内のすべてのアパートメント、家、会社、工場のガス設備がひとつずつ切り替えられていった。約一〇年後の一九七七年秋、プロジェクトはついに終わった。水素、メタン、二酸化炭素、窒素、一酸化炭素が含まれた石炭ガスは、天然ガスに置き換えられた。天然ガスに

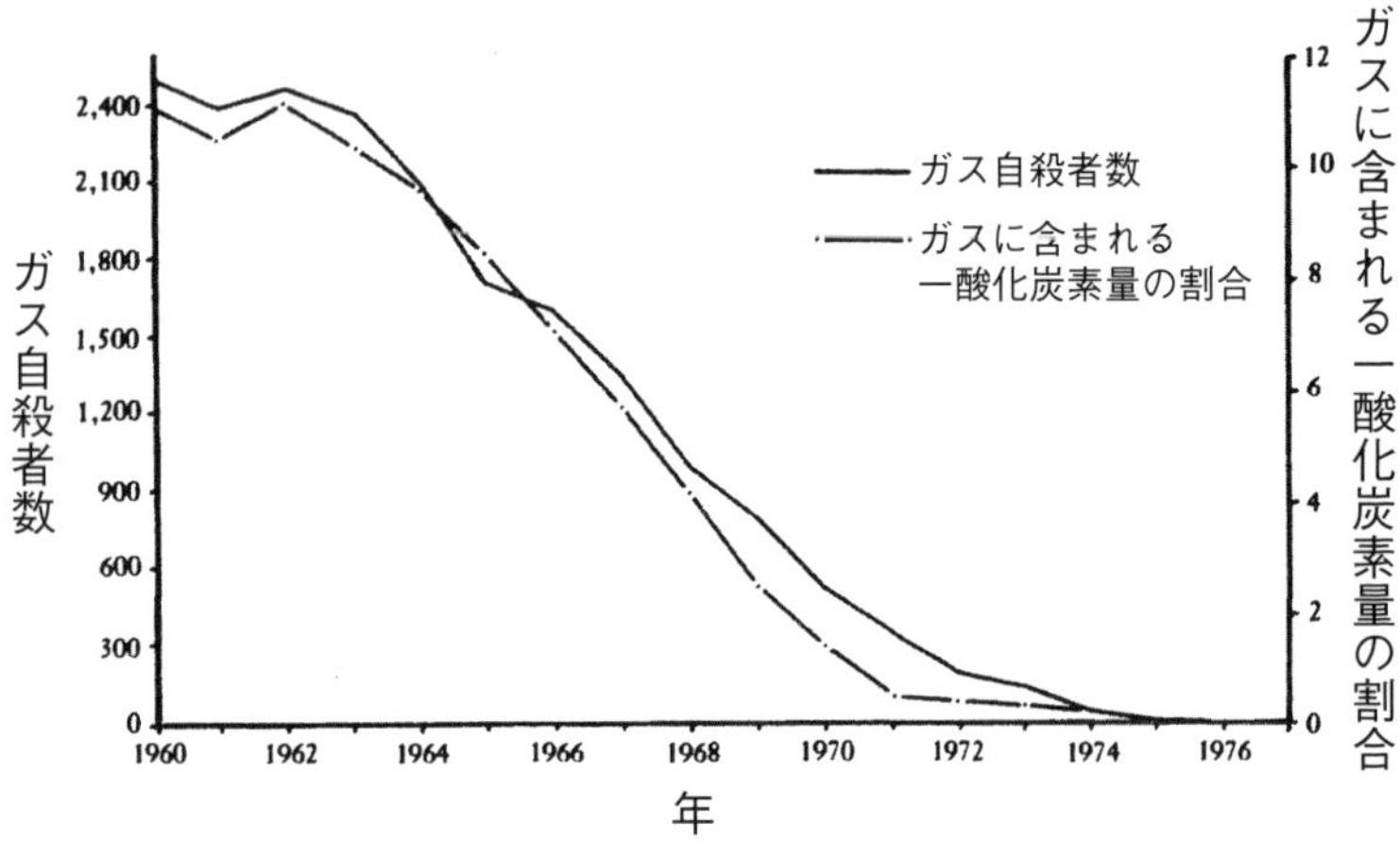

はメタン、エタン、プロパン、少量の窒素、二酸化炭素、硫化水素が含まれていたものの、一酸化炭素はいっさい入っていなかった。一九七七年以降、オーブンに頭を突っ込んでガス栓を開いたとしても、せいぜい軽い頭痛か首の痛みに苦しむくらいになった。

一九六〇年代から七〇年代にかけて石炭ガスが徐々に天然ガスに切り替わっていくあいだに、ガスによる自殺者数がどのように変化したのか、上のグラフを見てみよう[9]。

ここである疑問が浮かんでくる。イギリスでもっとも一般的な自殺方法が物理的に使えなくなったとき、自殺志願者たちはほかの方法に切り替えたのだろうか？　あるいは、オーブンに頭を突っ込もうと考えていた人々は、自殺そのものをあきらめたのか？

ただ別の方法に切り替えたにちがいないと多くの人は当然のように考える。この思い込みは、心理学で「置き換え」と呼ばれるものだ。人々が自殺といった深刻なことを試みようとするとき、それを止めるのは非常にむずかしいと「置き換え」の心理は仮定する。ひとつの選択肢を阻止したところで、たいした変化は生まれないはずだ、と。たとえばシルビア・プラスは、長いあいだ情緒不安定に苦しんできた。大学在学中から彼女は、うつ病のための電気ショック療法を受けてきた。一九五三年にはじめて自殺未遂を起こし、ボストン郊外のマクリーン病院の精神病棟に半年間入院した。数年後には、車ごとわざと川に突っ込んだ。例によって、プラスはその体験について詩を綴った。

そして猫のように九回死ぬの。
これは第三の死。[7]

［Lady Lazarus（甦りの女）］

一九六三年、彼女は戸口の隙間を一つひとつ丁寧にふさぎ、ガス栓を全開にして、頭をできるかぎりオーブンの奥に突っ込んだ。決意は固かった。もしオーブンを使って自殺することができなかったら、彼女はただほかの方法を試しただけでは？

もうひとつの可能性として、自殺が特定の文脈と結びついた行動だと考えることもできる。ここでいう「結びつき《カップリング》」とは、ある行動がきわめて限られた状況や条件にリンクしているという考えだ。私ときょうだいたちがまだ幼かったころ、父親がチャールズ・ディケンズの『二都物語』を読み聞かせてくれたことがあった。終盤でチャールズ・ダーネイの身代わりとしてシドニー・カートンが死ぬ場面になると、父は涙を流した。彼はけっして涙もろいタイプではない。感動的な意味深い瞬間でさえ、感情をあらわにするような人ではなかった。悲しい映画を観ても泣かなかったし、自分の子どもたちが大学進学のために家を離れたときも泣かなかった。陰でときどき眼を潤ませていたのかもしれないが、母親以外の人間がそれに気づくことはなかった。父が人前で涙を流すためには、ソファーに坐って話を聞く子どもにくわえ、文学史上もっとも感傷的な小説家のひとりが必要だった。このふたつの要因のどちらかを取りのぞいてしまうと、父が泣くところを眼にする人はいなくなる。これが「結びつき」だ。自殺が結びつきにもとづく行為だとすれば、うつ病者の単純な行動だと片づけることはできなくなる。それは、「極度に心が弱った特定の瞬間」と「簡単に利用できる特定の自殺手段」が組み合わさったときのうつ病者の行動だ。

では自殺は、置き換えと結びつきのどちらにもとづく行為なのだろう？　イギリスのガス近代化のプロセスは、この疑問について検証するためのほぼ完璧な材料を与えてくれる。自殺が置き換えの道をたどるとすれば——自殺志願者の意志がとても固く、ひとつの方法を阻《はば》まれても別の方法を試そうとするとき——自殺率はつねにほぼ一定を保ち、大きな社会的な出来事が起きたときだけわずかに変化するはずだ（たとえば自殺は戦争時に減り、経済危機のときに増える傾向がある）。

一方、自殺が結びつきの道をたどるとすれば、命を絶つ特定の方法を利用できるかどうかによって自殺率は変わる。石炭ガスのような簡単な方法が新たに登場すると自殺者は増え、その方法が使えなくなると自殺率は下がるはずだ。この場合、自殺率の曲線はジェットコースターのように上下することになる。

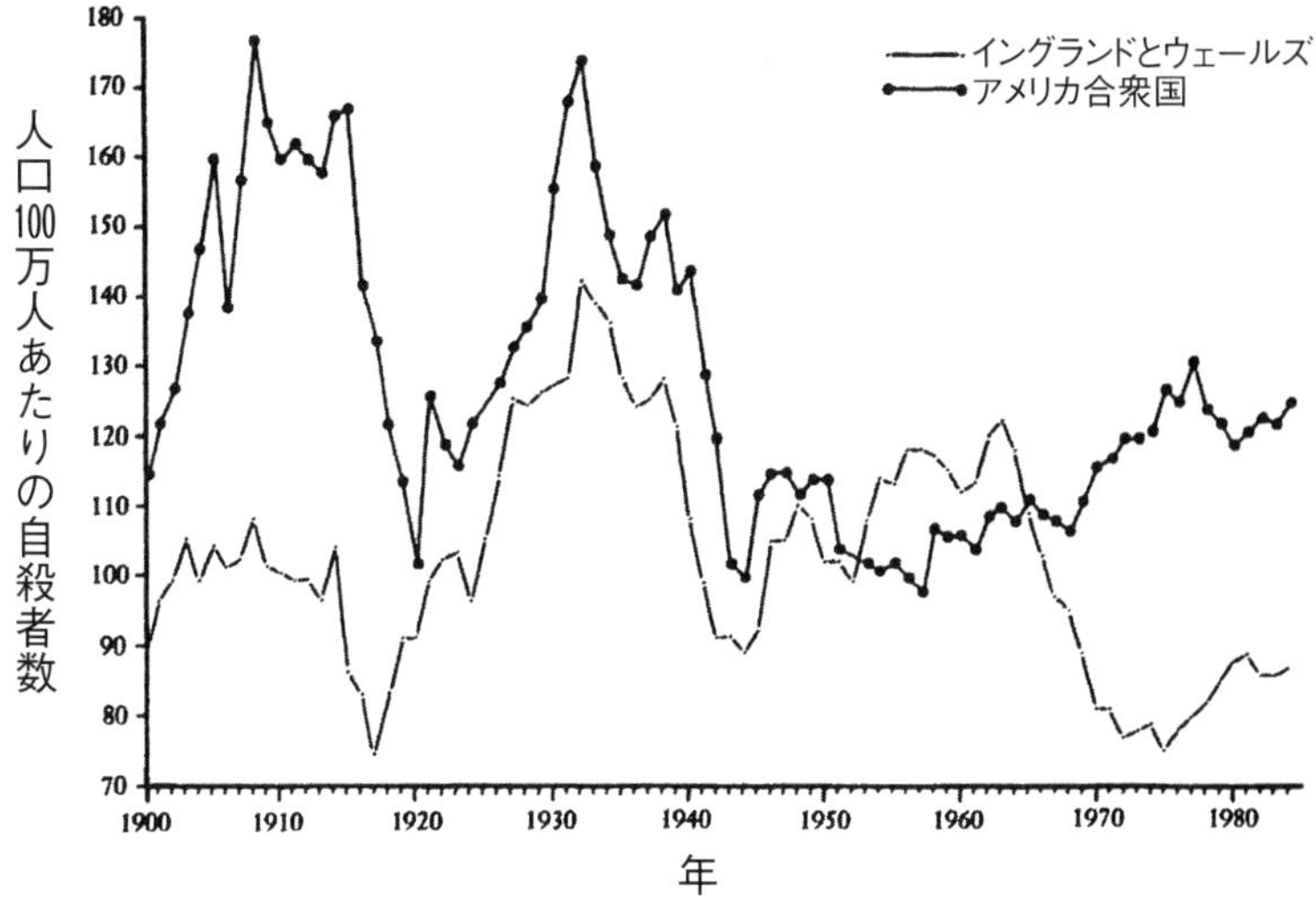

上のグラフを見てほしい。[9]

まさにジェットコースターだ。

石炭ガスがイギリスの一般家庭に導入されたとき、自殺率は一気に上がった。一九六〇年代後半に天然ガスへの切り替えが始まると、自殺率は急降下する。それから一〇年のあいだに石炭ガスが徐々に廃止されると、何千人もの死が防がれることになった。

「石炭ガスによる一酸化炭素中毒には、命を絶つ方法としてきわめて大きな利点があった」[9]と犯罪学者のロナルド・クラークは一九八八年に発表した有名な論文で述べた。このときクラークは、自殺が結びつき行為であることを示す強力な議論をはじめて世に送りだした。

> 石炭ガスは広く利用可能であり（イギリスの家庭のおよそ八割で使われていた）、自殺のための準備や専門知識をほとんど必要

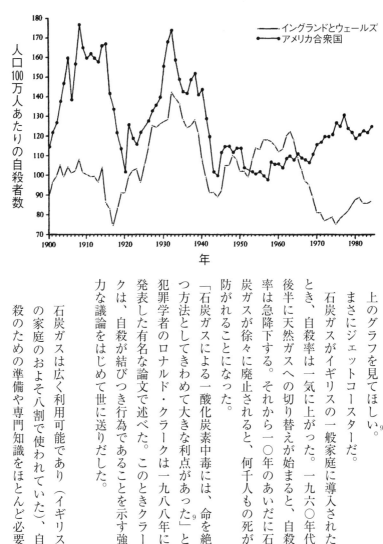

としなかった。そのため出不精な人や突如として極度のストレスにさらされた人にとって、死ぬ方法として容易な選択肢になった。痛みはなく、見た目を損なうこともなく、まわりを汚すこともなかった（とくに女性はこれらのことを避けようとする傾向が強い）……首吊り、窒息、入水《じゅすい》はどれも、より細かな計画が必要になることが多い。一方、危険な方法を試すには大きな勇気が要る。銃や刃物による自殺、車の衝突、高い場所からの飛び降り、列車やバスへの飛び込みなどがこれに該当する。

あまりに淡々とした説明に驚いている方も多いかもしれない。クラークはこの論文のなかでただのいちどたりとも、自殺志願者について共感したり、彼らの苦しみの根本的な原因についてあれこれ論じたりしていない。彼はただ、技術者が機械的な問題を調べるように自殺を分析する。「精神科医やソーシャル・ワーカーのあいだでは、私の説はひどく不人気でした」とクラークは当時について語った。

とても表面的な考えだと彼らは批判し、混乱して戸惑っていました。実行をむずかしくするだけで自殺問題に対処できるなどという考えは、彼らにとって侮辱的なものだったようです。私の提唱した理論にたいして、かなりの反発がありましたよ。[*3]

単純な問題として、人々は自殺についてこのように議論したりしない。私たちはみんな、自殺とその方法が無関係であるかのようなふりをする。一九二〇年代にガスがはじめて英国の一般家庭に導入されたとき、この新しい技術の影響について検証するためにふたつの政府委員会が設置された。どちらの委員会でも、自殺の増加につながる可能性については検討されなかった。ガス近代化計画に関して英国政府が一九七〇年に発表した公式の報告書には、天然ガスへの移行にともなう好ましい副作用のひとつとして、死亡事故が減るという指摘があった。当時、故意にガスを使った自殺者の数は、事故による死亡者をはるかに上まわっていた。にもかかわらず、報告書では自殺についてひとことも触れられていなかった。一九八一年には、この問題についての包括的な学術研究書『英国ガス産業史』（*A History of the British Gas Industry*〔未訳〕）が出版された。この本では、英国生活におけるガス暖房とガスコンロの誕生と発展のあらゆる側面が詳細に解説されている。自殺についての言及は？　答えはゼロ。

＊3　「私たちが自殺についてきちんと理解できていないせいで、多くの命が奪われている」というもっとも顕著な例に私はまだ触れていない。[12] アメリカでの自殺者は年間およそ四万人に上り、その半数で銃が使われる。拳銃を利用することは、米国では一般的な自殺の手段だと考えられている。言うまでもなくここでの問題は、拳銃にはきわめて高い致死性があるという点だ。まさに、拳銃はアメリカ版の石炭ガスだといっていい。もしアメリカがイギリスと同じことを行ない、自殺の一般的な方法を使えないようにしたら、いったいどうなるだろう？　結果を想像するのはむずかしいことではない。銃がなくなることによって、「自殺志願者」と「選択方法」の結びつきがなくなる。さらに、再び自殺を試みようとする強い意志を持ったごく少数の人々は、薬の過剰摂取などのはるかに致死率が低い方法を選ぶことを余儀なくされる。薬の過剰摂取によって死に至る確率は、銃による自殺の五五分の一。とりわけ控えめな見積もりでも、拳銃の所持を禁止すれば、自殺者だけで年間一万人の命が救われることになる。これは大きな差だ。

あるいは、サンフランシスコのゴールデン・ゲート・ブリッジにまつわる不可思議な物語について考えてみよう。[13] 一九三七年の完成以来、一五〇〇人以上がこの橋から飛び降り自殺した。ここ数十年のあいだにそれほど多くの人が自ら命を絶った場所は、世界のどこを探してもほかにはない。[*4]

結びつき理論は、ゴールデン・ゲート・ブリッジについて私たちに何を教えてくれるのだろう？　飛び降り防止のためのフェンスがあれば、あるいは落下防止用のネットがあれば、状況が大きく変わることは明らかだ。この橋からの飛び降り自殺を阻止された人の多くは、ほかの場所から飛び降りようと考えるわけではない。自殺するという彼らの決断は、この特定の橋と結びついている。

心理学者リチャード・セイデンによる緻密な極秘調査でも、まさにそのとおりの結果が出た。セイデンが追跡調査した五一五人は、一九三七年から一九七一年のあいだにゴールデン・ゲート・ブリッジから飛び降りようとしたものの、直前でなんとか思いとどまった人々だった。[15] この五一五人のうち、ほかの方法で自殺を図ろうとしたのはわずか二五人。つまり、特定の瞬間にゴールデン・ゲート・ブリッジから飛び降りようと考える人の圧倒的大多数が、その特定の瞬間のみに飛び降りようと考えていたことになる。

では、橋を管理するサンフランシスコ市当局は最終的にいつ自殺防止フェンスを設置したのか？　橋が完成してから八〇年以上たった二〇一八年のことだった。ジョン・ベイトソンが著書『最後の跳躍』（*The Final Leap*［未訳］）で指摘したように、そのあいだに橋の管理当局は数百万ドルもの費用をかけ、（ゴールデン・ゲート・ブリッジ上で車との事故によって自転車通行者が死んだ事例は一件もなかったにもかかわらず）橋を渡る自転車通行者を守るためのガードレールを設置した。[13] さらに数百万ドルの予算がつぎ込まれ、「一般市民の安全」という旗印のもと、南北に走る車線のあいだに中央分離帯が設けられた。橋の南端には、かつて下にあった軍事施設フォート・ベイカー基地にゴミが落ちないよう、二・五メートルの長さの金網フェンスが張られた。橋の建設時には、作業員が落下して死亡するのを防ぐために莫大な費用をかけて防護ネットが取りつけられた。ネットのおかげで一九人の作業員の命が救われたものの、工事が終わると取り外された。では、自殺のための対策は？　八〇年以上ものあいだ何も行なわれなかった。

なぜか？　橋の管理者たちが無神経で冷徹だからだろうか？　そうではない。ある行動が場所と密接に結びついているという考えを受け容れるのは、私たちにとってそれほど容易ではないからだ。何年にもわたって橋の管理当局は、自殺防止フェンス設置について定期的に市民に意見を求めてきた。住民たちの回答は大きくふたつに分かれた。フェンス設置の支持派の多くは、家族や知人の自殺を経験し、自殺者の心理状態について一定の理解がある人々だった。残りの住

＊4　ゴールデン・ゲート・ブリッジからの飛び降り自殺は、衝撃的な頻度で起きている。二〇〇四年、映画監督のエリック・スティールが橋の両端に一年間にわたってビデオカメラを取りつけて撮影したときには、二二人の自殺者の様子が映り込んでいた。[14] スティールがその後に発表したドキュメンタリー映画『ブリッジ』には、代表的な自殺者の例としてジーン・スプレイグという名の三四歳の男性が登場する。スティールのカメラに映るスプレイグは、一時間三三分にわたって橋を行ったり来たりしたのちに飛び降り自殺した。橋に長い時間とどまれば誰であれ、飛び降り自殺の現場に遭遇する可能性がある。

民――実際のところ、回答者の大多数――は、結びつきの考えを頑として撥ねつけた。当局に寄せられた意見をいくつか紹介しよう。

橋にフェンスが設置されたら、三カ月後、自殺志望者が橋の北塔までただ歩いていき、飛び降りることができなかった苛立ちで拳銃を頭にあてて自殺するだけでは？　そうなっても私は驚きません。だとしたら、何百万ドルもかけて自殺防止フェンスを設置することに意味などあるのでしょうか？[16]

自殺を考えている人は、自らの命を絶つさまざまな方法を検討するはずです――薬、首吊り、溺死、動脈の切断、ほかの橋や建物からの飛び降り……。橋から飛び降りる数少ない人々のことを心配するのではなく、より多くの人のための心のケアにお金をかけるほうがずっと効果的なのでは？

わたしは、自殺防止フェンスの設置には反対です。なんの効果もなく、お金のムダになるだけだと思います。ゴールデン・ゲート・ブリッジから飛び降りることができなかった人たちは、もっと危険な自殺方法を見つけるだけだと思います。たとえば高いビルからの飛び降りでは、歩行者の死亡事故につながる可能性もきわめて高くなります。

わざわざお金をかけて、橋の外観を損なうことに意味などありますか？　自殺する方法はたくさんあります。そのひとつを誰かから取り上げても、ほかの方法に置き換えられるだけです。

ある全国調査では、アメリカ人の四分の三が次のように予測した――ゴールデン・ゲート・ブリッジに自殺防止フェンスが設置された場合、橋から飛び降り自殺しようと考えていた大多数の人がたんに別の自殺方法で命を絶つ[*5][17]。これはまったくの見当ちがいでしかない。自殺は結びつきによる行為であることを忘れてはいけない。

見ず知らずの相手にたいしておかしやすい最初のふたつの過ち――デフォルトでの信用と透明性の幻想――によって、私たちは他人を個人として理解できなくなってしまう。それらの過ちにくわえ、見ず知らずの相手との問題をさらなる危機的状況へと駆り立てるもうひとつの過ちがある。私たちは、見ず知らずの相手の行動についての文脈の大切さを理解しようとしない。

4

ニューヨーク・ブルックリンの第七二警察管区は、北のプロスペクト高速道路と南のベイ・リッジにはさまれた、グリーン＝ウッド墓地のまわりに広がる地域だ。墓地の西側の外周から海

＊5　実際、三四パーセントの人が「橋での飛び降り自殺を阻止された全員が、たんに別の方法に切り替えるにちがいない」と回答した。

沿いのあいだの狭い一角には、海に向かう下り坂の通りが何本も並行して走っている。その真んなかを曲がりくねるように延びるのは、ひどく老朽化した高架道路。現在、この地域では急速な高級住宅地化が進んでいる。しかし、デイビッド・ワイスバードが一年にわたって通りを歩きまわっていた三〇年前、様子はまるっきりちがった。[18]

「まったくの別世界だった」とワイスバードは当時を振り返る。「恐ろしい場所でした。アパートメントに入ると、廊下に何台も冷蔵庫が置かれていたり、ゴミが散乱していたりするんです。アパートの建物の裏庭には、きまってゴミが一メートル半くらい山になっていました。通りにも怖い人たちがたくさんいましたよ」

ワイスバードは正式な訓練と教育を受けた犯罪学者だった。彼はブルックリンで生まれ、のちにイェール大学で博士号を取得した。卒業論文のテーマは、イスラエルのヨルダン川西岸地区の入植者による暴力行為について。イェール大学を卒業したあと、彼は自分が生まれ育った自治区で行なわれる研究プロジェクトに参加することになった。

プロジェクトの拠点となる4アベニューの警察署は、あたかも侵略軍を撃退するために設計されたかのような、ずんぐりとした近代的な箱形の建物だった。九人の警察官がプロジェクトに参加し、それぞれ一〇～三〇ブロックの警邏《けいら》を担当した。「彼らの仕事は、担当区域を歩きまわって住民と交流し、さまざまな問題の解決策を見つけることでした」とワイスバードは説明した。彼は監視・記録係として、新たに得た情報を書き留めてまとめる役割を担っていた。週四日、一年にわたってワイスバードは警察官に同行して地域を観察した。「いつもスーツとネクタイ姿で、警察の身分証明書も持っていました。住民たちに刑事だと勘ちがいされるたび、『いや、ちがうんです』と言って否定しました」

それまで教育機関の建物のなかで犯罪についての研究に勤しんでいたワイスバードが、いまは現場でパトロール中の警察官と並んで歩いていた。調査が始まった直後から、何か心に引っかかるものがあった。「犯罪は特定の地域に関連している」というのがそれまでの常識だった。貧困、薬物、家庭崩壊などの問題があるところで犯罪が多発する。経済的・社会的に不利な状況が人々のあいだに広まると、無秩序で無法状態の共同体が生まれる——。

ロサンゼルスのサウス・セントラル、パリの郊外、ロンドンのブリクストン……。ワイスバードがいたのはニューヨーク版の危険地域だった。ところが、そこは想像とはまったく異なる場所だった。「地域全体についてだいたい様子がわかってくると、特定の一、二本の通りにしか警察が出動していないことがすぐにわかりました」と彼は言う。「そのまわりの一帯は、街でもとくに治安の悪い場所だと有名でした。でも、ほかのほとんどの通りには犯罪の形跡さえ見当たりませんでした」

しばらくすると、担当のパトロール区域のすべての通りをくまなく歩くのが無意味に感じられるようになった。なぜなら、ほとんどの通りでは何も起きていなかったからだ。ワイスバードは理解できなかった。犯罪者とは、社会的な制約を無視して行動する人々を意味する。精神疾患、欲、絶望、怒りといった自身の暗い衝動に駆り立てられた人々だ。ワイスバードはそれまで、犯罪者が罪を犯す理由を理解するいちばんの方法は、彼らが何者かを理解することだと教えられてきた。「私はそれをドラキュラ・モデルと呼んでいます」と彼は説明する。「この社会にはドラキュラのような人間がいる。罪を犯さずにはいられない人間です。罪を犯すという彼らの意志はきわめて強く、もはや阻止などできない。それがドラキュラ・モデルです」

しかし犯罪者がドラキュラのように振る舞い、蛮行をはたらく飽くなき欲望につねに取り憑かれているとしたら、彼らは七二管区のいたるところを歩きまわっているはずでは？　ドラキュラたちが好むような社会状況はどこにでも転がっていた。しかし、ドラキュラはどこにでも存在するわけではなかった。彼らがいるのは特定の通りだけだった。ワイスバードのいう「通り」とは、通りの一角のひとつのブロックを意味した。犯罪の多い通りの一角があるかと思えば、通りをはさんだすぐ隣のブロックにはまったく問題がないこともあった。それほど場所は限定的だった。犯罪者には足がないのだろうか？　車は？　地下鉄のトークンは持っていないのか？

「それで、大学で学んできた犯罪学の知識について考えなおすようになりました」とワイスバードは言った。「ほかの多くの物事と同じように、私の研究は〝人〟を対象としたものでした。もっと〝場所〟に関心を持つべきなのかもしれない、と私はチームのメンバーに伝えました」

5

ブルックリンでの任務を終えると、ワイスバードは別の若い犯罪学者ローレンス・シャーマンとチームを組むことにした。シャーマンもまた、犯罪の地理的な差に注目する研究者のひとりだった。[19]「当時の私が触発されたのは、アメリカのエイズ患者の分布を示す地図でした」とシャーマンは振り返った。「全国に五万ある国勢統計区のうちのわずか五〇区に、アメリカのエイズ患者の半数が集中していたんです」。彼にとってエイズは、国全土で猛威をふるってランダムに広がる感染症とは思えなかった。特定の種類の人々と非常に特殊な場所のあいだで相互的に作用する、なんらかの内部論理を持つ感染のように見えた。

　犯罪の地理的な要素を調べるために必要なデータを集めるのは容易ではなかった。すべての犯罪は警察管区ごと、つまり事件が起きた一般的な地理的地域ごとに区分されていた。しかしニューヨークの第七二管区でつい最近まで研究を続けてきたワイスバードは、そのような具体性のないエリア分けには意味がないことに気づいていた。彼らには住所が必要だった。運のいいことに、シャーマンの知り合いのミネアポリスの警察署長が快く協力してくれることになった。

「私たちはミネアポリスを調査場所に選びました。私たちのやりたいことを許してくれるようなぶっ飛んだ人がほかに見つかるはずありませんからね」[20]とワイスバードは笑いながら言った。

　さっそくシャーマンが数字を分析してみると、信じがたいことがわかった。市内のわずか三・三パーセントにあたる通りの一角からの警察の通報が、すべての通報の半数以上を占めていた。ワイスバードとラトガース大学の彼の研究所の大学院生たちは次に、ミネアポリスの地図を壁に貼り、犯罪が起きた場所に小さな紙切れを目印としてつけていった。その地図上に現れた驚くべき発見は、もはや無視できるものではなかった。ブルックリンの七二管区での調査の経験からワイスバードは、犯罪が特定の場所で集中して起きるものだと予測していた。が、これほど集中しているとは思ってもいなかった。「ラリーも私もある程度は予想していましたが、結果を見たときはふたりとも驚いて叫び声を上げるほどでした」

同じ時期、別の犯罪学者がボストンでも似たような調査を行なった。すると市内の犯罪の半分が、街の三・六パーセントのブロックで集中して起きていることがわかった。[21] これでふたつの事例が集まった。ワイスバードは可能なかぎりほかの都市についても調べてみた。ニューヨーク、シアトル、シンシナティ……。シャーマンはカンザス・シティーやダラスに眼を向けた。誰かが別の街の名前を言ったら、ふたりはすぐに統計をチェックした。どの街を調べても同じ結果が出た。すべての都市において、ごく限られた数の通りの一角で犯罪が集中的に起きていた。ワイスバードは外国の都市についても確かめることにした。文化的、地理的、経済的にまったく異なる場所ではどうなのか？　自身の家族のルーツがイスラエルにあったため、まず思いついたのはテルアビブだった。結果は同じだった。「私はまた驚いて叫び声を上げました。『信じられない！　この結果を見てくれ！　テルアビブの五パーセントの通りで、すべての犯罪の五〇パーセントが起きてる。つまり、文化がまったく異なる場所でも、同じことが起きているってわけだ』」。ワイスバードはこれを「犯罪集中の法則」[*6]と呼んだ。自殺と同じように、犯罪は非常に限られた場所と文脈に結びついていた。七二管区とミネアポリスでのワイスバードの経験はけっして特異なものではなく、人間の行動についての根本的な真実に迫る何かを示すものだった。つまり、見知らぬ他人と向き合うときにはこう自問しなければいけないということだ――その見知らぬ相手と〝いつ〟〝どこで〟向き合っているのか？　このふたつの要素が、相手が何者なのかという解釈に大きな影響を与える。

6

では、シルビア・プラスの話に戻ろう。彼女の自伝的小説『ベル・ジャー』のなかで、主人公のエスター・グリーンウッドは自身の狂気への道のりについてたびたびくわしく説明する。エスターの自殺への考え方は、まさにロナルド・クラーク（石炭ガスと自殺を結びつけた犯罪学者）が示した理論のとおりだった。自らの命をどう絶つかという問いにたいして、彼女はとても敏感に反応する。海辺で横に寝そべる若い男性カルに向かって、エスターは尋ねる。「自殺するとしたら、どうやってする？」[23]

カルはうれしそうに言った。「そういうのよく考えるよ。僕だったら銃で頭をぶち抜く」がっかりした。銃を使うなんてまったく男がやりそうなことだ。銃を手に入れるなんてと

＊6　ワイスバードが作ったシアトルの地図を見てほしい（巻末の原注22）。地図上の点は、シアトルで犯罪が多発する「ホット・スポット」を示している。シアトルの住民に話を聞くと、街の一部に治安の悪い地域があると誰もが口をそろえて言うはずだ。しかしこの地図は、住民の発言が誤りだと教えてくれる。シアトルに治安の悪い地域など存在しない。問題の多いブロックが街全体に点在しているだけだ。問題の多いブロックと街の残りの部分を隔てるものは何か？　さまざまな要因が組み合わさってそのようなブロックは生まれる。ホット・スポットはきまって幹線道路沿いに位置し、空き地やバス停があり、選挙の投票に行かない住民が多く、学校などの公共施設の近くにある可能性が高い。そのような要因のリストは延々と続くが、簡単に理解できるものもあれば、理解しがたいものもある。また、リストの内容はほぼ固定されているため、時間の経過とともにホット・スポットが大きく変わることはない。

うてい私には無理なことだった。それに万が一、手に入れたとしても、体のどこを撃てばいいのか見当もつかないだろう。

まさにその日の朝にエスターは、母親のバスローブの絹のひもを使って首を吊ろうとしたが、失敗に終わった。「紐をきつく引っ張るたびに耳に血がのぼり、顔が赤くなるのを感じて、手から力が抜けてしまった。そして私はまたなんともなく、元気になってしまう」。彼女とカルは岸に向かって泳ぐ。エスターは途中で自ら溺れることを決め、海の底へと潜っていく。

私はまた水の中に飛びこんで潜った。そしてまた潜ったけれど、そのたびにコルクみたいに浮き上がってしまう。

灰色の岩は私をからかうように、救命ブイみたいにらくらくと上下に揺れていた。

私は負けを悟った。

そして岸へと引きかえした。

プラスが描きだしたこの主人公は、自殺に関心を向けていたのではない。彼女は自殺する方法を探していた。どんな方法でもいいわけではなかった。それが結びつき理論の大切なポイントだ――行動は漠然としたものではない。彼女は、ぴったり合う方法を見つける必要があった。その寒い二月の夜、シルビア・プラスにぴったり合う方法が、眼のまえの台所にあった。

ヴェールが私の毎日を生殺《なま》しにしているということを分かってくれさえしたら。
あなたには　ヴェールはただの透明なもの　澄んだ空気でしかないものね。

ロンドンでの苦悩に満ちた数カ月の幕が開ける一九六二年九月、プラスは「誕生日の贈り物」(A Birthday Present) という詩を認《したた》めた。

でも驚いた　雲は綿みたい。
雲の大群。それは一酸化炭素。
快く　快く　私は吸い込む
私の血管を見えないもので一杯にする[7]

次頁のグラフを見てほしい。一九五八〜一九八二年の二五〜四四歳のイギリス人女性の自殺率を示したものだ(プラスは三〇歳で死んだ)。
プラスが自殺した一九六三年、彼女と同世代のイギリス人女性の自殺率が一〇〇万人あたり一〇〇人という驚くべき数字に達した。一酸化炭素中毒による死者数が悲劇的なほど多かったのが原因で、イギリス人女性の自殺率はこの時期に過去最高を記録した。[24] 天然ガスへの切り替えが終わった一九七七年までに、この世代の女性の自殺率はほぼ半分にまで減った。プラスはじつに運

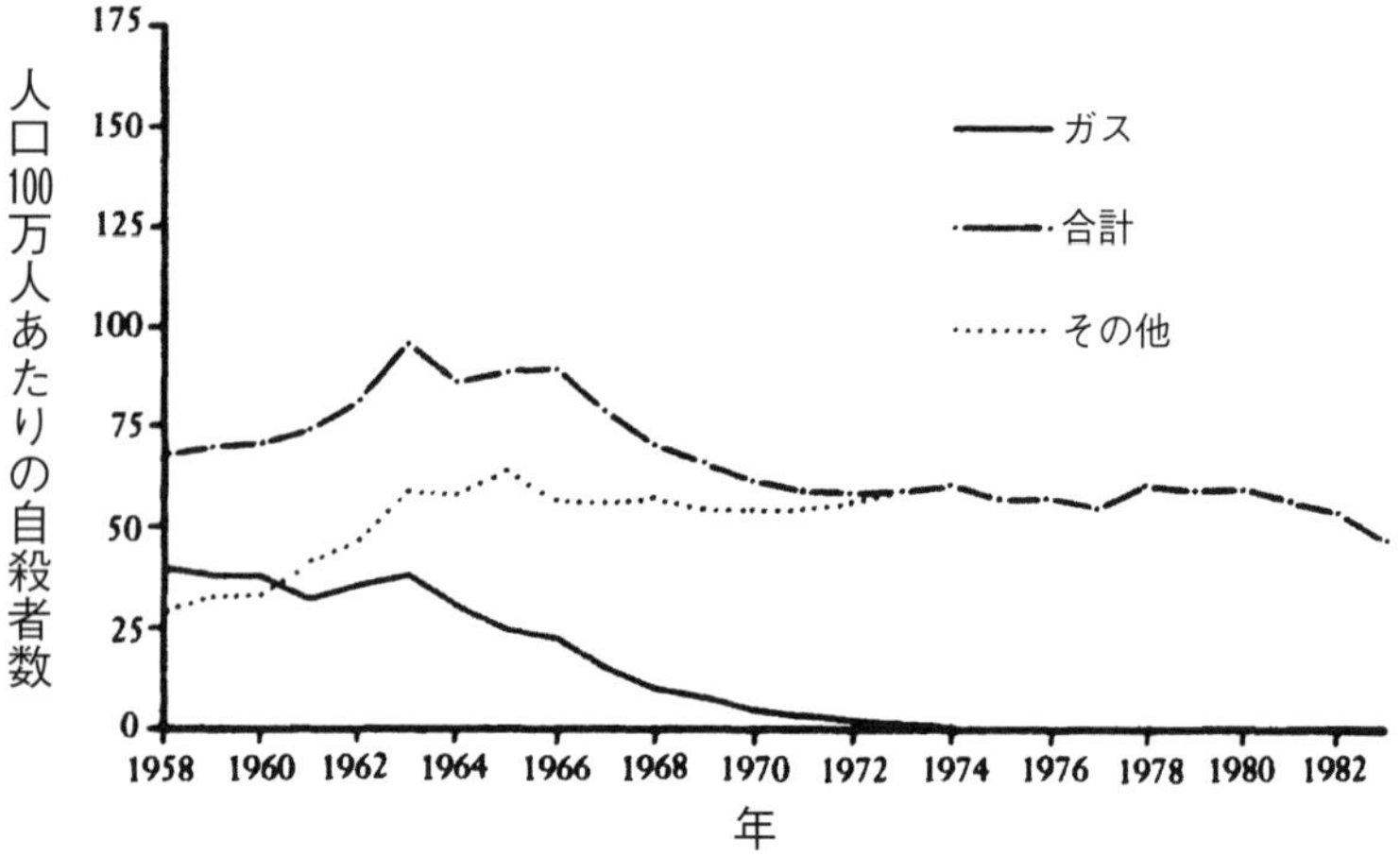

が悪かった。彼女が一〇年後にロンドンで生活を始めていたら、「快く、快く」吸い込む一酸化炭素の「雲」はもう存在しなかったはずだ。

7

結婚から二年後の一九五八年秋、シルビア・プラスと夫のテッド・ヒューズはアメリカのボストンに移り住んだ。彼女が一躍有名になる詩が生まれるのは、まだ数年先のことだった。プラスはマサチューセッツ総合病院の精神科病棟の受付係の仕事に就き、夜になるとボストン大学の文芸創作セミナーに参加した。そこで彼女は、アン・セクストンという若い詩人と出会った。プラスより四歳年上のセクストンは、魅惑的で、カリスマ的で、ひときわ美しかった。のちに彼女は詩集『生か死か』（*Live or Die*［未訳］）でピューリッツァー賞を受賞し、並外れたアメリカ現代詩人のひとりとしての名声を確立していった。プラスとセクストンはすぐに意気投合した。授業のあとにふたりは話し込み、別の若い詩人ジョージ・スターバックといっしょに酒を飲みにいった。

「わたしたちは古いフォードの前の座席に三人で並んで坐りました。わたしは車を出し、混み合った道をすいすい抜けてリッツ・ホテルの近くまで行きました」[25]。プラスの死後に発表した手記のなかで、セクストンは当時の思い出を振り返った。

「荷物の積み下ろしのみ（LOADING ONLY）」の看板が出る場所に違法駐車し、ふたりに向かって「ぐでんぐでんに酔っぱらう（get loaded）だけだから大丈夫！」とわたしは陽気に言いました。ふたりでジョージをはさんで腕を組んでリッツに入り、マティーニを三、四杯飲みました。

セクストンとプラスはどちらも若く、恐るべき才能を持ち、死に取り憑かれていた。

頻繁に、とても頻繁に、シルビアとわたしは人生ではじめての自殺未遂について話しました。無料のポテトチップスを食べながら、長々と、細かく、徹底的に語り合いました。結局のところ自殺は、詩とは反対のことでした。シルビアとわたしはよく正反対のことを話しました。燃えるような激しさとともに死について話しました。電球に惹かれる蛾のごとく、わたしたちも死に惹かれました。

セクストンの家系には伝統的に精神疾患者が多かった。彼女は激しい気分変動、拒食症、うつ病、アルコール依存症に苦しみ、少なくとも五回は自殺を試みた。若いころの彼女は、両親の薬棚からバルビツール酸系の催眠薬ネンブタールの瓶を盗み（過剰に摂取すると死に至る）、ハンドバッグに入れて持ち歩いた。ダイアン・ウッド・ミドルブルックが伝記に記したとおり、「セクストンはいつでも気が向いたときに死ねるようにしておくことを望んだ」[25]。四〇代前半になると、彼女の病状はさらに悪化した。飲酒量は増え、結婚生活は破綻し、作品の質も下がった。一九七四年一〇月四日、セクストンは古い友人と朝食をともにし、つづけて別の友人とランチを食べた。あたかも別れを告げるかのような行動だった。ミドルブルックはこう綴った。

セクストンは指輪をすべて外して大きなハンドバッグのなかに乱暴に入れ、外套用のクローゼットから母親の古い毛皮のコートを取りだした。よく晴れた午後だったが、空気は冷たかった。摩耗したサテンの裏地は、彼女の皮膚に触れて素早く暖まったにちがいない。死は、親しい人の腕に抱かれてぐっすり眠るようなものだった。[25]

ウォッカを咽喉に流し込んだあとに彼女は、ある方法によって自ら命を絶った。友人のシルビア・プラスと同じように、セクストンも絶望的な天才という枠組みのなかに永遠にとどまることになる。「アン・セクストンをよく知る人々は誰ひとり、彼女の自殺に驚かなかった」とミドルブルックは伝記に書いた。

しかしながら本書のここまでの議論に照らし合わせれば、セクストンの死についてのこの説明に満足してはいけない。もし自殺が結びつき行為だとすれば、セクストンの性格と病状は、彼女の身に起きたことへの説明の一部にすぎないはずだ。プラスについても同じことが当てはまる。彼女の友人のアルフレッド・アルバレズは、あまりに多くの人がシルビア・プラスのことを「芸術のためにおのれの身を捧げた……生贄としての詩人」[2]として描こうとすると批判した。まさに彼の言うとおりだ。そのような見方――彼女の人格のすべてが自己破壊的な性質と関連しているという考え――はプラスの真の姿を歪めてしまう。結びつきという観点から考えたとき、私たちは大いなる複雑さとあいまいさの両方をとおして見ず知らずの他人と向き合う必要に迫られる。

デイビッド・ワイスバードは研究を進めるなかで、この結びつき理論をより強力に指し示す地図を作り上げた。ニューヨーク・マンハッタンからハドソン川をはさんですぐ対岸にあるジャージー・シティーの地図だ。[26]

コーネリソン・アベニュー、グランド・ストリート、フェアマウント・アベニューに囲まれた真んなかの濃い灰色のエリアは、古くから売春が盛んに行なわれているホット・スポットを示している。数年前にワイスバードは実験を行ない、この濃い灰色の数ブロックを警邏する警察官をふだんより一〇人多く割り当てた。そのような並外れて多くの警官が毎日パトロールすると、驚くなかれ、この区域での売春の数は三分の一に減った。

しかしワイスバードがなにより知りたかったのは、三角地帯のすぐ外側の薄い灰色のエリアでの変化だった。警察が取り締まりを強化したとき、セックス労働者たちはたんに一、二本さきの通りに移動したのか？　ワイスバードはその区域に監視役のスタッフを配置し、セックス労働者に話を聞いた。濃い灰色から薄い灰色のエリアへの移動はあったのか？　いや、なかった。ほとんどの人は場所を移るのではなく、別の仕事を試していたことがわかった。行動を改め、売春からすっきり足を洗う人もいた。彼女たちは場所に結びついていただけでなく、場所に固定されていた。

話を聞くと、みんなが口をそろえ

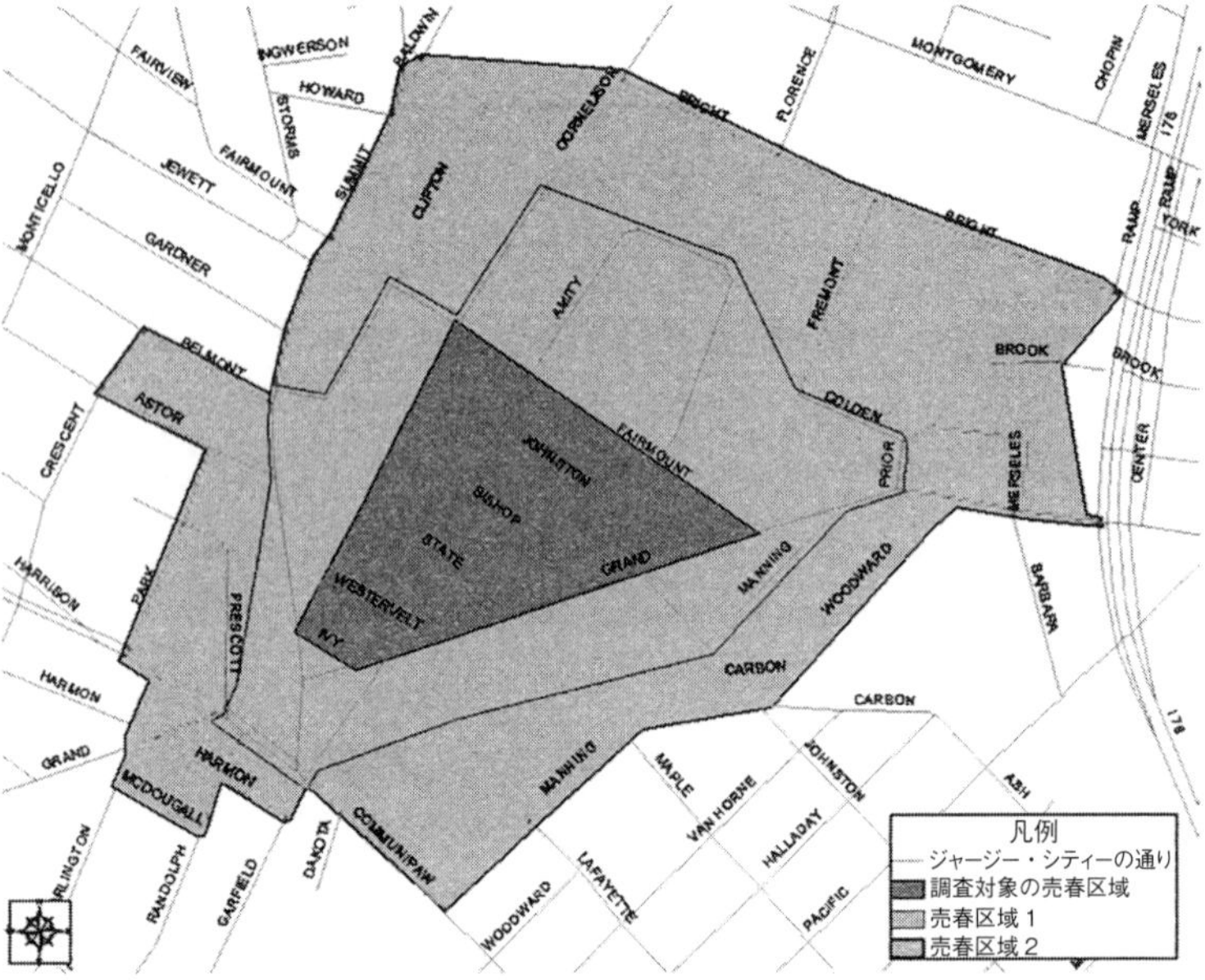

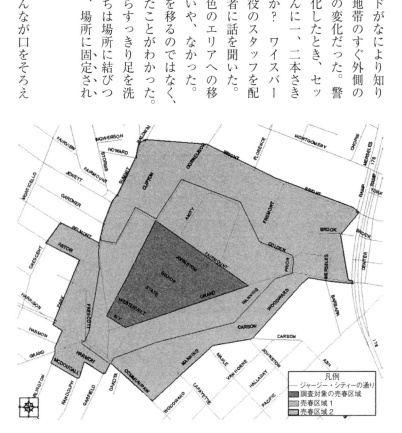

て言いました。「ずっとこの地域でやっているんです。お客さんに迷惑をかけてしまうので、移動したくはないんです」「またゼロから仕事を始めるなんて絶対にいやです」。セックス労働者たちが移動しなかった裏には、こういった客観的な理由があった。くわえて、ほかの理由を訴える人もいました。「ドラッグの売買のためなら、ほかのところに移ってもいいかもしれません。でも売春の場合はその場所ですでに働いている人たちがいるので、彼女たちに殺されちゃいますよ」

セックス労働者を理解するためには、「売春を強いられた人物」だと決めつけるのがいちばん手っ取り早い――「経済的・社会的な事情によってその道を選ばざるをえなかった人」「われわれとはちがう種類の人間」。しかしながら、自身の行動について説明を求められたとき、セックス労働者たちがはじめに口にした言葉は？　「移動するのが面倒くさい」――。これは、ほかの、誰もが移動について言う文句と同じだ。

ワイスバードはこう説明を続ける。

この仕事にとって、移動するのは容易ではないと誰もが口にしました。またゼロから商売を始めるのはたいへんだ、知らない人とかかわるのは危険だとみんなが言いました。知らない人？　その意味を訊いたら、こんな答えが返ってきました。「ここでは、誰が警察に通報するのか通報しないのかがわかっていています」。彼女たちにとって、それは大きな問題なんです……同じ場所にとどまれば、まわりの人々について正しく予測できる確率も高くなる。でも、新しい場所に移ったら？　周囲の人たちが何者なのかわからなくなってしまいます。いかにも悪そうに見える人が、いい人かもしれない。彼女たちの眼にはいい人に映っても、ほんとうは悪い人かもしれない。

「じゃあ、四ブロックだけ移動したらどうですか？　別の売春エリアがありますよね」と調査員があるセックス労働者に提案すると、相手はこう答えました。「あっちにいるのは、わたしの好きな女の子たちじゃないんです。どうも居心地が悪そうでね」。私はそれを聞いて驚きました……人生のなかで途方もない問題や困難を抱えた人たちでさえ、多くのことについて私やあなたと同じように反応するんですよ。

売春婦のなかには、近くの学校に通う子どもを持つ親もいた。近所に行きつけの食料品店があった。近くに住む親友がいた。両親の様子をときどき見にいく必要があった。結果、さまざまな理由によって仕事場の移動を避けようとした。その時点での彼女たちの仕事は性労働だった。しかし、性労働者であるまえに母親であり、娘であり、友人であり、市民だった。結びつきという観点から考えたとき、私たちは大いなる複雑さとあいまいさの両方をとおして見ず知らずの他人と向き合う必要に迫られる。

セクストンは、どんな手段を使ってでも自らの命を絶とうと強く決心していたのだろうか？　そんなことはない。彼女は銃を使おうとはしなかった。「アーネスト・ヘミングウェイが銃を口にくわえて自分を撃ったのは、わたしの知るかぎりもっとも勇気ある偉大な行動だと思いますね[25]」と彼女は療法士に言った。「死ぬ直前の瞬間、つまり死の恐怖を感じることが心配でたまらないんです。薬ならそんな心配はいりません。でも銃を使うと、ひどい恐怖を感じる瞬間があるはずです。その恐怖から逃れるためならなんでもするわ」

セクストンがはじめに望んだのは、薬を酒で流し込むという方法だった。彼女はそれを「女性的な死に方[25]」だと考えた。ここで、さまざまな自殺方法の致死率を示した下のグラフ[27]を見てほしい。

薬の過剰摂取によって自殺を試みた人は一・五パーセントの確率で死ぬ。つまりセクストンは、死ぬ確率がきわめて低い自殺方法と結びついていた。これは偶然ではない。自殺願望を持つ多くの人々と同じように彼女もまた、自身の命を奪うことにたいして曖昧模糊とした態度を保っていた。彼女は毎晩のように睡眠薬を服用し、過剰摂取になるぎりぎりまで少しずつ薬の

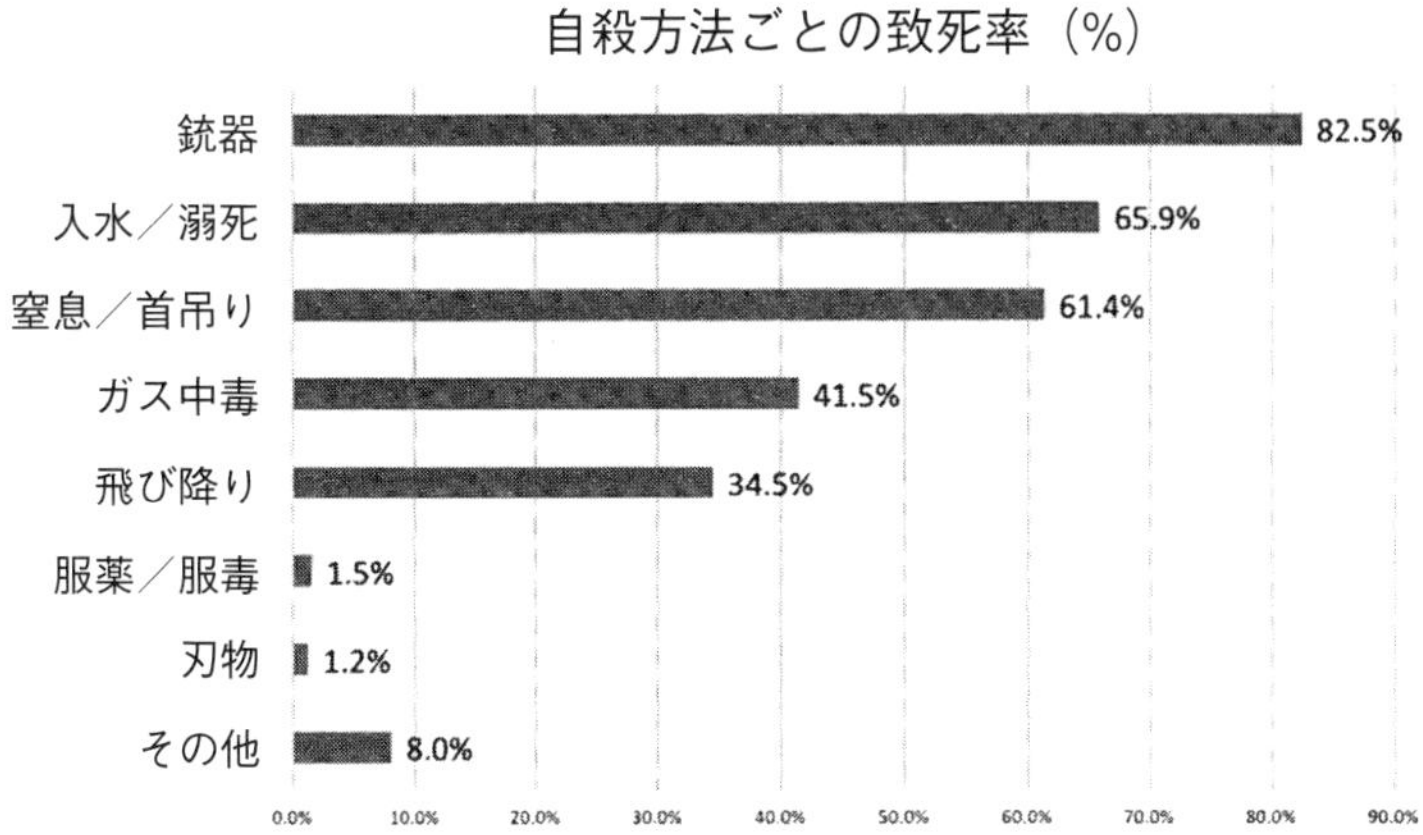

量を増やしていったが、けっして一線を越えることはなかった。「中毒者」（The Addict）という詩のなかで、セクストンは自身の行動を次のように理由づけた。

眠りに夢中、
死に夢中、
毎晩、手のひらにカプセルを握り、
甘い薬瓶から八粒ずつ
わたしはパイント一杯分の旅を手配する。
わたしはこの状態の女王。
わたしはこの旅行の専門家
そしていま、みんながわたしを中毒者だと言う。
いま、彼らはなぜかと尋ねる。
なぜ！

彼らは知らないの？
わたしが死ぬと約束したこと！
わたしは練習を続けている。
わたしはぎりぎり生きているだけにすぎない。

薬は母親、いやそれ以上の存在、
さまざまな色、キャンディーと同じくらいきれい。
わたしは死のダイエットの真っ最中なの。[28]

しかし親友のプラスの自殺のあと、セクストンは自分の選択肢について考えなおした。「シルビアの死に心をわしづかみにされました。完璧に死ぬという考えにね[25]」と彼女は療法士に言った。プラスが選んだ方法は、より優れた「女性の死に方」だとセクストンは考えた。死んでこの世を離れるときでさえ、プラスは「眠れる森の美女[25]」のように清らかだった。セクストンが必要としていたのは、痛みと傷跡のない自殺だった。そして一九七四年までに彼女は、車の排気ガスを使った自殺が自分の基準にぴったり合うと確信するようになった。排気ガスは彼女にとっての石炭ガスだった。セクストンは排気ガス自殺についてあれこれ考えをめぐらし、友人たちに語った。

それが、セクストンが最終的に選んだ死に方だった。彼女は指輪をすべて外し、母親の毛皮のコートを身につけた。それから車庫に行って扉を閉め、一九六七年型の赤いマーキュリー・クーガーの運転席に坐り、エンジンをかけた。もともとの選択肢である睡眠薬と一酸化炭素中毒の差は、当然ながらその致死率にある。睡眠薬の過剰摂取によって死に至ることはまれだが、一酸化炭素中毒の場合はほぼかならず死が訪れる。実際、一五分もたたないうちに彼女は死んでいた。

しかしここでも再び、セクストンの物語がプラスの物語と交差することになる。セクストンが自殺した翌年の一九七五年から、米国で販売されるすべての自動車の排気システムへの触媒コンバーターの取りつけが義務づけられた。触媒コンバーターは二次燃焼室として機能し、排気管からガスを放出するまえに一酸化炭素などの不純物を燃焼させる。セクストンのクーガーは一九六七年型だったため、排気ガスには高濃度の一酸化炭素が含まれていた。だからこそ彼女は、密室の車庫のなかの車の座席に坐ってエンジンをかけ、わずか一五分で死ぬことができた。触媒コンバーターつきの一九七五年型のクーガーの排気ガスに含まれる一酸化炭素の量は、その半分にも満たなかった。最近の自動車から排出されるガスにはほとんど一酸化炭素が含まれておらず、かろうじて「自動車の排気ガス」と分類されるレベルにまで危険度は減った。現在では、締め切った車庫のなかで車のエンジンをかけて自殺をするのはずっとむずかしくなった。[29]

友人のシルビア・プラスと同じように、セクストンも悪運の持ち主だった。彼女の自殺衝動と結びつく致命的な方法は、わずか一年後には致命的ではなくなった。彼女にとっての「困難に満ちた一九七四年」が「困難に満ちた一九八四年」だったら、セクストンはもっと長く生きていたかもしれない。

ふたりの才能豊かな若い女性詩人たちはリッツ・ホテルのバーに行き、人生ではじめての自殺未遂についての物語を嬉々として語り合った。その会話をふと耳にした私たちの多くは、ふたりが長く生きることはないだろうと予測する。しかし、「結びつき」はまったく反対のことをするべきだと私たちに教えてくれる。見知らぬ他人と向き合ったとき、安易に結論に飛びついてはいけない。その他人が生きる世界に眼を向けなければいけない。

第11章　事例研究　カンザス・シティーの実験

1

いまから一世紀前、米国の法執行機関の伝説的職員だったO・W・ウィルソンは「防犯パトロール」[*1]というアイデアを思いついた。予測不可能な動きのパトカーが街じゅうの通りをいつも行き来していれば、犯罪を抑止できるというのがウィルソンの考えだった。犯罪を企てる人は、パトカーがすぐ近くを走っているのではないかとつねに不安になるはずだ——。

しかし考えてみてほしい。家の近所の通りを歩くとき、すぐ近くに警察がいるかもしれないと、あなたは感じているだろうか？　都市は、膨大な範囲に無秩序に広がる。（たとえ大きな組織であれ）警察が、四六時中眼を光らせているという感覚を作りだすことなどできるだろうか？

これこそ、一九七〇年代はじめにカンザス・シティー警察が向き合うことになった問題だった。警察官を増員する計画が持ち上がると、その配置について署内で意見が割れた。ウィルソンの忠

＊1　ウィルソンが防犯パトロールをはじめて試みたのは、カンザス州ウィチタの警察署長を務めていたときだった。のちに彼はシカゴ市の警察署長に就任した。

告にしたがい、街全体をランダムにパトロールするべきか？　それとも、学校のまわりや治安の悪い地域などの特定の場所を重点的にパトロールするべきか？　この難題を解決するために、市はジョージ・ケリングという犯罪学者を雇った。

「一方のグループは、パトカーで街じゅうを走りまわっても何も問題は改善しないし、なんの効果もないと訴えました」とケリングは私の電話取材に応えて言った。「もう一方のグループは、街全体をカバーするパトロールこそ絶対に必要なものだと言い張りました。まさに膠着状態でした。それで、私が呼ばれたわけです」

　ケリングが編みだした検証方法は、街の南部の地域から一五の巡回区域を選び、三つのグループに分けて対策を変えるというものだった。全体が八三平方キロメートルの広い範囲に及ぶ地域で、人口は一五万人。治安の良い地域もあれば悪い地域もあり、周辺部には農地もあった。三つのグループのひとつはコントロール・グループ（対照のために実験に含めない集団）に設定され、警察はふだんどおりのパトロールだけを行なう。第二の地域では防犯パトロールをいっさい行なわず、通報があった場合のみ警察が駆けつける。第三の地域では、通りを走るパトカーの数を二～三倍に増やした。

「警察の取り締まりについてこのような実験が行なわれたのははじめてのことでした」とケリングは振り返る。「まだ一九七〇年代はじめですからね。警察の戦略について書かれた論文などひとつもない時代です……取り締まりの方法論についての議論が始まってもいない段階でした」。O・W・ウィルソンのような先駆者たちは、思いつきや直感を頼りに改革を進めた。実際、警察の仕事は一種の芸術だととらえられており、新薬のように評価できる科学だとは考えられていなかった。どうせ実験は失敗する、と多くの関係者にケリングは忠告されたという。「警察でこの種の実験をするのはまだ早い、無理無理、きっと妨害される……散々の言われようでしたよ」。しかしケリングには、市の警察署長からの後ろ盾があった。キャリアの大半をFBIで過ごしてきた署長は、自分たちの活動について警察官がほとんど論理的に把握できていないことにショックを受けた。「誰ひとり仕事の深い意味など理解していませんでした」[1]とのちに署長は認めた。「理解もできない仕事のために、警察官を訓練し、必要な武器を与え、配置する——。そう多くの職員が感じていました」。かくして、署長はケリングに実験を進める許可を出した。

ケリングは一年にわたって実験を続け、調査対象の三つの地域の犯罪についての統計データを可能なかぎり入念に集めた。結果は……変化なし。空き巣の頻度は三地域とも同じ。自動車盗難、強盗、器物破損の割合も同じ。パトロールが強化された地域の住民は、強化されていない地域の住民よりも自分たちが安全だと感じてはいなかった。それどころか、変化に気づいてさえいないようだった。「結果はすべて同じ方向を示していました。つまり、まったく変化はないという結果です」とケリングは言った。「市民の満足度にも犯罪統計にも変わりはなく、とにかく影響はいっさいないようでした」

この実験の結果報告を読んだ全国の警察署長の多くははじめ、不信感をあらわにした。都市部の警察署長のなかには、いまだO・W・ウィルソンの考えに固執する者もいた。ケリングによれば、全国の法執行機関が集まる会議のなかでロサンゼルス市警の署長が立ち上がってこう言ったという。「調査の結果が正しいとすれば、カンザス・シティーの警察官たちはみんな任務を怠っていたことになりますね。ロサンゼルスではこんな事態にはならない、そう断言できますよ」

ところが、抵抗はゆっくりとあきらめに変わっていった。この研究結果が発表されたのは、アメリカ全土で二〇年にわたって暴力犯罪が爆発的に増えつづけることになる初期の段階だった。法執行機関の職員のあいだには、眼のまえの問題に抵抗してもムダという感覚が次第に広がっていった。彼らはみな、パトロールによって犯罪を防ぐことができると考えていた。が、カンザス・シティー警察が実験をとおしてこの仮説を検証した結果、パトロールは見せかけにすぎないことがわかった。パトロールが機能しないとすれば、いったい何が有効なのか？　ニューヨーク市警のリー・ブラウン署長は、全国でコカイン・ブームが広がるさなかにインタビューに応じ、ほぼお手上げ状態であることを認めた（当時、このインタビューはおおいに注目を集めた）。「この国の社会問題は、警察の力だけで対処できる能力をはるかに超えてしまった[2]」とブラウンは言った。ジョージ・ケリングのカンザス・シティー実験の報告書を読んだ彼は、もう絶望的だと感じた。「街にどれほど多くの警察官を送りだしたとしても、伝統的な取り締まり技術を使って犯罪を抑え込むためには充分ではありません……街のあらゆる場所に二四時間にわたって警官を配置できなければ、パトロール中の警察官が現在進行形の犯罪に遭遇する確率はきわめて低くなります」

一九九〇年、ジョージ・H・W・ブッシュ大統領はカンザス・シティーを訪問した。午前中、街でもっとも治安の悪い最貧困地域を視察した彼は、地元の警察官たちに向かって演説した。彼は陽気に語りかけようとしたものの、あえなく失敗した。その年のカンザス・シティーの殺人発生率は全国平均の三倍。さらに一九九一年、九二年、九三年と三年立てつづけに殺人発生率は上がりつづけた。もはやコメントすべきことなどなかった。演説の途中からブッシュは、街の通りで日々起きる恐ろしい出来事の数々をただ列挙するだけになった。

コカインの密売所と疑われる場所で、四歳の男の子が射殺されました。別の密売所の外では、一一歳の少年が撃ち殺されました。その犯人は、警備役の一四歳の少年だったと言われています。ダウンタウンのバーでは、ある母親がコカインを手に入れるために赤ん坊を売りました。火炎瓶攻撃によって、祖母と三人の幼い子どもたちを含む三世代の家族が殺されました。ニュースの見出しはどれも恐ろしく、不快で、残虐です。[3]

しかし、いちど目のカンザス・シティー実験が行なわれてから二〇年後の一九九〇年代はじめ、市は再び実験を試みることにした。今回は、ローレンス・シャーマンという名の若い優秀な犯罪学者が雇われた。ジョージ・ケリングのときと同じように、市警察は実験に関するすべてをシャーマンに一任することにした。第二カンザス・シティー実験のはじまりだった。なぜ新たに実験を行なう流れになったのか？　ほかに有効な手立てが何も見つからなかったからだ。

2

ローレンス・シャーマンは、銃に焦点を当てるべきだと考えた。街にあふれかえる大量の銃こそが、暴力の蔓延を後押ししていると彼は信じていた。シャーマンの計画は、いくつものアイデアを順番に試し、（ケリングと同じように）どれが有効かを厳密に評価し、勝者を選ぶというものだった。彼は市警察の幹部たちを集め、計画会議を開いた。実験の場として選ばれたのは、１４４パトロール地区だった。質素な一戸建て住宅が建ちならぶ一・六六平方キロメートルの狭い地域で、南は39ストリート、西は幹線道路71号線に接していた。[4] １４４地区は、一九九〇年代はじめのカンザス・シティーでどこよりも治安の悪い場所だった。殺人発生率は全国平均のなんと二〇倍。平均すると一日に一件の凶悪犯罪が起き、走行中の車からの発砲事件が一年で二四件も起きた。地域全体の三分の一が空き地だった。実験が始まる数カ月前、１４４地区をパトロール中の警察官が、通りでバスケットボールをして遊ぶ子どもたちを見かけたことがあった。彼はパトカーを停め、外に出て子どもたちに近づき、ほかの場所に移動するよう注意した。すると子どものひとりが警察官の頭に向かってバスケットボールを投げつけ、別のふたりが飛びかかってきた。１４４地区はそういう類の場所だった。

　シャーマンのひとつ目のアイデアは、男性警察官たちがふたり組になり、三カ月にわたって地域のすべての家のドアをノックするというものだった。彼らはまず自己紹介し、銃犯罪の深刻な現状について語り、フリーダイヤルの電話番号が書かれたチラシを渡して伝えた。銃について何か話を聞いたら、この番号に電話して匿名で情報提供してほしい。計画は滞りなく進んだ。犯罪学を学ぶ大学院生ジェームズ・ショーがたびたび警察官たちに同行し、プログラムの効果を評価した。ときに警察官が二〇分も家にとどまり、住人とおしゃべりすることもあった。彼らにとって、誰かが逮捕されるとき以外に警察が家に来るのははじめてのことだった。のちにショーは次のように報告した。

> 警察は地域のすべての住居を少なくとも一回は訪ね、相手を怖がらせないようにフレンドリーな口調で話しかけた。住民たちの反応は良く、警察が地域の家々をまわっていることを喜んだ。彼らはたびたびこんなことを口にした。「すばらしい取り組みだわ。こういうプログラムがもっとまえからあったらよかったのに」「なんてこった！　あんたらが家に来てくれるとは思ってもいなかったよ」……[5]

最終的に、訪問先の八八パーセントの住民が「銃を見たらホットラインを使う」と答えた。では、三カ月かけて八五八回にわたって地域の家を訪問したあと、何件の電話がかかってきたのか？　二件だ。さらに両方とも、別の地域の銃にまつわる情報提供だった。

誰もが真の問題にすぐさま気がついた。１４４地区の住民たちが助けを望んでいない、いないわけではなかった。たしかに彼らは助けを望んでいた。問題は、住人がめったに家を出ないということだった。「この地域はどんどんベイルートみたいになっていますよ」とある家主はショーに言った。治安の悪さを恐れるあまり住民たちは家を出なくなり、よって誰が銃を持っているかなどわかるはずもなかった。ショーはこう説明する。

> ほかの街の都心部の住民と同じように、この地域の人々も自分の家という檻に囚われた動物になってしまった。鉄格子つきの窓など当たりまえの光景だった。二階の窓に鉄格子がついているのを見ても誰も驚きやしない。それ以上に悲惨なのは、見渡すかぎりどの家でも昼間からブラインドやカーテンで窓が覆われ、外の世界の痕跡がすべて遮断されているという事実だ。それらの家に住む老人たちは扉に鍵をかけ、室内にじっと閉じこもる。外の世界とは音でつながっており、ときどき銃撃戦のような音も聞こえてくる。それでも、外を見ようとはしない。[5]

シャーマンの次のアイデアは、隠された武器を見つける巧妙な技術を警察官に教え込むというものだった。それは、ニューヨーク市警のロバート・T・ギャラガーという警察官が編みだした技術だった。一八年にわたる勤務のあいだに彼は、なんと一二〇〇人もの市民から武器を取り上げることに成功した。長年の経験をもとに、ギャラガーは緻密な理論を築き上げてきた。路上犯罪者の圧倒的大多数は、利き手とは反対側（右利きの人は腰の左側）のウエストバンドに銃を差し込んでおくことを好むため、わずかに認識できる程度に歩調がぎこちなくなるという。銃が差し込まれた側の足の歩幅はもう一方よりわずかに狭くなり、それに連動して腕も不自然な弧を描く。縁石から足を踏みだしたり、車から降りたりするとき、銃を隠し持つ人は武器のほうに眼を向けるか、あるいは無意識のうちに武器の位置を調整するという。

ホットライン実験が失敗に終わった翌月、ギャラガーが意気揚々とカンザス・シティーに飛行機で乗り込んできた。彼はセミナーを開き、マニュアル用のビデオを撮影した。参加した警察官たちはみな真剣にメモを取った。ニュース番組『20／20』の撮影班が取材に訪れ、カンザス・シティーの路上での警察官の様子にカメラを向けた。が、誰ひとり銃を見つけることはできなかった。『20／20』の撮影班はあいだを置いて再び取材に来たものの、そのときも結果は同じだった。ロバート・T・ギャラガーがどんな魔法の技術を持っているにしろ、カンザス・シティーの街をパトロールする警察官がそれを身につけることはできなかった。銃犯罪を抑え込むためにチームが編みだした鳴り物入りのふたつの実験は、どちらも失敗に終わった。残された道はあとひとつだけだった。

3

カンザス・シティーの銃規制のための実験方法として最終的に採用されたアイデアは、一見すると単純なものに見えた。それは、アメリカの法制度のあいまいさを利用した手段だった。

合衆国憲法修正第四条では当局による「不合理な捜索・押収」が禁じられているため、警察は令状なしで市民の自宅を捜索することはできない。同じように路上でも、妥当な理由――「合理的な嫌疑」――がなければ警察官は市民を身体検査することはできない。[*2] ところが相手が車の運転者の場合、警察官が越えるべきハードルは一気に低くなる。アメリカ合衆国（のみならず世界じゅうの多くの国々）の交通規則では、何百もの理由をもとに警察官は運転者を制止することができる。

「まず、スピード違反や信号無視などの走行中の交通違反がある。ライトの故障やタイヤの不備など、装備に関する違反もある」[7]と法律学者のデイビッド・ハリスは説明する。

くわえて、あらゆる状況に適用できる規定がある。つまり、たとえ市民が法律上のルールにすべてしたがって運転していたとしても、現場の警察官はなんらかの行為を「軽率」または「不当」だとみなして車を制止することができる。あるいは、違反を定義する文言があまりにあいまいなため、事実上、警察官の個人的な判断によって違反か否かが決まる場合もある。

最高裁判所でこんな事案について争われたことがあった。ノースカロライナ州のある警察官が、ブレーキランプの片方が消えていることを口実にして、怪しげな運転手の車を制止した。しかしノースカロライナ州の法律では、一方のブレーキランプが正常に機能していれば、もう片方のランプが消えたままの状態で走行してもなんら問題ないと定められていることがわかった。運転手は違法に車を停められたと訴え、裁判を起こした。結果は？　最高裁判所は警察官に有利な判決を下した。[8]片方のブレーキランプだけで運転することが違反のように見えると警察官が考えただけで充分、というのが最高裁の判断だった。言い換えれば、アメリカ合衆国の警察官は、ほぼ無限の理由にもとづいて運転者を自由に制止することができるというわけだ。それどころか彼らは、自身が妥当だと考えるかぎり新たな理由を法律につけくわえることさえ許されている。さらに、運転者を制止したあと、相手が「危険」あるいは「武器を隠し持っている」と信じる理由があれば、警察官は合法的に車を捜索することもできる。

カンザス・シティーは、警察官に与えられたこの大きな裁量権を利用することにした。シャーマンの提案にしたがって、警察官四人が二台のパトカーに分かれて警邏を担当した。パトロールするのは144地区のみで、一・六六平方キロメートルの範囲から外に出ないというのがルールだった。実験に参加した警察官四人は、法執行官としてのほかのすべての義務から解放された。無線の連絡に応えたり、事故現場に急行したりする必要はなかった。彼らへの指示は明確だった。怪しそうな運転者を探し、交通規則の範囲内のなんらかの口実を使って車を停止させる。疑いが晴れなければ車を捜索し、もし武器が見つかったら没収する。毎晩午後七時から午前一時まで、

＊2　たとえば、ロバート・T・ギャラガーは、その高いハードルを越えるために多種多様なトリックを駆使した。パートナーの警官とともに彼は、銃携帯の疑いのある人物に近づく。ふたりに突如として詰め寄られた男性は、少し防御的になる。それからギャラガーは自分の正体を明かす——私は警察官です。「銃を持った人を制止した場合、十中八九、相手は同じ行動を取ります」[6]とギャラガーは数年前に記者に語った。「男はまず、銃が差し込まれている側を警官から遠ざけようとする。わずか数センチだけ動かすこともあれば、さっと腰を小さくまわすこともあれば、横向きになるほど不自然に身体を大きくねじる場合もあります。さらに、本能的に庇おうとして手と腕が自然と銃のほうに動きます。その時点まで来たら、相手がシャツの下に手を入れて銃を引っぱりだそうとするのか、隠したままにするのかを待って確かめる必要はありません。もう、身体検査をする充分な理由がありますからね」

週七日、二〇〇日間連続でこの試みが続けられた。結果は？　ふだんどおり警察業務が行なわれていた144地区の外では、治安の悪さは変わらなかった。しかし144地区の内側はちがった。この新たな集中的な警察の取り組みによって、発砲、殺人、暴力などの銃犯罪が半分に減った。[5]

　思いだしてほしい。警察はその時点でほぼお手上げ状態だった。ホットラインは？　誰も電話してこなかった。人々が隠し持った武器を見つける試みは？　『20／20』の撮影班が二度取材にきたにもかかわらず、収穫ゼロのまま帰っていった。ニューヨーク市警のリー・ブラウン署長は、暴力犯罪にたいする警察の無力さを嘆いていた。一九七〇年代にカンザス・シティーで行なわれた前回の実験は、国じゅうの法執行機関を二〇年にわたる絶望に陥れた。誰もがその記憶を忘れていなかった。しかしいま同じ都市が復活を遂げ、今回は勝利を宣言しようとしていた。「どうして銃にもっと焦点を当てようと考えなかったのか、私にはわかりません」[9]と、実験の結果が出たあとにカンザス・シティーの警察署長は言った。たった二台のパトカーを追加しただけで状況が劇的に変わったことに、署長はほかの全員と同じように驚いていた。「われわれは通常、犯罪が起きたあとに悪人を捕まえることに焦点を当てています。まえもって銃を探すというやり方は、私たちにとってあまりに単純すぎたのかもしれません」

　いちど目のカンザス・シティー実験では、大規模な防犯パトロールは無意味であり、パトカーの台数を増やして街じゅうを走らせても効果がないという結果が出た。二度目のカンザス・シティー実験はその結果をくつがえした。実際、パトカーを増やすことには効果があった。ただし効果が出たのは、警察官が率先して行動し、怪しいと感じた人を片っ端から制止し、たびたびパトカーを降り、武器を入念に探した場合に限られる。つまり警察官が忙しく活動していれば、パトロールには効果があった。実験の最終報告の統計は驚くべきものだった。実験が行なわれた七カ月のあいだ、一台のパトカーの一回の出動につき平均五・四五件の交通違反が検挙され、一晩に平均二・二三人が逮捕された。わずか二〇〇日のあいだに四人の警察官たちは、当時の一般的な警察官が定年までに行なう量を超える「取り締まり活動」を行なった。交通違反が一〇九〇件、車両停止が九四八件、逮捕が六一六件、歩行者の検査が五三二件、銃の押収が二九件。つまり、四〇分にいちど警察がなんらかの取り締まりを行なった計算になる。わずか面積一・六六平方キロメートルの１４４地区のなかで毎晩、一台のパトカーが平均およそ四三キロ走行した。警察官たちは通りの角に車を停め、ドーナツをむしゃむしゃ食べていたわけではなかった。彼らは絶えず動いていた。

警察官も私たちと同じ人間だ。彼らもまた、自分たちの仕事が重要であり、行動に意味があり、努力は報われると感じることを望む。１４４地区で起きたことは、警察官たちが仕事のなかでずっと求めつづけてきたものを与えてくれた――証明だ。

「銃を見つけて没収した警察官は仲間たちのあいだで有名人になった。いわば、銃器を押収できるかどうかが成功の尺度になった」とジェームズ・ショーは実験報告書のなかで説明した。「警官たちはよくこんな発言をするようになった。『今夜は絶対に銃を押収する』『まだ銃を発見できていないんだ。今夜こそ見つけるぞ！』」

一九九一年にニューヨーク・タイムズ紙は、カンザス・シティーのこの奇跡についての記事を一面に掲載した。[10] ローレンス・シャーマンによると、それから数日にわたって彼のデスクの電話のベルが鳴りつづけたという。国じゅうの三〇〇の警察署から、成功の秘訣を教えてほしいという電話が殺到した。そして、全国の警察が次々と同じ措置を講じるようになった。たとえばノースカロライナ州の道路パトロール隊による車両停止の数は、わずか七年のあいだに年間四〇万回から八〇万回に跳ね上がった。[11]

麻薬取締局は「パイプライン作戦」を展開し、全米各地の何万人もの地元警察官にたいして、カンザス・シティー式の車両停止をとおして麻薬密売人を捕まえる方法を教え込んだ。入国管理局も、警察による車両停止を使って不法移民を捕まえる取り組みを始めた。現在、アメリカの警察は年間二〇〇〇万回もの車両停止を実施している。一日に換算すると、なんと五万五〇〇〇回。このようにアメリカ全土の法執行機関が、144地区の奇跡を再現しようと試みてきた。が、かならずしも成功したわけではなかった。なぜなら、カンザス・シティーから国のほかの地域へと広がるあいだに、ローレンス・シャーマンの実験の肝となる何かが失われてしまったからだ。

4

カンザス・シティーの実験を率いたローレンス・シャーマンは、その数年前にミネアポリスで犯罪集中の法則を編みだしたデイビッド・ワイスバードの協力者でもあった。ふたりは友人同士で、ラトガース大学で同じ時期に教鞭をとったこともあった。そのとき学部長を務めていた人物こそ、自殺に関する先駆的研究を行なった前述のロナルド・クラークだった。クラーク、ワイスバード、シャーマンは、それぞれ異なる興味を持っていた――イギリスの石炭ガス、ミネアポリスの犯罪発生マップ、カンザス・シティーの銃犯罪。しかし三人はみな、結びつき《カップリング》という同じ革新的なアイデアを追い求めていた。

では、結びつき理論が指し示したこととはなんだったのか？　法執行機関に必要なのは規模の拡大ではなく、より焦点を絞ることだった。圧倒的大多数の犯罪が数少ないホット・スポットで集中して起こるとすれば、それらの重要な地域にたいしてより厳重な取り締まりが行なわれるべきだ。さらに、この地域で使われる犯罪対策は、事実上犯罪がほとんど起きないほかの広大な地域で使われる対策とは大きく異なる種類のものでなければいけない。

「街の数パーセントの通りで集中的に犯罪が起きているとすれば、ほかの場所でリソースをムダにする必要などありますか？」とワイスバードはインタビューのなかで説明した。「特定の地域と犯罪が結びついていて、その状況が長いあいだ変わらない場合はなおさらです」。結びつき理論を提唱するワイスバードらは、初期の〝防犯パトロール〟の前に大きく立ちはだかった問題を解決できたと信じていた。数百人の警察官だけで広大な市街地全域を効果的にパトロールするためにはどうすればいいのか？　その答えは、警察官を増やすことでも、街全体を監視国家に変えることでもない。ほとんどの犯罪が起きている数少ない特定の地域に焦点を絞り込むことだ。

しかし、さきほどのノースカロライナ州の統計について考えてみてほしい――車両停止の数が七年のあいだに年間四〇万回から八〇万回に増えた。はたして、それはほんとうに一極集中型の取り締まりだろうか？　あるいは、ノースカロライナ州の道路パトロール隊がより多くの警察官を雇い、あらゆる場所でより多くの車を停めるよう全職員に伝えただけだろうか？　カンザス・シティーの実験から全国の法執行機関は、防犯パトロールはより攻撃的に行なわれたときに効果を発揮するという教訓を学んだ。しかし彼らは、犯罪が集中する場所に限定して攻撃的なパトロールをするというルールを見落としてしまった。つまりカンザス・シティーで行なわれたのが、結びつきに関する実験だったということを見逃していたのだ。

　ワイスバードとシャーマンはさまざまな地図や数字を示し、犯罪集中の法則が正しいことを警察官たちに伝えようとした。が、ほとんど効果はなかったという。キャリアのはじめにブルックリン七二管区での調査を進めていたころ、一日じゅう地域を歩きまわったワイスバードは、同行する警察官たちのほうに向きなおって言った。「犯罪の痕跡を追っていると、同じブロックに何度も何度も戻ることになる。おかしいと思いませんか？」。警察官たちはぽかんとした表情を浮かべた。

「イスラエル警察の副総監との話し合いの席でのことでした」とワイスバードは当時のあるエピソードについて語った。

> その場にいた誰かがこう発言しました。「犯罪は次から次へと通りを動きまわるわけではない、とデイビッド（・ワイスバード）が突き止めた。当然ながら、特定の場所に集中して対策も行なうべきでしょうね」。するとイスラエルの高官はこちらを見て言いました。「私の

経験から言わせてもらえば、そんなのはまったく真実じゃない。信じられませんね」。それで話し合いは終わりです。*3

イスラエル警察の副総監はどうかしているのだろうか？　そうではない。彼の反応は、ノースカロライナ州の道路パトロール隊、ゴールデン・ゲート・ブリッジの管理者、シルビア・プラスが消える運命にある天才だったと自信満々に語る文学者たちの反応となんら変わらない。「結びつき」の概念——見知らぬ他人の行動が場所と文脈に密接に関連しているという考え——には、私たちの理解を超越した何かがあるようだ。そのため私たちは、偉大な詩人について誤解し、自

＊3　ワイスバードの研究室の学生だったバラク・アリエルは、北アイルランドのデリー地区での結びつき理論にたいする現場の抵抗について検証した。[12]　アリエルらはデリーの法執行機関にたいし、より厳しい取り締まりが必要だと思われる問題地域を特定してほしいと伝えた。警察が示した予測には「ウェイマーカー」（道しるべ）という名前がつけられた。アリエルは頭のなかで密かにこう考えていた。警察官たちが考えるウェイマーカーは、デリーで実際に犯罪が多発するホット・スポットとどれほど一致するだろう？　結果はもうおわかりのはずだ。「ウェイマーカーに含まれていた通りの大部分はホット・スポットでも危険な地域でもなく、偽陽性率は九七パーセントを超えた」とアリエルは結論づけた。要は、警察官に危険で暴力的だと特定されたブロックの九七パーセントが、まったく危険でも暴力的でもなかったということになる。これらのウェイマーカーを提示した警察官たちは、現場での実戦経験から離れてずっとデスクワークに勤しむような人々ではなかった。デリー地区は彼らの縄張りだった。彼らはまさにこの地区で犯罪を捜査し、犯罪者を逮捕していた。にもかかわらず地元の警察官たちは、逮捕すべき見知らぬ他人がいる場所の根本的なパターンさえ見いだすことができなかった。

殺者に無関心になり、警察官を無意味なパトロールに送りだしてしまう。

では、この大きな誤解にもとづいて警察官が行動すると何が起きるのか？　さらに、デフォルトでの信用と透明性の問題がそこにくわわったら？

そう、サンドラ・ブランドの事件が起こる。

第12章　サンドラ・ブランドに何が起こったか

1

二〇一五年七月一〇日午後四時二七分、テキサス州ウォーラー郡の農村道路《FM》１０９８号線を車で走行中だったサンドラ・ブランドは、テキサス州の警察官に制止された。彼女が運転していたのは、イリノイ州のナンバープレートがついたシルバーのヒュンダイ・アゼーラ。歳は二八歳で、プレーリー・ビュー大学での新しい仕事を始めるために故郷のシカゴから来たばかりだった。警官の名はブライアン・エンシニア。彼はパトカーをうしろに停め、歩道の縁石に沿ってブランドのヒュンダイにゆっくりと近づき、開いている助手席の窓から車内をのぞき込んで彼女に話しかけた。

ブライアン・エンシニア　こんにちは。テキサス州道路パトロール隊です。車を停止したのは、車線変更のときに方向指示器を出し忘れていたからです。免許証と車両登録証を見せてください。どうかしましたか？　テキサスに来てどれくらいですか？

サンドラ・ブランド　昨日着いたばかりです。

エンシニア　なるほど。運転免許証はお持ちですか？　［間］これからどちらに向かう予定ですか？　すぐに終わりますから。

エンシニアは彼女の免許証を持ってパトカーに戻った。数分後、こんどは運転席側からブランドの車に近づいていった。

エンシニア　お待たせしました。［間］大丈夫ですか？

ブランド　わたしはあなたのことを待っているんです。これはあなたの仕事でしょ？　だから待っているんです。いつになったら解放してくれるんですか？

エンシニア　どうしました？　すごくイラついているようですね。

ブランド　ええ。とてもイラついています。こんなことで違反切符を切られるなんて、最悪の気分です。だって、あなたの邪魔にならないようにしていたのよ。あなたがスピードを上げてすぐうしろに近づいてきたから車線変更したのに、それで制止された。ええ、少しイライラしています。だからって、切符を切るのには変わりないわけでしょ？　だったら［聞き取り不能］切符を切ってください。

ブランド事件の事後分析の多くにおいて、これがエンシニアのはじめのミスだと判定された。

相手の怒りがみるみる高まっていくなか、エンシニアはそれをなんとか抑え込む努力をするべきだった。のちの捜査のなかで、エンシニアは実際には違反切符を切るつもりがなく、警告だけで済ませようとしていたことが明らかになった。彼は相手にそう伝えることもできたが、伝えなかった。なぜ方向指示器を出すべきだったのか、注意深く説明するという選択肢もあった。にこりと彼女に笑いかけ、冗談を言ってもよかった。まさか、こんなことで切符を切るわけありませんよ。ブランドにはブランドで言い分があり、それを伝えたいだけだった。エンシニアとしては、きちんと耳を傾けていると態度で示すこともできた。代わりに彼は、長く不快な間《ま》を置いてからこう言った。

エンシニア　以上ですか？

それが、はじめに見逃されたチャンスだった。すぐに二度目のチャンスが訪れる。

ブランド　「どうしました」と訊かれたので、いま答えました。
エンシニア　わかりました。
ブランド　ええ、わたしからは以上です。

彼女の話はそこで終わった。ブランドは自分の言い分を伝え、苛立っている理由を示した。それから彼女はタバコを取りだして火をつけ、なんとか自分を落ち着かせようとする。公開された映像には、この一連のブランドの動きはいっさい映っていない。パトカーのダッシュボードに取りつけられたカメラに映るのは、ブランドの車の後部と隣に立つエンシニアの姿だけだ。そこまでの映像を一〇〇人に見せたら、九九人はこれで物語は終わりだと考えるにちがいない。

そうではなかった。

エンシニア　タバコを消していただけますか？　お願いします。消してください。

彼の口調には抑揚がなく、冷静で、断定的だった。言葉はやけに丁寧だったが、言い方にトゲがあった。

それがふたつ目のまちがい。エンシニアはいったん立ち止まり、ブランドが落ち着くのを待つべきだった。

ブランド　わたしは自分の車のなかにいるんです。どうしてタバコを消さなきゃいけないんですか？

もちろん、彼女は正しかった。警察官には、誰かにタバコを吸うなと命令する権限はない。

「そうですね、そのとおりです。でも、終わるまで待ってくれませんか？　ぼくはタバコの煙が苦手なもので」とエンシニアは伝えるべきだった。あるいは、タバコの話はそこで終わらせてしまえばよかった。たかがタバコだ。しかし、エンシニアはそうしなかった。ブランドの口調の何かが、彼をイラつかせたのだろう。エンシニアはバカにされていると感じ、きつく言い返してしまう。それが三つ目のまちがい。

エンシニア　だったら、車の外に出てください。
ブランド　車から出る必要はありません。
エンシニア　車から降りなさい。
ブランド　どうしてわたしが……
エンシニア　車から降りなさい！
ブランド　いやです。あなたにそんな権利はない。あなたにそんな権利はありません。
エンシニア　車から降りるんだ。
ブランド　あなたにそんな権利はない。こんなことを強制する権利はないわ。
エンシニア　いや、権利はある。いますぐ車を降りなければ、身柄を拘束することになる。
ブランド　身元を明らかにすること以外、あなたとの会話を拒否します。方向指示器を出さなかっただけで、拘束されるんですか？［会話が重なる］
エンシニア　車から降りなければ、身柄を拘束する。これは合法的な命令だ。

事件が起きたあと、警察官がよく利用するインターネットの掲示板では、エンシニアの行動を支持する声も上がった。しかし、最後の展開に唖然とする投稿者も多かった。

いい加減にしろよ。警告だけ出してとっとと終わらせればよかったんだ。なんでわざわざそんなことをする？　……プライドがちょっとばかり傷ついたからって、女性を車の外に引っぱりだすのか？　彼女がびくびくして震え上がらずに、タバコをつけたからっていう理由で？　じゃあ訊くが、彼女が素直に車の外に出てきたとする……それでどうする？　タバコを吸ったことを叱りつけるのか？　あの男はいったいどうしようと思っていたんだ？　彼女を引っぱりだす目的はなんだったんだ？[1]

しかしエンシニアは合法的な命令を出し、ブランドはそれに抵抗した。

エンシニア　車からすぐに降りるんだ。降りなければ、おまえを拘束する。
ブランド　弁護士に連絡します。
エンシニア　車から引きずりだしてやる。［車内に手を伸ばす］
ブランド　わかったわ。無理やり引きずりだすのね？　わかりました。

エンシニアは前かがみになってブランドの車に腕を入れ、彼女の身体を引っぱろうとする。

ブランド　さあ、どうぞ。
エンシニア　ああ、始めよう。［ブランドをつかむ］
映像ではここで何かをぴしゃりとたたく音が聞こえ、次にブランドは殴られたかのように悲鳴を上げる。
ブランド　触らないで！
エンシニア　車から出ろ！
ブランド　触らないで。触らないで！　わたしは逮捕されたわけじゃない。車から引きずりだす権利はあなたにはない。
エンシニア　おまえを逮捕する！
ブランド　逮捕？　なんのために？　容疑は？　容疑は何？
エンシニア　［無線に向かって］２５４７、郡、ＦＭ１０９８号線……別のユニットを派遣してください。［ブランドに向かって］降りろ……車から降りろ！　いますぐ降りろ！
ブランド　どうしてわたしが逮捕されなきゃいけないの？　あなたは交通違反の切符を切ろうとしていただけでしょ？　車線変更の……
エンシニア　車から降りろ、と言ってるんだ！

ブランド　どうして逮捕されなきゃいけないの？　車のドアを勝手に開けないで……
エンシニア　合法的な命令だ。おまえを車から引きずりだしてやる。
ブランド　それって脅迫よね。車から引きずりだすって。
エンシニア　車から降りろ！
ブランド　無理やり引きずりだすなんて……［会話が重なる］
エンシニア　言うことを聞かないなら、電気ショックを与える。出ろ！　早く！　［スタンガンを引き抜いてブランドに向ける］
ブランド　信じられない。信じられない。［車を出る］
エンシニア　降りろ。早く。車から降りろ！
ブランド　方向指示器を出さなかったっていうだけで？　それだけで、あなたはこんなことをしてるの？
エンシニア　車を降りろ。
ブランド　わかった。じゃあ訴えるわ。法廷で決着をつけましょう。
エンシニア　勝手にしろ。

言い争いはさらに数分にわたって続く。ブランドがますます激高すると、エンシニアは彼女に手錠をかける。応援部隊が到着するものの、怒鳴り合いと小競り合いは延々と続く。

エンシニア　やめろ！　やめるんだ！　抵抗をやめなさい。
女性警官　抵抗するのをやめてください。
ブランド　［泣き叫びながら］クソみたいな交通違反の切符のためにこんなことをするの？　あんたって最低。最低の女よ。
女性警官　いい加減にして。抵抗をやめてください。
エンシニア　地面に伏せろ！
ブランド　方向指示器を出さなかっただけで？
エンシニア　パトカーが近づいたときに、乱暴に車の向きを変えたからだ。逮捕されるのを恐れて逃げようとしたからだ。
ブランド　ほんとうに気分がいいでしょうね。ちがう？　交通違反切符を使って女を痛めつけるのは愉しい？　いい気分かしら、エンシニアさん？　これであんたもほんものの男ね。わたしを殴りつけて、頭を地面に押しつけて……ああ、発作が起きたわ。ほんと、下劣な男。
エンシニア　はい、はい。
ブランド　はい、はい？

ブランドは重暴行の容疑で身柄を拘束された。三日後、ビニール袋で作ったひもで首を吊り、独房で彼女が死んでいるのが見つかった。短い調査のあと、テキサス州警察官一般マニュアルに違反したという理由でエンシニアは解雇された。第五条〇五・一七・〇〇節ではこう定められている。

テキサス州公安局の職員は、一般市民とほかの職員にたいして丁寧な態度で接すること。職員は臨機応変に対応し、自らの行動を制御し、最大限の忍耐と慎重さをもって職務を執行しなければいけない。いかなる挑発を受けたとしても、喧嘩腰で言い争いをしてはいけない。[2]

ブライアン・エンシニアは無神経ないじめっ子だった。では、二〇一五年七月一〇日の午後の出来事の教訓とは？　見知らぬ他人と話す警察官は、相手に敬意を払って礼儀正しく対応しなければいけない――。

これで一件落着……とはいかない。ここまで議論を重ねてきた私たちなら、もっと有益な教訓を引きだせるはずだ。

2

カンザス・シティー式の車両停止は、干し草の山のなかから一本の針を探すような地道な作業だ。警察官は一般的な違反行為の取り締まりを利用しつつ、珍しいもの――銃と麻薬――を探さなくてはいけない。カンザス・シティーで築き上げられた理論が世界じゅうに広まりつつあった早い段階から、この種の取り締まりを成功させるには新しい考え方が必要になることは明らかだった。

　たとえば空港の手荷物検査官もまた、干し草の針探しに参加しているといっていい。運輸保安庁（ＴＳＡ）は各地の空港で定期的に覆面調査を行ない、セキュリティー・チェックを通る荷物のなかに銃や偽の爆弾を紛れ込ませている。[3] 結果は？　九五パーセントの割合で、銃や爆弾は見つからずに保安検査場をすり抜けてしまう。空港の検査官が怠けているからでも、無能だからでもない。むしろ干草の山の針探しが、デフォルトで信用するという人間の傾向への大きな挑戦になるからだ。空港の検査官は、少し怪しそうな荷物を見つける。しかし彼女は顔を上げ、ごく平凡な見かけの旅行者たちが辛抱強く手荷物検査の列に並んでいるのを見やり、ある事実を思いだす――この仕事を始めてから二年間、ほんものの銃が見つかったことなどいちどもない。彼女は次のような事実も知っている。ＴＳＡは年間およそ一七億個の機内持ち込み手荷物を検査しているが、見つかる拳銃の数は二〇〇〇～三〇〇〇丁。的中率は〇・〇〇〇一パーセント。つまり、その女性検査官がこれから五〇年にわたって仕事を続けたとしても、銃が見つかる確率はかぎりなくゼロに近い。よって彼女は、ＴＳＡの覆面調査官が忍び込ませた不審物に気づいても、それを無視してしまう。

　カンザス・シティー式の車両停止をうまく機能させるためには、警察官は異なる考え方で問題に向き合わなければいけなかった。停止するすべての車について、最悪の状況を想定する必要があった。デフォルトで信用するのをやめ、ハリー・マルコポロスのように考えることを求められた。

カンザス・シティー式の理論が有名になったあと、チャールズ・レムスバーグが著した『犯罪パトロールのための戦略』（*Tactics for Criminal Patrol*［未訳］）という本が法執行機関で注目を浴び、取り調べのための教科書のような存在になった。一九九五年に出版されたこの本では、まだ初期設定《デフォルト》が定まっていない新しい巡査が身につけるべきことが事細かに説明されている。レムスバーグによると、新人警察官は自ら率先して「交通違反切符を切る以上のことをする」[4]必要があるという。まず、レムスバーグが「好奇心のくすぐり」と呼ぶもの――不正行為が起きる可能性を高める異常――を探さなくてはいけない。たとえば、治安の悪い地域で信号待ち中の運転者が、隣の助手席に置かれたものをまじまじと凝視しているとする。それは何を意味するのだろう？　あるいは、染みひとつない車のドアのパネルのあいだに包装紙の切れ端がはさまっているとする。車内に隠された荷物から剝がれたものだろうか？　ノースカロライナ州の警官による失態について思いだしてほしい。片方のブレーキランプの故障が州の法律に違反していると勘ちがいし、車を停止したという出来事だ。このとき警察官が疑いを抱いたのは、運転者が「緊張してそわそわしていた」[5]からだという。とりわけ抜け目のない犯罪者は、あからさまな違反を犯さないように気をつけるはずだ。だからこそ交通警官は、想像力をはたらかせて怪しいものを探さなくてはいけない――ひび割れたフロントガラス、方向指示器なしの車線変更、近すぎる車間距離……。

「ある警察官は、街で人気の麻薬取引現場が通りの袋小路にあることを把握している」とレムスバーグは著書のなかで説明する。「彼はすぐ近くに車を停めて様子を見守る。多くの運転者は何も知らずに近づいてきて、パトカーの存在に気づくなり急に停まったり（車道での不適切な停車）、大急ぎでバックしたりする（車道での不適切な後退）。『こちらは車を追いかけてもいないのに』と警察官は言う。『これで違反がふたつ生まれます』」

停止した車に近づくとき、レムスバーグが描いた新しいタイプの警察官はごく小さな手がかりに眼を配らなくてはいけない。[6] たとえば麻薬密売人たちは、においを消すために芳香剤を使うことが多い（バックミラーに吊るすモミの木形の小さな芳香剤がとくに好まれ、「重罪の森」と呼ばれていた）。車内にファストフードの食べ残しがあるとき、運転者は急いでいることが多く、車（と貴重な積荷）から離れることを嫌う傾向がある。後部座席に工具が置かれている場合、車内のどこかに薬物や銃が隠されている可能性がある。車の走行距離は？　その年式の車にしては異常に走行距離が多かったら？　古い車のタイヤだけが新品に変わっていたら？　車に差し込まれた鍵のキーホルダーに、たくさん鍵がついていたら（それがふつう）？　あるいは、このドライバーのためだけに用意されたかのように鍵が一本しかついていなかったら？　目的地が近いわりに、荷物がやたらと多かったら？　逆に、目的地が遠いにもかかわらず、あまりに荷物が少なかったら？　捜査のために車両を停止した警察官は、なるべく話を長引かせようとする。どこから来たんですか？　どこに行くんですか？　シカゴ？　そこに家族がいるんですか？　シカゴのどこに？　警察官は相手のたどたどしい口調、そわそわした態度、怪しい答えに注目し、運転者の発言と眼のまえの状況に矛盾がないか確かめる。そして、次の段階に進んで車を捜索するべきかを決める。

忘れてはいけない。車に食べ残しがあり、バックミラーに芳香剤が吊るされ、走行距離が長く、古い車に新しいタイヤが装着され、荷物の量がおかしくても、圧倒的大多数の運転者は銃や麻薬を運んでいるわけではない。しかし干し草の山から犯罪の針を見つけようとする警察官は、「世界はとても正直な場所」という一般的かつ合理的な計算に抗わなくてはいけない。

では、ブライアン・エンシニアは？　彼は、デフォルトでの信用とは無縁の警察官だった。彼の勤務中の（無作為に選んだ）一日の動きについて見てみよう。事件のおよそ一年前、二〇一四年九月一一日の記録だ。[7]

15：52　勤務開始。トラックを停車させ、トレーラーの反射テープの不備を理由に違反切符を切る。
16：20　女性運転者の車を停め、ナンバープレートの不適切な取りつけ状態を指摘。
16：39　別の女性運転者の車を停め、ナンバープレートの違反を指摘。
16：54　車両登録期限切れの車を見つけて停める。免許証の有効期限切れが発覚、出頭を命じる。
17：12　軽度のスピード違反（制限速度の一〇パーセントを超えない範囲）のために女性の車を停める。
17：58　深刻なスピード違反の車を停める。
18：14　車両登録期限切れの車を停める。免許証に関する違反にくわえ、車内から栓が開いたアルコール容器が見つかり、追加で三枚の違反切符を切る。

20：29「識別灯の故障／不備」「車幅灯の故障／不備」を理由に男性運転者の車を停める。

同じような記録が延々と続く。一〇分後、規定外のヘッドライトをつけた女性運転者の車を停める。それから三〇分のあいだに、軽度のスピード違反で切符を二枚切る。二二時、タイヤチェーンの違反で車を停める。勤務時間の終わり近く、規定外のヘッドライトをつけた車を見つけて停車させる。

このリストのなかで、紛れもない明らかな違反はひとつだけ——制限速度の一〇パーセントの範囲を超える、一七時五八分の深刻なスピード違反。これを見逃す警察官はいない。しかし、その日エンシニアが取ったほかの多くの行動は、いわゆる「先行対処的な取り締まり」の部類に入るものだった。反射テープや車幅灯の不備のために警察官が車を停めるのは、何か別のものを探しているときだ。レムスバーグの言葉を借りるなら、意識的に「交通違反切符を切る以上のこと」をしようとしているときだ。

先行対処的な取り締まりを行なう警察官にとっては、偏見や人種差別の誹《そし》りを避けるために「すべての車を停める」ことが大切になる。でっちあげに近い些細な理由で誰かの車を停めたければ、すべての不審者にたいしてつねに同じ行動を続けなければいけない。「人種差別や勝手な口実にもとづいて車両停止を行なっていると非難されたら、業務日誌を法廷に提出し、〝細かい理由〟で車を停めるのは日々のパターンの一部だと証明することができる」[4]とレムスバーグは説明する。「この特定の被告人の場合にだけ都合よく引っぱりだしてきた例外などではない、と」

　これこそエンシニアが取った行動だった。彼は来る日も来る日も、二〇一四年九月一一日と同じことを続けた。泥で汚れたフラップ、シートベルトの未着用、車線またぎ、ライトに関するあいまいな規則違反を見つけては、車を停めつづけた。彼はモグラたたきのモグラのごとくパトカーを乗り降りした。働きはじめてから一年足らずで、エンシニアは一五五七枚の違反切符を切った。サンドラ・ブランドの車を停める直前のわずか二六分のあいだに、彼は三台の車を停めた。

　二〇一五年七月一〇日の午後、エンシニアはサンドラ・ブランドの車に眼をつけた。テキサス州公安局・監察総監室による証言録取のなかで彼は、ブランドがプレーリー・ビュー大学から出るときに一時停止の標識を無視したのを目撃したと話した。彼にとっての「好奇心のくすぐり」だった。標識は大学の敷地内にあったため、その時点では停止を命じることができなかった。車がFM１０９８号線に入ると、エンシニアはあとを尾《つ》けた。イリノイ州のナンバープレートに気づき、それがふたつ目の「好奇心のくすぐり」になった。国の反対側の住人が、テキサス東部でいったい何をしてる？

「車種やモデルにくわえて、きちんとナンバープレートがついているかなど、車両のさまざまな状態を確かめていました」[8] とエンシニアは調査のなかで語った。彼はブランドの車を停止させる口実を探していた。

「過去にそのスピードで加速して車両に近づき、同じようにさまざまな状態を確かめたことはありますか？」と担当調査官のクリーブ・レンフロは尋ねた。

「はい、あります」とエンシニア。彼にとっては標準的な行動だった。

ブランドはバックミラー越しにエンシニアのパトカーが速度を上げて近づいてくるのを見やり、さきに行かせようと隣の車線に移った。しかし、方向指示器を出すのを忘れた。ビンゴ！　これで、エンシニアは正当な理由を手に入れた。テキサス州道路交通法第七編C五四五章一〇四節a項にはこうある――「運転者は、五四五章一〇六節で認められた方向指示器を使い、方向転換、車線変更、駐車位置からの出発の意思を示さなくてはいけない」[9]。ちなみに、たとえブランドが車線変更する直前に方向指示器を出したとしても、エンシニアには予備の選択肢があった。五四五章一〇四節b項では「車両を右折・左折させる意思のある運転者は、少なくとも三〇メートル前から方向指示器を出しつづけなければいけない」と定められている。エンシニアは、ブランドが方向指示器を出さなかったという理由で車両を停めることもできたし、充分な時間にわたって出さなかったという理由で停めることもできた[*1]。

エンシニアはパトカーを降り、ブランドのヒュンダイ・アゼーラに助手席側からゆっくりと近づき、少し前のめりになって車内をのぞき込み、異常がないか確かめる。彼は目視で所持品検査

＊1　言うまでもなく、ブランドが激高したのはこれが理由だった。「こんなことで違反切符を切られるなんて、最悪の気分です。だって、あなたの邪魔にならないようにしていたのよ。あなたがスピードを上げてすぐうしろに近づいてきたから車線変更したのに、それで制止された」と彼女は訴えた。つまり、警察車両が速度を上げてうしろに近寄ってきたため、慣例どおり彼女は道を譲った。すると、さきほど車線変更を迫ってきた警察官が、不適切な車線変更を理由に違反切符を切ろうとした。違反を引き起こしたのはエンシニアのほうだった。

をした。何か怪しいものは？　ファストフードの包み紙が床に落ちていないか？　バックミラーに〝重罪の森〟が吊るされていないか？　後部座席に工具が置かれていないか？　キーホルダーに鍵がひとつしかないのでは？　ブランドはシカゴからテキサスに車で来たばかりだったため、当然ながら床にはファストフードの包み紙が落ちていた。ふつうの状況下であれば、私たちの多くは、窓越しに車内を見たこの時点で疑いを捨てるにちがいない。しかし、ブライアン・エンシニアは新しいタイプの警察官だった。さらに、現代を生きる私たちは、指導者や管理者は疑いを捨てるのではなく、疑いを追求したほうがいいと考えるようになった。エンシニアは窓のほうに身を乗りだし、車を停めた理由を伝えた。すぐさま、彼の疑念はみるみる高まっていった。

3

レンフロ　なるほど。ブランドに運転免許証を提示するように言ったあと、どこに行くのか尋ねると、彼女は「そんなことあなたに関係ないでしょ」と答えた。あなたは報告書のなかにそう書いています。「彼女の態度を見て、この時点で何かがおかしいと感じた」と。

証言録取のなかで、州警察の調査官であるクリーブ・レンフロはエンシニアに質問を続けた。

レンフロ　何がおかしいと思ったのか、音声レコーダーに向かって説明してください。

エンシニア　……攻撃的な身振り手振りと態度です。何かうしろめたいことがあるように見えました。

ブライアン・エンシニアは透明性を信じ、人々の振る舞いこそが感情や性格を示すたしかな手がかりだと考えた。私たちはみな、互いにそれが正しいのだと教え込もうとする。より正確にいうと、私たちは警察官にそう教え込もうとする。たとえば、世界でもっとも影響力の強い法執行機関向けの訓練プログラムに「リード・テクニック」と呼ばれるものがある。アメリカのおよそ三分の二の州警察はもとより、ＦＢＩや世界各国の数多くの法執行機関でもこのプログラムが採用されている。リード・テクニックは透明性という考えそのものにもとづいて成り立つ手法であり、相手の態度をとおして犯人かどうかを判断するべきだと警察官に推奨する。

たとえば、リード・テクニックの訓練マニュアルには、アイコンタクトについて次のような記述がある。

> 西洋文化では、互いに見つめ合うこと（アイコンタクトを維持すること）は、オープンさ、率直さ、信用を意味する。相手を騙そうとする容疑者は一般的に、捜査官の眼をまっすぐ見つめようとしない。質問に答えるとき、彼らは、あたかも神の導きを乞うかのように床を見下ろしたり、横に眼を逸らしたり、天井を見上げたりする……
>
> 一方、誠実な容疑者は、見かけや行動に防御的なところがなく、捜査官とまっすぐ眼を合わせることができる。[10]

カンザス・シティーの実験後に新たな教科書となった前述のチャールズ・レムスバーグによる『犯罪パトロールのための戦略』でも、同じことを警察官に説いている――車両停止では、容疑者をはじめに観察したときに得られる情報にもとづいて「隠れた尋問」を行なう。

あなたは黙ったまま密かに、相手の発言内容、話し方の癖、身振り手振りを分析し、欺きの手がかりを探す。同時にあなたは、まったく疑いなど抱いていないと相手に思わせなくてはいけない……実際のところあなたは、彼らの様子、車両、移動の理由について評価している。しかし、その事実に向こうが気づくのが遅くなればなるほど、相手が無意識のうちに重要な証拠を与えてくれる可能性はより高くなる。[4]

まさにエンシニアが取った行動だった。ブランドが足を踏み鳴らして前後に揺すっていることに気づいた彼は、あえて会話を長引かせようとする。テキサスにいつ来たのか、と彼は尋ねる。「昨日着いたばかりです」と彼女は答える。エンシニアの不安感はさらに高まっていく。車についているのはイリノイ州のナンバープレート。この女はテキサスでいったい何をしているんだ？

レンフロ　その時点で、身の安全についての懸念はありましたか？

エンシニア　何かがおかしいことはわかっていましたが、何がおかしいのかまではわかりませんでした。なんらかの犯罪の最中なのか、すでに行なわれたあとなのか、何もわかりませんでした。

エンシニアはパトカーに戻り、ブランドの運転免許証と車両登録証を確かめた。リアガラス越しに様子をうかがうと、ブランドが「怪しい動きを繰り返し、いっとき視界から姿が消えることもあった」。これこそ、映像のなかの不可解な謎を解き明かしてくれる決定的なポイントだ。はじめはブランドの車に助手席側から近づいたエンシニアが、二度目は運転席側から近づいたのはなぜか？　彼の不安がみるみる募っていったからだ。エンシニア自身も報告書のなかにこう綴った。「身の安全に関する訓練では、違反者は、助手席側にいる警官に発砲する確率のほうがずっと高いと教えられました」

レンフロ　音声レコーダーに向かって説明してください。あなたははじめ、ふだんと同じ車両停止だと考えていた。ただ相手が少し苛立ち、非協力的になっているか、あるいは動揺しているだけだと。ではなぜ、助手席側に立つ警察官のほうが撃たれやすいという訓練のことを思いだし、運転席側からのアプローチが必要だと考えたのですか？

エンシニア　パトカーから様子をうかがったときに、コンソールのある右側への動きがたびたび確認できたからです。身体の右側の動きがとくに多く、身体そのものが見えなくなることもありました。

彼女が武器に手を伸ばしているのではないかとエンシニアは直感的に考え、慎重に車に近づくことにした。

エンシニア　車の窓ガラスには色がついていなかったので、彼女が手に何かを握っているのか、肩越しに振り向こうとするのかを目視で確認することができます。それで、運転席側から近づくことにしました……

エンシニアにとってブランドの振る舞いは、危険な犯罪者の疑いがある人物の特徴に当てはまるものだった。彼女は動揺し、びくびくし、怒りっぽく、挑戦的で、気まぐれだった。何か隠しているにちがいないとエンシニアは考えた。

たとえ最高の条件下でも、これは恐ろしくまちがった考え方だ。人間は透明ではない。しかし、この種の考え方がいちばん危険なのはいつか？　〝不一致〟の人物に向き合ったとき、つまり私たちの予想どおりに相手が行動しないときだ。アマンダ・ノックスは不一致だった。犯罪現場で彼女は安全靴を履き、腰をくねくねとまわして「ジャジャーン！」と言った。バーナード・メイドフは不一致だった。彼は立派な実業家のふりをした社会病質者《ソシオパス》だった。

では、サンドラ・ブランドは？　彼女もまた不一致の人物だった。ブランドはあたかも犯罪者のような眼つきでエンシニアの顔を見た。しかし彼女は犯罪者などではなく、ただ動揺していただけだった。ブランドの死後、成人してから彼女が計一〇回にわたって警察官から尋問を受けていたことが発覚した。そのなかには五回の車両停止が含まれており、未払いの罰金がおよそ八〇〇〇ドルも残っていた。前年、赤ん坊を亡くした彼女は自殺しようとした。片方の腕のいたるところにリストカットの傷跡があった。テキサスに移り住む数カ月前、ユーチューブ・チャンネル「サンディー・スピークス」に投稿した映像のなかで、彼女は自らの悩みについてそれとなく触れていた。

> ごめんなさい。わたしの王様と女王様たちに謝ります。二週間ぶりの投稿になってしまいました。でも、みなさんには正直に言わなくてはいけません。みなさんのなかにも同じことに向き合っている方がいるかもしれませんが……[11]わたしは軽いうつ症状とＰＴＳＤに悩まされているんです。ここ数週間はとくにつらくて……

ブランドは、身体や精神の問題を抱えながらも生活をなんとか立てなおそうとしていた。彼女は新しい町に引っ越し、新しい仕事を始めるところだった。人生の新たな章をスタートさせようとした矢先、警察官に車を停められた。彼女が大きな借金を背負うことになったシナリオが、ここでもまた繰り返された。でも、車両停止の理由は？　背後からパトカーが猛スピードで近づいてきたことに気づいて車線変更をしたとき、方向指示器を出さなかったという理由だった。突如として、新たな脆い人生の始まりに暗雲がただよいはじめる。命を絶つまでの三日間、拘置所に収容されたサンドラ・ブランドは取り乱してずっと泣きづけ、次から次に電話をかけた。彼女は危機的状態に陥っていた。

しかしエンシニアは、人間には透明性があると信じていた。彼はその誤った確信にもとづき、ブランドの感情の激しさと不安定さを不吉なものの証拠だと考えた。

レンフロは決定的な瞬間について尋ねた。タバコを消してほしいとエンシニアがブランドに要求した瞬間だ。なぜ単純に「ちょっとタバコが煙たいんだけど」と言わなかったのか？

エンシニア　投げつけられたくありませんでした。とにかく、タバコを消してほしかった。

レンフロは続けて訊いた。だとすれば、逮捕の理由を彼女にすぐに伝えなかったのはなぜか？

エンシニア　自分の身を守ることで精一杯だったんだと思います。なんとか彼女をコントロールしようとしていた。

エンシニアは、ブランドのことを恐れていた。タバコを吸っているだけの無実の見知らぬ他人をこのように恐れなければいけないのは、デフォルトで信用しないことにたいして払う代償だ。だからこそハリー・マルコポロスはわざわざ銃で武装して自宅にこもり、証券取引委員会が襲ってくるという不安と闘った。

レンフロ　これまであえて訊きませんでしたが、お尋ねします。彼女が「さあ、どうぞ」と言ったとき、あなたは「ああ、始めよう」と答えた。これはどういう意味ですか？

エンシニア　彼女は身を乗りだし、腕を伸ばして私をつかもうとした。警察官じゃなくても、誰かが拳を握るところを見たら、それが挑戦的な態度だとわかるはずです。それに、私自身や第三者に危害がくわえられる可能性もあります。

レンフロ　彼女の身体をすぐに地面に押さえつけなかった理由は何かありますか？

エンシニア　はい、あります。

レンフロ　それはなぜ？

エンシニア　すでにいちど私を殴ろうとしてきましたから。またいつ殴ってきてもおかしくなかった。武器が奪われる可能性もありました。

別の調査官が質問した。

ルイス・サンチェス　あなたは恐れていましたか？

エンシニア　身の安全が危険にさらされていると何度も感じました。

サンチェス　誘導尋問をするつもりはありませんが、この出来事のあと興奮と鼓動の高まりはどれくらい続きましたか？　いつごろ落ち着きましたか？

エンシニア　たぶん、車で自宅に戻るころだと思います。数時間後のことです。

ブランドの死後、エンシニアにはたびたび「共感力のない警察官」というレッテルが貼られた。しかし、そのような性格描写はまったくの的外れだ。共感力のない人間とは、他者の感情に無関心な人を意味する。エンシニアはブランドの感情に無関心ではなかった。車にはじめに近づいたとき、彼は「どうかしましたか?」と彼女のことを心配するように問いかけた。免許証を確かめてから車に戻ると、エンシニアは「大丈夫ですか?」と再び尋ねた。相手が不快感を抱いていることに彼は即座に気がついた。が、その感情の意味を完全に取りちがえたエンシニアは、危険な女性との恐ろしい対立に巻き込まれつつあるのだとますます確信するようになった。

　では『犯罪パトロールのための戦略』は、このような状況下の警察官にどんな行動を取ることを勧めているのだろう? 「現在、非常に多くの警察官が強い態度で相手をコントロールすることを恐れ、誰かに命令するのをためらっているようだ。尋問を受けた人々は好き勝手に動きまわり、好きな場所に立つ。警察官は、自分たちのほうから容疑者の行動に適応しようとする」[4]。エンシニアはそんな状況になるのをけっして許さなかった。

エンシニア　だったら、車の外に出てください……車から降りなければ、身柄を拘束する。
　これは合法的な命令だ。

「交通違反切符を切る以上のことをする」のがブライアン・エンシニアの目指す警察官の姿だった。彼は「好奇心のくすぐり」に敏感に反応し、「目視による所持品検査」や「隠れた尋問」について熟知していた。手に負えない状況に陥りそうになったとき、彼はあえて強い態度で介入した。その日、サンドラ・ブランドと出会った通りで問題が起きたのは、ブライアン・エンシニアが訓練どおりに動かなかったからではない。正反対だ。まさに訓練どおりのことをしたからだった。

4

サンドラ・ブランドがテキサス州プレーリー・ビューの独房で死んだ前年の二〇一四年八月九日、マイケル・ブラウンという名の一八歳のアフリカ系アメリカ人の男性が、ミズーリ州ファーガソンで白人警察官に射殺された。ブラウンは、近くの食料品店で起きた強盗事件の容疑者だった。警察官のダレン・ウィルソンが尋問しようとすると、言い争いが始まった。パトカーの運転席の開いた窓にブラウンは手を伸ばし、ウィルソンを殴った。ウィルソンは銃を構え、六発発砲した。事件のあと一七日間にわたって、ファーガソンでは激しい抗議活動が巻き起こった。最終的に、検察はウィルソン巡査の不起訴処分を決めた。

ファーガソンでの事件をきっかけにアメリカの市民生活のなかで奇妙な大騒ぎが始まり、警察官の行動に突如として大きな注目が集まるようになった。それはまさに社会への警告だった。司法省は事件直後に調査団をファーガソンに派遣した。半年後に発表された報告書の中身は、まさに異例づくしだった。[12] 司法省の調査チームのリーダーだったチラーグ・ベインズ弁護士は、現地入りしてすぐさま異変を感じ取ったという。ファーガソンで沸き上がった怒りは、ブラウンの死に向けられたものだけではなかった。それどころか、ブラウンとはほぼ関係のないものだった。それは、ファーガソンという町で行なわれてきた特定の取り締まり方法への反発だった。ファーガソン警察による日々の活動は、カンザス・シティー式の取り締まりのコピーのようなものだった。この町の法執行機関には、できるだけ多くの理由でできるだけ多くの人を尋問するという哲学が強く根づいていた。

「とても不穏な状況でした」とベインズは当時について振り返った。

ある警察官は「何人を裁判所送りにしたかがすべてです」と言いました。別の警察官は、「毎月、上司が壁に成績表を貼りだし、それぞれの警察官が一カ月のあいだに切った違反切符の枚数が発表されるんです」と言った。一にも二にも〝量〟が重視されていたようでした。

ファーガソンの警察署のいたるところにブライアン・エンシニアがいた。ベインズは説明を続ける。

警察官たちはみんな、違反切符を出し、罰金や手数料を支払わない人を逮捕するのが仕事だと理解していました。それが評価や査定の基準になるとわかっていました。

ファーガソンで起きたあるエピソードについて耳にしたベインズは、大きな衝撃を受けたという。公園でバスケットボールをして遊んでいた若い黒人男性の話だ。しばらくプレーしたあとに彼が自分の車の座席に坐って涼んでいると、うしろからパトカーが近づいてきた。運転席の窓の横まで歩いてきた警察官は、身分証明書を確かめたあと、男性を幼児虐待者だと決めつけた。

警察官はこんな趣旨のことを言ったようです。「この公園には小さな子どもたちがいて、おまえは公園にいる。ってことは、おまえは小児性愛者か？」……警察官に車から出るよう命じられた男性はこう言い返しました。「何もやっていませんよ。おれには憲法上の権利があるはずだ。おれはバスケットボールを愉しんでから、ただここに坐っていただけです」

そのあと警察官は銃を突きつけて脅し、車から降りるよう迫った。結局、この一連の出来事が終わるまでにぜんぶで八枚の違反切符が切られることになりました。公園に停めた車のなかに坐っているのに、シートベルトを締めていなかったという違反もあった。なんと、「免許証の不携帯」と「免停中の運転」の両方の違反切符が切られたんです。

くわえて、「虚偽申告」の違反切符まで切られていた。男性が本名の「マイケル」を略して「マイク」と名乗ったというのが違反の理由だった。

最終的に男性は、長期にわたって当局と対立することになった。ファーガソン市の条例にたいする八つの違反を言い渡された彼は、裁判で争うことにしたんです。結局、彼は逮捕され、連邦政府の請負業者での建設作業員としての仕事も失う。逮捕によって、彼の人生は完全に狂ってしまいました。

マイクの逮捕は、サンドラ・ブランドの逮捕とまさに瓜ふたつだ。警察官が薄っぺらな口実をもとに一般市民に近づき、干し草の山から針を探す――。結果、多くの無実の人々が疑惑の波に呑み込まれ、警察と共同体のあいだの信頼は崩れてしまう。それこそ、ファーガソンの街頭で人々が抗議していたことだった。何年ものあいだ、警察官たちがバスケットボールのプレイヤーを小児性愛者とまちがえてきたのが騒動の原因だった。[*2]

これはミズーリ州ファーガソンやテキサス州プレーリー・ビューだけの問題だろうか？　もちろんちがう。ノースカロライナ州道路パトロール隊による車両停止の件数が劇的に増えたことを思いだしてほしい。その数は七年間で年間四〇万件から八〇万件に跳ね上がった。そのあいだにノースカロライナ州の運転者たちは突如として赤信号を無視し、大量に飲酒し、制限速度を超えるようになったのだろうか？　もちろんちがう。車両停止の件数が急に増えたのは、州警察が戦略を変えたからだ。彼らは、干し草の山の針探しによりいっそう力を入れはじめた。所属する警察官にたいし、デフォルトで信用するという人間本来の性格を無視し、最悪の事態を想定することをうながした。仕事の面接を終えたばかりの若い女性が銃を隠し持ち、危険な行動を起こすかもしれない……。公園の広場でバスケットボールをしたあとに涼んでいる若い男性が、小児性愛者かもしれない……。

ノースカロライナ州道路パトロール隊が実施した四〇万件の車両停止のうち、銃と麻薬は何回見つかったのか？　一七回だ。[14]一七人の腐ったリンゴを見つけるために、三九万九九八三人のマイクとサンドラを悪者扱いして汚名を着せる価値などあるだろうか？

カンザス・シティーの銃取り締まり実験を考えだしたローレンス・シャーマンは、はじめからこの問題にはっきり気づいていた。「医者にこう頼むことはできません。通りに出て歩行者の身体をメスで切り刻み、胆嚢に異常がある人を探しだしてほしい――。当然、なんらかの危険な処置をするまえに、まずはいろいろと診断を下さなくてはいけません。職務質問や車両停止はまさに危険な処置です。警察にたいする敵意を生みだすおそれがありますからね」。シャーマンにとって、医学の祖ヒポクラテスの誓い「なによりも害をなすなかれ」は法執行機関にも等しく当てはまるものだった。「実際に私は、ヒポクラテスの大理石の胸像を買ったばかりなんです。毎日それを見て、取り締まりの害を最小限に抑えろと自分に言い聞かせています。ある意味、警察によるあらゆる行動は誰かの自由を侵害する可能性がある。そう認識しなくてはいけません。だから、警察をホットスポットに配置するだけではダメです。自由を過度に侵害しないスイー

＊2　信憑性の高いある統計によると、アメリカでは白人よりも黒人のほうが車両停止を受ける確率が著しく高いという。[13]つまり誤判定という屈辱は、すべての市民のあいだに等しく分散されているわけではない。別の屈辱によってすでに苦しんでいる市民にたいして、誤判定は集中して起きる。

ト・スポットをしっかり作って、必要以上の取り締まりは絶対にしないという姿勢を保つことが大切なんです」

シャーマン発案のカンザス・シティー実験に参加した警察官たちは、まえもって特別な訓練を受けた。「先行対処的な取り締まりが警察にとって深刻なリスクになることははじめからわかっていたので、何度も強調して伝えました」とシャーマンは言う。[*3] カンザス・シティーの銃規制実験が144地区に限定されたのはこれが理由だった。実際に犯罪が起きているのはそこだった。

「私たちは、ホット・スポットの場所をなんとか見つけだそうと努力しました」とシャーマンは説明する。街でもっとも治安の悪い地区を探すだけにとどまらず、彼はさらに一歩踏み込んで掘り下げた。ミネアポリスでワイスバードと共同調査したときと同じ綿密な分析をとおして、犯罪がいちばん集中する通りの一角を突き止めた。パトロールを担当する警察官たちには、その一角にすべての精力を注ぐよう指示した。シャーマンは、戦闘地帯ではない近隣地区で積極的に銃を探そうとはしなかった。

もちろん、144地区のなかでも「マイク＝サンドラ問題」が消えてなくなったわけではない。しかし、カンザス・シティーの銃規制実験をもっとも治安の悪い地域のもっとも治安の悪い一角だけに限定したのは、干し草の山をほんの少しでも小さくするためだった。犯罪との闘いのなかでは避けられない「無実の人々を苦しめる」という矛盾の影響を、少しでも抑え込むためだった。ふつうの共同体のなかで、シャーマンが望むレベルまで警察が攻撃的に行動すると、当然ながら住民とトラブルになる。一方、犯罪が蔓延する三〜四パーセントの地区——警察への通報が年間一〇〇～二〇〇件に上るような場所——では結びつき理論が大きく影響し、積極的な取り締まりへの住民の見方は変わってくる。

「ホット・スポットでの取り締まりを担当する警察官にはこう伝えます。『地域にある一〇〇本、あるいは一〇〇〇本の通りのうちの一〇本だけに行き、重点的にパトロールしろ』とね。実際に犯罪が起きているのはそこですから」とワイスバードは説明する。「そうすれば、住民たちがこう言ってくれる確率は高くなる。『まあ、そういう自由の侵害には意味がある。明日撃たれて死にたくはないからね』」

ブライアン・エンシニアにたいして第一に投げかけるべきなのは、彼は正しいことをしたのかという問いだ。しかし、二番目に訊くべきことにも同じくらい重要な意味がある——彼は適切な場所にいたのか？

＊3　のちにシャーマンは、ロンドン警視庁との共同プロジェクトに参加した。若者によるナイフを使った殺人事件の急増を抑え込むことを目指す警察にたいし、路上で話を聞いた全員に警官が〝確認書〟を渡すべきだと彼は主張した。

「一晩に五〇〇回もの職務質問が行なわれることもありました」とシャーマンは説明する。「話を聞いた全員に警官は、こんなことが書かれた確認書を渡しました——『これが私の名前とＩＤ番号です。私の職務質問について何か不満や質問があれば、この確認書を使って手続きしてください』」

5

サンドラ・ブランドの車が制止されたテキサス州プレーリー・ビューは、あたかも大都市の郊外であるかのごとく、ヒューストンの「外縁部」に位置すると説明されることがある。それはちがう。ヒューストンとは八〇キロも離れており、プレーリー・ビューは正真正銘の田舎町だ。

町の規模は小さく、人口はせいぜい五、六〇〇〇人。短い通りには、質素な平屋建ての一軒家が並ぶ。目抜き通りのＦＭ１０９８号線の端に大学があり、キャンパスの西側に沿って通りはさらに続く。大学を取り囲むこの環状道路を進むと、左側に米国聖公会の小さな教会、右側に大学のフットボール・スタジアムが見えてくる。そのさきには、馬や牛ばかりの牧草地がひたすら広がる。プレーリー・ビューがあるウォーラー郡の住民の大多数は、共和党支持者の白人で、中産階級から労働者階級の人々だ。

レンフロ　では、そのエリアについて教えてください。犯罪が多い場所ですか？

エンシニア　ＦＭ１０９８号線のそのあたりは、犯罪やドラッグ取引が多いエリアです。私はいままでにも、似たような状況でドラッグ、武器、法律違反者に遭遇したことがあります……逮捕状が出ている容疑者を見つけたこともありますし、ドラッグや武器を見つけて何度か犯罪者を逮捕したことがあります。ほとんどがこのエリアのなかでしたね。

ところがエンシニアの警察官としての公式記録には、そんな事実はいっさい書かれていない。二〇一四年一〇月一日から翌年七月一〇日のサンドラ・ブランド事件までの九カ月のあいだに彼は、大学に隣接する幹線道路のその一キロ半の範囲で二七台の車を制止した。うち六回はスピード違反による強制的な車両停止だった。カンザス・シティー式の取り締まりが始まる以前の時代でも、そこそこ用心深い警察官なら同じ行動を取ったはずだ。しかし残りのほとんどについては、エンシニアが細かな理由を自ら探して検挙したものだった。二〇一五年三月に彼は、「一車線にとどまらずに走行した」ことを理由に黒人男性の車を停めて違反切符を切った。FMVSS571・108違反での車両停止が五回。車両の安全に関する連邦法令のこの項目では、方向指示器、ナンバープレートを照らすライト、ブレーキランプについてのルールが定められている。エンシニアの検挙リストのなかでいちばん深刻なのは、二例ある飲酒運転。でも、ここが大学のキャンパスに隣接する道路であることを忘れないでほしい。

そう、FM1098号線は「犯罪やドラッグ取引が多いエリア」ではない。[15] 五キロほど離れたローリー・レーン──トレーラーハウスが並ぶ一キロ弱の通り──まで行かなければ、この近隣でホット・スポットにわずかにでも似た場所を見つけることはできない。

デイビッド・ワイスバードはこのような取り締まりを大きな問題だと考える。「犯罪のない場所でなぜ車をわざわざ停めなければいけないのでしょう？　私にはまったく理解できません」

ローレンス・シャーマンも同じように不安を吐露した。「その場所で、その時間に、車線変更を理由に車を停めるというのは、どう考えても正当とは思えません」。（プレーリー・ビューの一〇〇倍は治安が悪い）カンザス・シティーのいちど目の銃規制実験のあいだでさえも、特別な訓練を受けた警察官が夜間に限定して車両停止を実施した。積極的な取り締まりを正当化できるほど犯罪率が高いのは、夜のこの時間帯だけだった。[16] 一方、サンドラ・ブランドの車が停められたのは真っ昼間だった。

サンドラ・ブランドにたいする自身の行動を正当化するために、ブライアン・エンシニアはそのエリアの危険性をあえて誇張したのかもしれない。しかしながら彼は、犯罪が特定の場所と密接に結びついたものだと考えたこともなかったにちがいない。文学理論家、橋の管理者、警察署の幹部たちは、結びつきという概念を理解するのに苦労する。街をパトロールする警察官が彼らと同じように考えたとしても、なんらおかしくはないはずだ。

つまりブライアン・エンシニアは、行くべきではない場所にたどり着き、制止されるべきではない人物を制止し、導きだされるべきではない結論を導きだした。サンドラ・ブランドの死は、よく知らない相手と話す方法を知らない社会で起こるべくして起こる出来事だった。

6

この本では、人間が日々向き合う難問について考えてきた。現代のボーダーレスな世界ではとくに、よく知らない他人と話をせずに生活するというわけにはいかない。私たちはもう村社会に住んでいるわけではない。警察官は、見ず知らずの人を制止して話を聞かなければいけない。諜報機関の職員は、ペテンと疑念に立ち向かわなくてはいけない。若者たちは、見知らぬ誰かと会うためにパーティーに自ら進んで参加し、恋愛のスリルを愉しむ。にもかかわらず私たちは、人間がもっとも必要とする「見知らぬ他人と話す」というタスクをひどく苦手としている。私たちはみな、リスクや犠牲をともなうことなく「見知らぬ他人」を「なじみのある既知のもの」に変えることができると考える。が、そんなことはできない。では、どうすればいいのか？

まず、デフォルトで信用することについてお互いを罰するのをやめてみるのはどうだろう。あなたが親だとする。自分の子どもが見知らぬ誰かに虐待を受けたとき、あなたが同じ部屋にいたとしても、あなたは悪い親などではない。あなたが大学の学長だとする。ひとりの職員について不穏な報告を受けたとき、最悪の事態を想定しなかったとしても、あなたは犯罪者などではない。他者にたいして最良のシナリオを想定するという人間の特性こそが、現代社会を築き上げてきた。お互いの信頼関係が裏切られるような出来事は、まさに悲劇以外のなにものでもない。しかし、もうひとつの選択肢——略奪行為やペテンにたいする防御策として互いを信用するのをやめること——はもっとひどい悲劇につながる。

さらに私たちは、見ず知らずの相手の心の内を読み解く能力に限界があることを受け容れなくてはいけない。アルカイダ幹部のハリド・シェイク・モハメド（ＫＳＭ）の尋問には、ふたつの側面があった。ＣＩＡに雇われた心理学者のジェームズ・ミッチェルと同僚のブルース・ジェッセンは、ＫＳＭの口を割らせるという願望に突き動かされた。一方、精神科医のチャールズ・モーガンは、無理やり話をさせることにともなうリスクについて不安を抱いた。捕虜に証言を強制するというプロセスのなかで、相手の記憶があやふやになり、発言内容の信憑性が下がってしまうとしたら？　モーガンのより謙虚な予測は、私たち全員にとって模範的な見本となるものだ。完璧な仕組みなど存在しない。ＣＩＡが身内に潜むスパイを見つけ、投資家が陰謀家やペテン師を見抜き、私たちが他人の心のなかを透視することのできる完璧な仕組みなどあるはずがない。われわれに必要なのは抑制と謙虚さだ。橋に自殺防止用フェンスを取りつければ、いっときの衝動が永遠の衝動に変わるハードルを上げることができる。私たちは社会の一員として、若者にこう伝えることもできる――社交クラブのパーティーで起きているような無謀な飲酒が、他者の心を読むというタスクをほぼ不可能なものに変える。見知らぬ相手を理解するための手がかりはたくさんある。しかし手がかりに気づくためには、細心の注意が必要になる。

この本の冒頭で私は、サンドラ・ブランドの死からけっして眼を逸らすつもりはないと誓った。私はこれまで、彼女がブライアン・エンシニアと出会ったときの映像を数えきれないほど繰り返し見てきた。見るたびに、事件が〝解決〟された流れについて怒りが込み上げてくる。この事件は実際よりもはるかに小さなものに変わってしまった――悪徳警察官と不当な扱いを受けた若い黒人女性。それが真相ではなかった。あの日、テキサス州プレーリー・ビューのＦＭ１０９８で起きたのは、共同体全体の失敗だった。誰かが訓練マニュアルを書き、全員に疑いの眼を向けるべきだとブライアン・エンシニアに愚かに勧め、彼はそれを額面どおりに受け取った。テキサス州道路パトロール隊の指揮系統の上層部にいる誰かが資料を読みちがえ、犯罪の少ない地域でカンザス・シティー式の車両停止を行なうのは妙案だと考えた。エンシニアが属する世界の誰もが、ある仮定にもとづいて行動した。管轄区域のテキサス州の通りを行き来する自動車運転者は誰であれ、声の調子、そわそわした動き、床に落ちたファストフードの包み紙にもとづいて識別・分類することができるという仮定だ。こういった考えの裏側には、多くの人々が共有する思い込みがかならず存在する。そして、この思い込みについてあえて考えなおそうとする人はあまりに少ない。

レンフロ　では、もしブランドが白人女性だったとしたら、同じことが起きたと思いますか？

証言録取は終わろうとしていた。エンシニアと調査官はその日に実際に何が起きたのか理解しようとしつづけた。しかし結局、何も見いだすことができなかった。

エンシニア　肌の色は問題ではありません……警察官は法律違反にもとづいて車や人々を制止するのであり、人種や性別に影響されることはいっさいありません。違反があった車を停めるんです。

「違反があった車を停める」という発言は、この取り調べ全体のなかでもっとも正直な言葉かもしれない。しかし、「なぜすべての違反のために車を停める必要があるのか？」という当然の質問をする代わりに、レンフロは的外れな問いかけを続ける。

レンフロ　不当な扱いを受けていると感じる女性に、あなたは「大丈夫ですか？」と尋ねた。彼女が攻撃的な態度で応じてくると、あなたは「以上ですか？」と応戦する。向こうはどうするでしょう？　それで信頼関係を築けるでしょうか？

レンフロの態度は厳しかったが、エンシニアにたいして同情的だった。あたかも、夕食に招かれた来客に失礼な態度で接する幼い子どもを叱る父親のようだった。ふたりが出した結論は、サンドラ・ブランドの悲劇的な死を「個人的な出会いの失敗」という額に入れて問題を解決するというものだった。そして父親役のレンフロが、息子役のエンシニアのテーブルマナーを批判する段階へと進んだ。

エンシニア　どの時点でも、失礼な態度を取ったり、彼女の反応をバカにしたりするつもりはありませんでした。私としてはただ、彼女が話しおえたのか、思いの丈をすべて言ったのかを尋ねただけです。それを確かめたら、あとは車両停止の手続きを進めようと思っていました。あの日あの場所でなんらかの犯罪行為があったのかを突き止めよう、と。

レンフロ　彼女はあなたの態度を皮肉っぽいととらえたかもしれない。そう考えるのは妥当でしょうか？

エンシニア　ありえると思います。私の意図するところではありませんでしたが。

おっと、では彼女のミスだったということだろうか？　ブランドがエンシニアの口調の意味を勘ちがいしたということだろうか？　見知らぬ他人とかかわるときの過ちの根底にある考え——くわえて、その考えによって築かれる制度や慣習——を理解することができなければ、あとはすべて個人的な問題として片づけられてしまう。騙されやすいエル・アルピニスタ、不注意なグレアム・スパニア、意地の悪いアマンダ・ノックス、絶望的な運命のシルビア・プラス。そして、サンドラ・ブランドがいた。ＦＭ１０９８号線での運命的な車両停止についての長々とした事後分析の末に、どういうわけかブランドは物語の悪役になった。

レンフロ　当時までに受けていた訓練を振り返り、たんに警察を好きではない相手を制止してしまったと考えたことはありますか？　偶然、警察嫌いの人と出会ってしまったと思ったことは？

エンシニア　はい……彼女が警察嫌いだった可能性はあると思います。

私たちは、よく知らない相手とどう話をすればいいのかを知らない。では、その相手との関係がうまくいかないときにどうするのか？　そう、よく知らない相手のせいにする。

謝辞

ほかのすべての本と同じように、チームの力添えのおかげで本書は完成した。誰よりもチームのメンバーに感謝したい。出版社リトル・ブラウンの仲間たちといっしょに働くのはとても愉しいことだった。すばらしい編集者アーシャ・マクニック、いつも私を支えてくれるリーガン・アーサー、プロジェクトの起ち上げからこの本の執筆を支えてくれたエリザベス・ガリガ、パメラ・マーシャル、アラン・ファロー。そして、このアメリカ随一の出版社で働く無数の人々に謝意を伝えたい。イギリスの出版社ペンギンのヘレン・コンフォードは、いままで私が耳にしたなかでもっとも英国的な表現で褒めてくれた――「政治的に避けたい内容ばかりね。最高！」。根気強くファクト・チェックをしてくれたエロイーズ・リントン、一〇〇万個の質問に答えてくれたカミラ・バプティスタにもありがとうと言いたい。エージェントのティナ・ベネットがいなければ、どこかの暖房のない屋根裏部屋に私はこもり、羊皮紙に手書きで文章を綴っていたにちがいない。何人もの友人たちがわざわざ時間を割いて原稿を読み、アドバイスをくれた。アダム・オルター、アン・バンチョフ、タリ・ファーハディアン、ヘンリー・ファインダー、マーラ・ガオンカー、エミリー・ハント、リントン家のみなさん、ブリット・マーリング、ケイト・ムーア、ウェスリー・ネフ、ケイト・テイラー、リリー&ジェイコブ・ワイスバーグ夫妻、デイブ・ワートシャフター。

誰かを忘れていないといいのだけど。

わかりやすく簡潔に文章を書くことを教えてくれた母には、感謝してもしきれない。残念ながら、本書が完成するまえに父は亡くなってしまった。もし生きていたら、父はこの本をじっくり読み、あれこれ考え、それから何か鋭いことやおもしろいことを言ってくれたにちがいない。あるいは、その両方を。父の助けがあれば、もっといい本になっていたはずだ。

訳者あとがき

最高の本！　グラッドウェルはこの作品で多種多様なテーマ——世界がめちゃくちゃな状況のいま、とりわけ喫緊に向き合うべきテーマの数々——を取り上げている。グラッドウェルは巧みに岩をひっくり返し、その裏に予想だにしないものが隠れていることをわたしたちに教えてくれる。

——オプラ・ウィンフリー（*O, The Oprah Magazine*）

アメリカを代表する女性司会者・慈善家であるオプラ・ウィンフリーが「世界がめちゃくちゃな状況」と表現したのは、二〇二〇年一月以降に新型コロナウイルスの脅威が地球全土に拡がるいい以前の世界についてだ。しかし、新型コロナウイルスによって社会の変容と分断が進むいまこそ、本書の訴えはより多くの人の心に強く響くはずだ。

本書は、現代アメリカを代表するベストセラー作家マルコム・グラッドウェルの最新作*Talking to Strangers : What We Should Know about the People We Don't Know*の全訳である。タイトルのとおり、本書のテーマはずばり「見ず知らずの相手とコミュニケーションを取ることのむずかしさ」についてだ。グラッドウェル自身、第2章の終わりでこうはっきり述べている――「この本で私があなたに何かひとつだけ伝えることができるとしたら、これにしたい――あなたのよく知らない他者はけっして単純ではない」。なぜ私たちはほかの人の意図を読みちがえ、同じような失敗を繰り返してしまうのか？　本書のなかでは、見ず知らずの相手について人々が大きな勘ちがいをしてしまったために、混乱へとつながったさまざまなエピソードが登場する。第二次世界大戦前にヒトラーの意図を勘ちがいしたイギリスのネビル・チェンバレン首相、イタリアで殺人の冤罪事件に巻き込まれたアメリカ人留学生アマンダ・ノックス、酩酊状態で女性を暴行したスタンフォード大学のエリート大学生ブロック・ターナー、少年への性的虐待容疑で逮捕された著名なフットボール・コーチのジェリー・サンダスキー、死ぬ運命にあると誰もが考えたアメリカの伝説的な詩人シルビア・プラス……。

グラッドウェルがこの作品でとりわけ注目するのは、黒人女性サンドラ・ブランドの事件だ。二〇一五年に、車線変更時に方向指示器を出さなかったという理由だけで逮捕されたブランドは、三日後に留置場で自殺した。この事件はアメリカで大きな論議を巻き起こして大ニュースとなったが、その報道姿勢や〝物語の結末〟にグラッドウェルはおおいに疑問を持ったという。オプラ・ウィンフリーとのインタビューのなかで彼は、サンドラ・ブランドの事件をはじめ、黒人が警察官に殺される事件がアメリカで多発したことがこの本の執筆のきっかけになったと説明した。このような事件が起きた直後はセンセーショナルに報道されるにもかかわらず、人々の熱狂はすぐに消えてしまうと彼は憤る。この現象が繰り返されるのを目の当たりにしたグラッドウェルは、「自分たちとは異なる人々を評価することについて、根本的に何かがまちがっているのではないかと感じた」という。

ひとことで言えば、自己と他者とのあいだにある絶対的な壁をどう乗り越えるかというのがこの作品の主題である。おもにアメリカで話題となった事件を紹介しつつグラッドウェルは、社会科学の学術研究にもとづくさまざまな理論で主張を裏づけていく。人は相手を信用するよう初期設定されているというトゥルース・デフォルト理論、人の感情は表情に如実にあらわれるという〝透明性〟の嘘を暴くフレンズ型の誤謬、飲酒によって眼のまえの経験が見えなくなる近視理論、行動と場所が密接に関連しているという結びつき（カップリング）理論などをわかりやすい明快な言葉で解説しながら、グラッドウェルは私たちの日常生活の裏にひそむ真実を次々に明らかにしていく。

二〇一九年九月にアメリカで発売された本書はたちまち話題となり、アマゾンでは当然のごとくベストセラー総合一位にランクインし、その後も何週にもわたってベストテン入りをキープした。二〇二〇年五月現在、アマゾンのカスタマー・レビューの数は二九〇〇件を超え、星の数は平均で四・三という高い評価を受けている。また、冒頭で紹介したオプラ・ウィンフリーをはじめ、数多くのアメリカのインフルエンサーたちが本書を絶賛している。

著者のマルコム・グラッドウェルについて簡単に紹介しておきたい。ジャマイカ人心理療法士の母、イギリス人数学者の父の子として一九六三年にイギリスで生を享けたグラッドウェルは、その後カナダで育ち、一九八七年にジャーナリストとしてアメリカで活動を始める。二〇〇〇年のデビュー以来の書き下ろし作品は五作のみという非常に寡作なノンフィクション作家ながら、全作品が国内でミリオンセラーとなっており、アメリカでは知らない人がいないのではないかと思われるほどの超有名ジャーナリストである。

二〇〇〇年発表のデビュー作『ティッピング・ポイント――いかにして「小さな変化」が「大きな変化」を生み出すか』（*The Tipping Point: How Little Things Can Make a Big Difference*）は、マーケティングに焦点を当てた本で、商品が爆発的に売れる分水嶺となる「ティッピング・ポイント」について解説した（のちに邦題は『なぜあの商品は急に売れ出したのか――口コミ感染の法則』、その後『急に売れ始めるにはワケがある――ネットワーク理論が明らかにする口コミの法則』へと変更された）。二〇〇五年の『第1感――「最初の2秒」の「なんとなく」が正しい』（*Blink: The Power of Thinking Without Thinking*）では社会心理学に注目し、理屈や経験に頼らない人間のひらめきの大切さを訴えた。第三作となる二〇〇八年発表の『天才！　成功する人々の法則』（*Outliers: The Story Of Success*）では、生まれつきの天才など存在せず、誰しも一万時間に及ぶ努力を続けなければプロにはなれないと主張。グラッドウェルがこの本で提唱した「一万時間の法則」はアメリカのみならず全世界で社会現象を巻き起こした。前作となる二〇一三年の『逆転！　強敵や逆境に勝てる秘密』（*David and Goliath: Underdogs, Misfits, and the Art of Battling Giants*）では、弱い立場の者が絶対的な勝者に勝つための戦略について説いた。

「次にどんなテーマの本を書くのか」がファンのあいだで活発に議論される人気作家であるグ

ラッドウェルは、アメリカでは「出版界のロックスター」「ビッグアイデア、ビッグブレインの持ち主」などと称されることが多い。本書を紹介した日本のネット記事では、「ノンフィクション版の村上春樹」のような存在だと説明されていた。

ところで、グラッドウェル・ファンで本書をすでに読んだ方はお気づきだろうが、これまでの四冊の著書と本書には絶対的かつ物理的なちがいがある。それは「長さ」と「複雑さ」だ。これまでの著作に比べて、本書はとにかく「長い」（巻末の原注も驚くほどの分量！）。なぜそうなったのか？　読みはじめてすぐおわかりいただけると思うが、本書はある意味でミステリー小説のような組み立てになっている。はじめにサンドラ・ブランドの死という〝謎〟を提示し、「見知らぬ相手を理解することのむずかしさ」というテーマを軸にさまざまな伏線を張っていき、最後の章ではその伏線が見事に回収され、すべてのパズルのピースがピタッとはまる。もちろんテーマ自体にもすばらしいものがあるが、この作品がアメリカで多くの人から高い評価を受けたのは、ストーリーテリングの妙にも理由があるのかもしれない。

この本の原書の英文は、じつにシンプルな言葉遣い、単語、文法で書かれている。平易な文体による文章の巧みさはグラッドウェル作品に共通する特徴だが、今作では、いままで以上に易しく語りかけるような口語的な文体が使われている。にもかかわらず、全体像を把握するのは非常にむずかしく、あらゆる場所に張られた伏線を自分のなかで拾い上げて読まなければ最終的な結論を理解することはできない。私自身、翻訳を依頼されてから本ができあがるまで、英語と日本語で何度となく読んだが、読むたびに新たな発見があったし、こういう読み方もできるのではないかと毎回のように気づかされた。この作品のテーマや意図を完全に理解するには、より小説的な読解が必要なのかもしれない。

もう一点、これまでの作品にくらべて本作でより際立っているのが、そのエンターテインメント性だろう。壮大な群像劇を読んでいるかと錯覚するようなエンターテインメント性、スリル、ドラマティックさがこの作品の大きな魅力である。そのエンターテインメント性がいかんなく発揮されているのが、今作の英語版のオーディブル（アマゾン社が提供する朗読オーディオブック）だろう。おそらくオーディブルとしては世界初の試みとして、今作では登場人物の実際の音声データ、声優による演技、音楽、効果音などが多用され、あたかもひとつのラジオドラマのような作品に仕上がっている（ちなみに、ナレーターは著者本人）。このようなエンターテインメント性の強い小説的な手法を取ったことに関連して、著者のグラッドウェルは『フォーブス ジャパン』二〇二〇年二月号のインタビューで次のように答えている。「作家がやらなければならないことは、もっともパワフル、かつ可能なかぎり適切な方法で話を展開する術を習得することである。だからブランド事件を導入部で語り、話を広げ、社会のあらゆる部分にまつわる例を盛り込んでいくのがもっとも有益な手法だと考えた。そうすれば読者は、テキサスの一黒人女性の話ではなく、自分にも関係のある問題だと認識せざるをえなくなる」［訳者が一部変更］

本書では、見ず知らずの相手との関係にまつわるあらゆる実話が紹介されているが、なかには生々しい描写もあれば、心が締めつけられるような痛ましい犯罪譚もある。読者によっては好き嫌いが分かれ、特定のテーマについて著者の主張に納得いかないこともあるはずだ。アメリカの読者のレビューを読んでいても、「○○には共感できた」「××に関する主張にはあまり共感できない」といったようなテーマごとに賛否が分かれる感想が目立つ。しかし、それも作者の策略ではないかと思うほど、本書の全体の構成は緻密に組み立てられている。賛否両論を引き起こすにちがいない（かつ個人的に感情を揺さぶられる）さまざまなテーマを順に例に挙げ、そこに従来の解釈とはちがう別の見方があることを示し、他者とのコミュニケーションがいかにむずかしいかを訴える。そして提示した謎を、「会社で対面式の採用面接をする必要があるのか？」「ベビーシッターと事前に会う必要はあるのか？」などといった身近な問いに落とし込む。論争を巻き起こしそうな際どい話題にも触れられているが、それは問題提起のツールとしてあえて使われているのだろう。前述のとおり、政治思想、人種、ジェンダーなどが異なるあらゆる読者が「自分にも関係のある問題だと認識せざるをえなくなる」状況を作りだすことが作者の真の意図なのだと思う。さきほどの『フォーブス ジャパン』のインタビューのなかでグラッドウェルはこう説明している。「私の作品は、社会科学の学術研究と日常の経験の中間地点に位置するものだと考えている。人間の行動を説明づけるすばらしい学術研究は多いが、一般の人々には手が届きにくい。だから、そのふたつの世界のあいだに身を置き、そうした考えを噛み砕いて一般読者に届けるという仕事は、社会においてきわめて重要な役割を担っていると思う……一般の人々には豊かな経験があっても、それを体系化し、意味を解する術がほとんどない。人生の意味を理解するためのツールを提供することが私の仕事だ」

アメリカだけでなく世界じゅうで近年、右派と左派の分断がひどく進んでいる。何か事件が起きると、かならずといっていいほど「自己責任論」と「社会の責任」という対立が起きる。保守・リベラルの伝統的な対立はどこかに消え、最近では相手を罵倒して徹底的に否定することが常套手段のようになってしまった。近頃のアメリカのノンフィクション本を読んで（訳して）いると、「抑制」「思いやり」「謙虚さ」が大切だと説くものがとても多い気がする。それらの本は共通して、分断された社会に必要なのは想像力、多様性、他者の理解だと訴える。もちろん、日本語で出版されている本にもその傾向はみられる。たとえば、昨年発売されてベストセラーとなり、第二回Ｙａｈｏｏ！ニュース・ノンフィクション本大賞などあらゆる賞を総なめにしたブレイディみかこさんの『ぼくはイエローでホワイトで、ちょっとブルー』でも、多様性や他者の理解が主要なテーマとして扱われている。「自分で誰かの靴を履いてみること」という素敵な表現がキーワードとして何度も出てくるのがじつに印象的な本だ。

つまりグラッドウェルは、近年の欧米社会のみならず全世界で広く話題になっている「相手を理解する」というテーマを最新作の主題に選んだといっていい。とはいえマルコム・グラッドウェルは、ひとことでわかる明確な答えを提示してくれるわけではない。訳者としては、彼はただ「もっと考えろ、思考停止に陥るな」とひたすら訴えつづけているように感じた。

この訳者あとがきの原稿を書いている五月下旬の時点では、日本での新型コロナウイルスの猛威は少しずつ収まる気配を見せつつある。この世界的騒動にまつわる混乱、ストレス、差別、批判、批判への批判、デマ、誹謗中傷、自粛警察の出現などによって、日本でも人々の分断は深まっている気がする。グラッドウェルはこの作品のなかで、人とはちがう視点を持ち、相手の立場を想像することが大切だと何度も訴える。いわばポストコロナ時代への啓蒙書といってもいい本書を読むことによって、彼我の分断が少しでも和らぎ、たくさんの人が穏やかな気持ちになることを願うばかりである。オプラ・ウィンフリーの言葉を借りるなら、眼のまえの情報やニュースに惑わされず、「岩をひっくり返し、その裏に予想だにしないものが隠れている」ことをぜひ発見してみてほしい。

二〇二〇年五月

けなくてはいけない。

では、480人中398人の発見では不充分だと判断し、もっと正確にがんを見つけたいとしたら？

エルモアは計算しなおし、こんどは高度なレベルの訓練を受けた放射線科医に絞って調べてみた。彼らは医者版のブライアン・エンシニアと呼んでもいいような、どこまでも慎重で、どこまでも疑い深い人々だった。これらのベテラン放射線科医は、480人中422人のがんを特定した――はるかに優れた発見率だ！　しかし、その余計な疑いがどれほどの偽陽性を生んだのか？　1万947件。つまり、さらに2000人の健康な女性が、かかってもいない病気の疑いをかけられ、必要のない治療を受けるリスクにさらされた。高度な訓練を受けた放射線科医が多くの腫瘍を見つけることができたのは、より判断が正確だったからではなく、より疑り深かったからだ。彼らはいたるところにがんの痕跡を見つけた。

もしあなたが女性なら、どちらの放射線科医のグループのマンモグラフィー検査を受けることを望むだろう？　がんが見逃されるというわずかなリスクと、実際には罹患していないがんだと診断されるはるかに高い可能性のどちらをより心配するべきだろう？

この問いには正しい答えもまちがった答えもない。自身の健康やリスクにたいしての態度は人によって異なる。しかし重要なのは、これらの数字が干し草の針探しについて教えてくれる教訓だ――珍しいものを探すことには犠牲がつきもの。

ている。

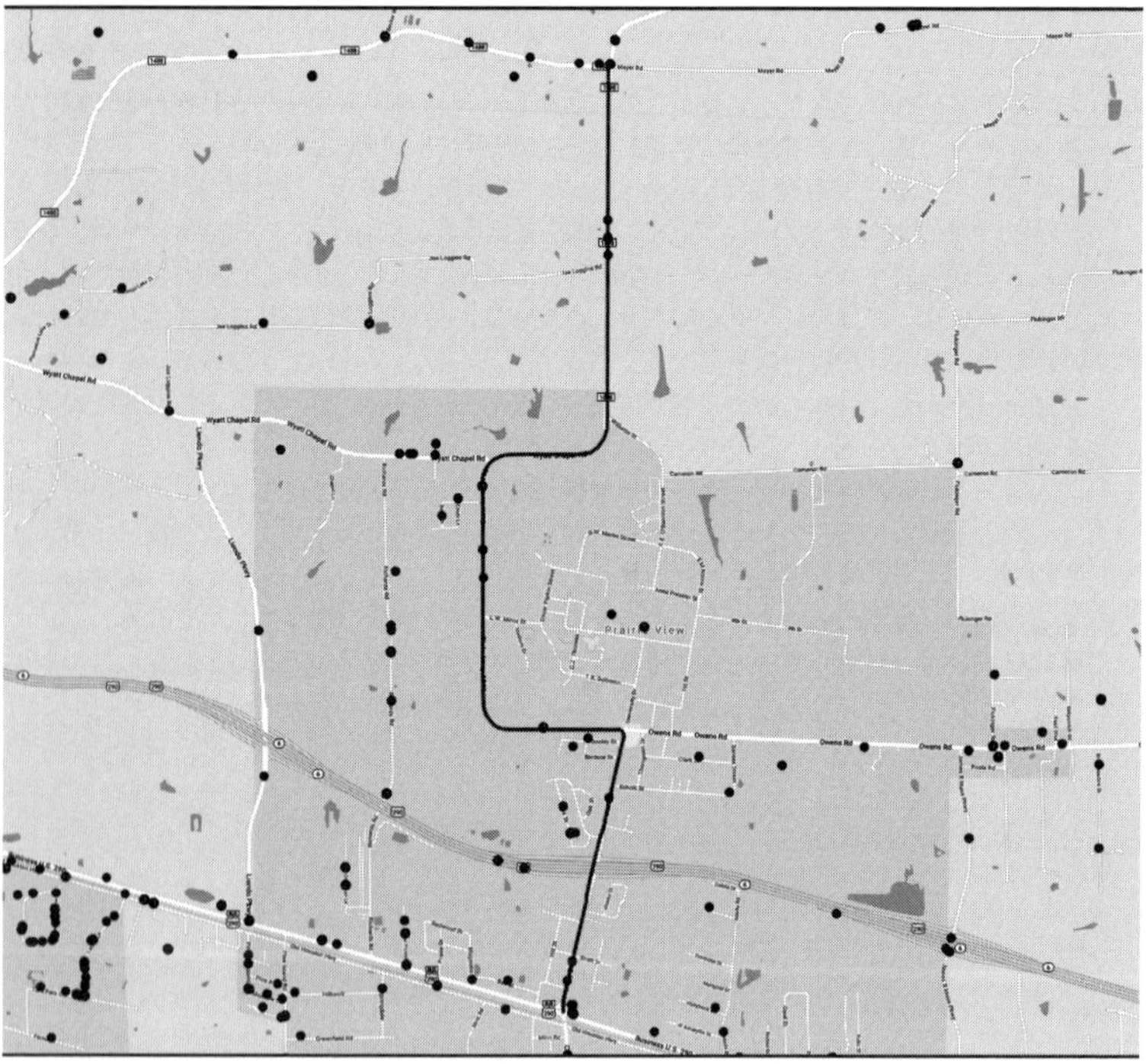

16. 干し草の山の針探しによるジレンマについてもう少し掘り下げておきたい。多くの国の中年女性たちは、定期的に乳がん発見のためのマンモグラフィー検査を受けることを推奨されている。しかし、乳がんの発生率はきわめて低い。マンモグラフィー検査を受けた女性のうち、実際にがんが見つかるのは0.5％弱。したがって乳がんを探すことは、干し草の山の針探しのようなものだといっていい。

疫学者のジョアン・エルモアは最近の研究のなかで、乳がん発見に関する数値の意味について調べた。放射線科医の集団が10万人の女性にマンモグラフィー検査を行なったところを想像してほしい、と彼女は言う。統計的には、10万人あたり480人が乳がんに罹患する。では、放射線科医は何人のがん患者を見つけることができるのか？　398人だ。マンモグラフィー検査がむずかしいタスクであることを考えれば、きわめて高い数字だ。

しかし、それらの正しい判断を下す過程で、放射線科医は8957件の「偽陽性」の判定をすることになる。それが干し草の針探しの常《つね》だ。誰かの荷物のなかに隠れた（めったにお目にかかれない）銃を見つけるためには、まずはたくさんのヘアドライヤーも見つ

1999）: 499–516.）。

> カッシン教授とフォング教授はより実証的な実験をするために、被験者の集団にたいしてリード・テクニックに準じた尋問を行ない、（模擬的な）罪を犯したかどうかを調べた。（リード・テクニックの訓練を受けた人々を含む）別の被験者の集団はその映像を見て、意見を述べた——「尋問を受けている人が有罪・無罪のどちらだと思うか」「有罪・無罪についての自分の判断にどれくらい自信があるか」。予想どおりの結果が出たが、それは同時に不穏なものだった。第一に、判断の正確さは偶然とほぼ同じだった。第二に、「言語的・非言語的な手がかりについて訓練を受けたことがあるかどうかは、判断の正確さを増すものではなかった」。訓練が判断の正確さにまったく影響を与えなかった理由について、カッシン教授らは次のように鋭く指摘した。「これらの言語的・非言語的な手がかりによって、無実の人と犯罪者を明確に区別できるという主張には確固たる実証的根拠はない」

最後に、有罪・無罪の自身の判断について被験者たちは明らかに過信していた、とカッシン教授らは主張した。

> 訓練を受けた専門家の被験者と素人の被験者の両方において、タスクの直前・直後・最中のどの段階で自信度について尋ねたかに関係なく、判断の正確さと自信度には強い相関性がないことがわかった。この領域にはつきもののメタ認知［自身を客観視する能力］の問題をさらに証明するように、自信度は理由の数に比例して上がった。判断の根拠として用いられたそれらの理由（リード・テクニックにもとづく理由を含む）もまた、正確さを予測するための尺度とはならなかった。この点において、訓練はとりわけ悪い影響を与えた。実際のところ、素人の被験者よりも訓練を受けた専門家の被験者のほうが、真実と嘘の判断が不正確だった。にもかかわらず彼らはより自信過剰であり、自身の数々の誤判断についての理由をより正確に説明することができた。

11. "Sandy Speaks–March 1, 2015," YouTube, posted July 24, 2015, https://www.youtube.com/watch?v=WJw3_cvrcwE, accessed March 22, 2019.
12. United States Department of Justice Civil Rights Division, "Investigation of the Ferguson Police Department," March 4, 2015, https://www.justice.gov/sites/default/files/opa/press-releases/attachments/2015/03/04/ferguson_police_department_report.pdf.
13. Charles R. Epp, Steven Maynard-Moody, and Donald Haider-Markel, *How Police Stops Define Race and Citizenship*（Chicago: University of Chicago Press, 2004）.
14. ノースカロライナ州道路パトロール隊の統計："Open Data Policing: North Carolina,"accessed March 2019, https://opendatapolicing.com/nc/, accessed March 2019.
15. この犯罪地図は、ボルティモアを拠点とする犯罪データ収集会社SpotCrimeが集めた2013〜2017年のウォーラー郡のデータを反映したもの。同社は地元警察署からデータを集めは無関係に動く場合もあり、これはイラストレイティングと呼ばれる。最後に、手が身体の一部に接触する場合があり、これはアダプター行動と呼ばれる。（Reid et al., p. 96）

マニュアルのこの箇所では、手の動きが「相手の誠実さ」を理解するうえでどれほど重要か否かが説明される。リード・テクニックでは手の動きに決まったパターンがあると想定されているが、はたしてそうだろうか？　では、手の動きについてのジョンソンの分析を見てみよう。以下の表では、それぞれの人種の手の動きの「反応の幅」を示した――１列目が平均、２列目が最短、３列目が最長の手の動きの秒数だ。

1 分間の手の動き

	平均（秒）	最短（秒）	最長（秒）
アフリカ系アメリカ人（無実）	28.39	00.00	58.46
アフリカ系アメリカ人（容疑者）	23.98	00.00	56.00
白人（無実）	07.89	00.00	58.00
白人（容疑者）	17.43	31.00	56.00
ヒスパニック（無実）	22.14	23.00	57.00
ヒスパニック（容疑者）	31.41	13.43	53.33
全体	23.68	00.00	58.46

これらの数字から何かを見いだすことができるとしたら、あなたは私よりも賢いにちがいない。

ところで、リード・テクニックがやけにこだわるシグナルのなかでもっとも奇妙なのが「足の動き」だ。「言葉による反応と連動して起きる足の動きは、（急に動かしたにしろ、急に動きを止めたにしろ）欺きの大きな兆候である。くわえて足は、『シフト・イン・ザ・チェア』と呼ばれる重要な姿勢の変化にも関連している。この動きでは、当事者は足を床に置いて踏ん張って身体を押し上げ、椅子からわずかに離れて新しい姿勢を取る。言葉での反応の直前あるいは同時に起こる場合、椅子の上でのこの種の大きな動きは欺きを示している場合が多い」（Reid et al., *Essentials of the Reid Technique*, p. 98）

なんだって？　私には神経質に足を揺らす癖がある。興奮したとき、調子がいいとき、コーヒーを飲みすぎて少しハイになったときによく足を揺する。私が真実を話しているかどうかと足の動きにいったいどんな関係があるというのだろう？

リード・テクニックに関して最後にひとつだけ。ここではブライアン・ガリーニによる辛辣な法律評論記事を引用したい（"Police 'Science' in the Interrogation Room: Seventy Years of Pseudo-Psychological Interrogation Methods to Obtain Inadmissible Confessions," *Hastings Law Journal* 61（2010）: 529.）。次の一節は、ソウル・カッシンとクリスティーナ・フォングが行なった研究についての説明だ（Saul Kassin and Christina Fong: "'I'm Innocent!': Effects of Training on Judgments of Truth and Deception in the Interrogation Room," *Law and Human Behavior* 23, no. 5（October

これは、「罪を隠したり言い逃れしたりしようとする人はよく笑う」という一般的な考えの一例だ。警察官にたいする調査によると、法執行機関の職員の多くは「よく微笑む」ことをなんらかの不正の証拠だととらえる傾向があるという。ポーカー用語でいえば、「テル」(持っているカードを相手に伝えてしまう癖や動作)の一種というわけだ。笑顔にたいするジョンソンの『コップス』の分析は次のとおり(今回はヒスパニックについてのデータもお伝えする)。

ここでもまた、多くの警察官が頼りにする経験則は事実と正反対のことを指し示している。現実社会でもっとも多く笑うのは無実のアフリカ系アメリカ人で、もっとも笑わないのはヒスパニック系の容疑者だった。この分析から導きだされた唯一の合理的な結論は、『コップス』のなかの黒人はよく笑い、白人は笑う頻度が若干少なく、ヒスパニックはほとんど笑わないというものだった。

もうひとつ、言葉がつっかえることについても考えてみよう。何かを説明しようとする人が不安そうにたびたび言葉を詰まらせ、また話しはじめるのを繰り返したとしたら、私たちの多くはそれを言い逃れやごまかしの証拠だと考えるはずだ。では、『コップス』の分析の結果は?

アフリカ系アメリカ人の容疑者の多くはよどみなく話した。一方、無実のヒスパニックは不安そうにつっかえつっかえ話すことが多かった。リード・テクニックのマニュアルに素直にしたがう警察官は、無実のヒスパニック系アメリカ人を逮捕し、罪を犯したアフリカ系アメリカ人には騙されることになる。

では、警察官が相手を理解するためには、より優れた具体的なルールが必要なのだろうか?　口の達者な黒人に気をつけろ、笑わない白人はよからぬことを企んでいるにちがいない……。いや、そうではない!　このようなルールも機能しない。なぜなら、ジョンソンが見つけた結果には驚くほどのばらつきがあるからだ。

たとえば、それぞれの人種の反応の差について見てみよう。無実のアフリカ系アメリカ人が1分間にアイコンタクトする秒数には7〜49.41秒の幅があった。ほとんど眼を合わせない無実の黒人もいれば、よく眼を合わせる無実の黒人もいた。無実の黒人が笑顔をみせる秒数には0〜13.34秒の幅があった。無実の黒人のなかには、1分のあいだになんと13.34秒も笑う人がいる一方でまったく笑わない無実の黒人もいた。無実の白人の「言いよどみ」の秒数には0.64〜9.68秒の幅があった。神経質なティーンエイジャーのように口ごもる白人もいれば、ウィンストン・チャーチルのように滔々と話す白人もいる。ここから導きだせる唯一の真の教訓は、笑顔、アイコンタクト、雄弁さについては人によって大きなばらつきがあるということだ。このような行動のなかになんらかのパターンを見いだすことなどできるわけがない。

ちょっと待ってほしい!　リード・テクニックが重要視する大きな手がかりのひとつについて説明するのを忘れていた——手を観察しろ!

> 質問に返答しようとする人の手は、次の3つのうちひとつの動きをみせることがある。手が不自然なほど動かない場合、言葉による対応への自信のなさ、あるいは重要なことを話していない証拠の可能性がある。手が身体から離れ、ジェスチャーと

参照：“Race and Police Reliance on Suspicious Non-Verbal Cues,” *Policing: An International Journal of Police Strategies and Management* 30, no. 2［June 2007］: 277–90.）。

ジョンソンは、30分のドキュメンタリー番組『コップス』の過去の回を見直してみることにした。1989年から現在まで続くこの番組は、アメリカを代表する長寿番組のひとつだ。撮影班が警察官に同行し、警邏中に起きたことをそのままカメラに収め、ナレーションなしで放送されるというのが番組の一連の流れだ（放送内容は奇妙なほど刺激的だが、通常の『コップス』のエピソードは大幅に編集されていることを多くの人は忘れがちだ。実際の警察官はそれほど忙しくない）。ジョンソンは480回分の過去の映像を確かめた。まず、警察官と（上半身が少なくとも60秒間映っている）市民のあいだのやり取りに注目し、452の場面を抽出した。次に、放送された映像にもとづいて「無実の市民」と「容疑者」に分けた。子どもを抱えたこの母親は、盗難の被害に遭ったばかりなのか？　警察官を見かけた瞬間に逃げだしたティーンエイジャーの少年のリュックサックのなかには、被害女性の宝石が入っているのか？　最後にジョンソンは、それぞれの映像に登場する市民を人種ごとに分けた——白人、黒人、ヒスパニック。

実際のところ、態度のシグナルに関する研究は山のように存在する。しかしジョンソンの研究が特別なのは、それが大学の心理学研究室で行なわれたのではなく、日常生活のなかで撮影された実際の映像をもとに行なわれたからだ。

まず、多くの警察官がもっとも重要だと考える態度のシグナル「アイコンタクト」について考えてみよう。リード・テクニックの訓練マニュアル（法執行機関でもっとも広く使われる手引き）では、こう明確に定義される——「嘘つきは眼を逸らす」「正直な容疑者は眼を合わせる」。

では、『コップス』に映る現実世界のやり取りをとおして態度のシグナルについて調べたジョンソンは、いったい何を見いだしたのか？　やはり無実の人は、犯罪者よりも警察官とより頻繁に眼を合わせるのか？

ジョンソンは、映像１分あたりのアイコンタクトの秒数を算出した。

黒人の場合、罪を犯した疑いのある人に比べて、無実の人のほうが警察官と眼を合わせる秒数が少なかった。白人はどうだろう？

なにより注目すべきことに、概して白人は黒人よりも警察官とアイコンタクトを取る傾向がはるかに強かった。実際、すべてのグループのなかで「罪を犯した疑いのある白人」がもっとも長い時間にわたって警察官と眼を合わせた。眼を逸らす行為を相手の信憑性の判断基準として使うとすれば、白人よりも黒人のほうがより疑わしいことになる。それどころか、無実の黒人が誰よりも怪しいと判断されることになる。

次に、表情について考えてみよう。リード・テクニックでは、容疑者の心の状態を示す重要な手がかりを与えてくれるのが表情であると説いている。つまり、「おれの罪はバレたのか？」「もうバレそうなのか？」という感情が表情にあらわれるというわけだ。マニュアルにはこうある。

「表情の変化という単純な事実が、不誠実さを示している可能性がある。一方、表情の変化がないことは、誠実さを示している可能性がある」（Reid et al., *Essentials of the Reid Technique,* p. 99） news/2015/01/23/dhs-releases-2014-travel-and-trade-statistics, accessed March 2019.

4. Charles Remsberg, *Tactics for Criminal Patrol: Vehicle Stops, Drug Discovery, and Officer Survival* (Northbrook, Ill.: Calibre Press, 1995), pp. 27, 50, 68.以下もこの資料より："If you're accused ... the defendant's case," p. 70; "concealed interrogation" and "As you silently analyze . . . incriminating evidence," p. 166; and "Too many cops ... what the suspect does," pp. 83–84.
5. *Heien v. North Carolina*, 135 S. Ct. 534 (2014), https://www.leagle.com/decision/insco20141215960.
6. Gary Webb, "DWB: Driving While Black," *Esquire* 131, issue 4 (April 1999): 118–27.ウェブが発表したこの記事は、カンザス・シティー式の取り締まりが全国で増加していることをはじめて公に報告したものだった。記事の内容は見事であると同時に、背筋が凍るようなものだ。取材のなかでウェブは、積極的な取り調べをとりわけ声高に推進するフロリダ州の警察官ロバート・ボーゲルにインタビューした。ボーゲルは、潜在的な犯罪者を見抜くことができるという自身の第六感に誇りを持っていた。ウェブは次のように記事に綴った。「ボーゲルはこう証言した。『イヤリングやピアス、鼻ピアス、まぶたのピアスなどのアクセサリーも目印のひとつだといっていい。それらの目印が、犯罪にかかわっている人の共通点です。タトゥーもヒントになりますね。とくに、マリファナの葉っぱのタトゥーは怪しい』。バンパー・ステッカーもまた、運転者の性格を見きわめる材料になるという。『グレイトフル・デッド［バンドの名前］のステッカーを貼った車に乗っている連中は、ほぼきまってドラッグにかかわっているものです』」

   なんと信じがたい主張だろう！
7. *Los Angeles Times* Staff, "Citations by Trooper Brian Encinia," *Los Angeles Times*, August 9, 2015, http://spreadsheets.latimes.com/citations-trooper-brian-encinia/.
8. エンシニアとレンフロの質疑応答はすべて以下より：Interview with Cleve Renfro (Texas Department of Public Safety Lieutenant), October 8, 2015. 音声データ：KXAN-TV of Austin, https://www.kxan.com/news/investigations/trooper-fired-for-sandra-bland-arrest-my-safety-was-in-jeopardy/1052813612, accessed April 2019.
9. Texas Transportation Code, Title 7: Vehicles and Traffic, Subtitle C: Rules of the Road, Chapter 545: Operation and Movement of Vehicles, Sections 104, 105, p. 16, https://statutes.capitol.texas.gov/?link=TN.
10. John E. Reid et al., *Essentials of the Reid Technique: Criminal Investigation and Confessions* (Sudbury, Mass.: Jones and Bartlett Publishers, 2005), p. 98.

   リード・テクニックのマニュアルのなかには、嘘を見抜くことに関するさまざまな主張が並んでいるが、どれもバカげたものばかりだ。たとえばリード・テクニックでは、非言語的なシグナルには容疑者の発言内容をさらに掘り下げる効果があるため、尋問者はとりわけそこに注目すべきだと説明される。ここでいう非言語的なシグナルとは姿勢やジェスチャーなどを意味し、マニュアルの93ページにはこう書かれている。「まさに『行動は言葉よりも雄弁』『真実を話しているならまっすぐ眼を見ることができるはず』といった常套句のとおりである」

   この主張に異議を唱える科学論文をすべて積み重ねたら、おそらく月まで届くにちがいない。ここでは、私のお気に入りの批判のひとつである、トレド大学の犯罪学者リチャード・R・ジョンソン教授の主張を紹介する（ジョンソンの研究については以下を

Police Foundation, 1974), p. v, https://www.policefoundation.org/wp-content/uploads/2015/07/Kelling-et-al.-1974-THE-KANSAS-CITY-PREVENTIVE-PATROL-EXPERIMENT.pdf.

2. Alan M. Webber, "Crime and Management: An Interview with New York City Police Commissioner Lee P. Brown," *Harvard Business Review* 63, issue 3 (May–June 1991): 100, https://hbr.org/1991/05/crime-and-management-an-interview-with-new-york-city-police-commissioner-lee-p-brown.
3. George Bush, "Remarks to the Law Enforcement Community in Kansas City, Missouri,"January 23, 1990, in *George Bush: Public Papers of the Presidents of the United States,* January 1–June 30, 1990, p. 74.
4. カンザス・シティー144パトロール地区の説明は以下より：Lawrence Sherman et al., "The Kansas City Gun Experiment," National Institute of Justice, January 1995, https://www.ncjrs.gov/pdffiles/kang.pdf; 144地区の銃犯罪が半分に減ったことを示すグラフ：Exhibit 4, p. 6; statistics for 200 days of Gun Experiment, p. 6.
5. James Shaw, "Community Policing Against Crime: Violence and Firearms" (PhD dissertation, University of Maryland College Park, 1994), p. 118; "Not unlike residents . . . can't see anything," pp. 122–23; statistics for seven months of Kansas City Gun Experiment, p. 136; "Officers who recovered . . .'will be the night!'" pp. 155–56.
6. Erik Eckholm, "Who's Got a Gun? Clues Are in the Body Language," *New York Times,* May 26, 1992, https://www.nytimes.com/1992/05/26/nyregion/who-s-got-a-gun-clues-are-in-the-body-language.html.
7. David A. Harris, "Driving While Black and All Other Traffic Offenses: The Supreme Court and Pretextual Traffic Stops," *Journal of Criminal Law and Criminology* 87, issue 2 (1997): 558, https://scholarlycommons.law.northwestern.edu/cgi/viewcontent.cgi?article=6913&context=jclc.
8. *Heien v. North Carolina*, 135 S. Ct. 534 (2014), https://www.leagle.com/decision/insco20141215960.
9. Fox Butterfield, "A Way to Get the Gunmen: Get the Guns," *New York Times*, November 20, 1994, https://www.nytimes.com/1994/11/20/us/a-way-to-get-the-gunmen-get-the-guns.html.
10. Don Terry, "Kansas City Police Go After Own 'Bad Boys,'" September 10, 1991, https://www.nytimes.com/1991/09/10/us/kansas-city-police-go-after-own-bad-boys.html.
11. Deborah L. Weisel, "Racial and Ethnic Disparity in Traffic Stops in North Carolina, 2000–2001: Examining the Evidence," North Carolina Association of Chiefs of Police, 2014, http://ncracialjustice.org/wp-content/uploads/2015/08/Dr.-Weisel-Report.compressed.pdf.
12. E. Macbeth and B. Ariel, "Place-based Statistical Versus Clinical Predictions of Crime Hot Spots and Harm Locations in Northern Ireland," *Justice Quarterly* (August 2017): 22, http://dx.doi.org/10.1080/07418825.2017.1360379.

第12章　サンドラ・ブランドに何が起こったか

1. Nick Wing and Matt Ferner, "Here's What Cops and Their Supporters Are Saying about the Sandra Bland Arrest Video," *HuffPost,* July 22, 2015. https://www.huffingtonpost.com/entry/cops-sandra-bland-video_us_55afd6d3e4b07af29d57291d.
2. Texas Department of Public Safety General Manual, Chapter 5, Section 05.17.00, https://www.documentcloud.org/documents/3146604-DPSGeneralManual.html.
3. DHS Press Office, "DHS Releases 2014 Travel and Trade Statistics," January 23, 2015, https://www.dhs.gov/

れが行き届いており、通りはとてもきれいでした。データに問題があるのではないかと不安になり、わたしもその場所に行って自分の眼で確かめてみました。同行した警察官は『危険なホット・スポットであるわけがない』と主張しましたが、実際はホット・スポットだった。見た目の印象ですべてがわかるわけではないんです」

クレア・ホワイトとともにボルティモアの街中を車で移動してまわった午後から得たのは、見知らぬ他人について私たちはまちがいを犯しやすいという教訓だった。ボルティモアの殺人率は全国平均の数倍にも上る。犯罪に向き合うもっとも単純な方法は、空き家、貧困者、合言葉を叫ぶ麻薬の売人たちを探し、それらの地域と全住人をすべてひとくくりにして悪だと決めつけることだろう。しかし犯罪集中の法則の要《かなめ》となるのは、「それらの地域」のほとんどの通りにはまったく問題がないという事実だ。ホット・スポットはその名のとおりスポットであり、地域ではない。「ボルティモアには悪い人たちが大勢いるという評判があり、わたしたちも悪い人たちに焦点を当てます」とホワイトは言った。「でも実際には、ほとんどの住民はいい人たちなんです」。見知らぬ他人にたいする無知さが、私たちの恐怖を駆り立てているのだ。

23. Sylvia Plath, *The Bell Jar* (London: Faber and Faber, 1966), pp. 175, 179, 181.〔シルヴィア・プラス『ベル・ジャー』（青柳祐美子訳、河出書房新社、2004年）215、219、221–222頁、訳者が一部変更〕
24. Figure 3 in Kyla Thomas and David Gunnell, "Suicide in England and Wales 1861–2007: A time-trends analysis," *International Journal of Epidemiology* 39, issue 6 (2010): 1464–75, https://doi.org/10.1093/ije/dyq094.
25. Anne Sexton, "The Barfly Ought to Sing," *TriQuarterly* no. 7 (1996): 174–75, quoted in Diane Wood Middlebrook, *Anne Sexton: A Biography* (New York: Houghton Mifflin, 1991), p.107. Also from the Middlebrook biography: "to be prepared to kill herself," p. 165; "She stripped . . . asleep in familiar arms"and "surprised by her suicide," p. 397; "For Ernest Hemingway . . . that fear," "woman's way out," "I'm so fascinated . . . dying perfect," and "a Sleeping Beauty," all from p. 216.
26. 参照：Figure 2 in David Weisburd et al., "Does Crime Just Move Around the Corner? A Controlled Study of Spatial Displacement and Diffusion of Crime Control Benefits." *Criminology* 44, no. 3 (08, 2006): 549–92. doi: http://dx.doi.org.i.ezproxy.nypl.org/10.1111/j.1745-9125.2006.00057.x.
27. "Lethality of Suicide Methods," Harvard T. H. Chan School of Public Health, January 6, 2017, https://www.hsph.harvard.edu/means-matter/means-matter/case-fatality, accessed March 17, 2019.
28. Anne Sexton, "The Addict," in *The Complete Poems* (New York: Open Road Media, 2016), p. 165.
29. 1975年以降、一酸化炭素中毒による自殺の件数がどれほど減ったかに注目してほしい。石炭ガスから天然ガスに切り替わったときのイギリスの自殺率の変化とほぼ同じだ。以下を参照：Figure 4 in Neil B. Hampson and James R. Holm, "Suicidal carbon monoxide poisoning has decreased with controls on automobile emissions,"Undersea and Hyperbaric Medical Society, Inc. 42 (2): 159–64, March 2015.

第11章　事例研究　カンザス・シティーの実験

1. George Kelling et al.,"The Kansas City Preventive Patrol Experiment: A Summary Report" (Washington, DC:

始めた。

「かなり犯罪率の高い地域のひとつとして有名なところです。フレディ・グレイが逮捕され、暴動が起きた場所ですよ」と彼女は言った。2015年、アフリカ系アメリカ人の25歳のグレイは、警察による護送中に不審な状況下で死亡。その後、激しい抗議活動が起きた。「ご存じかもしれませんが、テレビドラマの『ザ・ワイヤー』のなかでもウェスト・ボルティモアは治安の悪い地域としてたびたび登場します」。車窓の向こう側には、典型的な北東部の都市の風景が広がっていた。狭い通り、赤レンガの長屋《タウンハウス》……。高級住宅地に変貌を遂げた区域もあれば、むかしのまま変わらない区域もあった。「歩いていると、素敵なところだと感じるエリアもたくさんあります。とっても居心地がいい場所です」とホワイトは言った。車はウェスト・ボルティモアの中心部を走っていった。「でも角を曲がった隣の通りでは、ほとんどの建物の窓や扉が板でふさがれている。住人などいるとは思えないような、まさにゴーストタウンです」

研究対象となる一角に到着すると、ホワイトは車を停めた。その場所がホット・スポットとコールド・スポットのどちらなのか、予想してみてほしいと彼女は私に言った。角には19世紀に建てられた美しい教会があり、その裏には小さな公園があった。ヨーロッパ風の優雅な街並みが、まぶしい陽光に照らされていた。コールド・スポットにちがいないと私が答えると、彼女は首を振った。「ここはとても危険な通りです」

ホワイトはまた車を走らせた。

ときに、通りの治安は一目瞭然だった。一方の端にバーがあり、反対の端に保釈金立替業者の店がある薄汚いブロックは、見た目どおりの場所だった――犯罪と麻薬取引が集中する二重のホット・スポット。「あまりに明らかな場所もあります」とホワイトは言う。「車から降りると、通りにいる人が大声で合言葉を叫ぶことがある。警察が来たっていう合図なんです」と言って彼女は笑いだした。「『わたしたちが通りに来たっていう合言葉だ！』とみんなで言い合いながらスタッフといっしょにフィールドワークに行くのがわたしは大好きなんです」。ホワイトのスタッフはいちど、真っ昼間に銃撃戦に巻き込まれたこともあった。そのようなブロックの治安については、あまりに明らかだった。

しかし同じように薄汚い通りでも、治安の問題がまったくない場所もあった。あるとき、とりわけ陰気な地域のど真んなかで、小さなオアシスに出くわした。隣り合うふたつの通りのブロックには、きれいに手入れされた芝生の庭とペンキが塗りたての家々が並んでいた。一軒の大きな空き家の窓には、新約聖書の「ヨハネによる福音書」第14章２節の言葉が引用された看板がかかっていた――「私の父の家にはたくさんの部屋がある」。この皮肉に満ちた看板は、正常と機能不全のどちらを示す証拠なのだろう？

その通りのブロックの治安を左右する要因はなんなのか、私はホワイトに訊いてみた。明確に説明がある場所もあったが、ほとんどのケースでは説明がつかなかった。「まさにそれが現実なんです」と彼女は言った。「その場所の環境が、実際の状況につねに反映されているとはかぎりません。予備調査のときに、危険なホット・スポットとしてわたしたちが選んだある場所について、警察官と臨床医が『まさかここが危険なホット・スポットであるはずがない』と言って驚いたことがあります。事実、すべての家は手入

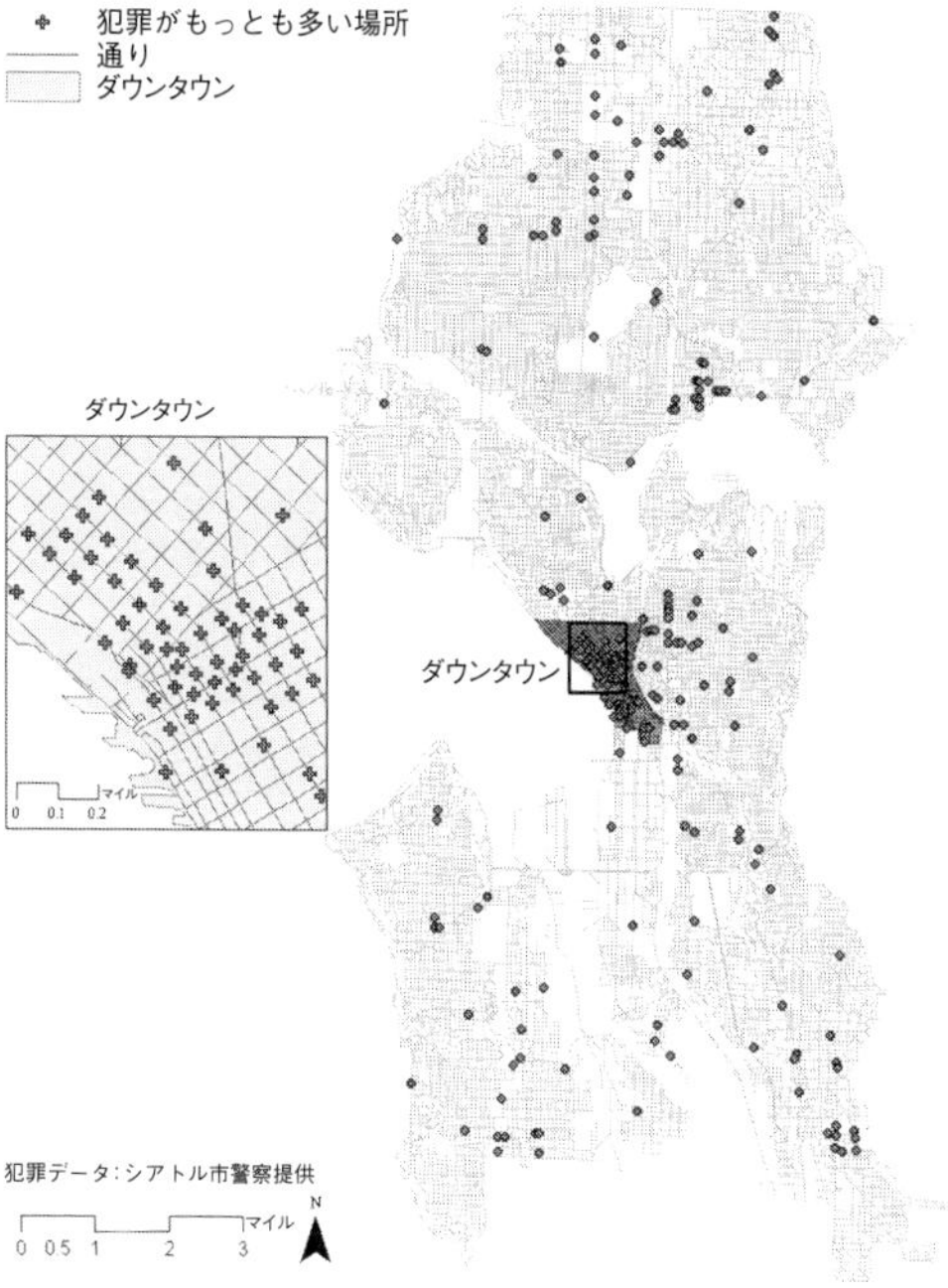

閉鎖されることになったら、地域の住人はどれくらい積極的に行動を起こしますか？　積極的に地域にかかわろうとする姿勢だけでなく、信頼についても質問します。隣人たちを信用していますか？　隣人と同じ価値観を共有していますか？　警察に関する質問もあります。警察は住民を公平に扱っていると思いますか？　警官は敬意を払って住民に接していますか？」

比較対象として、調査する区域には「コールド・スポット」（警察への通報が１年に３件以下の場所）も含まれていた。一方のホット・スポットの定義は、警察への通報が年間18件以上ある場所だ。ボルティモアは18世紀に造られた都市であり、街中の区画は小さい。そのため最低18件の通報があるホット・スポットの端から端まで歩いても、１分もかからない。ホワイトによると、調査対象の通りのなかには、警察への通報が年間600件を超える場所もあるという。これこそ、ワイスバードの「犯罪集中の法則」が意味することだった。ほとんどの通りでは犯罪がいっさい起きていない。地域の犯罪のほぼすべてが、ほんの少数の通りだけで集中して起きているのだ。

ホワイトと私は、街のダウンタウンからほど近いウェスト・ボルティモアから調査を

ジ』というタイトルがつけられた〔邦題は『ブリッジ』〕。

15. Richard H. Seiden, "Where are they now? A follow-up study of suicide attempters from the Golden Gate Bridge," *Suicide and Life-Threatening Behavior* 8, no. 4 (1978): 203–16.
16. 引用は、自殺防止フェンスを設置するという交通当局の提案にたいして寄せられた市民の意見より：http://goldengatebridge.org/projects/documents/sds_letters-emails-individuals.pdf.
17. Matthew Miller et al., "Belief in the Inevitability of Suicide: Results from a National Survey," *Suicide and Life-Threatening Behavior* 36, no. 1 (2006).
18. David Weisburd et al., "Challenges to Supervision in Community Policing: Observations on a Pilot Project," *American Journal of Police* 7 (1988): 29–50.
19. Larry Sherman et al., *Evidence-Based Crime Prevention* (London: Routledge, 2002). シャーマンもワイスバードもじつにたくさんの論文を発表してきた。本書内で紹介するのは、彼らの数多くの著作のほんの一部にすぎない。
20. L. W. Sherman et al., "Hot spots of predatory crime: Routine activities and the criminology of place," *Criminology* (1989): 27–56.
21. Glenn Pierce et al., "The character of police work: strategic and tactical implications," *Center for Applied Social Research Northeastern University,* November 1988.この論文の著者たちは、結果のデータが「犯罪集中の法則」に当てはまることに気づいていなかった。しかし研究結果を読んだワイスバードは、その結論と犯罪集中の法則を結びつけた。
22. ワイスバードが制作したシアトルの犯罪パターンの地図（次頁）。
参照：Figure 2 in David Weisburd et al., "Understanding and Controlling Hot Spots of Crime: The Importance of Formal and Informal Social Controls," *Prevention Science* 15, no. 1 (2014): 31–43, doi:10.1007/s11121-012-0351-9.この地図は1989〜2004年の犯罪データをもとにしたもの。犯罪と場所の結びつきに関するワイスバードの研究のさらなる詳細については、以下を参照：David Weisburd et al., *The Criminology of Place: Street Segments and Our Understanding of the Crime Problem* (Oxford: Oxford University Press, 2012), and David Weisburd et al., *Place Matters: Criminology for the Twenty-First Century* (New York: Cambridge University Press, 2016).

2018年にワイスバードに会ってまもなく、私は、彼の同僚のクレア・ホワイトの調査に１日同行できることになった。ふたりは2012年からボルティモアで数百万ドル規模の予算をかけた「ホット・スポット」調査プロジェクトを進め、市内の450の「通りの一角のブロック」を調べてきた。「きわめて集中した場所のみで犯罪が起きるという考えは、徐々に定着するようになってきました」とホワイトは説明した。「ワイスバードは異なる種類のデータを使って、さまざまな都市で同じ傾向があることを突き止めてきました。大きな疑問は"なぜ"という点です。それほど犯罪が集中する場所とはいったいどんなところなのか？」

ホワイトとワイスバードは40人の学生を調査員として雇った。毎日ふたりは学生たちを市の全域に送りだし、450のブロックの状況を記録し、住民についてできるかぎり多くの情報を集めた。「わたしたちが"集合的効力感"や"介入する意思"と呼ぶものについて、住民の方々に話を聞きました」とホワイトは言う。「駐車された車の上に乗って遊ぶ子どもがいたら、この地域の住人はどれくらい積極的に注意しますか？　地元の消防署が

第10章　シルビア・プラス

1. Sylvia Plath to Aurelia Plath, November 7, 1962, in Peter K. Steinberg and Karen V. Kukil, eds., *The Letters of Sylvia Plath Volume II: 1956–1963*（New York: Harper Collins, 2018）, p. 897.
2. Alfred Alvarez, *The Savage God: A Study of Suicide*（New York: Random House, 1971）, pp. 30–31; "She talked about . . . how to ski," pp. 18–19; "the poet as a sacrificial victim . . . the sake of her art," p. 40.〔アルフレッド・アルヴァレズ『自殺の研究』（早乙女忠訳、新潮社、1974年）27、38–39、48頁、訳者が一部変更〕
3. Mark Runco, "Suicide and Creativity," *Death Studies* 22（1998）: 637–54.
4. Stephen Spender, *The Making of a Poem*（New York: Norton Library, 1961）, p. 45.〔スティーヴン・スペンダー『一篇の詩ができるまで』（徳永暢三訳、荒地出版社、1970年）61頁、訳者が一部変更〕
5. Ernest Shulman, "Vulnerability Factors in Sylvia Plath's Suicide," *Death Studies* 22, no.7（1988）: 598–613.
6. Jillian Becker, *Giving Up: The Last Days of Sylvia Plath*（New York: St. Martin's Press, 2003）, pp. 80, 291.
7. プラスの詩："The woman is perfected ...it is over" from"Edge," in *The Collected Poems of Sylvia Plath,* edited by Ted Hughes（New York: Harper Perennial Modern Classics, 2008）, p. 272; "And like the cat ...Number Three," from "Lady Lazarus," pp. 244–45; and "If you only knew ...my veins with invisibles ..." from "A Birthday Present," p. 207.〔和訳：「Edge」（縁）と「Lady Lazarus」（甦りの女）は『シルヴィア・プラス詩集』（吉原幸子・皆見昭訳、思潮社、1995年）125、154頁。「A Birthday Present」（誕生日の贈り物）は『シルヴィア・プラス詩集』（徳永暢三訳、小沢書店、1993年）54頁〕
8. Douglas J. A. Kerr, "Carbon Monoxide Poisoning: Its Increasing Medico-Legal Importance," *British Medical Journal* 1, no. 3452（March 5, 1927）: 416.
9. 1962年のイギリスの自殺率についての情報は以下より：Ronald V. Clarke and Pat Mayhew, "The British Gas Suicide Story and Its Criminological Implications," *Crime and Justice* 10（1988）: p. 88, doi:10.1086/449144; graph "Relation between gas suicides in England and Wales and CO content of domestic gas, 1960–77," p. 89; graph "Crude suicide rates（per 1 million population）for England and Wales and the United States, 1900–84," p. 84; "［Town］ gas had unique advantages ...in front of trains or buses,"p. 99; graph of "Suicides in England and Wales by domestic gas and other methods for females twenty-five to forty-four years old," p. 91.
10. Malcolm E. Falkus, *Always under Pressure: A History of North Thames Gas Since 1949*（London: Macmillan, 1988）, p. 107.
11. 1965〜1977年の石炭ガスから天然ガスへの切り替えについての情報は以下より：Trevor Williams, *A History of the British Gas Industry*（Oxford: Oxford University Press, 1981）, p. 190.
12. たとえば以下を参照：Kim Soffen, "To Reduce Suicides, Look at Gun Violence," *Washington Post,* July 13, 2016, https://www.washingtonpost.com/graphics/business/wonkblog/suicide-rates/.
13. John Bateson, *The Final Leap: Suicide on the Golden Gate Bridge*（Berkeley: University of California Press, 2012）, p. 8; history of suicide barrier（or lack of it）on bridge, pp. 33, 189, 196.
14. エリック・スティール監督によるこのドキュメンタリー映画にはそのまま『ザ・ブリッ

18. "Body Measurements," National Center for Health Statistics, Centers for Disease Control and Prevention, U.S. Department of Health & Human Services, May 3, 2017, https://www.cdc.gov/nchs/fastats/body-measurements.htm.
19. 以下のウェブサイトの血中アルコール濃度計算機を使って出した数値：http://www.alcoholhelpcenter.net/program/bac_standalone.aspx.
20. Emily Yoffe, "College Women: Stop Getting Drunk," *Slate,* October 16, 2013, https://slate.com/human-interest/2013/10/sexual-assault-and-drinking-teach-women-the-connection.html.
21. ワシントン・ポスト紙とカイザー家族財団による調査の結果。
22. Craig MacAndrew and Robert B. Edgerton, *Drunken Comportment: A Social Explanation*（Chicago: Aldine Publishing Company, 1969）, pp.172–73.
23. エミリー・ドウの被害者影響報告書（Victim Impact Statement）, pp. 7–9, https://www.sccgov.org/sites/da/newsroom/newsreleases/Documents/B-Turner%20VIS.pdf.

第９章　テロリストの心の内を覗けるか

1. James Mitchell, *Enhanced Interrogation: Inside the Minds and Motives of the Islamic Terrorists Trying to Destroy America*（New York: Crown Forum, 2016）, p. 7.
2. Sheri Fink and James Risen, "Psychologists Open a Window on Brutal CIA Interrogations," *New York Times,* June 21, 2017, https://www.nytimes.com/interactive/2017/06/20/us/cia-torture.html.
3. 水中毒についてウィキペディアでは次のように説明されている。「水分過剰や水あたりとも呼ばれる水中毒は、過剰な水分摂取によって体内の電解質の正常なバランスが安全な範囲を超えたときに生じる脳機能障害。最悪の場合、死に至るおそれもある」
4. Charles A. Morgan et al., "Hormone Profiles in Humans Experiencing Military Survival Training," *Biological Psychiatry* 47, no. 10（2000）: 891–901, doi:10.1016/s0006-3223（99）00307-8.
5. 尋問の前後に描かれたレイ＝オステライト複雑図形：Charles A. Morgan III et al., "Stress-Induced Deficits in Working Memory and Visuo-Constructive Abilities in Special Operations Soldiers," *Biological Psychiatry* 60, no. 7（2006）: 722–29, doi:10.1016/j.biopsych.2006.04.021. レイ＝オステライト複雑図形はアンドレ・レイによって開発され、レイ自身による以下の論文のなかで発表された："L'examen psychologique dans les cas d'encephalopathie traumatique（Les problèmes）," *Archives de Psychologie* 28（1941）: 215–85.
6. Charles Morgan et al., "Accuracy of eyewitness memory for persons encountered during exposure to highly intense stress," *International Journal of Law and Psychiatry* 27（2004）: 264–65.
7. *Verbatim Transcript of Combatant Status Review Tribunal Hearing for ISN 10024,* March 10, 2007, http://i.a.cnn.net/cnn/2007/images/03/14/transcript_ISN10024.pdf.
8. Shane O'Mara, *Why Torture Doesn't Work: The Neuroscience of Interrogation*（Cambridge, Mass.: Harvard University Press, 2015）, p. 167.
9. Robert Baer, "Why KSM's Confession Rings False," *Time,* March 15, 2007, http://content.time.com/time/world/article/0,8599,1599861,00.html.
10. Adam Zagorin, "Can KSM's Confession Be Believed?" *Time,* March 15, 2007, http://content.time.com/time/nation/article/0,8599,1599423,00.html.

campus climate survey on sexual assault and sexual misconduct," Westat; 2015, https://www.aau.edu/sites/default/files/%40%20Files/Climate%20Survey/AAU_CampusClimate_Survey_12_14_15.pdf; Christopher Krebs et al., "Campus Climate Survey Validation Study Final Technical Reports," U.S. Department of Justice, 2016, http://www.bjs.gov/content/pub/pdf/ccsvsftr.pdf.

3. Bianca DiJulio et al., "Survey of Current and Recent College Students on Sexual Assault," *Washington Post*/Kaiser Family Foundation, June 12, 2015, pp. 15–17, http://files.kff.org/attachment/Survey%20Of%20Current%20And%20Recent%20College%20Students%20On%20Sexual%20Assault%20-%20Topline.
4. Lori E. Shaw, "Title IX, Sexual Assault, and the Issue of Effective Consent: Blurred Lines–When Should 'Yes' Mean 'No'?," *Indiana Law Journal* 91, no. 4, Article 7（2016）: 1412. "It is not enough . . .'too much to drink,'" p. 1416. ショーの説明の引用元：*People v. Giardino* 98, Cal. Rptr. 2d 315, 324（Cal. Ct. App. 2000）and Valerie M. Ryan, "Intoxicating Encounters: Allocating Responsibility in the Law of Rape," 40 CAL. W.L. REV. 407, 416（2004）.
5. Malcolm Gladwell "Drinking Games," *The New Yorker,* February 15, 2010, https://www.newyorker.com/magazine/2010/02/15/drinking-games.
6. Dwight B. Heath, "Drinking patterns of the Bolivian Camba," *Quarterly Journal of Studies on Alcohol* 19（1958）: 491–508.
7. Ralph Beals, *Ethnology of the Western Mixe*（New York: Cooper Square Publishers Inc., 1973）, p. 29.
8. Claude Steele and Robert A. Josephs, "Alcohol Myopia: Its Prized and Dangerous Effects," *American Psychologist* 45, no. 8（1990）: 921–33.
9. Tara K. MacDonald et al., "Alcohol Myopia and Condom Use: Can Alcohol Intoxication Be Associated With More Prudent Behavior?," *Journal of Personality and Social Psychology* 78, no. 4（2000）: 605–19.
10. Helen Weathers, "I'm No Rapist . . . Just a Fool," *Daily Mail,* March 30, 2007, www.dailymail.co.uk/femail/article-445750/Im-rapist--just-fool.html.
11. *R v Bree*［2007］EWCA Crim 804［16］–［17］; "She had no idea . . . for how long,"［8］; "Both were adults . . . legislative structures,"［25］–［35］; further quotes from ruling（in footnote）,［32］,［35］,［36］.
12. Donald Goodwin, "Alcohol Amnesia," *Addiction*（1995）: 90, 315–17.現在では倫理委員会からの許可が必須となったため、このような実験を行なうことはほぼ不可能に近い。５日にわたって記憶をなくしたセールスマンについてのエピソードもこの資料より。
13. Joann Wells et al., "Drinking Drivers Missed at Sobriety Checkpoints," *Journal of Studies on Alcohol*（1997）: 58, 513–17.
14. Robert Straus and Selden Bacon, *Drinking in College*（New Haven: Yale University Press, 1953）, p. 103.
15. Aaron M. White et al., "Prevalence and Correlates of Alcohol-Induced Blackouts Among College Students: Results of an E-Mail Survey," *Journal of American College Health* 51, no. 3（2002）: 117–31, doi:10.1080/07448480209596339.
16. Ashton Katherine Carrick, "Drinking to Blackout," *New York Times,* September 19, 2016, www.nytimes.com/2016/09/19/opinion/drinking-to-blackout.html.
17. William Corbin et al., "Ethnic differences and the closing of the sex gap in alcohol use among college-bound students," *Psychology of Addictive Behaviors* 22, no. 2（2008）: 240–48, http://dx.doi.org/10.1037/0893-164X.22.2.240.

Communication Research 37 (2011): 377–403. 訓練を受けた質問者が行なった、一致・不一致の送信者についての実験の説明もこの資料より。

5. The Global Deception Research Team, "A World of Lies," *Journal of Cross-Cultural Psychology* 37, no. 1 (January 2006): 60–74.
6. Markopolos, *No One Would Listen*, p. 82.
7. Seth Stevenson, "Tsarnaev's Smirk," *Slate*, April 21, 2015, https://slate.com/news-and-politics/2015/04/tsarnaev-trial-sentencing-phase-prosecutor-makes-case-that-dzhokhar-tsarnaev-shows-no-remorse.html.
8. Barrett, *How Emotions Are Made, p. 231.*〔リサ・フェルドマン・バレット『情動はこうしてつくられる――脳の隠れた働きと構成主義的情動理論』(高橋洋訳、紀伊國屋書店、2019年) 379–380頁〕
9. Amanda Knox, *Waiting to Be Heard: A Memoir* (New York: Harper, 2013), pp. 11–12; "'You seem really flexible' ... full of contempt," p. 109; "But what drew laughs ... accepting of differences" (in footnote), p. 26; "Ta-dah" moment, p. 91.
10. John Follain, *Death in Perugia: The Definitive Account of the Meredith Kercher Case from Her Murder to the Acquittal of Raffaele Sollecito and Amanda Knox* (London: Hodder and Stoughton, 2011), pp. 90–91, 93, 94.
11. Diane Sawyer interview: "Amanda Knox Speaks: A Diane Sawyer Exclusive," ABC News, 2013, https://abcnews.go.com/2020/video/amanda-knox-speaks-diane-sawyer-exclusive-19079012.
12. Ian Leslie, "Amanda Knox: What's in a face?" *The Guardian*, October 7, 2011, https://www.theguardian.com/world/2011/oct/08/amanda-knox-facial-expressions.
13. Tom Dibblee, "On Being Off: The Case of Amanda Knox," *Los Angeles Review of Books*, August 12, 2013, https://lareviewofbooks.org/article/on-being-off-the-case-of-amanda-knox.
14. Nathaniel Rich, "The Neverending Nightmare of Amanda Knox," *Rolling Stone*, June 27, 2011, https://www.rollingstone.com/culture/culture-news/the-neverending-nightmare-of-amanda-knox-244620.

第8章　事例研究　社交クラブのパーティー

1. ジョンソンの証言、事件の説明などは以下より：*People v. Turner*, vol. 6 (March 18, 2016), pp. 274–319. Emily Doe testimony about waking in hospital, vol. 6, p. 445; Brock Turner testimony about amount he drank, vol. 9 (March 23, 2016), pp. 836, 838; police estimate of Turner BAC, vol. 7 (March 21, 2016), p. 554; Julia's testimony about amount she drank, vol. 5 (March 17, 2016), pp. 208–9, 213; Doe and Turner BAC (in footnote), vol. 7, pp. 553–54; Doe testimony about amount she drank, vol. 6, pp. 429, 433–34, 439; Turner testimony about sexual escalation, vol. 9, pp. 846–47, 850–51, 851–53; prosecution's closing arguments, vol. 11, March 28, 2016, pp. 1072–73; Turner testimony about grinding, vol. 9, pp. 831–32; Doe testimony about blackout, vol. 6, pp. 439–40; Turner testimony about blackout, vol. 11, pp. 1099–1100; Turner testimony about Doe voice mail, vol. 9, p. 897.
2. ワシントン・ポスト紙とカイザー家族財団による2015年の調査を含め、1987年以降に行なわれた数十件の研究によってこの数値は裏づけられてきた。アメリカ大学協会(AAU)による2015年の調査では、女子大学生の23%が在学中に性的暴行を受けたという結果が出た。司法省が発表した2016年の調査結果はさらに深刻で、4人にひとりの割合となる25.1%が性的暴行を受けたと答えた。以下を参照：David Cantor et al., "Report on the AAU

1991年）など〕エクマンは、感情表現の理解にたいするダーウィンの貢献について大々的に研究・執筆している。以下を参照：Paul Ekman, ed., *Darwin and Facial Expression*（Los Altos, Calif.: Malor Books, 2006）.

6. *Ginnah Muhammad v. Enterprise Rent-A-Car*, 3–4 （31st District, 2006）.
7. Carlos Crivelli et al., "Reading Emotions from Faces in Two Indigenous Societies," *Journal of Experimental Psychology: General* 145, no. 7 （July 2016）: 830–43, doi:10.1037/xge0000172. トロブリアンド諸島民とマドリードの小学生の正答率を比較した表もこの資料より。
8. Carlos Crivelli et al., "Are smiles a sign of happiness? Spontaneous expressions of judo winners," *Evolution and Human Behavior* 2014, doi:10.1016/j.evolhumbehav.2014.08.009.
9. Carlos Crivelli et al., "Facial Behavior While Experiencing Sexual Excitement," *Journal of Nonverbal Behavior* 35 （2011）: 63–71.
10. Job van der Schalk et al., "Moving Faces, Looking Places: Validation of the Amsterdam Dynamic Facial Expression Set （ADFES）," *Emotion* 11, no. 4 （2011）: 912. Researchgate.
11. Maria Gendron et al., "Perceptions of Emotion from Facial Expressions Are Not Culturally Universal: Evidence from a Remote Culture," *Emotion* 14, no 2 （2014）: 251–62.
12. Mary Beard, *Laughter in Ancient Rome: On Joking, Tickling, and Cracking Up* （Oakland: University of California Press, 2015）, p. 73.
13. Achim Schützwohl and Rainer Reisenzein, "Facial expressions in response to a highly surprising event exceeding the field of vision: A test of Darwin's theory of surprise," *Evolution and Human Behavior* 33, no. 6 （Nov. 2012）: 657–64.
14. シュッツウォールのこの知見は以下の過去の研究にもとづくもの：R. Reisenzein and M. Studtmann, "On the expression and experience of surprise: No evidence for facial feedback, but evidence for a reverse self-inference effect," *Emotion*, no. 7 （2007）: 612–27.
15. Associated Press, "'Real Smart Kid' Jailed, This Time for Killing Friend," *Spokane （Wash.） Spokesman-Review*, May 26, 1995, http://www.spokesman.com/stories/1995/may/26/real-smart-kid-jailed-this-time-for-killing-friend/.
16. Kleinberg et al., "Human Decisions," op. cit.

第7章　アマンダ・ノックス事件についての単純で短い説明

1. *Amanda Knox*, directed by Rod Blackhurst and Brian McGinn （Netflix, 2016）.〔『アマンダ・ノックス』（ネットフリックス、2016年）〕以下の説明・引用もこのドキュメンタリー映画より：Knox's list of lovers （in footnote）; "She started hitting . . . suspect Amanda" （in footnote）; "Every piece of proof... no doubt of this"; and"There is no trace . . . not objective evidence."
2. Peter Gill, "Analysis and Implications of the Miscarriages of Justice of Amanda Knox and Raffaele Sollecito," *Forensic Science International: Genetics* 23 （July 2016）: 9–18. *Elsevier*, doi:10.1016/j.fsigen.2016.02.015.
3. Levine, *Duped*, chapter 13.
4. Experiment 27 in Levine's *Duped*, chapter 13.以下も参照：Timothy Levine, Kim Serota, Hillary Shulman, David Clare, Hee Sun Park, Allison Shaw, Jae Chul Shim, and Jung Hyon Lee, "Sender Demeanor: Individual Differences in Sender Believability Have a Powerful Impact on Deception Detection Judgments," *Human*

結果は？　エクマンの基礎的な実験をより厳密に注意深くやりなおしてみると、いままであったはずの普遍性はどこかに消えてしまった。ここ数年のあいだについに水門は開かれ、この章で紹介した数多くの新たな研究結果が導きだされた。

さらに、いくつかの点について指摘したい。

エクマンが最初に発表したサイエンス誌の論文は、よくよく考えてみると少し奇妙だ。フォア族にたいして行なった実験の結果は普遍性の証拠だと彼は主張した。しかし実際のデータを見てみると、エクマンが普遍性を証明しているようには見えないのだ。

フォア族は「幸せ」の表情を特定するのが得意だったが、「恐怖」の写真を正確に特定できたのはおよそ半分だけだった。45％は「驚き」の表情を「恐怖」だと考えた。56％は「悲しみ」の表情を「怒り」だと答えた。これを普遍的と呼べるだろうか？

表情に普遍性があるという考えを支持するエクマンのような研究者について話をしていたとき、クリベッリが本質を突くことを言った。それらの研究者の多くは、第二次世界大戦の直後の時代に子どもから大人になった世代の人々だった。「黒人は遺伝的に劣っている」「ユダヤ人は危険で有害」といった人間のちがいに取り憑かれた世界に生まれついた彼らは、人間はみな同じであると主張する理論に強く惹かれた。

しかしながら、普遍性がないと主張する研究は、エクマンの成果を否定するものではない。人間の感情についての分野で研究する誰もが、きわめて根本的な点においてエクマンを手本としているといっていい。ハリローやクリベッリのような研究者はただ、文化を考慮せずに人の感情を理解することはできないと主張しているだけだ。

エクマンの見解に異議を唱える代表的な研究者のひとりであるリサ・フェルドマン・バレットは、著書のなかで「情動は引き起こされるのではなく構築される」と主張する（参照：*How Emotions Are Made*, New York: Houghton Mifflin Harcourt, [2017], p. xiii.〔リサ・フェルドマン・バレット『情動はこうしてつくられる――脳の隠れた働きと構成主義的情動理論』（高橋洋訳、紀伊國屋書店、2019年）14頁〕)。生活のなかで私たちはそれぞれの環境や文化にもとづき、自分の顔にたいする一連の操作基準を築き上げていく。顔は人間のちがいの象徴であり、似ていることの象徴ではない。表情を読むことをとおして見知らぬ他人を理解するというルールが作られた文化では、この“ちがい”が大きな問題を生みだす。

この新しい研究の概要については、前述のフェルドマンの著作にくわえて以下の論文をお勧めする。L. F. Barrett et al., “Emotional expressions reconsidered: Challenges to inferring emotion in human facial movements,” *Psychological Science in the Public Interest* (in press).

3. パンアメリカン航空型スマイルとデュシェンヌ型スマイルの写真：Jason Vandeventer and Eric Patterson, “Differentiating Duchenne from non-Duchenne smiles using active appearance models,” *2012 IEEE Fifth International Conference on Biometrics: Theory, Applications and Systems* (*BTAS*) (2012): 319–24.

4. Paul Ekman and Erika L Rosenberg, eds., *What the Face Reveals: Basic and Applied Studies of Spontaneous Expression Using the Facial Action Coding System* (*FACS*), Second Edition (Oxford University Press: New York, 2005), p.14.

5. Charles Darwin, *The Expression of the Emotions in Man and Animals* (London: J. Murray, 1872).〔邦訳はチャールズ・ダーウィン『人及び動物の表情について』（浜中浜太郎訳、岩波書店、

Review of the Cross Cultural Studies," *Psychological Bulletin* 115, no. 1 [1994]: 124.)。特定の表情を浮かべる白人の顔写真を部族民に見せたら、あとは通訳に頼るしかなかった。写真の表情についてどう思うか、部族民にただ自由に連想して答えてもらうことはできなかった。では、どうやったのか？　すべてを単純化しなければいけなかった。そこで、エクマンたちは「強制選択」と呼ばれる手法を使った。フォア族の住民一人ひとりに写真を１枚ずつ見せ、それぞれの写真について数少ない感情の選択肢から正しい答えを選ぶよう伝えた。あなたがいま見ているのは「怒り」「悲しみ」「軽蔑」「嫌悪」「驚き」「幸せ」「恐怖」のどれですか？　フォア族の言葉には「嫌悪」と「驚き」を表現する言葉がなかったため、３人の研究者たちは即興で説明をこしらえた――嫌悪は何か臭いもの、驚きは何か新しいもの。

さて、強制選択は妥当な方法なのだろうか？　たとえば、あなたがカナダの首都を知っているかどうか、私が調べたいとする（経験上、驚くほど多くのアメリカ人が知らない)。私はストレートにあなたにこう尋ねることができる――カナダの首都はどこですか？　これは自由選択の問題だ。ほんとうにカナダの首都を知っている場合にかぎり、あなたは正しく答えることができる。同じ質問の強制選択バージョンは次のようになる。

問題：カナダの首都は？
①ワシントンDC
②クアラルンプール
③オタワ
④ナイロビ
⑤トロント

たとえ答えを知らなくても、おそらく多くの人が予想できるのではないだろうか？まず、ワシントンDCではない。地理の知識がまったくなくても、ワシントンDCがアメリカ合衆国の首都であることくらいは知っているはずだ。クアラルンプールとナイロビもカナダの都市名のようには聞こえない。最後にトロントかオタワという選択肢が残る。つまりカナダの首都をまったく知らなかったとしても、50％の確率で正解できるというわけだ。では、エクマンのフォア族の調査では何が起きたのだろう？

第６章で取り上げるふたりの研究者セルジオ・ハリローとカルロス・クリベッリは、はじめにエクマンの研究結果を再現しようとした。実験の欠点を修正して同じ結果になるか試す、というのが彼らの考えだった。ふたりは孤立した部族の実験対象としてトロブリアンド諸島民を選んだが、少なくともどちらかひとり（この場合はハリロー）がその言語と文化に精通していた。それが、エクマンに勝るひとつ目の強みだった。エクマンのチームに比べて彼らは、研究対象についてずっと多くのことを知っていた。くわえて強制選択ではなく、はるかに厳密な方法論である自由選択を使うことにした。ハリローとクリベッリは一連の顔写真（「幸せ」「悲しみ」「怒り」「恐怖」「嫌悪」）を並べ、「どれが悲しい顔ですか？」と尋ねた。次の被験者には「どれが怒った顔ですか？」と訊いた。質問を変えながら自由選択の問題を続け、最後にすべての回答を集計した。

れる。さらに、顔の“言語”を読み解く訓練を積み、ミリ秒単位で誰かの表情の映像を分析する機会があれば、その構成を特定することができるとエクマンは考えた。

『第１感』のなかで私はこう説明した。「基本的な感情が湧いてくると、その感情は必ず顔の筋肉によって自動的に表現される。反応が顔に現れるのは一瞬かもしれないし、顔にセンサーを取りつけないと検知できない程度のものかもしれない。だが必ず顔に現れる」〔邦訳214頁〕

エクマンはふたつの大胆な説を唱えた。ひとつ目は、感情はかならず顔にあらわれるという考え――何かを感じたら、それを隠すことはできない。ふたつ目は、感情を示すこの種の表情は普遍的なものであり、世界じゅうすべての人が同じように感情を表現するという考え。

これらの説については、一部の心理学者が当初から違和感を抱きつづけてきた。『第１感』が出版されて以降の心理学の世界では、エクマンの立場に反対する意見も目立つようになった。

しかし、なぜエクマンは感情が普遍的なものだと考えたのだろう？　1960年代に彼はふたりの同僚とともに、30枚の写真を携えてパプアニューギニアに行った。写真には「怒り」「悲しみ」「軽蔑」「嫌悪」「驚き」「幸せ」「恐怖」といった基本的な感情に対応する表情を浮かべる西洋人の顔が写っていた。

エクマン一行がニューギニアで訪れたのは、フォア族と呼ばれる部族の村だった。ほんの十数年前まで彼らは外の世界から完全に隔絶され、石器時代と同じような暮らしを送っていた。ニューヨークやロンドンの住民と同じように、フォア族の人々が写真の顔の怒りや驚きを簡単に特定できたら、感情が普遍的であることはまちがいないとエクマンは考えた。案の定、フォア族の村人たちは見事に特定してみせた。

もっとも権威のある学術誌のひとつ『サイエンス』に掲載された論文のなかで、エクマンと同僚らはこう主張した。「感情を示す表情は進化によって築かれたため、文化に関係なく全人類のあいだで類似しているとダーウィンは訴えた。われわれの発見はその説を裏づけるものだ」（P. Ekman et al., “Pan-Cultural Elements in Facial Display of Emotions,” *Science* 164 [1969]: 86–88.）

人間の感情的反応には普遍性があるというこの考えこそが、見知らぬ他人を理解するために私たちが使うあらゆるツールの背後にある原理だ。だからこそ、嘘発見器が存在する。だからこそ、恋に夢中のカップルはお互いの眼を見つめ合う。だからこそ、ネビル・チェンバレンは大胆にもドイツ訪問を敢行してヒトラーに会いにいった。だからこそ、ソロモンは児童虐待事件の被告人の姿をじっと見つめる。

しかし、大きな問題があった。エクマンは、フォア族の村で自ら目撃したことにあまりに頼りすぎていた。それに、フォア族にたいして行なった感情認識実験の結果は、彼が主張するほど明確なものではなかった。

エクマンは、心理学者のウォレス・フリーセン、人類学者のリチャード・ソレンソンとともにニューギニアを訪問した。エクマンもフリーセンも、フォア族の言葉を話せなかった。ソレンソンは少しだけ話せたが、きわめて単純なことを理解・伝達できる程度だった（参照：James Russell, “Is There Universal Recognition of Emotion from Facial Expression? A

13. Sandusky Grand Jury Presentment, November 5, 2011, https://cbsboston.files.wordpress.com/2011/11/sandusky-grand-jury-presentment.pdf, pp. 6–7.
14. このメールは、ペンシルベニア州立大学の近くに住むブロガー、レイ・ブレハーが入手したもの：Ray Blehar, "Correcting the Record: Part 1: McQueary's 2001 Eyewitness Report," *Second Mile – Sandusky Scandal*（*SMSS*）*: Searching for the Truth through a Fog of Deception*（Blog）, October 9, 2017, https://notpsu.blogspot.com/2017/10/correcting-record-part-1-mcquearys-2001.html#more.
15. "Rachael Denhollander delivers powerful final victim speech to Larry Nassar," YouTube, January 24, 2018, https://www.youtube.com/watch?v=7CjVOLToRJk&t=616s.
16. "Survivor reported sexual assault in 1997, MSU did nothing," YouTube, January 19, 2018, https://www.youtube.com/watch?v=OYJIx_3hbRA.
17. Melissa Korn, "Larry Nassar's Boss at Michigan State Said in 2016 That He Didn't Believe Sex Abuse Claims," *Wall Street Journal,* March 19, 2018, https://www.wsj.com/articles/deans-comments-shed-light-on-culture-at-michigan-state-during-nassars-tenure-1521453600.
18. Kate Wells and Lindsey Smith, "The Parents," *Believed,* NPR/Michigan Radio, Podcast audio, November 26, 2018, https://www.npr.org/templates/transcript/transcript.php?storyId=669669746.
19. Kerry Howley, "Everyone Believed Larry Nassar," *New York Magazine/The Cut,* November 19, 2018, https://www.thecut.com/2018/11/how-did-larry-nassar-deceive-so-many-for-so-long.html.
20. "Lifelong friend, longtime defender speaks against Larry Nassar," YouTube, January 19, 2018, https://www.youtube.com/watch?v=H8Aa2MQORd4.
21. Allan Myers interview with Curtis Everhart（Criminal Defense Investigator）, November 9, 2011.
22. *Commonwealth v. Gerald A. Sandusky*（Appeal）, November 4, 2016, p. 10.
23. Jeffrey Toobin, "Former Penn State President Graham Spanier Speaks," *The New Yorker,* August 21, 2012, https://www.newyorker.com/news/news-desk/former-penn-state-president-graham-spanier-speaks.

第６章 『フレンズ』型の誤謬

1. 『フレンズ』のすべての会話は以下より："The One with the Girl Who Hits Joey"（episode 15, season 5）, directed by Kevin Bright, NBC, 1998.〔『フレンズ』シーズン５・第15話「チャンドラーが結婚宣言!?」〕
2. Paul Ekman and Wallace V. Friesen, *Facial Action Coding System, parts 1 and 2*（San Francisco: Human Interaction Laboratory, Dept. of Psychiatry, University of California, 1978）.

　私の２冊目の著書*Blink*（Little, Brown and Company, 2005）〔『第１感――「最初の２秒」の「なんとなく」が正しい』（沢田博・阿部尚美訳、光文社、2006年）〕では、第６章「心を読む力――無意識を訓練する」において、前世紀のもっとも重要な心理学者のひとりであるポール・エクマンの研究についてくわしく説明した。私は本書の執筆にあたってジェニファー・フューゲイトに『フレンズ』のエピソードをFACS分析するよう頼んだが、そのFACSを彼女とともに開発したのがエクマンだ。FACSは、人間の感情が顔にどのようにあらわれるかを理解・分類するための究極の判断基準になった。エクマンが科学の世界にもたらした最大の貢献は、「漏れ」という考えを実証したことだった。つまり私たちが抱く感情は、しばしば無意識のうちに特定の筋肉の動きの構成によって顔にあらわ

2001, was the Real Date of the McQueary Episode," *The Framing of Joe Paterno*（blog）, February 9, 2018, http://www.framingpaterno.com/new-proof-december-29-2000-not-february-9th-2001-was-real-date-mcqueary-episode. この日付のズレこそが、マケアリーの目撃証言が真実ではない証拠だとジーグラーは訴える。しかし私が思うに、デフォルトでの信用という観点から考えた場合、自身が目撃したことにたいしてしばらくのあいだマケアリーが疑念を抱いていたせいで日付のズレが生じた可能性があるのではないだろうか。言うまでもなく、どちらの解釈を信じるかによって事件の見方は大きく異なってくる。

紙幅や話の流れの関係で本文内では割愛したものの、ジーグラーはほかにもさまざまな事実を探りだした。サンダスキー事件は、とてつもなく深く曲がりくねったウサギの巣穴だった。ジーグラーは、サンダスキーの犠牲者の少なくとも数人の証言には信憑性がないと主張する。ペンシルベニア州立大学が提示した多額の和解金にくわえ、支払い相手を決める際の大学側の基準の緩さに彼らは眼をつけたという。

この章を書くにあたって私は何度かジーグラーと連絡を取り、電話で話をした。彼は気前よく多くの資料を提供してくれた。そのなかには、民間調査官のカーティス・エバーハートが書いたメモも含まれていた。私としては、サンダスキーが無実だというジーグラーの最終的な結論に納得したわけではない。しかし大手メディアで報道されていた内容以上に、この事件がはるかにあいまいで不可思議であるという点には同意せざるをえない。サンダスキー事件のウサギの巣穴をのぞいてみたいという方には、まずはジーグラーの記事を読むことをお勧めする。

ふたり目の（おそらくより主流派の）サンダスキー事件の懐疑論者は、2017年に『アメリカでもっとも嫌われた男——ジェリー・サンダスキーと性急な判断』（*The Most Hated Man in America: Jerry Sandusky and the Rush to Judgment*〔未訳〕）を出版した作家のマーク・ペンダーグラストだ。サンダスキーの事件は「モラル・パニック」と人間の記憶の脆さの典型例だったとペンダーグラストは主張する。アーロン・フィッシャーとアラン・マイヤーズについての本文内での私の説明は、ペンダーグラストの著書の記述をおおいに参考にしたものである。ペンダーグラストの本について特筆すべき点のひとつに、裏表紙がある。そこには、記憶の研究において世界でもっとも権威のあるふたりの学者、サンフランシスコ大学のリチャード・リオとカリフォルニア大学アーバイン校のエリザベス・ロフタスからの推薦文が書かれている。

ロフタスはこう訴える。「『アメリカでもっとも嫌われた男』にはじつに驚くべき物語が綴られている。サンダスキー事件については散々マスコミで報道されたにもかかわらず、あまりに多くのことが見落とされ、誰も記事に書いてこなかった。それは驚きでしかない。たとえば、セラピー治療や訴訟をとおして掘り起こされた"記憶"に関する疑惑もそのひとつ。この本に書かれた多くのことには真の闇が潜んでおり、いずれ必然的に表に出てくるはずだ」

何が真実なのか私にはわからない。サンダスキー事件の象徴である矛盾する証拠、推測、あいまいさの泥沼に私自身はハマりたいとは思わない。私が知りたいのは単純なことだ——事件にこれほど複雑な背景があるとすれば、どうしてスパニア、カーリー、シュルツに有罪評決を下すことができるのだろう？

final-071212.pdf, p. 42; "wasn't anything sexual about it" and "Honest to God, nothing happened," pp. 43–46.

10. アーロン・フィッシャーの経歴および本文内の情報：Aaron Fisher, Michael Gillum, and Dawn Daniels, *Silent No More: Victim 1's Fight for Justice Against Jerry Sandusky*（New York: Ballantine Books, 2012）.

11. Mark Pendergrast, *The Most Hated Man in America: Jerry Sandusky and the Rush to Judgment*（Mechanicsburg, Penn.: Sunbury Press, 2017）, pp. 52, 55, 90; Fisher changes story, p. 59; "Myers said ... get some money," quoted from Pennsylvania State Police interview with Allan Myers, September 2011, p. 147; footnote regarding the prosecution's report on Allan Myers is from Anthony Sassano, Supplemental Report on Allan Myers, April 11, 2012, Penn State Police, quoted on p. 168 of Pendergrast's book. *The Most Hated Man in America*にはこう書かれている。

> 「サンダスキーに口、肛門、指を使った性行為を強制されたことについてマイヤーズがシュービン弁護士に告白した、とコリチェリ捜査官は弁護士本人から聞かされたという」と検察局の職員であるアンソニー・サッサーノは報告書で説明した。「シュービン弁護士はコリチェリ捜査官にたいし、サンダスキーとの性的接触についてマイヤーズ自らが記憶を記したという３ページ分の文書を見せた。文書をじっくり読んだコリチェリは、それがシュービン弁護士によって書かれたものではないかと疑った。私は、シュービン弁護士によって書かれた疑いのある文書のコピーは欲しくないと告げた。現時点では、アラン・マイヤーズにたいするこれ以上の捜査は期待できない」とサッサーノは結論づけた。

抑圧されたトラウマ的記憶（脚注）の議論に関するくわしい情報は、以下などを参照：C. J. Brainerd and V. F. Reyna, *The Science of False Memory*（Oxford: Oxford University Press, 2005）; E. F. Loftus and K. Ketcham, *The Myth of Repressed Memory: False Memories and Allegations of Sexual Abuse*（New York: St Martin's Press, 1994）; R. J. McNally, *Remembering Trauma*（Cambridge, Mass.: Harvard University Press, 2003）; R. Ofshe and E. Watters, *Making Monsters: False Memories, Psychotherapy, and Sexual Hysteria*（New York: Scribner, 1994）; D. L. Schacter, *The Seven Sins of Memory: How the Mind Forgets and Remembers*（Boston: Houghton Mifflin, 2001）.

12. Geoffrey Moulton, Jr., *Report to the Attorney General of the Investigation of Gerald A. Sandusky*, May 30, 2014, Appendix J, http://filesource.abacast.com/commonwealthofpa/mp4_podcast/2014_06_23_REPORT_to_AG_ON_THE_SANDUSKY_INVESTIGATION.pdf.

正直なところ、サンダスキーの事件はじつに奇妙だ。サンダスキーが逮捕・起訴されて以来、少人数の一部のグループが彼の無実を訴えつづけた。なかでももっとも声高だったのが、保守派のジャーナリストでラジオ番組司会者のジョン・ジーグラーだ。ジーグラーはほかの３人の仲間とともにウェブサイト（www.framingpaterno.com）を起ち上げ、サンダスキーにたいする検察側の主張の矛盾点を熱心に探した。

サンダスキー事件に関する本文内での議論でも触れたように、ジーグラーは説得力のある証拠を示し、「マケアリーがシャワー室でサンダスキーを目撃した日」と「ペンシルベニア州立大学の幹部に報告した日」のあいだに少なくとも５週間のズレがあると主張した。くわしくは以下を参照：John Ziegler, "New Proof that December 29, 2000, Not February 9,

2. "Opening Statement of Harry Markopolos," Public Resource Org, YouTube, video provided courtesy of C-SPAN, February 4, 2009, https://www.youtube.com/watch?v=AF-gzN3ppbE&feature=youtu.be, accessed March 8, 2019.
3. マルコポロスの経歴についての情報：Harry Markopolos, *No One Would Listen: A True Financial Thriller*（Hoboken, N.J.: John Wiley & Sons, 2010）, p. 11; 茶封筒を持ってスピッツァーに接近しようとしたエピソード：pp. 109–111.
4. Chapter 11 of Timothy R. Levine, *Duped: Truth-Default Theory and the Social Science of Lying and Deception*（University of Alabama Press, 2019）.
5. Tom Mangold, *Cold Warrior: James Jesus Angleton–The CIA's Master Spy Hunter*（New York: Simon & Schuster, 1991）, pp. 263–264.

第５章　事例研究　シャワー室の少年

1. 裁判の証言は以下より：*Commonwealth of Pennsylvania vs. Graham Basil Spanier* vol. 1（March 21, 2017）: McQueary transcript through "P: Stomach to back? McQueary: Yes," pp. 105–8; McQueary's father's testimony, pp. 141–42; McQueary transcript through "just kind of went sad," pp. 115–16; prosecution's closing statement, pp. 86–87; Dranov questioning by defense counsel, pp. 155, 163–65; Wendell Courtney testimony, pp. 174–75, 189; Tim Curley and John Raykovitz quotes（in footnote）, pp. 203, 381; Gary Schultz testimony, p. 442.
2. "Sandusky addresses sex abuse allegations in 2011 interview," NBC News, June 21, 2012, https://www.nbcnews.com/video/sandusky-addresses-sex-abuse-allegations-in-2011-interview-44570179907, accessed March 12, 2019.
3. Malcolm Gladwell, "In Plain View," *The New Yorker,* September 24, 2012, https://www.newyorker.com/magazine/2012/09/24/in-plain-view.
4. Joe Posnanski, *Paterno*（New York: Simon & Schuster, 2012）, p. 251.
5. Jerry Sandusky, *Touched: The Jerry Sandusky Story*（Champaign, Ill.: Sports Publishing Inc., 2000）, pp. 33, 210.
6. Jack McCallum, "Last Call: Jerry Sandusky, the Dean of Linebacker U, is leaving Penn State after 32 years to devote himself to a different kind of coaching," *Sports Illustrated*, December 20, 1999, https://www.si.com/vault/1999/12/20/271564/last-call-jerry-sandusky-the-dean-of-linebacker-u-is-leaving-penn-state-after-32-years-to-devote-himself-to-a-different-kind-of-coaching.
7. Bill Lyon, "Penn State defensive coordinator Jerry Sandusky is the Pied Piper of his time," *Philadelphia Inquirer,* December 27, 1999.
8. *Commonwealth v. Gerald A. Sandusky,* June 11, 2012, p. 53; Brett Swisher Houtz testimony, June 11, 2012, p. 70; Dorothy Sandusky testimony, June 19, 2012, p. 257.
9. 数多く存在する事後報告のひとつにはこう書かれている。「『サンダスキーを"トラブル"に巻き込みたくない』『彼の行動にはとくに深い意味はないはずだ』と少年は語った。フットボールの試合に招待されなくなることを恐れ、この件について誰かがサンダスキーに話すのを少年は嫌がった」Freeh Sporkin & Sullivan, LLP, *Report of the Special Investigative Counsel Regarding the Actions of the Pennsylvania State University Related to the Child Sexual Abuse Committed by Gerald A. Sandusky,* July 12, 2012, https://assets.documentcloud.org/documents/396512/report-

府は、エルマノス・アル・レスカテのパイロットの命を救えなかったのは、通信に問題があったせいだと釈明した。この撃墜事件をなんとか生き残ったバスルトは、キューバ指導者と米国政府の共謀によって攻撃が起きたと示唆した。ここまでの説明は以下より：Marifeli Pérez-Stable, *The United States and Cuba: Intimate Enemies*（New York: Routledge, 2011）, p. 52.

4. Scott Carmichael, *True Believer: Inside the Investigation and Capture of Ana Montes, Cuba's Master Spy*（Annapolis: Naval Institute Press, 2007）, p. 5.
5. "CNN Interview with Admiral Eugene Carroll–U.S. Navy Rear Admiral（Ret.）," CNN, February 25, 1996, Transcript #47-22, http://www.hermanos.org/CNN%20Interview%20with%20Admiral%20Eugene%20Carroll.htm.
6. DIAは暗号を彼女の財布から見つけ、無線機を自宅のクローゼットから発見した。事後報告書からの以下の引用はワシントン・ポスト紙の記事より："Her handlers...work for Havana"are all from Jim Popkin, "'Queen of Cuba' Ana Montes did much harm as a spy. Chances are you haven't heard of her," *Washington Post*, April 8, 2013.
7. ティム・レバインの欺き行為についての実験の全リストについては以下を参照："Deception and Deception Detection," https://timothy-levine.squarespace.com/deception, accessed March 7, 2019.
8. 被験者を映した動画については以下を参照：T. R. Levine, *NSF funded cheating tape interviews*（East Lansing, Mich.: Michigan State University, 2007–2011）.
9. Experiment 27 in Chapter 13 of Timothy R. Levine, *Duped: Truth-Default Theory and the Social Science of Lying and Deception*（Tuscaloosa, AL: University of Alabama Press, 2019）.ほかの実験の平均正答率については以下より：C. F. Bond, Jr. and B. M. DePaulo, "Accuracy of deception judgments," *Review of Personality and Social Psychology* 10（2006）: 214–34.
10. Timothy Levine, "Truth-Default Theory（TDT）: A Theory of Human Deception and Deception Detection," *Journal of Language and Social Psychology* 33, no. 4（2014）: 378–92.
11. Stanley Milgram, "Behavioral Study of Obedience," *Journal of Abnormal and Social Psychology* 64, no. 4（1963）: 371–78.
12. アンケートの内容を含む「ふたつ目の教訓」についての記述はおもに以下より：Gina Perry, *Behind the Shock Machine: The Untold Story of the Notorious Milgram Psychology Experiments*（New York: The New Press, 2013）; "mild and submissive," pp. 55–56; "... I might have killed that man in the chair," p. 80; "'Maybe it really was true,'" pp. 127–29.
13. Stanley Milgram, *Obedience to Authority: An Experimental View*（New York: Harper Torchbooks, 1969）, p. 172.

第4章　佯狂者

1. 各引用は以下より：U.S. Securities and Exchange Commission, Office of Investigations, "Investigation of Failure of the SEC to Uncover Bernard Madoff's Ponzi Scheme–Public Version," August 31, 2009, www.sec.gov/news/studies/2009/oig-509.pdf ; "told us in confidence" and "Throw in that his brother-in-law," p. 146; "None of it seems to add up," p. 149; "I came to the conclusion . . . any evidence we could find," p. 153; "I never . . . truly fraudulent," p. 158; "Sollazzo did not find . . . 'ridiculous,'" p. 211; "It would have been so easy . . . that was the case," p. 427; "This is not rocket science . . . $10 billion of options," p. 155.

「相手が自分を知るよりも、自分のほうが相手のことをよりくわしく知っている」「自分にはより優れた洞察力があり、相手の本質を見抜くことができる（相手にそのような洞察力はない）」――このような確信によってわたしたちは、もっと相手の話を聞くべきときに自分から話をしようとする。さらに、「自分は誤解されている」「不当に判断されている」という確信について他者が話すとき、わたしたちはなかなか忍耐強く対応することができない。この同じ確信によって、個人的な感情、出来事の解釈、動機について他者が知ることなどできるはずがないとわたしたちは考え、他者からのアドバイスを受け容れるのをためらう。一方でわたしたちは、他者の考え、感情、解釈、動機に充分な注意を払おうともせず、過去の行動にもとづいて嬉々として相手にアドバイスしようとする。ここで説明したバイアスは、特定の情報交換、とくに敬意をもって慎重に相手の話を聞くという行動にたいする大きな障壁となる可能性がある。そのような慎重な情報交換は本来、対人およびグループ間の対立にともなう不満や憤りの感情を和らげることにおおいに役立つものだ。

なんと示唆に富んだ言葉だろう。

第3章　キューバの女王

1. 以下のドキュメンタリー映画より：*Shoot Down*, directed by Cristina Khuly（Palisades Pictures, 2007).エルマノス・アル・レスカテ内にフアン・ロークというキューバのスパイがいたという情報も、このドキュメンタリー映画より。
2. 飛行機の撃墜が起きるしばらくまえから米国政府は、エルマノス・アル・レスカテの活動にたいするキューバの怒りが高まりつつあることを認識しており、同団体のリーダーのホセ・バスルトに警告を与えていた。1995年の夏から秋にかけて国務省と連邦航空局（FAA）は公式声明を出し、キューバへの飛行計画は受け容れがたいものだとエルマノス・アル・レスカテに警告した。ある時点でFAAは、バスルトのパイロット免許を無効にしようとした。しかしながら、1996年の秋ごろから政府による警告は弱まっていった。当局の高官たちは、さらなる警告は「バスルトを静かにさせるのではなく、より挑発する可能性のほうが高い」と判断した。この時期までに、クリントン政権とエルマノス・アル・レスカテは対立するようになっていた。クリントン政権が1995年に始めた「ウェットフット・ドライフット」政策によって、海上で保護されたキューバ難民が本国に強制送還されるようになったのが不和の原因だった。
3. 23日にユージン・キャロル海軍少将と面会したあと、国務省は飛行機撃墜の危険について把握していたものの、エルマノス・アル・レスカテには連絡を取らなかった。代わりに国務省は事件前夜にFAAにたいし、「明日、エルマノス・アル・レスカテがキューバ領空に無許可飛行を試みることは絶対に許されない」と警告した。FAAは、フロリダ海峡上空の飛行にとくに注意を払うようレーダー管制センターに指示した。実際、24日にレーダーがキューバのミグ戦闘機を発見したものの、パイロットに警告が出されることはなかった。また、問題解決のためにF15戦闘機が準備を進めていたにもかかわらず、エルマノス・アル・レスカテの飛行機を保護する命令は下されなかった。のちに米国政

第2章　アドルフ・ヒトラー総統と知り合いになる

1. チェンバレンとヒトラーについての記述は、複数の資料を参考にした。とくに参考にしたのは以下：David Faber, *Munich, 1938: Appeasement and World War II* (New York: Simon & Schuster, 2008), pp. 272–96; "so unconventional . . . breath away," p. 229; that 70 percent of the country thought Chamberlain's trip was a "good thing for peace" and the toast to Chamberlain's health, pp. 284–85; Chamberlain's speech at Heston Airport and the reaction to it, p. 296; "no signs of insanity . . . beyond a certain point," p. 302; "between a social gathering and a rough house," p. 300;"mixture of astonishment, repugnance, and compassion," p. 40. Faberのこの本では一部において、イギリス人外交官イボン・カークパトリックの自叙伝が引用されている：*The Inner Circle* (London: Macmillan & Company, 1959), p. 97; and "borderline into insanity," p. 257.
2. *W. L. Mackenzie King's Diary*, June 29, 1937, National Archives of Canada, MG 26 J Series 13, https://www.junobeach.org/canada-in-wwii/articles/aggression-and-impunity/w-l-mackenzie-kings-diary-june-29-1937/.
3. Diana Mosley, *A Life of Contrasts: The Autobiography of Diana Mosley* (London: Gibson Square, 2002), p. 124.
4. Neville Chamberlain to Ida Chamberlain, September 19, 1938, in Robert Self, ed., *The Neville Chamberlain Diary Letters: Volume Four: The Downing Street Years, 1934–1940* (Aldershot, UK: Ashgate, 2005), p. 346; "In short . . . given his word," p. 348; "Hitler's appearance . . . friendly demonstrations" and "Hitler frequently . . . brought with me," Neville Chamberlain to Hilda Chamberlain, October 2, 1938, p. 350.
5. Lois G. Schwoerer, "Lord Halifax's Visit to Germany: November 1937," *The Historian* 32, no. 3 (May 1970): 353–75.
6. Peter Neville, *Hitler and Appeasement: The British Attempt to Prevent the Second World War* (London and New York: Hambledon Continuum, 2006), p. 150.
7. Abraham Ascher, *Was Hitler a Riddle? Western Democracies and National Socialism* (Stanford: Stanford University Press, 2012), p. 73.
8. Sir Nevile Henderson, *Failure of a Mission: Berlin 1937–39* (New York: G. P. Putnam and Sons, 1940), p. 82.
9. D. R. Thorpe, *The Life and Times of Anthony Eden, First Earl of Avon, 1897–1997* (New York: Random House, 2003).
10. これはある程度は理解できることだ——詐欺師に直接会わなければ、詐欺に引っかかることはない。一方、ヒトラーに騙されたのはみな世界情勢に精通した知的な人々であり、あらゆる疑念を抱いて会談に臨んだ。直接の面会から得た追加の情報が、ヒトラーにたいする意見の正確性の向上につながらなかったのはなぜだろう？　以下も参照：Faber, *Munich, 1938,* pp. 285, 302, 351; Chamberlain's third and final visit to Germany, p. 414; "Herr Hitler was telling the truth," p. 302; "This morning . . . as mine," p. 4; "sleep quietly in your beds," pp. 6–7.
11. Jon Kleinberg et al., "Human Decisions and Machine Predictions," NBER Working Paper 23180, February 2017; この資料は以下の論文の以前のバージョン：Kleinberg et al., "Human Decisions and Machine Predictions," *The Quarterly Journal of Economics* 133, no. 1 (February 2018): 237–93.
12. Emily Pronin et al., "You Don't Know Me, But I Know You: The Illusion of Asymmetric Insight," *Journal of Personality and Social Psychology* 81, no. 4 (2001): 639–56, APA PsychNET.
本文内ではプロニンの結論の一部を引用したが、段落全体をぜひ読んでみてほしい。

into-shooting-of-philando-castile/?utm_term=.1e7914da2c3b.エリック・ガーナーについては以下を参照：Deborah Bloom and Jareen Imam, "New York man dies after chokehold by police," CNN, December 8, 2014, https://www.cnn.com/2014/07/20/justice/ny-chokehold-death/index.html. ウォルター・スコットについては以下を参照：Michael Miller, Lindsey Bever, and Sarah Kaplan, "How a cellphone video led to murder charges against a cop in North Charleston, S.C.," *Washington Post*, April 8, 2015, https://www.washingtonpost.com/news/morning-mix/wp/2015/04/08/how-a-cell-phone-video-led-to-murder-charges-against-a-cop-in-north-charleston-s-c/?utm_term=.476f73934c34.

7. "Sandy Speaks–April 8th 2015（Black Lives Matter)," YouTube, April 8, 2015, https://www.youtube.com/watch?v=CIKeZgC8lQ4.
8. コルテスとモンテスマの対立については以下を参照：William Prescott, *History of the Conquest of Mexico*（New York: Modern Library, 1980）.
9. Bernal Diaz del Castillo, *The Discovery and Conquest of Mexico*（London: George Routledge & Sons, 1928）, p. 270, https://archive.org/details/in.ernet.dli.2015.152204/page/n295.〔ベルナール・ディーアス・デル・カスティーリョ『メキシコ征服記〈1〉』（小林一宏訳、岩波書店、1986年）349頁〕
10. Hugh Thomas, *Conquest: Cortés, Montezuma, and the Fall of Old Mexico*（New York: Simon & Schuster, 1995）, p. 279.
11. Thomas, *Conquest*, p. 280.
12. Camilla Townsend, "Burying the White Gods: New Perspectives on the Conquest of Mexico," *American Historical Review* 108, no. 3（2003）: 659–87.
13. Matthew Restall, *When Montezuma Met Cortés: The True Story of the Meeting That Changed History*（New York: Harper Collins, 2018）, p. 345.
14. コルテスとモンテスマの出会いの物語に興味のある方には、前述のタウンセンドとレストールの本を強くお勧めする。レストールの本はまさに名著といっていい。またタウンセンドは、難解で学術的な歴史を、誰でも読めるような平易な文章で論文にまとめて学術誌に発表する稀有な歴史家だ。

第1章　フィデル・カストロの復讐

1. Brian Latell, *Castro's Secrets: Cuban Intelligence, the CIA, and the Assassination of John F. Kennedy*（New York: Palgrave Macmillan, 2013）, p. 26.
2. Herald Staff, "Spy work celebrated at museum in Havana," *Miami Herald*, July 16, 2001, http://www.latinamericanstudies.org/espionage/spy-museum.htm.
3. Benjamin B. Fischer, "Doubles Troubles: The CIA and Double Agents during the Cold War," *International Journal of Intelligence and Counterintelligence* 21, no. 1（2016）: 48–74.
4. I. C. Smith, *Inside: A Top G-Man Exposes Spies, Lies, and Bureaucratic Bungling Inside the FBI*（Nashville: Nelson Current, 2004）, pp. 95–96.
5. Herald Staff, "Spy work celebrated at museum in Miami," *Miami Herald*, July 16, 2001.
6. Fischer、以下より引用：Markus Wolf, with Anne McElvoy, *Man Without a Face: The Autobiography of Communism's Greatest Spymaster*（New York: Times Books/Random House, 1997）, p. 285.

原注

私は本書を３年かけて執筆した。調査の過程において、私は無数のインタビュー取材を行ない、何百もの本や記事を読んだ。とくに説明がない場合、本文中の引用は私個人のインタビュー取材によるものである。

この原注に記すことは、私の考えに影響を与えたすべてを網羅する決定的な記録ではない。たんに、それらの情報源のなかでもっとも重要だと考える資料のリストである。いくつか記載するのを忘れてしまったものもあるにちがいない。そのような記載忘れ、あるいは明らかな誤りを見つけたときには、ぜひlbpublicity.generic@hbgusa.comに連絡してほしい。できるかぎり修正させていただきたい。

はじめに　「車を降りろ！」

1. サンドラ・ブランドの事件は、ケイト・デイビスとデイビッド・ヘイルブローナー監督・制作による2018年のHBOのドキュメンタリー *Say Her Name : The Life and Death of Sandra Bland*（『彼女の名前を言え　サンドラ・ブランドの人生と死』）の題材となった。このドキュメンタリーは、ブランドの家族の全面的な協力のもと制作され、彼女の人生や精神状態を非常にうまく描きだしている。しかしながら、ブランドの死について何か不可解な点があるという（とくにインターネット上で散見される）憶測を生む原因にもなっている。そのような疑いに説得力があると私には思えないし、裏づけとなるたしかな証拠がドキュメンタリー内で示されているわけでもない。本書で訴えるように、サンドラ・ブランドの非業の死はもっと複雑で、悲劇的で、連鎖的なものだ。
2. "Sandy Speaks on her birthday! February 7th, 2015," YouTube, February 7, 2015, accessed January 10, 2019, https://www.youtube.com/watch?v=KfrZM2Qjvtc.
3. 参照：Texas Department of Public Safety video（963K views）, *WSJ* video（42K views）, second *WSJ* video（37K views）. くわえて、nytimes.comやnbc.com上の映像など、閲覧回数に含まれていないものもある。
4. "*Sandra Bland Traffic Stop*," Texas Department of Public Safety, YouTube, 2015, https://www.youtube.com/watch?v=CaW09Ymr2BA.
5. Rachel Clarke and Christopher Lett, "What happened when Michael Brown met Officer Darren Wilson," CNN, November 11, 2014, https://www.cnn.com/interactive/2014/08/us/ferguson-brown-timeline/.
6. Peter Herman and John Woodrow Cox, "A Freddie Gray primer: Who was he, how did he die, why is there so much anger?" *Washington Post*, April 28, 2015, https://www.washingtonpost.com/news/local/wp/2015/04/28/a-freddie-gray-primer-who-was-he-how-did-he-why-is-there-so-much-anger. フィランド・カスティールについては以下を参照：Mark Berman, "Minnesota officer charged with manslaughter for shooting Philando Castile during incident on Facebook," *Washington Post*, November 16, 2016, https://www.washingtonpost.com/news/post-nation/wp/2016/11/16/prosecutors-to-announce-update-on-investigation-

下記の使用許諾に感謝する。

デュシェンヌ型スマイル Duchenne and non-Duchenne smiles. Reprinted by permission of Paul Ekman, Ph.D./ Paul Ekman Group, LLC.

「怒り」の表情 "Anger" from Job van der Schalk et al., "Moving Faces, Looking Places: Validation of the Amsterdam Dynamic Facial Expression Set(ADFES)," Emotion 11, no. 4(2011): 912. Reproduced by permission of author.

レイ＝オステライト複雑図形 "Rey-Osterrieth Complex Figure," "Sample ROCF immediate recall drawings from the Pre/Post-stress groups," "Sample ROCF immediate recall drawings from the Stress Group," from Charles A. Morgan et al., "Stress-Induced Deficits in Working Memory and Visuo-Constructive Abilities in Special Operations Soldiers," Biological Psychiatry 60, no. 7(2006): 722–29. Reproduced by permission of Dr. Charles A. Morgan III and Elsevier.

シルビア・プラスの詩 "Edge" [6l.], "Lady Lazarus" [2], "A Birthday Present" [6] from *The Collected Poems of Sylvia Plath,* edited by Ted Hughes. Copyright Ⓒ 1960, 1965, 1971, 1981 by the Estate of Sylvia Plath. Editorial material copyright Ⓒ 1981 by Ted Hughes. Reprinted by permission of Harper Collins.

アン・セクストンの詩 "The Addict," by Anne Sexton from Live or Die (Boston: Houghton Mifflin, 1966). Reprinted by permission of SLL/Sterling Lord Literistic, Inc. Copyright by Linda Gray Sexton and Loring Conant, Jr. 1981.

ガス自殺に関するグラフ "Relation between gas suicides in England and Wales and CO content of domestic gas, 1960–77"; "Crude suicide rates (per 1 million population) for England and Wales and the United States, 1900–84"; "Suicides in England and Wales by domestic gas and other methods for females twenty-five to forty-four years old" from Ronald V. Clarke and Pat Mayhew, "The British Gas Suicide Story and Its Criminological Implications," Crime and Justice 10(1988): 79–116. Reproduced by permission of Ronald V. Clarke, Pat Mayhew, and the University of Chicago Press.

ジャージー・シティ地図 Weisburd Jersey city map from David Weisburd, et al., "Does Crime Just Move Around The Corner? A Controlled Study of Spatial Displacement and Diffusion of Crime Control Benefits," Criminology 44, no. 3 (2006): 549–91. Reproduced by permission of David Weisburd and the American Society of Criminology.

トーキング・トゥ・ストレンジャーズ
「よく知《し》らない人《ひと》」について私《わたし》たちが知《し》っておくべきこと

2020年6月30日　初版1刷発行

著者 ―――― マルコム・グラッドウェル
訳者 ―――― 濱野大道《はまのひろみち》
カバーデザイン ―――― ヤマグチタカオ
発行者 ―――― 田邉浩司
組版 ―――― 新藤慶昌堂
印刷所 ―――― 新藤慶昌堂
製本所 ―――― ナショナル製本
発行所 ―――― 株式会社光文社
〒112-8011　東京都文京区音羽1-16-6
電話 ―――― 翻訳編集部 03-5395-8162
書籍販売部 03-5395-8116
業務部 03-5395-8125

落丁本･乱丁本は業務部へご連絡くだされば、お取り替えいたします。

ISBN978-4-334-96242-5 Printed in Japan